博学而笃志,切问而近思。
(《论语·子张》)

博晓古今,可立一家之说;
学贯中西,或成经国之才。

作者简介

徐晔,复旦大学经济学院公共经济学系副教授,成人教育主管。1994年获西安交通大学工学学士学位,1999年获复旦大学管理学院会计学硕士学位,2014年获复旦大学经济学院经济学博士学位。教授的本科生课程有会计学、统计学和税法,研究生课程有税法、中国税制、财务管理等。在《会计研究》《世界经济》《财经研究》《上海金融》和《税务研究》等国内权威和核心期刊发表文章40多篇,出版《中国个人所得税制度》《中国税制》《会计学基础》《会计学基础习题集》《会计学原理》《会计学原理习题指南》《财务管理》等著作和教材20多部。主持及参与多项国家级、省部级课题,主持并完成一项横向课题。曾获中国财政杂志社2002年度优秀论文三等奖、2004年和2005年度复旦大学奖教金,主讲的统计学课程2004年被评为上海市精品课程、2014年被评为国家级网络精品课程,主讲的会计学课程2006年被评为复旦大学精品课程、2014年被评为上海市重点课程、2019年被评为国家精品课程。主讲的税法课程2018年被评为复旦大学精品课程、2019年被评为上海市重点课程。2016年独创的案例获得国家级税务案例大赛一等奖。

董少佳,复旦大学经济学院税务专业硕士研究生。多次获得学校奖学金及各项荣誉称号,本科及研究生期间积极参与课题研究,2019年担任大学生创新创业项目负责人并顺利结项。

复旦博学·财政学系列

新个人所得税制度解析

徐 晔 董少佳 编著

复旦大学出版社

内容提要

本书从个人所得税的历史展开,介绍了个人所得税的基本理论问题,包括个人所得税的纳税义务人、征税对象、税率、课税模式等,分析了其功能定位,并对我国现行个人所得税制度进行了详细说明,讨论了其存在的问题,在实证分析的基础上,提出我国个人所得税制度的改革思路。

本书体例完整,论述深入浅出,可以作为高等院校财政学专业必修课程的教材,也可以作为税务工作者、高校财政与税收专业研究人员的参考书。

PREFACE 序言

个人所得税与每位公民息息相关。西方发达国家经过多年发展,已经建立起相对完善的理论与制度体系。我国早在1996年就提出要建立覆盖全部个人收入的分类与综合相结合的个人所得税制,但之后的多次改革都主要是上调免征额,直到2018年8月31日第十三届全国人民代表大会常务委员会第五次会议通过《关于修改〈中华人民共和国个人所得税法〉的决定》,才首次实现了综合征税制度和分类制度相结合,这无疑迈出了个税改革历史性的一步,也意味着税务机关要直接面对自然人收税,接受大量的个人申报纳税。这不仅需要纳税义务人提高自身的纳税意识,而且对税务机关等加速推进涉税信息的互通提出了更高的要求。除此之外,互联网时代催生了网络直播、共享经济等新业态,但由于其收入来源具有隐蔽性、多样性等特点,税收流失现象严重,而现有的税收征管制度难以有效应对和解决,因此,如何结合时代发展特点优化税收征管工作,成为本书乃至社会各界普遍关注的问题。

综合与分类相结合的个税税制以及增加专项扣除等均成为2018年改革的亮点,个人所得税改革再次成为热门话题。为此,我们在《中国个人所得税制度》(复旦大学出版社2010年版)的基础上进行了大幅度修订,维持了原来的结构框架,内容则按照最新税收法规和统计数据做了相应的更新调整。

本书的目的之一在于向纳税人及扣缴义务人介绍个人所得税的基本知识和常识,同时也可以为研究个人所得税问题的学者和研究者提供参考。所以,我们在写作时尽量用平实的语言来展示比较深奥的内容,在书中,我们会用现实生活中的一些浅显易懂的案例来说明问题。

除此之外,我们希望本书能体现目前我国个人所得税的最新政策,同时也能反映一些存在的问题,并提出解决思路,同时希望能够给想了解自己纳税情况的普通公民、想全面了解个人所得税政策的学者和想提出最新改革方案的提议者和决策者一些帮助。

2010年版《中国个人所得税制度》的分工如下:徐晔(提纲、第四章部分和第五章以及全书的统稿和修改)、袁莉莉(第一章部分和第二章)、薛宇宁(第三章)、王依一(第六章)、刘奕轶(第七章)、蒋帅(第五章最后一节)。尹祖龙和童效金参与了校稿工作。

此次重大修订的分工如下:赵希钰、张雨婷和王俊卿负责对原有第六章中的数据进行更新;俞倩雯负责对第五章和第七章的一些过时内容进行整理;董少佳和徐晔负责全书的修订和更新;最后由徐晔负责全书的统稿工作。

本书的出版得到了复旦大学出版社岑品杰、方毅超两位编辑的大力支持和帮助,为此表示由衷的感谢!

本书希望尽可能地反映中国个人所得税领域的最新进展,但是由于个税制度的发展日新月异,加上本书是作者在工作之余写成的,因此难免会存在错误和遗漏之处,恳请广大读者提出批评与指正。

徐　晔

2022 年 4 月 28 日于上海

目 录

第一章　个人所得税的历史发展　　　　　　　　　　　　　　／001

第一节　世界范围内个人所得税的起源与历史发展　　　　／001
第二节　西方主要市场经济国家个人所得税的历史发展　　／005
第三节　我国个人所得税的历史发展　　　　　　　　　　／014

第二章　个人所得税的基本理论问题　　　　　　　　　　　　／022

第一节　个人所得税的纳税义务人　　　　　　　　　　　／022
第二节　个人所得税的征税对象　　　　　　　　　　　　／025
第三节　个人所得税的税率　　　　　　　　　　　　　　／029
第四节　个人所得税的课税模式　　　　　　　　　　　　／032
第五节　个人所得税的征收管理　　　　　　　　　　　　／035

第三章　个人所得税的功能定位分析　　　　　　　　　　　　／041

第一节　影响个人行为的功能　　　　　　　　　　　　　／041
第二节　影响宏观经济功能　　　　　　　　　　　　　　／048

第四章　我国现行个人所得税体系　　／055

　　第一节　个人所得税的纳税义务人和征税对象　　／055
　　第二节　个人所得税的税率和费用扣除标准　　／063
　　第三节　每次收入的确定　　／069
　　第四节　应纳税额的计算　　／070
　　第五节　应纳税额计算中的几个特殊问题　　／083
　　第六节　个人所得税的税收优惠和境外所得的税额扣除　　／102
　　第七节　征收管理　　／108

第五章　我国现行个人所得税体系中存在的问题　　／118

　　第一节　个人所得税税制层面的问题　　／118
　　第二节　个人所得税征管层面的问题　　／151
　　第三节　环境及相关配套措施层面的问题　　／159

第六章　对我国个人所得税现状的实证分析　　／172

　　第一节　我国个人所得税主体税地位的实证分析　　／172
　　第二节　我国个人所得税功能定位的实证分析　　／186
　　第三节　我国个人所得税征管现状的实证分析　　／204

第七章　我国个人所得税改革思路　　／212

　　第一节　我国个人所得税改革的基本思路　　／212
　　第二节　个人所得税税制层面的改革　　／214
　　第三节　个人所得税征管层面的改革　　／228
　　第四节　相关配套措施的改革　　／241

第一章

个人所得税的历史发展

1799年肇始于英国的个人所得税,是对个人或者自然人取得的各项应税所得征收的税种,在国际社会享有"经济内在调节器"和"社会减压阀"的美誉,它具有调节税收、缓解贫富悬殊、促进社会稳定、增加财政收入等特征。个人所得税的发展几经曲折,至今已有200多年的历史。19世纪以后,大多数资本主义国家相继开征,20世纪以后,各国普遍开征了个人所得税。经过两个世纪的发展,个人所得税早已超越了时空的限制,成为世界各国普遍开征的税种。在发达市场经济国家,个人所得税则是一种主体的税种。在发展中国家,个人所得税制度也日臻完善,逐渐发挥着重要的作用。从各国的实践来看,在开征的初期,多数采用比例税制,并且实行按项目分别课税的分类所有制。随着个人所得税制的完善,逐步发展为按累进税率课征的综合所得税制或分类综合所得税制。

在中国,个人所得税还是一个新生事物。自1980年《中华人民共和国个人所得税法》颁布以来,个人所得税在中国的发展不过四十余年的历史。其发展轨迹从模糊到逐渐清晰,日益成为第四大税种。

本章主要介绍世界各国个人所得税的历史发展以及个人所得税在中国的萌芽和发展,在历史的印记中把握个人所得税的未来走向。

第一节 世界范围内个人所得税的起源与历史发展

任何税种的产生都与政治、经济、文化等因素密不可分,自1799年英国率先开征个人所得税后,个人所得税开始走上了历史舞台。迄今为止,世界上大多数国家都在征收个人所得税。由此可见,个人所得税的研究具有相当的理论和实践意义。

一、世界范围内个人所得税的起缘

自1799年英国最初创设所得税开始至19世纪60年代,是个人所得税的萌芽和起源阶段,部分国家逐渐确立个人所得税制度,这也是个人所得税制度尚不健全的时期。

个人所得税是经济、政治等综合因素作用的产物。战争则是个人所得税走向历史舞台的直接导火索。战争作为阶级或民族国家的一项基本职能,往往需要大量的资金支持,而国家或政府正希望借此开征个人所得税,组织收入,以筹措战争资金。然而,各国最初开征所得税,大多是作为一种临时性措施,主要是为了应付军费开支扩大的迫切需要。同时,战争的巨额开支也迫使国内各阶层利益集团协调起来,使个人所得税的征收遇到的阻碍和困难并不大,因战时筹措资金的急需而被采纳。但是,由于个人所得税是以战争起止为风向标,战争终了即废止,战争如果再起即开征。因而,个人所得税作为组织收入的税种在开征之初具有相当的不确定性。

1799年,英法两国爆发了战争。英法战争的起因是法国资产阶级为了在欧洲建立法国的政治和经济霸权,要同老牌的资本主义强国英国争夺贸易和殖民地的领先地位。而耗资巨大的英法战争使英国政府的财政吃紧,当时作为英国主要税收来源的消费税和关税等都无法解决财政问题。为了筹措战争经费,英国决定开征临时税,即个人所得税,标志着英国现代个人所得税的正式产生。其将纳税人所得划分为四类,由纳税人自行申报纳税:总收入在60英镑以下的免税;总收入在60—200英镑之间的,实行差别税率;总收入超过200英镑的,统一按10%的税率征税。该税种的征收对象主要是高收入者。从理论上而言,临时税是为了执行某项临时政策而开征的税种,不具有固定性,后来由于各种原因,个人所得税种几经废止。

深层次分析,个人所得税的产生也是社会经济发展到一定阶段的产物。18世纪的欧洲,资本主义大生产方式开始蓬勃发展,它的出现改变了传统的社会分工和生产方式,大大提高了生产力水平,新兴资产阶级由此出现,使纳税群体具备一定的经济实力和规模。而传统的封建势力和工人阶级之间的复杂矛盾不断加剧。以英国为例,18世纪末的英国,资本主义大生产方式盛行,工业发展迅速,棉毛纺织业、采煤业、钢铁冶炼业和机器制造业等都已经比较发达,而传统产业如农业和商业的地位随之下降。资本主义生产构成新的经济增长点,工人阶级和资产阶级的队伍不断壮大,并形成了新的税源,潜力巨大。在政治上,英国开征所得税时,资产阶级势力已经相当强大,但新老贵族在相互勾结的同时,他们之间的矛盾也在不断激化。个人所得税在阶级斗争中充当了重要角色。随着阶级力量的此消彼长,税制内容也在发生相应的变化。一方面,封建贵族利用个人所得税加强对资产阶级利益的盘剥;另一方面,新兴资产阶级在当时具备政治先进性,将个人所得税作为颂扬资本主义民主和平等的重要工具。因此,他们对这一税种的出现都给予了肯定。此后,其他各国纷纷仿效英国。在这一时期,开征个人所得税的各国基本都是参照英国实行分类税制,主要采用比例税率,税率水平不高,一般不超过10%,纳税人的数量较少,但是,由于纳税人主要集中在中上收入阶层,所以实施中往往有较大的阻力。

二、世界范围内个人所得税的发展

从表层而言,战争为个人所得税的发展提供了契机。个人所得税在第一次世界大战和第二次世界大战期间获得了两次大的发展。但是,战争毕竟是"短暂"的,随着社会经济的发展、政府职能的不断扩大,政府财政开支的压力日益加大,而财政压力则是个人所得税发展的深层次原因。同时,随着各主要资本主义国家生产力水平的进一步提高,个人所得税的规模急剧扩大,相应地,其税制内容也逐渐完备,纳税人的数量逐渐增加,税率水平逐渐提高,累进税率结构逐渐普遍,个人所得税终于摆脱了临时税种的身份,逐渐成为固定税种,而且在财政收入中的比重逐渐增加。同时,在课税模式上,已经有了分类制、综合制和混合制的区别。

19世纪70年代至第一次世界大战前,主要资本主义国家完成了由自由资本主义向垄断资本主义的过渡,在这一阶段,各主要资本主义国家全面开征所得税。德国在1891年正式开征个人所得税,美国也于1913年开征个人所得税。同时,在20世纪20年代,英、法等帝国主义国家开始在其殖民地征收所得税。而拉美国家远离一战的战火硝烟,具备了开征所得税的经济基础,所以拉美国家和其他摆脱殖民统治的国家在这一时期也开始征收个人所得税。

个人所得税的税率水平在二战期间一直攀升,最高边际税率达到70%—80%,少数国家甚至达到95%,资本主义强国的个人所得税普遍成为"大众税",税种收入比重迅速提高,个人所得税在发达国家的税制中处于举足轻重的地位。

二战结束至20世纪70年代,是独立国家开征个人所得税的时期,也是个人所得税由分类制向综合制演变的重要时期,许多发展中国家独立后开征个人所得税,个人所得税在全球普及。政府在实践中越来越倚重个人所得税,1948年,美国、英国、法国、德国和日本这五个典型的资本主义强国,其个人所得税占其税收总收入的比重分别达到76.9%、47.6%、30.7%、39.3%、50.9%[①]。从市场经济国家实践看,在市场经济发展到一定程度后,个人所得税成为主体税种就具备了现实性。随着生产力水平的提高,大量工薪阶层也步入纳税人群体,个人所得税纳税人的普遍性,使得个人所得税税基拓宽,调节作用得以充分发挥。20世纪70年代的石油危机,各主要资本主义国家的财政状况日益紧张,同时,在战后建设"福利国家"的口号下,各发达国家都有大量转移支付项目,用于经济和社会的基本保障,缓解社会矛盾,财政支出大幅度增加,由此带来财政赤字迅速增加。70年代后期,资本主义国家经济陷入"滞胀",经济的停滞促使政府开始反思和调整个人所得税,人们也对个人所得税有了更深层的认识和理性的思考。

个人所得税诞生于产业革命的欧洲,英国最初创设所得税,并逐渐在欧洲其他资本主义强国得到普及。总体而言,个人所得税的确立在世界各国经历了一个漫长的时间。英国从1798年的"三部合成捐"开始到1874年确认为永久性的固定税种,其间经历了76年时间。德国从1808年决定开征个人所得税到1891年颁布真正的个人所得税法,其间经历了83年时间。法国从1848年提出实行所得税法到1914年正式开征,其间经历了66年时间。美国从1861年征收个人所得税到1913年最终确立个人所得税制度,其间经历了52年时间。个人所得税在各国开设的相当长的一段时间内,均受到各种力量的激烈抵制,几经反复,最终是靠法律甚至宪法的权威才得以确立。这些力量包括思想的、政治的、阶级或阶层的、既定法律框架的等等。由于生产力水平和社会发展水平差异性很大,已经

---

① 夏琛舸.所得税的历史分析和比较研究[M].大连:东北财经大学出版社,2003:56.

开征所得税的国家对于所得税的认知仍然处于探索阶段,而许多未开征的国家则采取观望的态度。

三、世界范围内个人所得税的改革

2008年国际金融危机爆发后,各国个人所得税政策出现了短暂的波动,为了解决财政赤字规模急剧扩大的问题,一部分国家推迟减税进程,如匈牙利将原计划在2009年实施的个人所得税减税改革推迟到2010年实施;一部分国家选择临时提高最高边际税率、增加对高收入阶层的征税,如英国、希腊、西班牙、葡萄牙、墨西哥和冰岛等国家提高了最高边际税率,而且提高幅度略高于下降幅度;一部分国家在国际金融危机爆发后从减税转为增税①。但在危机的影响逐渐消退后,全球个人所得税改革又回到减税的道路上,因为促使个人所得税减税的原动力——经济全球化发展背景下争夺高素质劳动力的税收竞争因素并未消失,政策目标再次回归效率与公平,以减轻劳动所得税负,促进劳动供给和经济发展。具体改革选择上表现为:将中低收入者作为主要减税对象,以降税率、窄税基的方式降低劳动所得税负。降低税率方面,2009年德国将最低个人所得税税率从15%降至14%;2015年法国取消了5.5%的最低档税率;2017年特朗普税改法案将最高税率从39.6%降至35%②。

相对于调整税率,近年涉及税基的改革力度显著加大,主要表现为增加对劳动所得的税收抵免,缩小税基。一些国家提高了基本免税额,2012年英国个税免征额从年收入7 045英镑上调至8 105英镑,2016年提高到11 000英镑,2020年个人所得税免征额为12 500英镑;德国在2018年将个人基本免征额提高到9 000欧元,2019年调高到9 168欧元,2020年上调至9 408欧元③,2021年进一步调高到9 744欧元;丹麦于2019年将个人免征额从46 000丹麦克朗提高到46 200丹麦克朗;除此之外,日本于2020年1月起将原仅适用于工薪阶层的10万日元的额外基本免征额推广至所有纳税人,以减少税收制度对不同类型工作之间选择的影响。一些国家采用专项税收抵免的方式,主要针对低收入劳动者、儿童及其他受抚养者、老人和残疾人等。如美国于2021年3月将每名儿童的抵免额从2 000美元增加至3 000美元或3 600美元(6周岁以下为3 600美元,6—17周岁为3 000美元);澳大利亚引入一项新的"中低收入抵免",2018—2022年期间给予每人1 080澳元的税收减免;以色列则增加了5岁以下儿童父母的税收抵免④。

此外,为了实现社会公平和增加税收收入,加强资本所得税征收成为主要趋势。如2013年奥巴马政府调高了高收入家庭的资本利得税率,对于收入超过40万美元的个人和收入超过45万美元的夫妇,其资本利得和股息税率从15%上调到20%;2018年冰岛将资本所得税率从20%提高到22%;荷兰则宣布从2021年起,将大量持股所得的税率从25%提高到28.5%。部分国家采用扩大税基的方式加强资本利得税的征收。如2018年英国将免税股

---

① 国家税务总局成都市税务局课题组.全球视野下我国个人所得税改革研究:比较、评估与优化[J].国际税收,2020(10):31.
② 张京萍.个人所得税改革国际发展趋势研究[J].国际税收,2018(11):22.
③ 胡怡建,等.个人所得税税制国际比较[M].北京:中国税务出版社,2017:73.
④ 张京萍.OECD个人所得税改革趋势研析[J].国际税收,2017(3):25-26.

息额从 5 000 英镑下调至 2 000 英镑;比利时将储蓄存款利息的免税门槛从 1 880 欧元下调至 960 欧元①。

此外,面向高级技术人才给予税收抵免成为近年的重要趋势。2018 年调整或新增高级技术人才专项税收抵免的国家有土耳其、挪威等,在此之前,一些国家已经引入了相关条款,如比利时对外国专家和研究人员所获得的源于国外的所得给予 20 年的豁免;西班牙对担任管理职务的外国雇员来源于国外的所得免税;移居法国的外国个人可在长达 8 年的时间内,就来源于国外的被动收入享受 50% 的免税②。

世界范围内个人所得税改革的背后,体现出促进就业和经济增长、保障社会公平已成为各国个人所得税改革的主要目标。同时,全球化背景下,税收竞争力日趋引起关注,出现了对高级技术人才的税收专项减免的新趋势,由此可见,如何通过本国税制争夺高素质劳动力,提升本国对人才的吸引力,成为世界范围内各国政府高度重视的命题。

第二节 西方主要市场经济国家个人所得税的历史发展

纵览世界各国的个人所得税发展,探寻个人所得税的发展规律,其集中考察对象是西方主要市场经济国家。因为西方国家的个人所得税普遍开征得比较早,发展也较为成熟,可以认为,个人所得税的成长与西方市场经济国家的成长历程紧密相连。因此,我们简要回顾西方市场经济国家个人所得税的发展脉络,即可管中窥豹。

一、西方市场经济国家个人所得税成长历程的简要回顾

1. 英国

英国是最早征收个人所得税的国家,也是最初创立所得税法的国家。18 世纪中后期,英国率先发生工业革命,出现了一系列重大发明和技术革新,蒸汽机、纺织机、铁路和轮船等的应用以及机器制造业的推广,使生产力飞速发展。英国首先完成了从手工劳动到机器大工业、从农业社会到工业社会和城市化的大转变。

作为最早征收个人所得税的国家,其契机是为了筹集第一次英法战争的费用,于 1799 年创立分类所得税制,由纳税人自行申报纳税。1799 年的分类所得税事实上来源于 1798 年的"三部合成捐",当时,被后人称为"所得税之父"的英国首相皮特为了缓解财政危机,创设一种新税,名为"三部合成捐"(Triple Assessment),以纳税人上年度的纳税额为计税基础,对富有的阶层课征重税,这是英国所得税的开端。该税将纳税人分为三类:第一,对仆役的

---

① 张京萍.个人所得税改革国际发展趋势研究[J].国际税收,2018(11):23-24.
② 国家税务总局成都市税务局课题组.全球视野下我国个人所得税改革研究:比较、评估与优化[J].国际税收,2020(10):31-38.

主人及马车、马匹的所有者课税;第二,对拥有钟表等贵重物品者课税;第三,对拥有房屋、土地等财产的所有者课税。三种课税都以纳税人上一年度所缴纳的货物税税额为计税依据,并有各种宽免、扣除规定①。"三部合成捐"虽然具有一定累进税的性质,但终因这种税征收漏洞多,实施不久即于1799年废止,改为分类所得税。1802年战争结束,即告废止。

1803年,第二次英法战争烽烟再起,为筹措战争费用,英国又修订开征所得税的条款,此次征税,由时任英国首相的亨利·埃丁顿主持,将所得分为A、B、C、D、E五类,采用1%—10%的累进税率,实行源泉课征,要求年所得超过一定标准的纳税人必须进行申报。针对逃税问题,采取"从源征收"制度。1816年战争结束,该税又告废止。经历了二十多年的空白后,1842年,英国财政大臣罗伯特·皮尔再度开征所得税,主要是由于英属殖民地印度掀起波澜壮阔的反抗其殖民统治的斗争,同时也是为了解决此前的战争遗留的财政赤字问题。在开征时,也宣称是临时税种,皮尔反对对富人实行高税负政策,认为高税负将使富人停止经营,甚至逃往国外。因此,他实行起征点制度,对低于150英镑的收入部分实行免税,只对高于150镑的收入部分征税,税率为3%。他沿用了埃丁顿的设计,但做了一些改动。该税采用比例税率,对于超过150英镑的所得部分按3%的税率课征,这对富人有利;同时,设立了特别委员会制度,其委员由税务专家担任,接受纳税人的咨询和复议申请;建立罚款制度,对有意不申报所得的纳税人处以50英镑的罚款。1874年,所得税正式成为英国一个稳定的法定税种。1907年,赫伯特·亨利·阿斯奎斯建立个人扣除制。1909年,财政大臣诺德·乔治在其"人民预算"中首次使用累进所得税概念。他提出开征超级税,以达到对高收入者加重征税的目的,该预算在1910年通过,个人所得税开始发挥调节功能。这是英国所得税发展历史上的具有划时代意义的革命。1929年,将分类综合课征改变为综合性的累进税制,以1965年为界,之前的所得税由普通所得税、利润税和附加税组成,纳税人包括个人和法人;之后,把对法人征收的所得税和利润税改为公司税。1973年又将所得税与附加税合并,实行统一的所得税制,并确立了统一的累进所得税率,但在基本的税率结构方面没有大的、实质性的改变。

20世纪70年代的石油危机导致凯恩斯主义的破产,各主要资本主义国家财政面临困境,赤字迅速增加,"福利国家"亦无法再运行下去。这种经济环境、社会困境亦促使各国对有关经济政策,包括税收制度进行一系列的变革。英国也不例外。1979年,英国保守党领袖撒切尔夫人上台不久,便以税收中立原则寻求简化税制的途径,进行了一系列的税制改革,其中包括对所得税实行了改革,降低了所得税,包括提高基础扣除额,降低基本税率和最高税率,提高投资所得附加税的起征点等。1988年,顺应当时世界潮流,进行了大幅度的减税:调整所得税的税率,由三级累进改为25%和40%的两级累进;增加资本利得税的扣除,调整继承税等。

英国首相布莱尔上台后,积极推行"新政",对英国宏观经济政策进行大刀阔斧的改革,将个人所得税税率再度调低,在1999年4月降为10%,为英国20世纪的最低点,同时,调高个人所得税的扣除额;实行由纳税人全面申报自核自缴制。2006年,英国税制改革的重点内容是调整个人所得税。改革方案的主要内容包括:一是调整个人所得税累进级次(仅调

---

① 夏琛舸.所得税的历史分析和比较研究[M].大连:东北财经大学出版社,2003:67.

整了各等级应纳税所得额的上限和下限,税率仍采用三级超额累进税率);二是提高宽免额,尤其是对老年人适用的宽免额的调整幅度较大;三是增加工资、薪金所得的税前扣除标准①。

2007年,英国进一步将基本税率降至20%。2011年,英国政府开始对收入超过150 000英镑的纳税义务人按50%的最高税率征收个人所得税,这意味着对高收入者边际税率的提高,这也是二十多年来首次对高税率做出调整。2013年4月起,该税率又降至45%,因为提升后的高税率没有实现财政收入增加的预期效果,还阻碍了企业投资的增长,不利于经济的发展②。而对于中低收入者,英国近年通过一系列调整不断降低他们的税负,2012年4月1日起,英国个税免征额从年收入7 045英镑上调至8 105英镑,2013年进一步调高至9 205英镑,2016年提高到11 000英镑,2020年个人所得税免征额已达到12 500英镑③。

2. 美国

美国是现行个人所得税制较为完备的国家。其个人所得税的征收始于1860—1865年的南北战争期间。为筹措南北战争的军费,1861年美国国会通过了第一部所得税法,该法于1862年生效,当时,主要对于年所得在600美元以上的个人征收,适用税率为3%,年所得在10 000美元以上的,税率则为5%。税款主要用于充实当时的战争军费。战争时,征收个人所得税能得到广泛支持主要出于两个原因:一是减轻通货膨胀压力,二是满足战争财政需要。但是,非战争期间征收个人所得税则被视为违宪。1872年,征收了十年的联邦个税因违宪而正式停征。1894年,为弥补关税降低给财政收入带来的损失重新开征所得税,美国国会通过的《威尔逊关税法》中包含一项允许征收所得税的修正案,规定对年收入超过4 000美元者的来自各类财产、租金、利息、股息或工薪、特许权、贸易、雇佣或行业的收益、利润和所得征收2%的所得税。然而,即使是如此低的税率,也受到了来自许多方面的极大反对,美国最高法院因此再次收到质疑直接税的起诉书。1895年,美国最高法院判决该所得税是直接税,以该税法违背联邦宪法的规定为据,裁决该税法违宪,是无效的,所得税再度废止。1909年,美国国会通过了税法,该法也是美国最高法院支持的第一部税法。同年,美国国会通过了第16次修正案。1913年,美国国会颁布税法,赋予国会对各类来源的所得征收个人所得税的权力,为所得税的开征扫清了宪法障碍。1913年实行1%—7%的个人所得税低税率累进结构,对于同一纳税人的各种所得,除去法定的扣除项目,按照一个统一的税率计算纳税。在所得税结构上是比例课税与累进课税相结合。但是,1913年关于个人所得课税的规定相当复杂,因而带来了操作层面的困难,很难按照此法规定准确计算个人所得税。此后,联邦所得税发展异常迅速,以第一次世界大战为契机大幅度提高了个人所得税税率,二战后,美国进入经济发展的黄金期,其世界头号经济强国的地位得以巩固和进一步加强,大幅度削减豁免项目,提高了税率档次。个人所得税收入也随着经济的增长而增长,在二战期间,1954年美国政府对以往有关税法特别是所得税税法做了一次较大的修订和补充,此后一直执行到20世纪80年代。

在两次世界大战中大发战争财的美国,经济实力飞速增长,经过短短的几十年的发展,

---

① 崔景华.欧洲主要发达国家近期税制改革动向及对我国的启示[J].欧洲研究,2007(4):98.
② 祝心怡.英国个人所得税的发展改革历程分析及经验借鉴[D].蚌埠:安徽财经大学,2017:37.
③ 李文.英国个人所得税反避税:立法、范畴及征管策略[J].税务与经济,2020(2):91-96.

成为世界头号资本主义强国。但是在20世纪70年代,同样面临着资本主义经济危机,经济陷入滞胀的局面。1981年当选的总统里根为了摆脱困境,提出了大规模的减税方案,经国会同意开始了税制改革。这次改革被标榜为所谓的"第二次美国革命",所得税的税率水平和累进程度大为降低。1981—1984年的4年中,个人所得税从原来的最低税率14%和最高税率70%,分别降为11%和50%。同时考虑通货膨胀因素,实行个税指数化。1986年,时任美国总统的里根在选择减税刺激经济复苏的同时,简化了过于烦琐的税制,进一步促进整个社会经济效率的改善。1986年10月,他签署了历史上被称为是"美国第二次革命的核心"的《税制改革法案》。该法案取消了诸多减免规定,扩大税基,对不同征税对象实行更为统一的税率体系。在里根的两个任期内,个人所得税税率由原来11%—50%的15级改为15%和28%两级,并提高了免税额和标准扣除额。里根的税制改革具有历史性的意义,是一次超越国界的对世界经济产生影响的全球性经济体制改革。这是自1913年美国建立所得税制度以来,对联邦税制做出的最大幅度的调整。在这个法案通过的时候,里根自信地表示,税率的全面下降,是美国人民和美国制度的一场胜利。

1993年,为实现社会和经济目标,克林顿政府进行了一系列税制改革,在税率的调整过程中比较注重课税的公平目标,在具体措施方面,适度提高个人所得税率,对低收入者给予税收减免。20世纪90年代,克林顿任期内经济的强劲增长和政府财政的大规模盈余使得小布什政府上台后得以继续推行减税政策。2001年5月26日,美国国会通过了布什总统提出的11年内减税1.35万亿美元减税法案,这是美国20年来幅度最大的一项减税计划。这项减税法案目标是消除税法中的不平等因素,确保美国经济的持续繁荣。法案为缴纳工薪税的低收入者提供退税,将1.35万亿美元减税计划中"27%"这一档个人所得税税率降到"25%"的时间提前4年,即从原定的2006年提前到2002年。

在这之后,美国形成和发展了完善的个人所得税制度,尤其是它在税务征管方面表现出的相对有效性也一直领先于其他国家。在税率方面,2009年,美国联邦个人所得税税率为六级,税率分别为10%、15%、25%、28%、33%、35%,实行超额累进,并针对不同类型的纳税人,设定不同应纳税所得额的范围和等级。

小布什政府之后,美国陷入次贷危机,经济急转直下,失业率激增,在这一背景下,奥巴马上台,并在经济、税收、能源、国防和环境等方面提出了一系列主张。在税收方面,白宫与共和党达成一致,推出了"避免悬崖法案",法案对大多数家庭减税,对高收入阶层实行不同程度的增税,以照顾中低收入群体的利益,主要内容包括:上调高收入家庭个人所得税税率和资本利得税率,从2013年开始向富裕家庭增税,对于收入超过40万美元的个人和收入超过45万美元的夫妇,其个人所得税税率从35%上调到39.6%,其资本利得和股息税从15%上调到20%;延长中产阶级个人所得税部分减免、新增课税豁免;对低收入群体继续实行税收减免,以及延长经修改过的AMT税制等。奥巴马的个人所得税改革主要是为了保护中产阶级和低收入家庭的利益,以缩小贫富差距,促进社会公平,同时借助税收杠杆的作用,为低收入家庭调节出更多的就业机会,帮助美国摆脱经济困境①。

---

① 肖艳辉.论奥巴马的新税政策对我国个人所得税制改革的启示[J].财经理论与实践,2010(1):78-82.

进入 21 世纪以来,伴随中国等新兴国家的迅速发展,美国经济占世界经济份额逐渐下滑,在这一背景下,提出"让美国再次伟大"的特朗普上台。提振美国经济以扭转美国相对综合经济实力下降趋势是特朗普大幅减税的主要动因之一。2017 年通过的《减税与就业法案》在个人所得税方面的改革措施主要包括:个税免征额大幅上调,单独申报额从原来的 6 350 美元提高至 12 000 美元,夫妻共同申报的报税额从 12 700 美元至 24 000 美元①,减轻了中产阶级家庭的税负;保留了七级累进税率,将个人所得税税率等级从 10%、15%、25%、28%、33%、35%、39.6%降低至 0%、12%、22%、24%、32%、35%和 37%,最高税率由 39.6%降为 37%②。一方面简化税制,便利了纳税人缴税,另一方面也促进了税收体制的公平公正。总体上看,个人所得税是特朗普税改法案中减税规模最大的税种。但是,由于税改法案中又包括了诸如取消个人免税额、降低了州和地方税扣除限额、降低房贷利息扣除标准等措施,使得个人所得税在减税的同时又增加了不少增税的因素,个人所得税的减税效果也大打折扣。而且,由于高收入纳税人涉及减税措施更多,个人所得税改革明显利于降低富豪阶层税负③。

3. 德国

1871 年,现代意义的德意志帝国成立,此前的德国由诸多邦国组成,处于封建格局的状态。当时,普鲁士作为德国的一个公国,在其首相施泰因当政期间,于 1808 年开征所得税,不久因地主贵族阶级的强烈反对而废止。1871 年,强大的普鲁士王国在俾斯麦的带领下实现了全德的统一,成立德意志帝国。当时存在不成文的"间接税归帝国,直接税归各州"的指导原则,个人所得税是一种直接税,由各州开征,帝国的征税权受到很大限制。1891 年,德国实行联邦制,给予地方更多的自主权。普鲁士通过改革,颁布了新的所得税法,所得税成为各州有效的财政工具和财政收入来源,新的所得税法规定纳税义务人为自然人和法人。对于自然人,将其所得划分为资本所得、土地财产所得、经营所得和劳动所得四类,综合计算应税所得。1918 年,德国在第一次世界大战中战败,德意志帝国崩溃,德国政体由联邦制改为共和制,地方分权逐渐让位于中央集权,1919 年 2 月建立魏玛共和国。魏玛宪法中规定,将所得税的征税权由各州转隶联邦政府。由于面临巨额战争赔款压力,1920 年,联邦政府颁布新的联邦所得税法,将原属于地方各邦的所得税正式划归联邦,将所得税划归中央税。1925 年,德国进行了较大规模的税制改革,实行了综合所得税制,将征税对象规定为个人总所得,各类来源的所得均需加总后计税;在采用超额累进税率的同时,还对国民最低生活费的标准进行了考虑,规定国民最低生活费标准,并对各类工资所得实行各种宽免。

1945 年,德国在第二次世界大战中战败投降。1949 年 5 月,美、英、法控制的西占区成立了德意志联邦共和国(简称"联邦德国")。联邦德国政府的所得税又变成了州税,同年 10 月,东部的苏占区相应成立了德意志民主共和国(简称"民主德国")。德国从此正式分裂为两个主权国家。二战后的重建阶段,德国政府连续减税,1958 年,联邦德国政府改革税制。由于所得税制度中,宽免额较少,其税率结构比较特殊,第一级和最高一级所得适用于相应

---

① 单希彦.特朗普税改对我国经济的影响及对策[J].中南财经政法大学学报,2018(6):97-101.
② 李敬,等.特朗普税改的世界影响及我国对策[J].管理世界,2018(34):59-67+79.
③ 黄立新.特朗普税改法案的总体评析[J].税务研究,2018(1):18-24.

的边际税率,中间级距的所得适用于累进税率;联邦德国对所得税法进一步改革,所得税制日臻完善,在联邦德国税收收入总额中所得税收入的比重始终维持在40%以上。1990年,分裂40多年的德国实现了重新统一。即使在两德统一后,以所得税为主体的德国税收收入格局也未发生多大变化。目前,所得税的有关立法由联邦进行,具体征管由各州负责。

德国从2000年开始进行个人所得税改革,个人所得税的比例每年都要调整。2008年,德国个人所得税起征点从6 322欧元提升到7 664欧元,最低税率由25.9%降为15%,最高税率从53%降到42%。

为应对经济危机,2008年12月5日,德国联邦议会批准的"一揽子"经济刺激计划中,关于个人所得税的措施如下:一是自雇个人针对家庭修理提供服务的最大抵税额提高至1 200欧元;二是为环保小汽车的购买者提供优惠①。

2009年,德国联邦议会批准了第二套经济刺激方案。关于个人所得税的主要措施包括:基本免征额从7 664欧元进一步提高至7 834欧元,该免征额从2010年进一步提高至8 004欧元;最低个人所得税税率从15%降至14%;调整税率适用区间以进行税收减免;强制性医疗保险缴费率从15.5降至14.9;有子女家庭将获得100欧元的一次性儿童补贴②。

为进一步降低纳税人的税收负担,2012年德国联邦议会上院批准了政府增加个人免税津贴计划。从2013年1月1日起,免税津贴将追溯性地增加至8 130欧元,增加了126欧元;从2014年起,免税津贴进一步提高到8 534欧元③。2016年10月,德国政府公布了未来两年个税改革法案。法案规定,抚养子女的扣除额也将由原来的4 608欧元增加到2017年的4 716欧元,2018年进一步增加到4 788欧元,一定程度减轻了德国普通家庭的税收负担;2017年德国公民个人收入的费用扣除标准将由8 652欧元增加到8 820欧元,2018年进一步增加到9 000欧元④,2019年为9 168欧元,2020年为9 408欧元⑤,2021年已调高到9 744欧元⑥。

4. 法国

法国个人所得税立法的基本原则起源于法国1789年的《人权和公民权宣言》。法国很早就有实行所得税法的倡议,1848年就提出了实行所得税的法案,即《税收总法典》,这是现行法国个人所得税的法律依据。该法典包括两个部分:法律部分和法规部分。法律部分第1篇中的第1章就是关于个人所得税的规定。19世纪80年代以后,法国社会贫富差距日益悬殊,社会矛盾加剧,要求改革税法、纠正分配不公的呼声甚高,但受到自由思想的抵制及其各种政治力量的反对,始终未能付诸行动。直至1914年,由于第一次世界大战即将爆发,亟须开辟财源以适应急迫的财政需要,争议达数十年之久的开征所得税问题

---

① 中国国际税收研究会.世界税收发展研究报告(2008年)[M].北京:中国税务出版社,2009.
② 中国国际税收研究会.世界税收发展研究报告(2009年)[M].北京:中国税务出版社,2010.
③ 胡怡建,等.个人所得税税制国际比较[M].北京:中国税务出版社,2017:73.
④ 袁建国.国外个人所得税改革趋势及借鉴[J].税务研究,2017(7):54-58.
⑤ 付伯颖.国际视角下个人所得税改革趋势评析[J].地方财政研究,2021(5):91-98.
⑥ 数据来源:IBFD。

才终获解决。

1914年法国正式开征的所得税是一种综合所得税,1916年提高税率、降低免征额,但效果不佳,于是次年又进行较大的改革,创设分类所得税制,并对综合所得税制进行修正,其后不断改进,直到1926年所得税体系框架基本建立起来。1959年对所得税法进行重大改革,其中主要是改分类所得税制度为综合所得税制度。1959年税制改革前,法国对个人的分类所得征收比例税,对全部所得征收累进的附加税。1959年改为统一的个人所得税,同时,为了弥补收入的不足,还征收了附加税。附加税于1971年废止。1971年将个人所得税法改为所得税法,改革后的所得税发展很快,不久即成为法国税收收入的重要来源。2007年法国全面推进所得税减税政策,改革目标是通过简化税率表、降低税率来减轻中产阶级的税收负担,减税方案将原六级超额累进税率改为四级,最高和最低边际税率分别为40%和5.5%。

法国总统奥朗德曾公开表示"不喜欢有钱人",2012年5月上台后税收政策就一改再改,不断向富人增税。奥朗德在2013年实行"超级富人税",即对年薪超过100万欧元的富人征收税率为75%的个人所得税,导致了许多高收入群体为逃避高额税收而更改国籍、移民海外,造成严重的资本外流、就业岗位丧失和税基萎缩,法国经济陷入低迷。该政策实施之后,"超级富人"税收收入在2013年和2014年分别只有2.6亿欧元和1.6亿欧元。之后,奥朗德政府取消了该税,以减轻企业负担,刺激经济增长。2015年起,法国不再对年收入超过100万欧元的高收入群体征收"超级富人税"[1]。此外,2015年1月1日起,法国个人所得税免征额上调至年收入9 690欧元,取消了之前年收入6 011—11 991欧元的5.5%的最低档税率,以进一步兼顾公平与效率。此次调整减轻了较低收入家庭的税收负担,但同时,对于年收入9 690—11 990欧元的家庭来说,征税比率从5.5%提高到了14%[2]。目前法国的免征额已上调至年收入9 964欧元,同时保持原先的0、14%、30%、41%、45%五级累进税率[3]。

5. 日本

1887年,日本开征个人所得税,其主要原因是面临财政支出的压力,同时也是为了平衡产业之间的税负不均衡。日本自明治维新后,以军事工业为主导的工商业有所发展,非农部门出现了许多高收入者,税负很轻,于是,在1887年开征的个人所得税中即以高收入者为课税对象,起征点定在300万元以上,税率为1%—5%的5级累进税率。1913年,日本提高了个人所得税的税率,适用2.5%—22%的14级累进税率。1920年实行0.5%—36%的21级累进税率。1930年以后,所得税开始成为日本的主要税种。1940年,日本开始对所得税进行了较大规模的改革,其中,将个人所得分为6类,并分别实行不同的税率,此后,个人所得税的税率不断提高。1950年,日本政府在个人所得税的改革方面,将纳税人由原来的家庭改为个人,实行综合所得税基;降低最高税率,由22%—85%的14级税率改为20%—55%的8级税率。自20世纪60年代,日本政府开始减免个人所得税,进入

---

[1] 胡怡建,等.个人所得税税制国际比较[M].北京:中国税务出版社,2017:50.
[2] 数据来源:法国税务局官网。
[3] 数据来源:IBFD。

70年代后,日本则进一步加强个人所得税的减税。1987年9月,日本将个人所得税由10.5%—70%的15级税率调整为10.5%—60%的12级,同年12月,日本国会又通过了一个大规模的税制改革法案。在个人所得税方面,降低税率,从10.5%—60%的12级降至10%—50%的5级。进入90年代,日本国民依然感觉个人所得税负担沉重,要求进一步调整个人所得税。1994年11月,日本国会通过税制改革法案。在所得税方面,着重减轻对普通人的课税:一是降低税率的累进程度,二是提高个人所得税的起征点。日本这次税制改革是战后第一次全面的改革,以公平、公正、简化为原则,重点是解决主要纳税者阶层"重税感"和"不公平感",并被称为是根本性的税制改革。日本针对个人所得征收的税,国税称为个人所得税,地税称为住民税。日本政府1998年11月宣布促进经济发展的一揽子税收改革方案,中央个人所得税最高税率从50%降低至37%,地方住民税的最高税率也从15%降低至13%。

2007年,日本对个人所得税率进行了修改。在国税的个人所得税方面,税率级数由原来的四个级次(90年代曾把五个级次调整为四个级次)改为六个级次,最高税率从37%上调至40%,最低税率由10%下调至5%。在地税的个人住民税方面,由过去5%、10%和13%三个级次的累进税率,改为按所得收入的10%统一课税①。2015年起,日本进一步修改税率,综合所得开始适用5%—45%的七级超额累进税率(参照表1-1);分离课税的所得多实行比例税率或者累进程度降低的累进税率,例如利息所得实行15%的比例税率;红利所得根据具体情况实行20%或者35%的比例税率;财产转让所得实行四档超额累进税率②。

表1-1　日本个人所得税的现行税率

综合所得额	税率
195万日元以下	5%
195万—330万日元	10%
330万—695万日元	20%
695万—900万日元	23%
900万—1 800万日元	33%
1 800万—4 000万日元	40%
4 000万以上	45%

一方面,为了鼓励国民投资证券市场,日本自2014年1月起对小额投资不再征税,即对个人股票、信托资产等的转让、分红所得等免税,年度非课税额上限为100万日元。2015年起,该规定将年度非课税额上限从100万日元提高至120万日元,且为了鼓励年轻人投资,

---

①　魏全平.日本个人所得税制改革及其对中国的启示[J].日本研究,2008(3):41-45.
②　数据来源:IBFD.

规定允许未满20岁的未成年人开设股票等账户,对于其账户内股票等的分红所得、转让所得等免税,年度非课税额上限为80万日元①。另一方面,日本政府加大了对移民海外富裕阶层的征税力度。针对持有巨额金融资产并移民到不征收金融资产收益税的国家或地区的居民,规定从2015年7月1日起,对移民海外持有高额金融资产(1亿日元以上)的阶层,政府对其股票等收益征收所得税;对有意回国的国民告知纳税缓缴期限,期限内如未转让金融资产可以免缴收益税,但如果在规定期限内没有回国,日本政府将通过移民国政府对其征税。同时,日本政府还要求在海外持有5 000万日元以上资产的日本国民,必须主动向税务部门申报,以加大对向海外转移资产者的纳税监督力度②。

2018年,为了促进经济增长,日本确定税制改革大纲。在个人所得税方面,向年收入超过850万日元的工薪阶层增税,增税额共计约900亿日元,该增税在2020年1月正式生效。同时,日本于2020年1月起将原仅适用于工薪阶层的10万日元的额外基本免税额推广至所有纳税人,以减少税收制度对不同类型工作之间选择的影响③。

历经长达130多年的不断摸索和改革,日本构建了较为成熟的个人所得税制度体系,现行税制为分类加综合的税制模式,采取多层次多样化的费用扣除和超额累进税率体现个人所得税较强的调节收入分配的职能④。

二、西方主要发达国家个人所得税历史发展的逻辑和启示

西方主要发达国家作为成熟的市场经济国家,个税伴随着市场经济的成熟逐渐发展,而个税改革的背后事实上是对于个人权利和义务的尊重,是对于社会的整体福利和社会价值理念的追随的结果,也是国家与个体之间关系的动态演绎。

个税改革推动了个人所得税的历史发展,是个人所得税发展的内部动因。而每个国家对于个税改革的最初动因和目的都不一样,个税改革并没有一个完全统一的模式可供遵循。各国应结合本国的实际情况进行改革,在设计税制改革目标、选择税制改革方向和制定税制改革方案时,以国内外的现实条件为出发点,充分考虑本国的政治与经济体制特征和所处的经济发展阶段。个人所得税的改革是动态的、渐进的调整过程。发达国家的税制改革在20世纪80年代强调税收中性,大量简化税制,而在20世纪末则转向追求中性与税收调节功能相结合的原则,注重税收与国家宏观经济政策的协调搭配。

西方主要发达国家个人所得税的发展历程启示我们:对于个人所得税政策的调整既要立足于我国现实,又要积极借鉴西方个人所得税发展的历史经验,从而设计出符合我国国情的个人所得税制改革的目标和方案,以推动经济发展。

---

① 吴小强.日本最新税改评介[J].税务研究,2015(5):121-123.
② 胡怡建,等.个人所得税税制国际比较[M].北京:中国税务出版社,2017:289.
③ 日本将对部分工薪阶层增税 2020年初开始实施[EB/OL].[2022-03-10]. http://www.chinanews.com/gj/2017/12-07/8394641.shtml.
④ 胥玲.日本个人所得税:制度、实践与启示[J].国际税收,2019(9):29-34.

第三节　我国个人所得税的历史发展

个人所得税在中国的发展历史相对比较短,由于历史原因,其间经历了一段长期的空白,直至1980年才开始确立。个人所得税制经历了不断调整的过程。本节简要回顾个人所得税在我国的历史发展概况。

一、新中国成立前我国的个人所得税

如果追溯个人所得税在中国的历史,1909年清政府草拟的《所得税章程》可以作为我国个人所得税的起源,但是,这比西方至少落后了110年,《所得税章程》中包括了对个人所得征税的内容,但是最终由于清朝的灭亡而未能公布施行。1914年1月11日,北洋政府公布了我国第一个《所得税条例》,时值第一次世界大战爆发,而在此之前,我国国内已经长期处于战争之中。连年的战乱使得政府开支大为增加,政府财政收入捉襟见肘。北洋政府只有想方设法另立名目征税,而个人所得税此时已经在世界多个国家开征,因此为北洋政府开征个人所得税提供了契机。当然,这部法规由于当时动荡的局势而最终未能实施。1928年,国民政府第一次全国财政会议通过了由财政部在对1914年的《所得税条例》进行修正基础上拟定的《所得税条例(草案)》及其施行细则,对个人所得范围做了明确规定及划分:一为经营农工商业利益之所得;二为土地房屋之所得;三为股票及债券利息之所得;四为资本红利之所得;五为各项薪给报酬之所得;六为国家及地方官吏薪俸、年金及给予金之所得;七为不属于前列的各项之所得。当时考虑到所得税课税范围极为广泛,征管程序繁杂,故在最初的执行过程中将各项所得划分为先行课税、暂缓课税、从缓课税三种形式。1936年时局日趋恶化,为了整顿财源,国民政府颁布了《所得税暂行条例》及其细则,对所得税的课税范围、免税项目、税率及征收方法等做了进一步详细规定。虽然《所得税暂行条例》存在着许多不足,但这毕竟迈开了中国现代税制建设艰难的第一步,有力地推动了中国从旧式税制向新式税制的演变①。1936年,国民政府又提出《所得税法案》,次年,立法院通过《所得税暂行条例》,行政院颁布《所得税暂行条例细则》,个人所得税制即行实施,开征薪给报酬所得税、证券存款利息所得税。这样,中国历史上才第一次真正开征个人所得税。

二、新中国成立后至1979年我国的个人所得税

中华人民共和国成立之初,百废待兴,国家经济面临着巨大的困难,为了迅速恢复国民经济,建立全国统一的政治、社会和经济制度,巩固刚建立的新中国,提供保证国家机器正常

---

① 中国财政现代化模式的历程——民国时期(1912—1937)财税改革问题对话[EB/OL].[2022-03-10]. http://www.crifs.org.cn.

运转所必需的财力,必须加强税收工作,废除原国民党政府的旧税制,统一税法,统一税收政策,建立起新的税收制度和税务组织机构。1949 年 11 月,中央人民政府财经委员会和财政部在北京召开首届全国税务会议,根据《中国人民政治协商会议共同纲领》第 40 条"国家税收政策,应以保障革命战争的供给、照顾生产的恢复和发展及国家建设的需要为原则,简化税制,实行合理负担"的精神,全面研究了统一全国税政,制定统一新税法和建立统一税务机构等问题。会议草拟了《全国税政实施要则》,并草拟了全国统一的税法。会议还制定了全国各级税务机关组织规章草案,建立统一的税收机构,中央一级设税务总局,受财政部领导,各级税务局受上级局与同级政府双重领导。

1950 年 1 月,政务院总理周恩来签署政务院通令,颁布《关于统一全国税政的决定》,同意以《全国税政实施要则》作为今后整理和统一全国税政、税务的指导性法规和具体方案,并要求各级人民政府和财政、税务机关一致执行。同时发布了《全国税政实施要则》和《全国各级税务机关暂行组织规程》,明确规定了新中国的税收政策、税收制度和税务机构建立的原则。按照《全国税政实施要则》的规定,除农业税外,全国征收 14 种中央税和地方税,即货物税、工商业税、盐税、关税、薪给报酬所得税、存款利息所得税、印花税、遗产税、交易税、屠宰税、地产税、房产税、特种消费行为税。其中,"薪给报酬所得税"和"存款利息所得税"为个人所得税课税的税种。此后,政务院陆续公布了各有关税收的暂行条例,在全国范围内统一执行,并对地区性的税收法规进行了整理,迅速建立起全国统一的新税制和税务工作体系。1950 年 7 月,国家对税收做了进一步调整,调整的内容主要包括:减并税种,把房产税和地产税合并为城市房地产税;决定薪给报酬所得税和遗产税暂不开征。同年 12 月,存款利息所得税改为利息所得税,利息税从 1950 年开征后每年大约取得财政收入 1 000 万元,1959 年停征。

由于我国生产力和人均收入水平低,实行低工资制,虽然有设立个人所得税的设想,却一直没有开征。1955 年 8 月,第五届全国税务会议召开,会议提出了开征个人所得税的建议,草拟了《关于个人所得税的方案》,方案中确定了个人所得税的征税范围和征税原则,同时,还对个人所得税的征免做了界定,并拟于 1956 年开征,后来中共中央决定将此税推迟到第二个五年计划时期再考虑开征。此后,长期的低工资制度,加上"文化大革命"中取消了稿酬,使薪金报酬所得税失去了课税基础。

新中国成立后的很长一段时间内,我国都没有建立独立的个人所得税制度,当然其主要原因在于我国实行高度集中的计划经济体制,个人收入分配制度简单,收入来源单一,个人收入水平较低,收入差距也不大。为了照顾广大职工工资收入较低的情况,加上历史上重工商税和土地税的思想,所得税并未受到重视。直至 1980 年之前,我国再也没有开征过个人所得税类的税种。

三、经济体制改革以来我国个人所得税制的演变

(一)个人所得税制建立的背景

1978 年 12 月,党的十一届三中全会吹响了中国社会变革的号角,经济体制改革开始启动,为个人所得税制的建立提供了契机。对外开放成为一项基本国策,国门刚刚打开,部分

外企开始进入中国投资,国内出现了大量外籍管理人员和工程师,他们的工资普遍非常高,纳税能力比较强,而在个人所得税的征收方面,我们国家还是一片空白。而实际上,我国国民到国外投资和工作,要向其所在的国家缴纳税收。根据对等原则,我们对于外企这部分高收入人群,也应该征收个人所得税,否则将损害我国的基本权益。而且对高收入的人群征收个人所得税也是遵循国际惯例。同时,我国在收入分配制度上进行了一定的改革,恢复稿酬制度,允许医疗行业个体开业,取得独立劳务报酬的居民开始增多,同时有些个人在涉外企业工作的收入也较高。当全社会的个人收入水平普遍到了相当高的程度,对个人普遍征收所得税成为可能。面对如此形势,也为了适应改革开放的政策,个人所得税的征收开始列入议事日程。提出开征个人所得税的动议,还有一点极为重要的原因就是当时认为个人所得税的主要纳税人并非是中国居民,开征个人所得税并不能动摇我国原有的人事体制框架。此后,国家相继制定和颁布了一系列个人所得税的政策。

(二)1980年开征的个人所得税及其特点分析

1980年9月10日,由第五届全国人民代表大会第三次会议通过了《中华人民共和国个人所得税法》,由此,新中国第一部个人所得税税法诞生。同年12月,《中华人民共和国个人所得税法实施细则》公布。作为第一部个人所得税法,规定了纳税义务人的条件、税率、宽免项、各项应纳税所得额的计算方法,以及税务稽查、税务诉讼等事宜。1980年税法采用的是分类所得税制,对于工资薪金采用七级超额累进税率。根据当时这部税法,实际纳税人为高收入阶层,尤其是在中国境内取得收入的外籍人员。因为1980年的统计公报显示,城镇职工人均年工资收入762元,据估算,当时城市居民人均月收入约为40元。《个人所得税法》的公布实施,对于在国际经济交往中合理地实施我国的税收管辖权,维护国家税收权益,维护税法尊严,按照平等互利原则处理国家间的税收权益和鼓励外籍人员来华从事业务等,都有着积极的意义。

1980年开征的个人所得税有如下几个特点:第一,实行分类征收,应纳个人所得税的各项分别为:工资、薪金所得;劳务报酬所得;特许权使用费所得;利息、股息、红利所得;财产租赁所得;经中华人民共和国财政部确定征税的其他所得。第二,实行累进税率和比例税率并用。工资、薪金所得,适用超额累进税率,税率为5%—45%。劳务报酬所得,特许权使用费所得,利息、股息、红利所得,财产租赁所得和其他所得,适用比例税率,税率为20%。第三,费用减除额比较宽。根据税法规定,工资、薪金所得,按每月收入减除费用800元,就超过800元的部分纳税。第四,采用源泉扣缴和自行申报两种征收方法。税法规定,个人所得税以所得人为纳税义务人,以支付所得的单位为扣缴义务人。没有扣缴义务人的,由纳税义务人自行申报纳税。第五,计算相对简便。由于税法对于征收项目分类科目清晰,采用相应的税率即可计算得出应纳税额。

(三)1986年开征的城乡个体工商业户所得税

1978年12月,党的十一届三中全会胜利召开,随之而来的改革开放浪潮推动我国个体经济迅速发展,其对于繁荣市场、扩大就业、满足人民的多层次需求发挥了积极而重要的作用。最初,对个体经济也按集体企业适用的原八级超额累进税率征税。但在执行过程中暴露出了一些问题:一是制度不统一,地区间税负不公平;二是征管方面漏洞多,在宏观上不利于对个体工商业户进行收入分配角度的调节。为了更好地调节个体工商户的收入水平,保护其合法利益,国务院1986年1月颁布实施的《中华人民共和国城乡个体工商业户所得税暂行条例》,规定了该税的纳税义务人是从事工业、商业、服务业、建筑安装业、交通运输业以及其他行业,经工商行政管理部门批准开业的城乡个体工商业户。计税依据纳税人的应纳税所得额,规定应纳税所得额为纳税人每一纳税年度的收入总额,减除成本、费用、工资、损失以及国家允许在所得税前列支的税金后的余额。在税率方面依照"十级超额累进所得税税率表"计算征收,体现了公平税负、鼓励竞争、加强管理的原则。

(四) 1987年开征的个人收入调节税

党的十一届三中全会以后,我国个人收入情况发生了很大变化。一是收入水平普遍提高,二是收入来源渠道增加。由过去以工资为主要收入来源转变为除工资外,还有各种奖金、劳务报酬、技术转让收入、承包收入以及股息红利收入等。个人收入差距急剧扩大,城镇居民家庭人均可支配收入为739.1元,农村居民家庭人均纯收入为397.6元[①],同时,部分个体收入水平急剧提高,在这种情况下如果不单独予以征收,对于我国纳税人意识的培养也是不利的。为调节中国公民的收入水平,缓解社会分配不公,决定开始对我国一般公民征收个人收入调节税。

1986年9月25日,国务院发布《中华人民共和国个人收入调节税暂行条例》,规定对本国公民的个人收入统一征收个人收入调节税。《暂行条例》规定,征税对象为工资、薪金收入,承包、转包收入,劳务报酬收入,财产租赁收入,专利权的转让、专利实施许可和非专利技术提供、转让取得的收入,投稿、翻译取得的收入,利息、股息、红利收入,经财政部确定征税的其他收入。根据收入来源,税率分别采用超倍累进税率和比例税率。将个人收入按全国不同类别的工资地区(工资类别地区按国家统一规定)划分为四个档次,每个档次都确定一个计税基数,以这个基数为一倍,未超过基数三倍的部分不征税,从超过基数三倍的部分起,按不同超倍数采用不同累进税率计。此次开征的个人收入调节税于1994年废止。个人收入调节税与个人所得税相比,发生了一些变化。在征税范围上,增加了承包、转包收入,专利权的转让、专利实施许可和非专利技术的提供、转让取得的收入,投稿、翻译取得的收入三项;在税率和计税方法上,工资、薪金收入,承包、转包收入,劳务报酬收入,财产租赁收入合并为综合收入,按照地区计税基数核算,按月计征。纳税人月综合收入额超过地区计税基数的,就其超基数的三倍以上的部分,按照超倍累进税率征收个人收入调节税。而其余项如投稿、翻译,专利权的转让、专利实施许可和非专利技术的提供、转让取得的收入,每次收入不满4 000元的,减除费用800元;4 000元以上的,减除20%的费用,然后就其余额按比例税率20%征税。利息、股息、红利收入,就每次收入额按比例税率20%征税。超倍累进税率的计算公式:个人收入调节税应纳税额=综合收入额×适用税率-速算扣除数。个人收入调节税的规定非常复杂,计算非常烦琐,其意义在于实际上降低了征税标准。1986年,国有经济单位实际月工资为108.9元[②]。而根据纳税人月综合收入额超过地区计税基数的,就其超基数的三倍以上的部分,按照超倍累进税率征收个人收入调节税,因此,免征额为四倍于该数目的400元,《人民日报》当时在解读这一条例的时候说:"绝大多数公民不在缴纳之列。"

---

① 国家统计局.中国统计年鉴1996[M].北京:中国统计出版社,1996.
② 同上。

在这一时期,我国对个人所得的征税同时适用《个人所得税法》《个人收入调节税暂行条例》和《中华人民共和国城乡个体工商业户所得税暂行条例》等三项法律法规。外籍人员按《个人所得税法》纳税,中国公民按《个人收入调节税暂行条例》纳税,个体工商业户按《中华人民共和国城乡个体工商业户所得税暂行条例》纳税。其中,外籍人员适用5%—45%的六级超额累进税率,中国公民适用20%—60%的五级超额累进税率,个体工商业户适用7%—60%的十级超额累进税率,另对纳税人全年应纳税所得额超过5万元的,就其超过部分加征10%—40%的所得税款。该时期个人所得税体现的是内外有别、抑制私营经济发展的思想,与社会主义市场经济对税制统一、公平、简化的要求相差甚远,难以适应当时市场经济发展的需要,改革迫在眉睫。

四、1993年后的个人所得税制

(一) 1994年的个人所得税

20世纪90年代以后,我国市场经济改革目标更加明确,伴随着市场经济的确立,要求税法统一、税负公平、税制简化和改革的呼声越来越高。为适应经济形势的发展要求,按照统一税法、公平税负、简化税制、合理分权的原则,力图理顺分配关系,保障财政收入,建立符合社会主义市场经济要求的税收体系。

1993年10月31日,第八届全国人民代表大会常务委员会第四次会议对1980年的《个人所得税法》进行了第一次修正,审议通过了《全国人民代表大会常务委员会关于修改〈中华人民共和国个人所得税法〉的决定》,将《中华人民共和国个人所得税法》《中华人民共和国城乡个体工商业户所得税暂行条例》以及《中华人民共和国个人收入调节税暂行条例》三部税收法规合并,发布了新修改的《中华人民共和国个人所得税法》(简称个税法)并于1994年1月1日起施行;1994年1月28日,国务院配套发布了《中华人民共和国个人所得税法实施条例》。新个税法实行的个人所得税制度对原来的个人所得税制度进行了全面改革,从纳税人、征税项目、免税项目、税率、费用扣除等方面加以完善。增列"个体工商户的生产、经营所得""对企事业单位的承包经营、承租经营所得""财产转让所得""偶然所得""稿酬所得"五个征税项目。参考借鉴各国扩大个人所得税税基的改革,并结合我国国情,将其拓宽到11类,即:工资、薪金所得;个体工商户的生产、经营所得;对企业事业单位的承包经营、承租经营所得;劳务报酬所得;稿酬所得;特许权使用费所得;利息、股息、红利所得;财产租赁所得;财产转让所得;偶然所得;经财政部确定征收的其他所得。规定不分内、外,所有中国居民和有来源于中国所得的非居民,均应依法缴纳个人所得税。费用扣除额调整为800元,外国在华工作人员上调为4 000元,对教育、卫生、体育和环保等方面的奖金给予免税,国债、国家发行的金融债券利息所得免税,调整费用扣除标准,外籍人员的总扣除额达到每月4 000元,调整适应税率及级距。新的个税法正式颁布实施,简化了中国个人所得税制,提高了执行效率,对于调节个人收入水平、增加国家财政收入、促进对外经济技术合作与交流起到了积极作用,但也暴露出一些问题,主要是按内外分设两套税制、税政不统一、税负不够合理。但是,通过统一税法、降低税率、拓宽税基,使个人所得税更加规范、简便、公平,从而实现了个人所得税双轨制向内外统一税制的转变,初步建立起适应社会主义市场经济体制的个人所得税制,标志着我国个人所得税制建设已进入规范化阶段。

(二) 个人所得税的若干次调整

从1996年开始,我国经济进入下滑轨道。为扩大内需,刺激消费,1999年8月30日,第九届全国人民代表大会常务委员会第十一次会议决定对个税法进行第二次修正,通过《关于修改〈中华人民共和国个人所得税法〉的决定》,把个税法第四条第二款"储蓄存款利息"免征个人所得税项目删去,开征"个人储蓄存款利息所得税",并于当日公布生效。对储蓄存款在1999年11月1日后产生的利息所得征收20%的个人所得税,以结付利息的储蓄机构为扣缴义务人,实行代扣代缴;对个人取得的教育储蓄存款利息所得以及国务院财政部门确定的其他专项储蓄存款或者储蓄性专项基金存款的利息所得,免征个人所得税。而同时,个人收入普遍有所增加,几乎所有工薪阶层都被纳入个人所得税征收对象,工薪阶层由于收入来源单一、实行代扣代缴制,完税率最高。据统计,1994年,我国工薪项目个税32.13亿元,占个税总收入的44.21%;2000年工薪阶层缴纳283亿元,占全国个税660亿元的42.86%;2004年,全国个人所得税收入为1 737.05亿元,其中65%来源于工资、薪金所得,中低收入者又占了绝大多数。2005年,工薪阶层为个税总收入贡献了60%的份额,而富裕阶层的纳税份额不到10%[①]。

为鼓励个人投资、公平税负和完善所得税制度,2000年9月,财政部、国家税务总局根据《国务院关于个人独资企业和合伙企业征收所得税问题的通知》有关"对个人独资企业和合伙企业停征企业所得税,只对其投资者的经营所得征收个人所得税"的规定,制定了《关于个人独资企业和合伙企业投资者征收个人所得税的规定》(简称《规定》)。《规定》明确从2000年1月1日起,对个人独资企业和合伙企业停征企业所得税,只对其投资者的经营所得征收个人所得税,个人独资企业和合伙企业投资者将依法缴纳个人所得税。这一次重大政策调整既为个人独资企业和合伙企业的发展创造了条件,又有利于进一步加强所得税的征收管理。

为适应改革开放和经济发展的现状及个人所得税纳税人收入现状,2002年1月1日,个人所得税收入由原来的地方税转为共享税,实行中央与地方按比例分享。2002年确定的分享比例是中央与地方各分享50%,2003年改为中央分享60%,地方分享40%,以后另定。

2005年9月27日,全国人大常委会举行个人所得税工薪所得减除额标准立法听证会。2005年10月27日,第十届全国人民代表大会常务委员会第十八次会议审议通过《关于修改〈中华人民共和国个人所得税法〉的决定》,自2006年1月1日起施行。此次修正将工薪所得费用扣除标准从每月800元提高到1 600元,同时规定个人自行纳税申报事宜,规定"个人所得超过国务院规定数额的,在两处以上取得工资、薪金所得或者没有扣缴义务人的,以及具有国务院规定的其他情形的,纳税义务人应当按照国家规定办理纳税申报"。但"国务院规定数额"并没有明确,所以当年并没有实行个税自行申报。2006年11月8日,国家税务总局印发了《个人所得税自行纳税申报办法(试行)》(简称《办法》)。《办法》明确规定,年所得12万元以上的纳税人,无论取得的各项所得是否已足额缴纳了个人所得税,均应当在纳税

---

① 中国人税负现状分析[EB/OL].[2022-03-10]. http://news.sina.com.cn/c/2007-05-25/151913076437.shtml.

年度终了后三个月内向主管税务机关办理纳税申报其年所得额、应纳税额、已缴(纳)税额、抵扣税额、应补(退)税额和相关个人基础信息。这在当时被称为"开启我国个税改革大门"之举。

2007年6月29日,第十届全国人民代表大会常务委员会第二十八次会议对个人所得税法进行了第四次修正,授权国务院根据需要规定对储蓄存款利息所得个人所得税的开征、减征及其具体办法。2007年12月29日,第十届全国人民代表大会常务委员会第三十一次会议对个人所得税法进行了第五次修正,表决通过了关于修改《个人所得税法》的决定,个人所得税工薪所得减除费用标准自2008年3月1日起由1 600元提高到2 000元。

2011年6月30日,第十一届全国人民代表大会常务委员会第二十一次会议对个人所得税法进行了第六次修正,此次修正把免征额由原来的2 000元提高到3 500元,并同时把九级超额累进税率改为七级超额累进税率。2018年8月31日,第十三届全国人民代表大会常务委员会第五次会议对我国个人所得税法进行了第七次修正,此次修正内容非常多,不仅把免征额由3 500元提高到了5 000元,而且第一次引入了专项附加扣除,最重大的改变是将分类所得税模式改为混合所得税模式,同时引入了汇算清缴制度。可以说,这次改革是自分税制改革以来,中国历史上个人所得税制度的最大一次改革。

税基扩张和抵扣始终是左右着我国个人所得税法变迁的两股主要力量。目前,中国的个税收入所占税收总收入比重显然仍然偏低,2018年、2019年和2020年分别为8.87%、6.58%和8.47%,比照发达国家和其他发展中国家,相差甚远,在发达国家,个人所得税收入占税收总收入的比重一般为30%—50%,发展中国家也达到8%—12%。而且个人所得税作为一个新型的税种,其发展潜力也是不可低估的。正是由于个人所得税对政府收入有着重要的贡献,一方面要不断完善个人所得税制,以满足政府对收入的需求;另一方面,也要求稳妥地推进个人所得税的改革,不能由此造成过大的波动,以至于影响政府职能的发挥。

本章参考文献

1. 计金标.个人所得税政策与改革[M].上海:立信会计出版社,1997.
2. 解学智.个人所得税[M].北京:中国财政经济出版社,2003.
3. 夏琛舸.所得税的历史分析和比较研究[M].大连:东北财经大学出版社,2003.
4. 崔景华.欧洲主要发达国家近期税制改革动向及对我国的启示[J].欧洲研究,2007(4):97-109+160.
5. 魏全平.日本个人所得税制改革及其对中国的启示[J].日本研究,2008(3):41-45.
6. 姜玉莲.《中华人民共和国个人所得税法》详解(2009年版)[M].北京:经济科学出版社,2009.
7. 肖艳辉.论奥巴马的新税政策对我国个人所得税制改革的启示[J].财经理论与实践,2010(1):78-82.
8. 吴小强.日本最新税改评介[J].税务研究,2015(5):121-123.
9. 胡怡建.个人所得税税制国际比较[M].北京:中国税务出版社,2017.

10. 祝心怡.英国个人所得税的发展改革历程分析及经验借鉴[D].蚌埠：安徽财经大学,2017.

11. 张京萍.OECD个人所得税改革趋势研析[J].国际税收,2017(3)：25-26.

12. 袁建国,胡明生,陶伟.国外个人所得税改革趋势及借鉴[J].税务研究,2017(7)：54-58.

13. 黄立新.特朗普税改法案的总体评析[J].税务研究,2018(1)：18-24.

14. 张京萍.个人所得税改革国际发展趋势研究[J].国际税收,2018(11)：22-24.

15. 李敬,雷俐,井黎,等.特朗普税改的世界影响及我国对策[J].管理世界,2018(34)：59-67+79.

16. 胥玲.日本个人所得税：制度、实践与启示[J].国际税收,2019(9)：29-34.

17. 李文.英国个人所得税反避税：立法、范畴及征管策略[J].税务与经济,2020(2)：91-96.

18. 国家税务总局成都市税务局课题组.全球视野下我国个人所得税改革研究：比较、评估与优化[J].国际税收,2020(10)：31-38.

19. 付伯颖.国际视角下个人所得税改革趋势评析[J].地方财政研究,2021(5)：91-98.

第二章

个人所得税的基本理论问题

个人所得税是对个人或者自然人取得的各项应税所得征收的税种,是以个人的所得多少作为负担税收能力的标准。作为世界性的税种,个人所得税在全世界范围内被广泛征收,同时也是国家财政收入的重要来源,是国家调节个人收入分配的重要手段。个人所得税的理论随着个人所得税在各国的实践而不断发展,逐渐形成比较成熟的税收理论,在国家经济生活中发挥重要的作用。

个人所得税是直接税,体现税收的本质。从理论上看,税收的本质即对国民收入的再分配,应该发生在国民收入的初次分配之后,其最合理的课税对象应是国民收入初次分配结果的所得,尤其是个人所得,因为只有个人才能负担税收。不管何种税,最终的负担都要落实到自然人头上。个人所得税一般按照纳税人的实际收入总额征税,采用累进税率,体现所得税量能征收的公平原则。

本章主要阐述个人所得税的纳税义务人、征税对象、税率、课税模式、征收管理等基本理论问题。

第一节 个人所得税的纳税义务人

纳税义务人,简称纳税人,又称纳税主体,是指税法规定的直接负有纳税义务的单位和个人。个人所得税的纳税义务人主要是指税法规定的直接负有纳税义务的个人。各国在个人所得税纳税人的确定上,可以分为四类:① 单纯以居民为确定标准;② 单纯以公民为确定标准;③ 以公民和居民相结合为确定标准,这主要是指行使公民税收管辖权的国家;④ 不考虑纳税人的问题,以收入来源地确定纳税义务,这主要是指只行使收入来源地管辖权的国家。纳税人确定的四个标准都是围绕属人主义原则和属地主义原则来制定。

一、税收管辖权:属地原则和属人原则

探讨个人所得税的纳税义务人,还需要探讨和分析税收管辖权。因为个人所得税纳税

义务人的确定往往由于各个国家实行不同的税收管辖权和标准而具有差异性。从概念上说,管辖权通常是指主权独立国家对其行政权力所及的一切人、物、行为和事件都有行使该国法律的权力。而税收管辖权作为国家主权的重要组成部分,是指一国政府在征税方面所行使的管理权力。

从理论上而言,税收管辖权分为两类:一类是按属人原则确定,另一类则是按属地原则确定。属人原则认为,一国对其所管辖的公民或居民应行使税收管辖权,不论这些公民或居民所从事的经济活动是否发生在本国领土之内,即居住国或国籍国有权对居住在其境内的所有居民或具有本国国籍的公民取得的来源于全世界范围的所得课税。按照属人原则又可划分为居民税收管辖权和公民税收管辖权。属地原则,又被称为收入来源地税收管辖权或地域税收管辖权。属地原则认为,一国对其主权所及的领土应行使税收管辖权。不论纳税义务人是否为本国公民或居民,收入来源国有权对任何国家的居民或公民取得的来源于其境内的所得课税。不同的税收管辖权对一国的财政经济的影响差异性很大,各国可以根据其中任一原则实行税收管辖权,也可以根据两种原则,同时行使两种管辖权,也可以以某种管辖权为主,另一种为辅。各国通常根据自身国情确定所采用的税收管辖权类型。从维护国家主权和保障财政收入的角度考虑,应同时行使两种税收管辖权。在纳税义务人方面,大多数国家同时实行居民税收管辖权和收入来源地税收管辖权。

二、居民身份标准:居民纳税人和非居民纳税人

如果以居民身份的确定为标准,纳税义务人可分为居民纳税人和非居民纳税人。居民纳税义务人是指符合本国税法规定的居民纳税人标准,因其居民身份而对本国承担无限纳税义务的人。无限纳税义务是指居民纳税人对其来源于居住国境内和境外的所得,即全球所得都应当在居住国纳税的义务。非居民纳税义务人指根据本国税法,不属于居民纳税人,对本国承担有限纳税义务的人。有限纳税义务是指非居民纳税人所承担的仅就来源于本国境内的所得向本国纳税的义务。

各国税法在确定居民身份的具体规定方面差异性很大。总的说来分为三类:住所标准、时间标准和意愿标准。第一,住所标准,是指纳税人若在本国境内拥有永久性住所或习惯性住所,就属于本国居民。需要指出的是,住所并非是通常意义上的住宅,而是在计税时的一种特殊说法,具体要考虑的因素有居住地、派驻工作所在地、配偶及(或)家庭所在地、经济中心或重要利益所在地、经营所在地、社会关系等。第二,时间标准,是指纳税人若在本国境内居住或停留超过一定时间,就属于本国居民。在实践中,各国的规定五花八门,可以概括地表述为:如果自然人(包括本国公民和外国人)在一定时间范围内(通常为纳税年度或日历年度),在行使居民税收管辖权的国家内居住或停留超过一定时间(这一时间通常是连续的或累计的),就应被确定为该国居民[①]。在时间范围上,有的规定为纳税年度,有的则规定为日历年度。澳大利亚适用的是纳税年度或所得年度,中国、加拿大、法国、德国、俄罗斯等适用的是日历年度,也有少数国家采用的是任意365天,如印度。各国对

---

① 夏琛舸.所得税的历史分析和比较研究[M].大连:东北财经大学出版社,2003:155.

居住或停留时间标准的规定也有较大差异。大多数国家采用的是183天,部分国家适用182天,少数国家使用的是1年的标准,如日本等。另外,对于外国人,大多数国家要按其是否停留和居住的状况来确定其居民身份;但也有少数国家又规定了一定期限,纳税人居住或停留超过该期限后不再重新按年认定,此后都视为居民。第三,意愿标准,是指纳税人如果有在某国境内长久居住的主观愿望,就构成该国的税收居民。显然,意愿标准执行起来比较模糊。

在实践中,实行住所标准和时间标准的比较普遍,意愿标准由于执行的模糊性,实行的国家比较少。而且很多国家往往是采用两种或两种以上标准来判定其居民纳税人身份,而不是单纯采用某一种标准。少数国家出于种种原因实行一些较为特殊的办法,如新加坡、马来西亚等国家规定,对于居民的境外所得,仅就其汇回境内的部分征税。

各国一般规定,在本国居住但不符合居民条件,或是不在本国居住但有来源于本国所得的纳税人属于非居民。非居民包括是本国公民但属于外国税收居民的类型,在这种情况下通常需要向本国税务机关提供必要的证明,证明其属于其他国家的税收居民。另外,非居民通常只负担有限纳税义务,即仅就来源于境内的所得纳税,其计税方法与居民存在很大的区别,非居民通常无法获得个人宽免和扣除。

三、公民身份标准:负无限纳税义务

在关于公民身份的确定方面,少量采用公民税收管辖权的国家,还存在公民身份的确定问题。通常,凡属本国公民即确定为纳税人,负有无限纳税义务。因此,按这种标准确定纳税人的关键是对公民资格的认定。

国籍是关于公民资格认定的重要概念,它是指一个自然人属于某一国家的特殊法律关系并表现为双方权利和义务的总和。依照国籍的取得方式的不同,可以将其分为以下两种类型:

第一种类型是依出生而取得国籍,但是,各国依出生而取得国籍的原则也有很大的不同:一是血统主义原则,即一个人不论出生在何地,其国籍取决于其父母的国籍,如奥地利、德国等国;二是出生地主义原则,即一个人的国籍取决于其出生的地方,即一个人在哪国出生,就被赋予该国国籍,如阿根廷;三是混合主义原则,即同时采用血统主义和出生地主义,只是以哪个为主的问题,如英国,就是以出生地主义为主,以血统主义为辅。在英国,凡是出生在英国土地上的子女均取得英国国籍,而英国人在国外所生的子女仍然取得英国国籍;法国则与之相反,是以血统主义为主,出生地主义为辅①。

第二种类型是依归化而取得国籍。法律意义上的归化是指某个人在出生国籍以外自愿、主动取得其他国家国籍的行为。在现实中,个人可由于婚姻、收养、入赘、认领等原因而取得国籍,这种国籍也称为传来国籍或继有国籍。

由此可见,国际上并没有公认的国籍认定标准,每个国家都有权按照自己的国家利益来制定本国的国籍法,并且随着国际化进程的加快,越来越多的国家开始承认双重国籍,这必

---

① 刘少华.论自然人国籍冲突及其解决方法[D].武汉:华中师范大学,2011.

然会造成国籍冲突,进而影响公民身份的认定①。

第二节 个人所得税的征税对象

征税对象,又被称为课税对象或课税客体,指税法规定的征税的目的物,表明国家对什么征税。征税对象与纳税人、税目、计税依据、税率等要素共同构成税收制度,而征税对象则是税收制度的第一要素。

税法所得是政府以法律形式规定的征税范围。根据税法,个人所得指的是应税所得,当然,并非所有的所得都属于应税所得。对于如何理解"应税所得",各国在理论和实践方面差异性也很大,很难形成一个统一的概念。在确定所得税的征税对象时,一般都结合本国的政治、经济、社会等状况,根据本国的经济政策,来确定本国的所得概念。对于所得是否纳税有以下几种理论观点:

第一,"流量学说"。其代表人物是费雪。他认为,课税的所得是特定课税期间内所消费的财产及劳务之货币价值。而未消费部分的价值如个人的储蓄则不包含在内。批评者认为,如果仅就消费部分价值课税,则无异于消费税,而对储蓄免税,这对于收入水平高、有能力储蓄的个人无疑有益的,但却有损公平赋税的原则。费雪这一观点对于资金不足、急需积累资本的发展中国家具有一定的借鉴意义。

第二,"周期性学说"。代表人物是普伦。他认为所得具有重现性,是可供消费的收入②。该学说中的"可供消费"的含义,包括已消费和未消费两部分,即把储蓄列为课征对象,这样能符合公平赋税的所得税法原则。但是,该学说的不足之处在于何种所得是否具有重现性的认定具有很大的模糊性,使征税机关征税困难重重。同时,该学说把偶发所得排除在课征对象之外,但在实践环节中,偶发所得往往数额巨大,若对此不征税,则不符合课税公平及普遍原则。

第三,"纯资产增加说"。代表人物是西蒙斯。他在《个人所得税》一书中指出,"所得是人们的货币表现的经济力量在一定时间起讫点上的净增加",换言之,应税所得是一定期间资产增加额减去同一期间内资产减少额之后的余额。按这种观点的解释,纳税人在一定期间内所持的所有资产的净增额都应列入应税所得的范围,不但包括经常性、连续性所得,也包括临时、偶然的一次性所得。纯资产增加说符合现代所得税法的赋税公平及普遍原则,但该学说将非市场的消费项目包括在内,既不合情,又在税务行政上难以处理。

第四,"所得源泉说"。美国最高法院 1920 年对所得做了解释,认为所得是"出自资本或劳动或同时出自两者的收益"。英国学者塞利格曼 1925 年在《公共财政研究》中也解释说,所得是"用来满足需要,并可用金钱衡量的经济物资的流入"。依据这种学说,所得发生的形

---

① 刘甜甜.论自然人国籍冲突的解决[D].上海:上海交通大学,2014.
② 刘剑文.新编中国税法原理与实务[M].武汉:武汉出版社,1994:67.

态应具备循环性和反复性的条件。应税所得应为连续不断的收入，如工薪、经营利润、股息、利息、租金等，扣除相应费用后的纯收入，不应包括销售资产的利得、继承所得等一次性所得。这种学说同纯资产增加说一样，基本上符合现代所得税法发展的趋势。

在理论上，应税所得通常规定为：自然人或法人在一定期间内从事劳动、经营、投资或将财产、权利提供他人使用而获得的连续性收入扣除为取得收入所需必要费用后的余额。但是，社会经济活动以及人们从事的业务是多方面的，纳税主体取得的所得也是形态不同，种类繁多。在税收理论中，征税对象的种类往往非常多，如货物、劳务、所得（收益）、财产、资源、特定目的或者行为乃至人身等。而根据国际上对各国个人所得税的统计资料以及各国税法规定的应税所得，主要可以分为以下几类。

一、经营所得

经营所得亦称营业利润，在一些国家税法中称之为事业所得，主要是指纳税人从事各种生产性或非生产性经营活动所取得的纯收益。生产性经营活动主要是工商业，如制造业、采掘业、交通运输业、农业、金融业、商业和服务业等。按照各国税法的规定，确定纳税人某项所得是否为经营所得，依据是纳税人取得该项所得的经济活动是否为其主要经济活动。如日本判断某些所得是否为经营所得，要考虑纳税人的活动规模、形式、对象以及范围等因素，以社会一般观念做出最终决定。在这一类别中，各国差别不大。美国的个人所得税制度认为经营利润是居民的应税所得的重要部分，英国和法国的自我雇佣所得和部分不动产所得则可以视为经营所得。在计算方面，一般以销售收入总额或服务收入总额扣除成本和费用、损失后的余额作为经营所得。

二、劳动所得

劳动所得是指个人从事劳务获得的报酬。通常是个人所得税法的纳税客体。劳动所得分为独立劳动所得和非独立劳动所得。

独立劳动所得，是指个人独立地从事非雇佣的各种劳动，包括独立的科学、文艺、艺术、教育或教学活动，以及独立从事于医师、律师、工程师、建筑师和会计师等活动获得的报酬。简而言之，是个人独立从事各种技艺、提供各项劳务所取得的报酬。

非独立劳动所得指个人非独立地从事劳动，即在由他人指定、安排并接受管理的劳动中所获得的报酬，如在机关、团体、学校、部队、企事业单位和其他组织中任职、受雇而取得的报酬，包括计时工资、奖金、津贴、补贴、加班加点工资和特殊情况下支付的工资等工资性收入。工资、薪金所得是非独立个人劳动所得的最主要组成部分。工资、薪金所得包括个人因任职或者受雇佣而取得的工资、薪金、奖金、年终加薪、劳动分红、津贴、补贴以及与任职或者受雇有关的其他所得。工资和薪金的收入主体略有差异。在实际税收立法过程中，各国都从简便易行的角度考虑，将工资、薪金合并为一个项目计征个人所得税。工资、薪金和劳务报酬的最主要区别在于，前者的支付者和被支付者之间是雇佣和被雇佣的关系，而后者则不然，不存在这种关系。

由于劳动所得类型的不同,国际上对于劳动所得来源地的确定,主要采用以下三种原则或标准:一是劳动地点标准,也就是劳动行为发生地原则。目前各国对于一项劳动所得来源地的确认,主要采用劳动行为发生地标准,即非居民或非公民在哪个国家提供劳动,由此获得的劳动报酬即为哪个国家境内来源所得。二是劳动所得支付地点标准,即以支付所得的居民或常设机构等所在国为准。三是停留时间标准,即跨国纳税人在一国境内停留一定期间,该国就可以判定该纳税人在此期间的所得是否来源于本国境内。

三、投资所得

投资所得是指法人或自然人凭借资本所有权,通过直接或间接投资形式所取得的投资项目所得,如股息、红利、利息、特许权使用费等各项收益。股息、红利是因占有公司资本股份或合资经营等非债权关系产生的分享利润的权利取得的所得。利息是由种种债权取得的所得,包括存款利息、贷款利息、各种债券利息以及因垫付款、延期付款所取得的利息。少数国家对于利息免税,其目的主要是鼓励人们储蓄,促进国家经济和金融的发展,俄罗斯、埃及等都属于这种体制。极少数国家对于利息课税时会考虑到通货膨胀等因素。特许权使用费是指工业、商业或科学设备和有关情报供人使用,以及将专有技术、专利、商标、设计、图纸、配方、程序和著作权提供给或允许他人使用而收取的作为报酬的各种款项。

当各种权利的提供者和使用者同在一个国家时,其所得来源地是极易划分的,但如果他们分别在不同的国家,对这类所得来源地的确定就会出现极大的分歧。目前世界各国对这类投资所得来源地的确定,一般采用以下三个标准或原则:一是权利使用方所在地标准。目前各国对于贷款利息、特许权使用费等主要采用权利使用方所在地标准。二是支付方所在地标准。目前各国对于股息、债券和银行存款的利息大多采取支付方所在地标准。三是常设机构所在地标准。

四、资本所得

资本所得指的是资产的出售价格减去资产的获得和维持成本,属于比较特殊的所得项目,是针对投资品买卖所产生的"差价收益",是资本所有者将资本项目如机器、设备、房屋、土地、有价证券、商标等有形资产与无形资产转让所取得的所得。一般是由出售时的售价减去原值而得[①]。资本性资产包括股票、基金、债券、不动产(如房产)、贵金属(如黄金)、钱币、艺术品及其他收藏品。如果从公平的角度而言,将资本所得纳入税基能够更为全面地反映纳税人的负担能力。从OECD国家的实践来看,资本所得的处置通常有三种模式:第一种是将资本所得与普通的应税所得合并,根据资本所得的性质征税;第二种是分别计算资本所得,即征收资本利得税;第三种是对资本所得实行免税。在这三种主要模式中,将资本所得视为普通所得征税是主流[②],比如法国从2018年起,对资本所得原则上要按12.8%的统一税

---

① 计金标.个人所得税政策与改革[M].上海:立信会计出版社,1997:21.
② 戴佳玲、王心怡、朱雨萱.OECD国家资本利得课税制度比较[J].交通财会,2021(2):38-42.

率纳税,但部分情况也可以选择以累进税率缴纳所得税。

单独征收资本所得税的国家主要有英国、澳大利亚、德国等。英国一般不对夫妻之间、政府部门和慈善机构之间的礼物征收资本所得税,且对出售股份的资本所得有很多税收优惠政策。在澳大利亚,出售房屋是免税的,如果离婚或死亡,可以运用诸如递延税款等优惠政策。

只有少数征收所得税的国家明确对于资本所得免税。如比利时,对于非从事经营活动的个人实现的资本所得一般不征税,只对投机性交易等资本所得按照33%的税率征税。还有部分国家和地区对于资本所得税还未开征,如新西兰、中国香港等。

五、其他所得

对于其他所得,如奖品、奖金、礼品、社会保障收入、赡养费、博彩收入和某些偶然所得等的课税情况如下:大多数国家对于奖品、奖金、礼品和博彩收入要征税,而对于一些特殊的奖品和奖金免税;对于社会保障收入和赡养费,大多数国家不予课税,以保证相关个人的基本生活需要。有些国家(如我国)还对中奖、中彩等偶然所得征税。

作为征收对象的"个人所得",有狭义和广义之分。狭义的个人所得,仅限于每年经常发生、反复发生的所得。广义的个人所得,是指个人在一定期间内,通过各种来源或方式所获得的一切利益,而不论这种利益是偶然的还是临时的,是货币、有价证券的还是实物的。目前包括我国在内的世界各国所实行的个人所得税,大多是以这种广义解释的个人所得概念为基础①。在具体确定所得来源地问题上,各国税法没有统一标准,一般理解是应税项目发生地。在课税类别上,各国的具体规定差别较大。我国采取"正列举"的方法,即在税法中详细列举课税所得项目,未列举的一般不予以征收,随着社会、经济的发展,纳税人收入来源不断多元化,许多所得来源尚未纳入税法明确列明的征税范围,会出现纳税人取得所得而不需缴税的现象,违反税收公平原则②。美国等国采用"反列举"的办法,即未规定不征税的所得项目都必须纳税。

各国在设计费用扣除制度时,往往遵循以下两项原则:一是纯收益原则,即扣除纳税人为取得收入所必须支付的成本、费用,如与工作有关的交通费、接受教育与培训的费用;二是纳税能力原则,即纳税人及其家庭必要的生活费用应予扣除。除上述基本扣除外,不少国家还允许特殊扣除,以照顾纳税人的特别开支需求,实现真正对纯收益征税的目的。例如,因生病而导致的大量医疗费、为子女支付的高昂学费、意外事故带来的损失等。

费用扣除采用的方法有标准扣除和分项扣除。标准扣除是规定一个固定数额,允许纳税人一次性扣除。分项扣除指纳税人列明费用支出项目及数额,在法定范围及限度内进行扣除。而在税收实践中,有的国家允许纳税人自选一种方式,有的国家则明确规定只准采用某种方式。为了体现对特殊群体的优惠政策,一些国家还允许他们享有额外扣除额,如美国

---

① 《个人所得税法释义》编写组.中华人民共和国个人所得税法释义[M].北京:中国法制出版社,2005:5-6.

② 武晓芬,耿溪谣.我国个人所得税税制模式改革及其完善对策——基于实现税收公平的视角[J].税务与经济,2019(1):79-85.

规定老人、盲人可以享有额外的扣除。

税制改革经常在征税对象上下功夫,在降低税率的条件下,要想保持总体税负不变,最好的办法就是拓宽税基。拓宽所得税基通常采取以下两种形式:一是将原先被排除在税基之外的收入重新归入综合所得之中,比如个人从社会保障制度中得到受益的收入,包括失业保险、家庭补助、医疗补助等资本收益,以及个人从雇主处得到的各种非工资性额外收入等;二是取消或减少某些特定的税负减免项目,包括对各种特定支出(如消费信贷支出、医疗支出等)减免税的取消或缩减,对利息收入免税的取消或减少等等。这两种方式都被认为有助于公平的提高与效率损失的减少,在许多情况下,各国在税改中都是两种形式并用的。

第三节 个人所得税的税率

一、税率及其功能

税率是税法规定的应税额与计税依据的比例。从经济角度而言,税率是税额占收入的比例,通常称为"税收负担率",是各个经济主体所负担的税额占其收入的比例。从法律角度而言,税率就是计算税额的比例,即法定税率或者称为名义税率。

所谓名义税率,是税法上规定的税率,在计算方式上是应纳税额与征税对象的比。但是,在实际的征税过程中,由于计税依据、税收减免等原因,会出现纳税人的实际纳税额和应纳税额不一致,实际征税对象与税法规定的征税对象也不一致的情形。实际纳税额与实际征税对象的比即为实际税率。实际税率的意义在于它反映了纳税人的实际负担,体现了税收制度和政策真实的作用强度。

在实缴税额与应纳税额相等,征税对象的全部数额与应税的征税对象数额相等时,实际税率与名义税率相等。如果不相等,则实际税率与名义税率不等。

所谓边际税率,就是指应纳税额的增量与税基增量之比。它反映的是税基增加的每个单位带来的税率的变化。所谓平均税率,是指全部应纳税额占全部课税对象总额的比例。如果实行比例税率,边际税率和平均税率是相等的。而在实行累进税率时,则边际税率往往大于平均税率。在个人所得税率选择上,绝大多数国家采用累进税率。

税率是计算应纳税额的尺度,反映征税的深度,是税制的基本要素之一。在征税对象和计税依据既定的前提下,国家征税的数量和税率通常有三种形式:第一种是以相对量的形式规定的征收比例,即比例税率和累进税率。比例税率包括统一比例税率和差别比例税率。累进税率包括全额累进税率、超额累进税率、全率累进税率、超率累进税率和超倍累进税率,适用于从价计征的税种。第二种是以绝对量的形式规定的固定征收额,即税额标准(又称定额税率)适用于从量计征的税种。第三种是复合税率,即比例税率与定额税率相结合的税率,适用于从量计征与从价计征相结合的税种。个人所得税的税率根据应税项目的不同,分别实行超额累进税率和比例税率。

二、税率选择

1. 超额累进税率

累进税率是一种随着税基的增加而按其级距提高的税率。具体而言，即根据计税依据的数额或者相对比例设置若干个征收级距，分别适用由低到高的不同税率，其征收比例随着计税依据数额的增加而逐级提高，其单位税基所需缴纳的税额也相对提高的税率。累进税率的主要特点是：税收负担随着计税依据数额的增加而递增，能够较好地体现纳税人的税负水平与纳税能力相适应的原则，可以更有效地调节纳税人的收入、财产等。

超额累进税率是累进税率的一种，指按照计税依据的不同部分分别征收的累进税率，即根据计税依据的数额（如所得税的应纳税所得额）分为若干个征收级距，相应规定若干个由低到高的适用税率，当计税依据数额由一个征税级距上升到另一个较高的征税级距时，仅就达到另一个较高级距的部分按照上升以后的征税级距的适用税率计算征税。这种税率通常用于个人所得税、遗产税等税种。

2. 比例税率

比例税率是指从价计税时按照计税依据计算应纳税额的法定比例，通常采用百分比的形式。比例税率的特点是：在税率确定的情况下，应征税额与计税依据之间始终保持同一比例。在财政上，比例税率可以使税收收入随着经济情况的变化而变化；在经济上，比例税率可以使税负均等，有利于鼓励规模经营、平等竞争。同时，在应纳税额的计算上简便易行。

比例税率是不以税基大小为转移的税率，单位税基所需要缴纳的税额都是固定的，在表现形式上包括额式比例税率（定额）和率式比例税率（定率）。在实际运用过程中，比例税率可以分为统一比例税率和差别比例税率。统一比例税率是指一种税只设一个征收比例的税率，所有纳税人都按照同一个税率纳税。差别比例税率是指一个税种设有两个以上的比例税率，税率是根据不同的征税项目分别设计的。

税率的设置直接决定了纳税人负担水平的高低以及纳税征管工作的烦琐程度，因此世界各国对个人所得税税率的设定都非常重视。自20世纪80年代后期以来，西方国家的税制改革以"简化税制，降低税率"为主，而在个人所得税改革方面，世界各国出现了税率由高到低、级次由多到少的"降低税率，扩大税基"的趋势。这主要是防止边际税率较高，税率设计档次过多，影响人们工作和投资的积极性，造成效率损失。尽管各国最高税率只适用于少数人，但近年来，不论是发展中国家还是发达国家，个人所得税最高税率的大幅度下降几乎成为普遍趋势。这不仅是各国适应本国情况的需要，同时也是个人所得税在不断发展中得以优化和完善的表现。1986年部分国家个人所得税最高边际税率比1976年平均降低了7.6个百分点，降幅达11.1%；1992年比1986年又下降了13.9个百分点，平均降幅24.8%①。

20世纪90年代以来，各国持续降低税率，减少级次，税率结构呈扁平化发展趋势，多数国家税率级次为3—5级。表2-1是2021年世界各国个人所得税的税率情况。

---

① 夏宏伟.中国个人所得税制度改革研究[D].北京：财政部财政科学研究所，2013.

表 2-1　2021 年世界各国个人所得税税率情况

国　别	税率级次	最高边际税率	起始边际税率
俄罗斯	2	15%	13%
瑞　典	2	20%	0%
波　兰	2	32%	17%
立陶宛	2	32%	20%
荷　兰	3	49.5%	9.45%
巴拿马	3	25%	0%
英　国	3	45%	20%
以色列	3	47%	31%
印　度	4	30%	0%
新西兰	4	33%	10.5%
芬　兰	4	31.25%	6%
印度尼西亚	4	30%	5%
比利时	4	50%	25%
德　国	5	45%	0%
澳大利亚	5	45%	0%
法　国	5	45%	0%
意大利	5	43%	23%
加拿大	5	33%	15%
希　腊	5	44%	9%
西班牙	6	47%	19%
奥地利	7	55%	0%
日　本	7	45%	5%
美　国	7	37%	10%
葡萄牙	7	48%	14.5%
韩　国	8	45%	6%
泰　国	8	35%	0%
智　利	8	40%	0%
瑞　士	10	13.2%	0.77%
卢森堡	23	42%	0%

资料来源：IBFD。

在税率级次方面,也逐渐减少。累进税率级次,各国多少不一。总的态势是:刚建制时,级次较少,以后逐渐从少到多,进入20世纪80年代以后,又从多到少。目前仍有10个级次以上的国家仅有瑞士和卢森堡等少数国家;税率级次为两级的国家有俄罗斯、瑞典、波兰、立陶宛等(俄罗斯从2021年1月起,由单一税率转变为两级税率)。

第四节　个人所得税的课税模式

纵观各国个人所得税的实践,个人所得税课税模式从理论上可以分为三类课税模式:分类课税模式、综合课税模式、分类综合课税模式。但从实际的体现形式看,世界上大多数国家(地区)的课税模式采用分类综合税模式,目前真正实行纯粹的分类所得税模式和综合所得税模式的国家(地区)比较少,现行制度基本上都是两者的混合物[①]。从发展趋势上看,由分类模式或混合模式转向综合模式是一种必然趋势。

一、分类课税模式

分类课税模式又称分类所得税制,是指对于同一纳税人的各类所得或各部分所得,按照不同的税率分别计算纳税额的课税模式。分类课税模式的理论依据,是基于不同性质的所得项目应采取不同的税率,使得各类所得的税负有差别,显示公平性。最为理想的对个人所得的分类课税制度由各类所得作为课税对象的一整套互相并列的各个独立税种组成。最早开征所得税的英国采用的即是分类制[②]。相比较而言,如工资薪金,主要是纳税人的劳动所得,由于其付出了的辛勤劳动,应课以较轻的税收,而营业利润、利息、租金、股息等是资本所得,应课以较重的税收。

分类课税模式从效率角度而言,比较有效率,一般通过代扣代缴即可以实现。代扣代缴是指税收法律、行政法规规定负有扣缴义务的单位和个人在收取款项时,代税务机关向负有纳税义务的单位和个人收取其应纳的税款,并向税务机关解缴的行为。在开征所得税的早期,各国多采用分类税制,按照所得种类设置不同税率,以体现公平。目前,发展中国家比较多采用的是分类课税模式,当然,这与发展中国家税收征管能力较弱密切相关。

分类所得课税模式的公平性较差,因为在分类所得课税模式下,各类所得都必须分门别类地划分成若干种,对不同来源的所得采用不同的征收标准和方法,不能全面、完整地体现纳税人的真实纳税能力,从而会造成所得来源多、综合收入高的纳税人反而不用缴税或缴较少的税,而所得来源少、收入相对集中的人却要多缴税的现象。另外,对每一种所得按各自独立的税率进行计税,在税率的选择上只能采用比例税率,从而难以实现税收的纵向公平。总之,分类所得课税模式不能有效发挥个人所得税的累进税率结构对于经济的自动稳定作用。

[①] 李波.我国个人所得税改革与国际比较[M].北京:中国财政经济出版社,2011:39.
[②] 崔志坤.个人所得税制度改革:整体性推进[M].北京:经济科学出版社,2015:102.

二、综合课税模式

综合课税模式又称综合所得税制,是将纳税人在一定期间内(一年)的各类所得,不论其来源均将其视为同一所得整体综合起来,汇总计算,适用统一的扣除规定,余额按照统一的累进税率计算应纳税额的课税模式。它能够体现纳税人的实际负担水平,并且不缩小其税基,还能体现支付能力原则或量能负担原则。在征管要求方面,普遍要求纳税人进行自行申报,因而对于税收征管及纳税人的素质有较高要求。综合课税模式在国际上特别是发达国家中得到了广泛应用,德国在1871年创建个人所得税时即实行了综合课税模式,美国也经历了由分类所得课税模式向综合课税模式转化的过程[1]。目前,世界上大多数发达国家都采用综合课税模式,如美国、德国、法国、加拿大等发达国家都采用此种税制模式[2]。西方发达国家实行综合课税模式的时间较早,相对而言,发展中国家实行综合课税模式具有一定的现实困难。

从税收公平原则的角度看,综合课税模式在税基和税率的设计方面,都能体现公平。综合课税模式的税基较宽,将个人所得税的税基大大扩展,包括各种形式的收益。不论是劳动所得还是资本或意外所得,是现金所得还是实物所得,也不论是应计所得还是已实现所得,都要包括在应课税所得之中。综合课税模式最重要的特征是将资本所得与来自资本的其他所得(利息、股息、利润等)同样课税,同时体现了量能负担的原则,即根据能力大小负担不同的税收,体现了纵向公平。

在税率计算方面,综合课税模式也具有公平税负的优势,因为在综合课税模式下,要将个人全部所得项目纳入累进税率表中,即把各部分所得进行总计是为了对净应税所得使用累进税率。对所得的汇总和使用累进税率恰好贯彻了按支付能力纳税的原则,虽然放弃了一定程度的精确性,但是便于税收征管,有利于减少征管成本。因此,在理论上,综合课税模式体现了税收的公平性原则,有利于从横向和纵向上对税收负担进行分配。

三、分类综合课税模式

分类综合课税模式又称二元制或者混合制,亦称分类综合所得制,指对于纳税人的各项所得,首先按照类别适用不同税率,在此基础上,对于较高的所得按照累进税率征收附加费。一部分所得按分类课税模式征税,另一部分所得采用综合课税模式征税。分类综合课税模式的理论依据是分类课税模式在对个人所得税税负进行分配时不能充分地、公开地累进,因而需要综合课税模式加以协调,分类综合课税模式是对两者的折中。分类综合课税模式最为复杂,给税收征管带来了许多困难,从而在效果上也往往难以达到预期的目标。目前,日本、英国、荷兰等国家都采用这种税制模式,我国从2019年也开始实行分类综合课税模式。

法国是分类综合课税模式的创始国。1917年,法国在征收个人所得税的时候,别出心

---

[1] 李波.我国个人所得税改革与国际比较[M].北京:中国财政经济出版社,2011:35.
[2] 刘娟.税收公平视域下我国个人所得税课税模式改革研究[D].广州:华南理工大学,2019:42.

裁地设计了分类综合课税模式,旨在统合分类课税模式和综合课税模式的优点,既坚持量能负担的原则,对不同个人所得进行综合计征,又坚持差别课税,对不同性质的所得予以区别对待,是一种比较科学合理的征税模式。

四、三种课税模式的比较

公平和效率是税收分配所要实现的两个主要政策目标。对任何一种税制而言,公平和效率原则往往是评判其是否合理的标准。从公平的角度而言:综合课税模式比分类课税模式有优势,比较符合"量能负担"的原则,体现了纵向公平的要求;分类课税模式则在横向公平方面表现突出,但由于无法汇总所得,无法按照纳税人具体情况给予宽免和扣除,所以不能全面反映纳税人的负担能力。从效率角度而言:分类课税模式比较有优势,这一模式的征管比较简单,往往通过代扣代缴基本就能胜任;而综合课税模式在管理水平上有较高的要求,如对纳税申报有很强的依赖性、对税务审计有较高的要求、需要进行年终的汇算清缴、税收执行成本也较高等,但从对应纳税所得的全额认定看,分类课税模式在管理上的要求也并无多大优势,要求纳税人必须进行申报,并在此基础上进行稽查,对纳税人和税务机关的要求相当高。税收征管水平相对落后的发展中国家实行综合课税模式有一定的难度。就所得税而言,公平目标要高于效率目标。在所得税实践中,牺牲一定的效率以换取必要的公平是符合社会总体利益的。由分类课税模式向综合课税模式的过渡也是个人所得税征收的必然趋势,但由于其结构复杂,税收征管难度比较大,管理要求相应提高,对于发展中国家来说,实施起来需要一定的时间。

虽然在分类课税模式和综合课税模式之间存在明显的区别,但是要区分这两种课税模式,并不能仅仅以所得的列举方法或范围作为判断标准。事实上,有些国家以综合所得课税为指导原则的税法,对每类所得都制定了专门的规定。换言之,综合课税模式是以分类为基础的。因此,分类课税模式和综合课税模式都要求对属于某一纳税人的所得的每一部分进行分类或确认。一旦确认了每部分所得后,两种课税模式各司其职,会表现出截然不同的特点。按照我们对三种课税模式的定义,在实行分类课税模式时,每类所得要被分别核税,并按照为每类所得专门制定的税率征税。当实行综合课税模式时,就要对基本的所得汇总,然后按照单一的累进税率计算征税。在税制设计方面,综合课税模式就总量统一征税,比较合理地体现了量能负担的原则。相对来说,分类综合课税模式旨在增进公平性,然而,从实际情况来看,它的公平程度是否能达到预期还有待实践的检验。

从历史角度而言,西方各国个人所得税制经历了一个由分类课税模式向综合课税模式的转变过程。而从目前各国在课税模式的选择上也可以看出,真正实行完全的分类模式或完全的综合模式的国家已越来越少,往往是在分类征收中体现一定的综合因素,在综合征收过程中体现一定的分类因素,均与标准的课税模式有所偏离。这种偏离正是各个国家寻求最适课税模式的一个过程,这也在一定程度上说明,课税模式的优化与调整是一个动态的过程①。

---

① 崔志坤.个人所得税制度改革:整体性推进[M].北京:经济科学出版社,2015:109.

第五节　个人所得税的征收管理

由于个人所得税种涉及面广、税源分散,同时又具有一定的信息技术要求,因此个人所得税的征收管理相较其他税种而言呈现出相当的复杂性。具体而言,从纳税义务人的确定、应纳税额的计算到税务审计等均是复杂的过程。

一、个人所得税征收管理的复杂性

(一) 个人所得纳税人的多元化

个人所得税的征收对象是个人,从表面上看,只要取得了法律规定的应税收入,则该个体就成为个人所得税的纳税人。但在税务实践中,情况却相当复杂。首先,作为自然人的纳税人,其公民或居民身份的确定具有复杂性。在个人所得税的纳税义务人的确定中,必须确定税收管辖权,相应的税收管辖权规定了不同类型的纳税人,负有不同的纳税义务。绝大多数国家同时行使居民税收管辖权和收入来源地税收管辖权,只有少数国家行使一种税收管辖权。同时,纳税人又可分为居民纳税人和非居民纳税人,居民纳税人负无限纳税义务,而非居民纳税人负有限纳税义务。其次,各国根据纳税人的职业身份采取了一定的区别对待政策。对某些具有特殊身份或者职业的人采取特别的措施,如对外交人员的外交豁免。因此,在个人所得税征收管理中,在确定个人所得税的纳税人时,具有相当的复杂性。

(二) 个人所得收入来源的多元化

传统的要素分配理论认为收入来源可以有三个渠道:资本、土地、劳动。但是,由于现代经济生活的复杂性,个人收入来源逐渐增多,日益复杂化,而且收入形式也日趋多样化。例如,通过网络带来的非实物形式的增值收入,通过数字化形式表现出来,导致收入的可操作性变大,税收监管难度增大[①]。同时,由于透明度很低,除了显性收入,个人收入中还有大量的隐形收入、灰色收入和黑色收入。个人收入的复杂性使个人所得税制的设计面临着各种平衡,增加了对个人收入监控的难度,也给个人所得税的征管带来了复杂性的难题:简单的代扣代缴制度难以实现完全覆盖,而且也影响了个人所得税的征收质量。但是,对于个人所得税的课税范围,不同国家之间存在趋同性,认为各项所得均要纳税。

(三) 应税所得确定的复杂性

在确定应税所得的过程中,各国无一例外,均要进行必要的扣除。而扣除项目、扣除方式、扣除标准的复杂性,使得应税所得的确定较为复杂。目前世界各主要国家的个人所得税税法规定的具体内容虽然有所不同,但在应税所得额的计算上都规定了名目繁多的扣除、减免项目,从而使个人所得税税收征管更为复杂。

扣除项目主要分为个人宽免和费用扣除,所得税的税基应该是净所得。应予以扣除的

---

① 任文艳.浅析数智时代个人所得税征收管理面临的挑战[J].西部财会,2021(8):18-20.

是：第一部分，纳税人养家糊口的生计费用，以保障劳动力的简单再生产；第二部分，为取得所得所必须支付的有关费用(以经营性费用为主)，比如差旅费、利息费、律师费、保险费等；第三部分，为了体现特定社会目标而应给予的支持，如慈善捐助、赡养费等。

在扣除标准上，执行客观标准和预定标准。客观标准即按照实际发生额扣除。预定标准则按预先规定的标准扣除，不论费用是否实际发生，也不管实际发生多少，均统一按税法规定的标准予以扣除。

在扣除方式上，往往采用综合扣除和分项扣除。综合扣除是标准扣除，是从毛所得收入中一次性扣除税法规定的综合额，不管实际发生额多少。分项扣除是指对实际发生的各类支出分别进行扣除，对征管要求更高一些。

在具体扣除方法上，采取定额扣除法、比率扣除法、定额和比率相结合的扣除法。定额扣除法是指不论纳税人实际所得多少，允许纳税人扣除一个固定数额。比率扣除法按税法规定的一定比率进行扣除。定额和比率相结合的扣除法即综合了这两者特点的扣除方式。

(四) 个人所得税逃税现象的普遍性

个人所得税的逃税现象是一个全球性的普遍问题。由于个人所得税是直接税种，因此不存在税负转嫁问题。经济人的假设前提即个人在经济生活中，总是追求个人利益的最大化，这一点可以从理论上部分解释个人所得税的逃税现象。政府对个人征税后，个人收入将直接减少，因而个人所得税征纳双方利害冲突较大。如果国家的税收征管制度不健全，个人所得税的逃税成本低，那么个人所得税逃税现象的普遍性便难以避免。

良好的纳税意识不是天生的，需要健全的税收征管制度和法律进行规约。首先，各国采取各种措施鼓励纳税人诚实纳税。例如，日本为了鼓励纳税人诚实纳税，制定了预缴代扣税款制度，对个人的工资、薪金、利息、红利、稿酬或其他劳务收入实行源泉征收办法，为便于纳税人缴纳税款，税务机关将写有纳税人姓名的税金缴纳表寄给纳税人的开户银行，从其存款中扣缴，然后由银行将缴税单据寄给纳税人。这样，既简化了税收课征环节，也可以防止滞纳欠税。

其次，针对纳税人逃税的问题，各国均进行了相关的制度设计，制定了许多严格的规章制度。在制度设计上，主管税务机关内部设立个人收入评估机构，专门对纳税人的纳税申报进行严格审查，对于隐瞒收入和不主动进行纳税申报的个人依法严肃惩处，加大对于个人所得税纳税的稽查工作力度，提高偷逃者的预期风险和机会成本。比如，德国赋予了税收检查人员相对较大的调查权，德国税务机关内部设有专门的税务调查机构，每年对大型联邦企业实施一次税务调查，每3—5年对中小企业实施一次抽查①。日本关于"国犯法调查权"的规定也被称为日本的"税务警察"制度，税务警察除了拥有询问、检查和证据保全等非强制调查手段之外，必要时还可以采取相应的拘留和逮捕等强制措施②。世界各国对偷逃个人所得税者，一经发现，制裁相当严厉，对违反税法的制裁之一是重罚，对于情节较重的，则是"杀一儆百"，给予一定的处罚，大多数国家都采取查封、没收或拍卖纳税人财产等手段以充抵应缴

---

① 张弛,刘珮露.发达国家税收检查制度的比较分析及其对我国的启示[J].南昌大学学报(人文社会科学版),2017(6)：81-88.

② 熊湘怡.我国税收检查制度的重申与重构[J].税务研究,2019(6)：67-71.

纳税款。例如,逃税在德国是一项刑事罪行,而非微小的或行政违法,一旦偷漏税者出现出逃迹象,报经税务违法案件调查局局长批准后,可以对其进行一天之内的拘留;同时要查封偷漏税人员的工厂、商店等,嫌疑一经确定,偷漏税者不仅要补足税款,而且还要对其进行罚款,并提起公诉。除此之外,为了有效打击重点行业、领域的偷税行为,许多国家采取多部门联合共同打击的方式,以增强打击行动的震慑力。例如,泰国特案厅联合海关总署、税务厅和港务局等机构,共同打击不法企业骗取出口退税的行为;西班牙税务局联合警方经济和财政犯罪调查大队,对巴塞罗那展开了该国有史以来最大的一次打击偷漏税行动①。

二、个人所得税征收的方法

个人所得税的征收方式包括推计课征法、源泉扣缴法、纳税申报法、申报纳税与源泉扣缴相结合法等。目前世界各国的个人所得税主要征收方式一般分为源泉扣缴法和纳税申报法两种。个人所得税的征收方式与税制模式也是直接相关的:实行分类所得税制的国家一般以源泉扣缴为主要征收方式,而实行综合或分类综合所得税制的国家一般以纳税申报为主要征收方式。这两种征收办法在实际运用中各有利弊,分别适用于不同的征税对象以及不同的征管水平。在具体执行过程中,各国由于国情不同,两种征收方法各有侧重。例如,美国、加拿大侧重于纳税申报,英国则侧重于源泉扣缴②。

(一) 源泉扣缴法

源泉扣缴法是指纳税人在取得收入时,由其收入的支付者根据税法规定从收入中扣除应纳税的数额,然后将税后的收入支付给收入的取得者③。所得支付者为扣缴义务人,在每次向纳税人支付有关所得款项时,代为扣缴税款。世界各国通行的做法是,对于工薪、股息、利息等易于控制的所得,一般均实行源泉扣缴法。

在税务机关征管水平较低的情况下,一般实行以源泉扣缴为主的征收方式。实行源泉扣缴的最大优点在于可以有效保护税源,保证国家的财政收入,防止偷漏税,简化纳税手续。比如,日本针对易于掌握的工薪所得、红利所得和利息所得主要采取源泉扣缴法:对于工薪所得,在支付时由企业根据上年情况进行代扣代缴,年终由企业统一申报、代扣;对于红利所得,也是在支付时由支付方代扣代缴,除了小额可分离课税之外,年终汇入综合所得申报纳税;对于利息所得,由于采取分离课税的方式,源泉扣缴税款之后不需要年终申报④。又如,我国对法定的应税所得主要采取源泉扣缴并辅以自行申报的方式。

个人所得税以支付个人应税所得的单位和个人为代扣代缴义务人。这里所说的"支付",包括现金支付、汇拨支付、转账支付和以有价证券、实物以及其他形式的支付。也就是说,凡是支付个人应税所得的企业(公司)、事业单位、机关、社团组织、军队、驻华机构、个体工商户等单位或者个人,都必须按照税法规定履行代扣代缴个人所得税的义务。

---

① 霍军.2013年以来国际税收管理发展走势[J].国际税收,2014(12):38-42.
② 李波.我国个人所得税改革与国际比较[M].北京:中国财政经济出版社,2011:158-161.
③ 计金标.个人所得税政策与改革[M].上海:立信会计出版社,1997:66.
④ 胥玲.日本个人所得税:制度、实践与启示[J].国际税收,2019(9):29-34.

(二)纳税申报法

为加强对个人所得税的征收管理,许多国家一般采取由个人自行申报纳税,若申报不实则加以重罚的方式。纳税申报是指纳税人在年度终了后的一定时期内,按税法规定的要求,自行填写所得税申报表,测算各项所得额、允许扣除的费用和宽免以及应纳税额,由税务机关调查审核后完税。几乎所有国家都在税法上明确规定了纳税人的申报程序、填报要求等事项。简单而言,即个人在规定期限内,如实填写相应的个人所得税纳税申报表,税务部门在收到申报表后,通常会进行调查审核,在申报期限内,税务机关经调查审核后,根据申报的所得税率计算税额,由纳税人一次或分次缴纳。在征管水平较高的情况下,一般实行以申报纳税为主的征收方式。

采用纳税申报法征收的基本步骤是:① 计算总所得;② 计算各种宽免额和允许扣除的费用;③ 计算应税所得;④ 计算应纳税额;⑤ 补税或退税①。

同时,对于不易控制的所得以及纳税人的全年综合所得,一般均实行纳税申报的方法征收。

源泉扣缴和纳税申报在大多数情况下均结合起来使用,以互补不足。对纳税人易于源泉扣缴的应税所得,如工资、股息、利息、特许权使用费、租金等在其支付阶段源泉扣缴,按特定税率或普通税率计征,然后由纳税人在期末对全部所得集中申报,计算出应纳税额后再将纳税人已经源泉扣缴的税额从中扣除。

除此之外,美国个人所得税的征收采取预扣申报制度,实际操作上与中国的汇算清缴如出一辙:纳税人在年度终了后按所收集的年度收支信息,填好适合自己的税表,邮寄(或电子发送)到美国国内收入局(IRS)处理中心。以纳税人的全年应税收入为计征起点依据,先按税法规定进行扣除,然后将净应纳税所得额按适当法定税率得出应纳税额,最后把税单上的应纳税额与已经预扣缴税款进行比较,多退少补②。

在具体的服务方式上,各国都推出了多样化和人性化的服务方式。例如,美国为方便纳税人,推出了邮寄申报、电子申报、电话申报、电脑申报和网络申报等各种不同的申报方式。日本则建立了蓝色申报表制度,纳税人凡是能够做到如实记账、正确计税的,纳税申报时就可以申请使用蓝色申报表,以表示与其他纳税人的区别。蓝色申报表制度为纳税人在税收上提供了相当多的优惠,使用蓝色申报表的个人可以享受所得税法、税收特别措施法等法律法令规定的存货盘点低价法的选择、生产性设备特别折旧、设定退休工资支付金、蓝色申报特别扣除、蓝色事业专职人员工资必要经费等 50 余项特别优惠政策。该制度对鼓励纳税人积极纳税有明显的正向激励效应③。

韩国实行的绿色申报表制度,是在吸收日本蓝色申报表制度经验的基础上形成的,它允许一部分会计制度健全的纳税单位使用绿色申报表,并给予其一系列的税收优惠。同时,韩国建立了纳税义务人协会制度。纳税义务人协会是由一批以自然人为主的纳税人为缴纳所得税而组成的一个民间团体,该协会得到税务机关的认可和支持。纳税义务人协会遵照税

---

① 计金标.个人所得税政策与改革[M].上海:立信会计出版社,1997:73.
② 董之众.美国个人所得税年度汇算清缴简介[J].国际税收,2020(3):40-45.
③ 罗亚苍.日本蓝色申报制度评析与借鉴[J].国际税收,2018(12):60-63.

务机关的规定,每月向其成员征收所得税款,并于次月前缴入国库。税务机关可以根据规定给予纳税义务人协会一定的税收优惠,主要反映在应纳税额的抵免上。纳税义务人协会在一定程度上确保了个人所得税的缴纳。此外,澳大利亚也充分发挥社会中介机构的作用,目前该国有80%以上的个人通过税务代理完成纳税申报和退税,提高了个人所得税的申报质量[1]。

我国于2019年开始全方位实施次年汇算清缴申报制度,纳税人可以通过"个人所得税"APP进行汇算清缴工作,极大地提升了纳税人纳税申报的便利性。纳税人也可以通过网上办理、邮寄,以及前往办税服务厅等方式办理年度汇算清缴工作。

三、个人所得税的征管成本

就理论而言,税收成本依其内容分为征集成本和经济成本两大类。征集成本又可分为由政府负担的税务行政费用和由纳税人负担的纳税费用。税务行政费用包括为征税所支付的各种费用,它不仅包括税务机关的各种设备和物资,还包括其他部门提供的但不需要支付费用的各种劳务[2]。纳税费用不仅包括为履行纳税义务而花费的货币支出,也包括纳税人为缴纳税款而发生的脑力体力方面的耗费以及时间上的占用。

个人所得税的征管成本,即在征纳个人所得税的过程中发生的各类费用开支。由于个人所得税是以净所得为税基,采用累进税率,并设置各类宽免扣除和抵免的项目,因此在税制构成上比其他税种更为复杂,个人所得税的纳税人是各税种中最多的,因而征管成本通常高于其他税种。个人所得税以公平为首要目标,付出较多的征纳成本是必要的,但从税收征管的角度而言,对于任何税种,都应力争减少成本。具体而言,个人所得税的征管成本可以分为征税人的成本和纳税人的成本。

(一)征税人的成本

税务机关在征税过程中会产生征税成本。征税成本是指税务部门为征税而花费的行政费用。它包括税务人员的工资薪金、奖金、补助和住房、着装、办公费、福利费等各类行政经费的支出,大致可以用政府年度财政预算中的税务行政开支来估算。完整的征税成本还应包括税务管理机关的各种设备和物料、开发纳税软件的成本、其他部门为配合税务人员开展工作而提供的各种劳务等,这些费用较为隐蔽。

(二)纳税人的成本

纳税人在纳税过程中发生的支出被称为纳税成本,即依法纳税的费用,这种费用的计算比税务行政费用的计算要复杂得多。因为缴纳个人所得税所产生的费用,如交通成本、雇佣税务中介机构的代理费、学习相关纳税知识的时间成本等都具有不确定性。西方学者在测算这部分成本时,还要把纳税人申报纳税所花费的时间、心理上的波动等"隐形支出"都折算成货币,计入纳税成本[3]。纳税成本其实比征税成本更为隐蔽。

---

[1] 许建国.中国个人所得税改革研究[M].北京:中国财政经济出版社,2016:120.
[2] 计金标.个人所得税政策与改革[M].上海:立信会计出版社,1997:76.
[3] 夏琛舸.所得税的历史分析和比较研究[M].大连:东北财经大学出版社,2003:31.

本章参考文献

1. 刘剑文.新编中国税法原理与实务[M].武汉：武汉出版社,1994.
2. 计金标.个人所得税政策与改革[M].上海：立信会计出版社,1997.
3. 夏琛舸.所得税的历史分析和比较研究[M].大连：东北财经大学出版社,2003.
4.《个人所得税法释义》编写组.中华人民共和国个人所得税法释义[M].北京：中国法制出版社,2005.
5. 李波.我国个人所得税改革与国际比较[M].北京：中国财政经济出版社,2011.
6. 刘少华.论自然人国籍冲突及其解决方法[D].武汉：华中师范大学,2011.
7. 夏宏伟.中国个人所得税制度改革研究[D].北京：财政部财政科学研究所,2013.
8. 霍军.2013年以来国际税收管理发展走势[J].国际税收,2014(12)：38-42.
9. 崔志坤.个人所得税制度改革：整体性推进[M].北京：经济科学出版社,2015.
10. 许建国.中国个人所得税改革研究[M].北京：中国财政经济出版社,2016.
11. 张弛,刘珮露.发达国家税收检查制度的比较分析及其对我国的启示[J].南昌大学学报(人文社会科学版),2017(6)：81-88.
12. 罗亚苍.日本蓝色申报制度评析与借鉴[J].国际税收,2018(12)：60-63.
13. 武晓芬,耿溪谣.我国个人所得税税制模式改革及其完善对策——基于实现税收公平的视角[J].税务与经济,2019(1)：79-85.
14. 熊湘怡.我国税收检查制度的重申与重构[J].税务研究,2019(6)：67-71.
15. 刘娟.税收公平视域下我国个人所得税课税模式改革研究[D].广州：华南理工大学,2019.
16. 董为众.美国个人所得税年度汇算清缴简介[J].国际税收,2020(3)：40-45.
17. 国家税务总局成都市税务局课题组.全球视野下我国个人所得税改革研究：比较、评估与优化[J].国际税收,2020(10)：31-38.

第三章

个人所得税的功能定位分析

我们可以从微观和宏观两个层面对个人所得税的功能进行分类。从微观上讲,个人所得税的征收与管理可以影响到个人的行为,包括劳动供给行为、储蓄行为和投资行为;从宏观上讲,个人所得税的功能可分为组织收入和调节收入差距两项。本章将按照这一思路,从理论角度分析个人所得税的功能定位,同时也为之后的实证分析打下基础。

第一节 影响个人行为的功能

一、个人所得税对劳动供给的影响

众所周知,劳动是一种最基本、最重要的生产要素。劳动供给的减少会引起劳动力价格上涨,导致生产成本的增加,对我国长期经济增长产生影响。因此,我们首先研究个人所得税对劳动力供给的影响。需要指出的是,我们在此仅从经济学角度阐述个人所得税的征收及其征收方式对劳动供给所产生的作用,而不对这些作用进行是非评价。通过本部分内容的学习,读者可以了解个人所得税如何影响人们投入劳动的决策。

(一) 劳动供给函数与个人所得税

经济学家们认为,劳动者出于本性是不愿意劳动的,因为劳动会给劳动者带来疲劳、不舒适或者痛苦,这些便是劳动给劳动者带来的副作用。为了克服这种副作用,劳动雇佣者不得不付给劳动者工资。而劳动者就是在劳动所获得的工资和不劳动而得来的闲暇之间做出理性的选择,提供一定的劳动的。如果我们假设一个经济体中所有参加经济活动的人(包括劳动者自己)都具备完全信息,即不存在货币幻觉,那么,劳动供给就完全取决于实际工资,也就是说,劳动供给是实际工资的函数。如果我们以 w 表示实际工资,以 L^s 表示劳动供给,那么二者之间的关系可以表示为 $L^s = L^s(w)$。我们再假设这个经济体所有的个人所得税以比例税的形式征收①,这个比例为 $t>0$,则考虑个人所得税的劳动供给函数将被改写为 $L^s=L^s[w(1-t)]$。那么,个人所得税到底是增加了还是减少了劳动供给?从上述公式中我们看到,当 w 与 L^s 正相关时,个人所得税的征收会减少劳动供给,反之亦然。

我们遵从经济学一般假设,认为一个个体的效用来自两方面:一是通过劳动以货币形式获得的工资;二是闲暇时精神上的愉悦。一个劳动者的所有时间要么用于工作,要么用于闲暇。选择工作会使收入增加,选择闲暇就必须放弃一定数额的收入。以下一个简单的模型可以说明这个问题。

在图 3-1 中,纵轴 OB 表示扣除物价水平影响的收入,横轴 OA 表示闲暇,AB 线上每一个点代表劳动者的一种对收入和闲暇的选择。A 点代表劳动者将所有的时间用于闲暇,那么其收入便为零②,B 点代表劳动者将所有的时间都用于工作,收入达到最大,而闲暇是零。曲线 U 代表劳动者的效用无差异曲线。无差异曲线 U_1 与约束线 AB 的切点 E_1 便是收入与闲暇选择的一个均衡点。当这个劳动者所在的经济体开始按比例征收个人所得税,那么约束线就会从 AB 移动到 AC,这是因为牺牲闲暇所获得的收入等比例地缩小了。此时新的均衡点出现在另一条无差异曲线 U_2 和新的约束线 AC 的切点 E_2 上,但是如果这个劳动者与 AC 相切的无差异曲线是 U_3,那么切点就为 E_3(图 3-2)。从图中我们明显地看出,同样是征收了 $t\%$ 的比例税,因为效用曲线的不同,导致前者(图 3-1)新的效用曲线与新的预算线的切点落于原切点的右下方,收入效用大于替代效用,因而劳动供给减少了;后者(图 3-2)新的效用曲线与新的预算线的切点落于原切点的左下方,替代效用大于收入效用,因而劳动供给增加了。

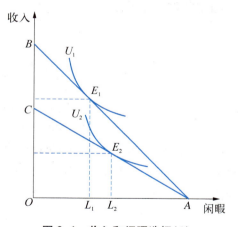

图 3-1 收入和闲暇选择(1)

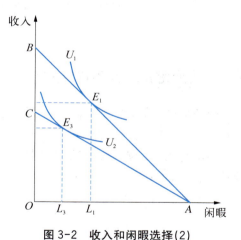

图 3-2 收入和闲暇选择(2)

(二)收入效应与替代效应

收入效应是指由于个人所得税的征收使得劳动者的个人可支配收入从 w 减少到

---

① 我国的个人所得税实行超额累进制,税收对工资的影响不是简单的比例形式。这里为了方便说明采取这一简单形式,并不影响对一般情况的分析。

② 这里的收入指劳动者通过劳动得到的收入。当然,有的劳动者拥有其他形式的收入,我们可以在模型中将 O 点理解为不劳动而得到的收入。

$w(1-t)$,为了维持原有的消费水平,劳动者不得不增加劳动时间以增加收入,相应地就减少了闲暇。

替代效应是指个人所得税的征收使得闲暇变得相对便宜了。换句话说,为了获得更多闲暇所要减少的收入变少了,理性决策者会增加闲暇的时间。

可见,个人所得税的收入效应使得劳动供给增加,而替代效应使得劳动供给减少。因此,当收入效应大于替代效应的时候,征收个人所得税会增加劳动供给,而当替代效应大于收入效应的时候,个人所得税的征收会减少劳动供给。下面我们从模型中来看这两种效应是如何起作用的。

首先我们假设没有收入效应①,只存在替代效应,也就是只有闲暇相对变得便宜了。在图3-1的基础上进行进一步的分析,可以得到图3-3。在该图中,DF被称作补偿预算线,就是保证收入水平不变的预算线,但是其斜率不再像AB一样为w,而是因为闲暇价格的下降变为$w(1-t)$,即收入与闲暇的替代率变小了。这时,均衡点出现在E_3,其对应的劳动供给为L_3,替代效应导致劳动供给的增加为L_1L_3。

根据图3-3,我们继续分析收入效应。因为收入变化,新的约束线为AC,新的均衡点为E_2,新的劳动供给为L_2。那么收入效应和替代效应共同作用的结果是劳动供给从L_1变为L_2,那么收入效应就是L_3L_2。

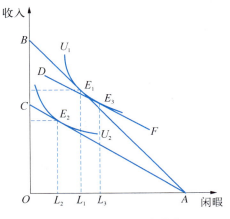

图3-3 收入效应与替代效应(1)

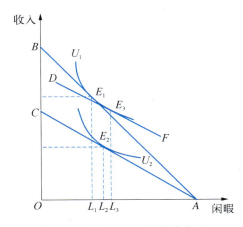

图3-4 收入效应与替代效应(2)

图3-3中的收入效应大于替代效应,所以劳动供给减少了L_1L_2;在图3-4中,由于无差异曲线的不同,收入效应小于替代效应,劳动供给增加了L_1L_2。

(三)劳动供给弹性与个人所得税

劳动供给弹性是指收入变化1%②,劳动供给变化的百分比。用公式表达就是

$$\varepsilon_s = \frac{\Delta L_s}{\Delta \omega} \cdot \frac{\omega}{L_s} \tag{3-1}$$

---

① 这样的情况是存在的,比如劳动者通过政府补贴或其他方式获取收入,使得收入水平保持不变,收入效应就被抵消了。

② 在不考虑其他条件时,收入的变化也可以理解为税收的反向变化。

这个系数越大,说明个人所得税对劳动供给的影响越大。当劳动供给弹性为0时,税后工资的变化对劳动供给没有任何影响,劳动者还是会提供同样的劳动;当劳动供给弹性为无穷大时,个税的微小增减都会使劳动供给发生巨大变化。劳动供给曲线越平缓,劳动供给弹性越大;劳动供给曲线越陡峭,劳动供给弹性越小。

(四)我国实际情况

我国自1981年才开始征收个人所得税,而且在之后十余年中,个人所得税只是作为调节境外在华工作者收入的手段,缴税人数很少,对于劳动供给的影响也十分有限。近年来,个人所得税的缴税人数逐渐增多,纳税人缴纳的个人所得税额也大幅度提高。个人所得税对于劳动供给的影响也在逐步增加,因此得到了来自社会和学界越来越多的关注。

再者,我国劳动供给的真实状况十分复杂,目前中国处于经济结构转型升级的中高速发展的阶段,西方发达国家的研究只有有限的借鉴意义。而且由于我国个人所得税制度实施历史较短且相对稳定,同时社会中相关数据统计不够完备,尤其缺乏全国范围的连续的微观数据,这就导致了国内关于个税改革对劳动供给影响的研究起步较晚。

于洪(2004)指出,就总体而言,我国个人所得税提高对被调查者劳动供给的影响不显著。因为我国人口众多,长期处于劳动力过剩的阶段,所以,劳动者对工作与闲暇的选择空间相对狭窄,替代效应很小。又因为我国人均收入水平明显偏低,使得劳动供给的收入效应十分显著。两者的共同作用,导致替代效应远远小于收入效应[①]。

余显才(2006)和于洪的观点基本一致。此外,他还指出,劳动供给弹性的大小与学历差异、地区差异、婚姻状况也有一定的关系。就学历而言,税率的劳动供给弹性最大的是本科生,硕士以上者相对较稳定,而高中以下者则最为稳定;就地区而言,税率的劳动供给弹性以中部地区为最大,东部次之,西部最小;就婚姻状况而言,税率和免征额的劳动供给弹性均是离婚者最大,未婚者次之,已婚者最小[②]。

张世伟和周闯(2010)通过微观模拟方法研究吉林省的个人所得税减免费用标准提高可能产生的劳动供给效应,得到已婚女性劳动供给弹性显著大于已婚男性的结论[③]。刘怡(2010)等利用CGSS数据研究个人所得税的费用扣除标准改革对不同群体可能产生的劳动供给效应,认为其在性别上存在较大差异,税改促进了女性就业时间延长[④]。尹音频(2013)等应用微观模拟方法,研究2008年和2011年的个税改革对劳动供给的影响,认为其对男性的劳动供给缺乏弹性,而对女性劳动供给具有显著的正向影响[⑤]。叶菁菁(2017)等以个税改革作为自然实验,利用CHFS数据评估了个税改革对个人劳动参与率及劳动时间的影响,结论是改革显著提高了劳动参与率,但对劳动时间的影响不显著[⑥]。刘蓉(2019)等研究发

---

① 于洪.我国个人所得税负归宿与劳动力供给的研究[J].财经研究,2004(4):50-59.
② 余显才.所得税劳动供给效应的实证研究[J].管理世界,2006(11):28-40,171-172.
③ 张世伟,周闯.工薪所得税减除费用标准提升的作用效果:基于劳动供给行为微观模拟的研究途径[J].世界经济,2010(2):67-82.
④ 刘怡,聂海峰,邢春冰.个人所得税费用扣除调整的劳动供给效应[J].财贸经济,2010(6):52-59.
⑤ 尹音频,杨晓妹.劳动供给对个人所得税改革敏感吗———基于微观模拟的动态分析[J].财经科学,2013(10):99-107.
⑥ 叶菁菁,吴燕,陈方豪,等.个人所得税减免会增加劳动供给吗?———来自准自然实验的证据[J].管理世界,2017(12):20-32.

现 2011 年个税改革增加了中老年劳动者的劳动参与率,税负的劳动供给效应与收入呈负相关关系①。汪颖栋和吕琴(2019)认为 2018 年的个人所得税改革全面降低了居民个人所得税应纳税所得税额以及减低部分纳税区间税率,有利于增加社会劳动供给②。

综上,国内相关研究已基本覆盖了我国个人所得税的历次重大调整,并为我国之后的个税改革、税收制度及社会保障制度的完善提供了经验支撑。

二、个人所得税对储蓄和投资行为的影响

(一) 储蓄与储蓄理论

从广义上讲,储蓄包括家庭储蓄(或个人储蓄)、政府储蓄以及外国储蓄,反映在宏观经济模型上就是

$$I = S + (T - G) + (M - X) \tag{3-2}$$

其中:I 是投资,S 是家庭储蓄,T 是政府税收,G 是政府支出,M 是进口,X 是出口。因为个人所得税主要作用于家庭,所以本章着眼于个人所得税对家庭储蓄的影响。

一个家庭的收入可以分为两个部分:一部分用于当前的消费;另一部分用于未来的消费,即储蓄。有关储蓄的理论,我们介绍以下三种:生命周期理论、预防动机理论和遗赠动机理论。

1. 生命周期理论

(1) 基本观点:生命周期理论源于一个简单的思想,即人们为退休而进行储蓄,因此会在工作期间进行储蓄以便能够在退休时消费。这一观点的提出者莫迪利安尼认为,人们实际的消费行为表明,每个人总想把他一生的全部收入在消费上做最佳的分配,以得到一生的最大满足。为此,一个消费者会估计他一生的总收入,然后考虑在人生全程中如何支配这些收入。

生命周期理论的基本观点是,消费者在任何年龄段配置于消费的资源只取决于他的生命周期收入(一生劳动收入与继承财产的现值),与当前收入无关,按稳定的、接近于预期平均生活消费的消费率进行消费,因此短期的储蓄量取决于当前收入偏离平均生命周期收入的程度。当前收入与平均生命周期收入的差称为"临时性收入",临时性收入的变化越大,偏离程度越大。

按照生命周期理论,影响储蓄率的主要因素包括:长期利率水平、退休期、信用市场的完善度和未来不确定因素、遗赠动机。

① 长期利率水平的影响。利率的短期变动只会在很小的程度上影响到财富的总量,所以储蓄率大致与利率无关,即 r 对 s 的效应在短期为 0。但在长期的情况下,利率的高低会影响到财富总量的变化,从而使人们重新配置自己的当期消费与未来消费,影响储蓄率,且这种影响为负。

② 退休期的影响。如果退休期较长,财富曲线的顶点会前移并上升,表明财富-收入比率和储蓄率会提高。

---

① 刘蓉,汤云鹏,赵岭晓.个人所得税改革对中老年劳动力供给的影响研究——基于 CHARLS 的面板数据[J].北京大学学报(哲学社会科学版),2019(5):87-100.
② 汪颖栋,吕琴.新个人所得税法政策解读及宏观经济影响分析[J].经济研究导刊,2019(26),117-119.

③ 信用市场不完善和未来不确定因素的影响。信用市场不完善和将来收入、支出的不确定性,在一定程度上使家庭不能通过借入一定数量的钱来实现不受约束的最优消费计划,这样的约束将产生延迟消费并增加收入-财富比率和储蓄率。

④ 遗赠动机的影响。遗赠动机是指人们有将财产留给下一代的意愿,这种意愿使得储蓄率增加,并产生一个较高的财富-收入比率。

(2) 函数:$C = aWR + bYL$。

其中:WR 为财富,YL 为劳动收入。

在工作期间(持续 WL 年),个人进行储蓄从而积累资产。在工作结束时,个人开始靠这些资产为生,在随后的 $(NL - WL)$ 年进行负储蓄直至死亡。消费在整个生命周期中保持在水平 C 上,所有的资产在生命终结时全部耗尽,如图 3-5 所示。

图 3-5 中,$a = 1/(NL - T)$ 为消费对财富的边际倾向,$b = (WL - T)/(NL - T)$ 为消费对收入的边际倾向,$WL > T$,T 是个人所处的其人生中的某一年龄段。

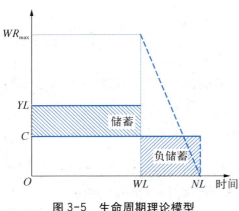

图 3-5 生命周期理论模型

2. 预防动机理论与遗赠动机理论

许多经济学家研究了老年人的消费和储蓄。他们的发现对生命周期理论提出了疑问。老年人并没有像该模型所预言的那样有负储蓄,即:如果老年人努力要使自己其余年份的消费平稳,那么,他们并不会像生命周期理论预言的一样那么快地消耗自己的财产。对此,第一种解释是,老年人关心未预期到的那部分花费,比如重大疾病等的花费,即存在预防性储蓄;第二种解释是,老年人想给子女留下财产。也就是说,最简单的生命周期理论不能完全解释消费者的行为。

这两个动机在我国表现得尤其明显。我国的医疗保障体系和养老体系都还不够完善,使得居民需要进行储蓄以预防生病与养老。另外,东方的传统观念认为应该给子孙留下财产,所以产生更大的遗赠动机。

本书将主要以生命周期理论作为理论基础,阐述个人所得税与私人储蓄行为的关系,因此对预防动机理论与遗赠动机理论只做简单的介绍。

(二) 个人所得税与储蓄投资行为

个人所得税对储蓄行为的影响,是通过影响个人可支配收入和储蓄的收益率来实现的。我们就以上述生命周期理论为模型基础,来分析个人所得税对储蓄行为的影响。

假设一个人一生中的收入为 Y,全部用于消费。在工作阶段(第一阶段)消费 C_1,退休阶段(第二阶段)消费 C_2,而第二阶段的消费全部来自第一阶段的储蓄,那么 $C_2 = (1+r)S_1 = (1+r)(Y-C_1)$,其中 r 表示利息率,公式可以改写为 $Y = C_1 + C_2/(1+r)$。$(1+r)$ 就是第二期消费折现到第一期的折现率。图 3-6 表示了第一阶段和第二阶段消费的关系,AB 可以被当作一条约束线,其斜率为 $(1+r)$,也就是第一阶段每放弃一元钱的消费可以在第二阶段消费 $(1+r)$ 元。A 点表示所有的收入均用于第一阶段的消费,B 点表示所有的收入均用于第二阶段的消费。无差异曲线和约束线相切于 E 点，在 E 点对收入进行两阶段的分配效用最大。

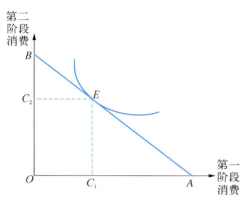

图 3-6 无个税的生命周期曲线

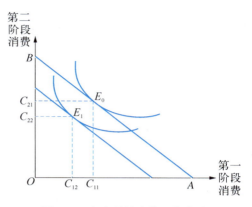

图 3-7 有个税的生命周期曲线

以上所述是不考虑个人所得税情况下的生命周期模型，如果政府对个人收入征收税率为 t 的比例所得税，那么收入就从 Y 转变为 $Y(1-t)$，相应的约束线也会发生变化。征税后，我们来看储蓄行为的变化，见图 3-7。

第一阶段，因为个人所得税的征收并不影响利率水平，所以新的约束线斜率不会发生变化，换句话说，第一阶段的 1 元钱仍旧可以用第二阶段的 $(1+r)$ 元来替换。所以收入的减少使得约束线从 AB 平行向左移动至 CD，相应的最优收入分配点也移动到了 E_1。从图中可以看出，个人所得税使得个人第一阶段和第二阶段的消费都下降，也就是使得个人的消费和储蓄都下降了。

但是，以上情况有一个假设条件，就是个人对于消费的时间偏好没有改变，也就是说无差异曲线是水平移动的。但事实上，因为个人所得税使得收入下降时，个人的选择可能出现变化，其或者选择保持第一阶段的消费水平不变，或者选择第二阶段的消费水平不变，抑或选择一种中间状态，反映在图 3-8 中。E_2 表示的均衡是保持第一阶段消费不变，那么个人所得税使得储蓄减少；E_3 表示的均衡是保持第二阶段的消费不变，那么必须增加储蓄。

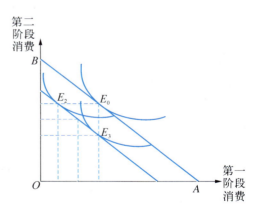

图 3-8 加入个税、消费时间偏好的生命周期曲线

所以说，个人所得税对储蓄的影响还要考虑其消费的时间偏好。

在本质上，个人所得税对个人投资行为的影响和对储蓄行为影响是一样的。一个人的收入或者用于投资，或者用于消费①，$Y=I+C$，而理性人的投资决策都是为了以牺牲现在的

---

① 这里不考虑储蓄是因为我们在这里认为储蓄是为了未来的消费。

新个人所得税制度解析 / XINGERENSUODESHUIZHIDUJIEXI

消费而换取未来更好的消费，所以从本质上讲，现在储蓄和未来消费是一样的。又因为我们只考虑个人所得税而不考虑投资收益的税收，所以个税只是影响了收入，使之由 Y 下降为 $Y(1-t)$，这是与储蓄行为一致的。我们只要理解了个人所得税对储蓄行为的影响，将储蓄更换为投资，便可以理解个人所得税对投资的影响。同样，这样的影响还要考虑个人的投资—消费偏好。

在个人所得税中，影响投资与储蓄最大的是利息税。利息税是"储蓄存款利息所得个人所得税"的简称，主要指对个人在中国境内存储人民币、外币而取得的利息所得征收的个人所得税。中国的利息税始于1950年，当年颁布的《利息所得税条例》规定，对存款利息征收10%（后降为5%）的所得税。1959年，利息税停征。1999年11月1日，根据第九届全国人民代表大会常务委员会第十一次会议《关于修改〈中华人民共和国个人所得税法〉的决定》再次恢复征收，税率为20%。2007年8月15日，税率由20%降至5%。2008年10月9日起，暂免征收利息税。

征收利息税的理由有二：一是为了抑制储蓄的过快增长，"把储蓄赶出去"，刺激居民消费和投资；二是为了缩减贫富差距。而利息税之所以会退出历史舞台，有以下原因：

就抑制储蓄的过快增长而言，大量调查表明，居民储蓄的目的并不是单纯地"吃利息"，而是对预期收入不确定性和未来支出不确定性的预防，目的是为日后养老、子女教育、防范失业等做准备，不论利息税多高，这些储蓄都不会有明显减少。利息税对分流储蓄的作用因此而变得无效。

就缩减贫富差距而言，在没有其他配套措施，比如对其他资本所得征税的情况下，高收入者手中的大部分存款会轻而易举地转换为其他资产持有形式，从而使投资渠道单一的中低收入者成为利息税的主要纳税主体，这样进入利息税纳税范畴的中低等收入群体所占的比重就更大，利息税调节收入分配的功能也会大打折扣。从数据上看，2000—2008年我国城市居民恩格尔系数绝对数明显低于农村居民恩格尔系数水平，且下降幅度明显快于农村居民恩格尔系数下降幅度，说明我国以城乡收入差距为代表的收入差距问题仍在不断加剧，利息税在收入分配方面的调节作用也几乎可以忽略[①]。

第二节　影响宏观经济功能

一、组织收入功能

我们分别从个人所得税的学术发展与历史发展来看其组织收入的功能。

自威廉·配第起，税收就被赋予组织收入、调节收入分配的功能。其后的经济学家们更多从公平角度来论述个人所得税，其作为组织收入的功能已经被学术界广泛认可。20世纪70年代，美国供给学派经济学家亚瑟·拉弗提出著名的"拉弗曲线"。该理论认为，当税率

---

① 周充.我国储蓄存款利息税的效应分析及调整思路[J].中国外资,2013(20)：68-69.

048

为100%时,货币经济(与主要是为了逃税而存在的物物交换不同)中的全部生产都将停止,如果人们的所有劳动成果都被政府所征收,他们就不愿意在货币经济中工作,因此由于生产中断,没有什么可供征收100%税额,政府的收益就等于零;当税率为0%时,政府的税收也自然是零。

拉弗曲线所论的问题非常古老,而且前人多有类似阐述。我国古典名著《管子》就说要"取于民有度",把制定适当的税收标准作为治国安邦的根本政策。在《史记·货殖列传》中,司马迁提出了"善因论"的经济思想,指出:对于普通百姓的经济活动,政府的政策"善者因之,其次利道(导)之,其次教诲之,其次整齐之,最下者与之争"。也就是说,国家最好的经济政策是顺应和听任人们进行生产、贸易等经济活动,不要横加干预,在某些方面进行诱导和教化,鼓励或告诫人们应该或不应该参与哪些经济活动,必要时进行一定的调节和限制,"与民争利"是最不好的经济政策。他认为,农工商等经济活动是"衣食之源",个人为了自己的利益而从事经济活动,就扩大了衣食之源,"上则富国,下则富家";如果个人的经济活动受到了限制或阻碍,衣食之源就会萎缩,既不会利家也不会富国。这里所说的实际上就是制定优惠的税收政策,改善投资环境,吸引社会力量和资本前来投资兴办实业,以扩大税基,增加税源,增强政府的财力,加快经济发展。

下面,我们再看个人所得税的历史发展。

自文明伊始,所得税就是国家机器组织收入、维持其正常运转的重要手段。文献显示,两河流域与尼罗河流域古文明时期,国王们为了维持自身开支、神职人员以及宫廷和军队的开支,便以实物形式向农民征收"个人所得税"。在古埃及,税率是1/5,在古巴比伦则是1/10。金字塔与空中花园都是建立在这样的税收基础之上。这样的税收制度持续存在于古希腊、古罗马以及漫长的中世纪,其间税收形式逐步从实物过渡为货币,税收的种类也逐渐繁多。拿破仑战争期间,英国和其他欧洲国家为了筹措战争经费,首次开征现代意义上的个人所得税。但在战后,这种税收被马上废止。直到1842年,为了弥补因关税减少而带来的财政亏空,英国首相罗伯特·皮尔决定再次开征个人所得税,因为公民对社会福利的要求日益高涨,欧洲大陆其他国家相继仿效英国开征个人所得税。

从个人所得税的历史发展中我们不难发现,作为一种组织收入的手段,个税的出现是因为战争军费的需求,而个人所得税成为西方国家一项重要的税种,则是因为不断完善的社会福利制度的客观要求。我国现代意义上的个人所得税,并非因以上两种原因开始征收,而是改革开放的特殊历史因素促成了个人所得税的启动。

我国自1981年开始征收个人所得税,最初面向的是在华外籍雇员,直到1995年才开始作为一项重要税种进行征收,加之改革开放40多年来的飞速发展,2020年,我国共收取个人所得税11 568亿元,占当年国内生产总值的1.14%。可以说,个人所得税已经成为国家组织收入的一项重要税种,但还不是主要税种。表3-1给出了1994—2020年我国个人所得税的一些数据[1]。

---

[1] 数据来源:国家统计局,国家税务总局。

表 3-1　1994—2020 年我国 GDP、个税总额与工资总额　　　（单位：亿元）

年　份	GDP	个人所得税	工资总额	税收总额
1994	48 197.90	72.79	6 656.30	5 126.88
1995	60 793.70	131.50	8 055.80	6 038.04
1996	71 176.60	193.20	9 080.00	6 909.82
1997	78 973.00	295.90	9 405.30	8 234.04
1998	84 402.30	338.60	9 296.50	9 262.80
1999	89 677.10	414.00	9 875.50	10 682.58
2000	99 214.60	659.64	10 954.70	12 581.51
2001	109 655.20	995.25	12 205.40	15 301.38
2002	120 332.70	1 211.78	13 638.10	17 636.45
2003	135 822.80	1 418.04	15 329.60	20 017.31
2004	159 878.30	1 737.06	17 615.00	24 165.68
2005	183 217.40	2 094.91	20 627.10	28 778.54
2006	211 923.50	2 453.71	24 262.30	34 809.72
2007	249 529.90	3 185.60	29 471.50	45 622.00
2008	300 670.00	3 722.19	35 289.50	54 219.62
2009	348 517.70	3 949.35	40 288.20	59 521.59
2010	412 119.30	4 837.27	47 269.90	73 210.79
2011	487 940.20	6 054.11	59 954.70	89 738.39
2012	538 580.00	5 820.28	70 914.20	100 614.28
2013	592 963.20	6 531.53	93 064.30	110 530.70
2014	641 280.60	7 376.61	102 817.20	119 175.31
2015	685 992.90	8 617.27	112 007.80	124 922.20
2016	740 060.80	10 088.98	120 074.80	130 360.73
2017	820 754.30	11 966.37	129 889.10	144 369.87
2018	900 309.50	13 871.97	141 480.00	156 402.86
2019	990 865.00	10 388.00	154 296.10	157 992.00
2020	1 015 986.00	11 568.20	164 126.9	136 780.00

资料来源：根据 1995—2021 年度的《中国统计年鉴》数据整理所得。

注：工资总额是指城镇非私营单位就业人员工资总额。

表 3-1 显示,随着我国经济的快速增长,税收总额、工资总额以及个人所得税总额都有较大幅度增长。资料显示,1981 年我国首次征收个人所得税当年共征税款 500 万元左右,而这个数字在 20 年后已经达到了 995 亿元,并在 2020 年达到了 11 568 亿元。可见个人所得税成为一项越来越重要的税种,是我国组织收入不可或缺的一环。但是,从个税占税收总额的比例来看,我国个税占比仍旧不高。

个人所得税占税收总额的比例从 1994 年的不足 2%,持续上升至 2003 年的 7% 左右之后,逐步稳定在 6%—8%,2018 年、2019 年和 2020 年此比例分别为 8.87%、6.58% 和 8.5%。

就个税的组织收入功能而言,发达国家个税占税收总额的比例在 40% 左右,而其他发展中国家的这一比例也达到 10%—20%。相比之下,我国的个税对整体税收的贡献度并不大。

二、调节收入分配功能

(一) 收入分配理论:公平与效率

在市场经济环境下,收入的分配取决于各个生产要素的分布情况以及生产要素的价格。而且,每个个体自身条件的不同,如天赋能力、受教育时间长短、身体状况的好坏,也会影响到收入的分配。

我们通常认为,收入分配的公平包括两种形式的公平:其一是机会公平(或机会均等),其二是结果公平。机会公平指社会中的每个人都以平等的机会进行竞争,而结果公平则是指最终分配的结果是大致相等的。显而易见,机会公平不一定会导致结果公平,而且就算机会达到绝对的平等,最终的结果也会有巨大的差异。而一个社会为其成员提供均等的机会是非常重要的,但这是社会学和政治学的范畴,本书中我们仅讨论收入在一次分配之后,由于未实现足够的公平,而通过个人所得税这个二次分配的手段,尽量在不损失效率的情况下追求最大的公平。

但是,关于什么才是真正的公平存在争议。首先我们来看一个社会的总体效用函数,假设社会有 n 个成员,社会总效用 U 是其所有成员效用 U_i 的函数:

$$U = f(U_1, U_2, \cdots, U_n) \tag{3-3}$$

我们假设,在其他人的效用不变的情况下,一个人的效用增加,则社会整体效用就增加。但是,总效用函数表达形式的不同,公平分配的定义就不同。

如果一个社会的总效用函数是每个成员效用的数字加总,即

$$U = U_1 + U_2 + \cdots + U_n \tag{3-4}$$

假设社会每个成员的效用仅与收入有关,即

$$U = U_1(W_1) + U_2(W_2) + \cdots + U_n(W_n) \tag{3-5}$$

其中:W_i 表示第 i 个成员的收入,且 $U'_i(W_i) > 0$,$U''_i(W_i) < 0$,也就是说收入越高效

用越大,但是边际效用递减。

在这样的模型中,最大效用出现在每个人的收入完全相同的情况下。也就是说,只有社会实现了真正的结果公平,才能使效用最高。

社会总效用函数除了简单加总外还有一种表达形式,被称作"最大最小化标准"(maxmin criterion):社会总效用的大小取决于所有成员中效用最小的那个成员,如果这个成员的效用得到提高,那么社会的总效用就会提高。用函数表达如下:

$$U = \min(U_1(W_1), U_2(W_2), \cdots, U_n(W_n)) \tag{3-6}$$

这个标准由美国学者约翰·罗尔斯提出,他指出政府应该对高收入者征税并且补贴给低收入者,以提高那个最小效用成员的效用,但是这种征税与补贴并不一定要达到如上一个模型一样的完全平均分配。

(二) 个人所得税对收入分配的影响与效用度量

1. 个人所得税对收入分配的影响

个人所得税是调节收入分配的重要工具。个人所得税作为一种直接税,直接减少了个人的可支配收入,而且纳税人和负税人的相同使得个人所得税难以被转嫁,所以将其用于调节收入分配较为有效。

世界上大多数国家对个人所得征税都采取累进税制,即收入越高,征收比例越大。这是有利于公平的,因为高收入者纳税较多,低收入者纳税少或者不纳税,政府再通过转移支付来使得低收入者也能达到一定的生活水平。但是,较高的累进税率或许会使劳动者丧失劳动积极性,这一点在之前关于个人所得税对劳动供给影响的讨论中已经阐明。也就是说,累进制个人所得税可能会影响效率。

所以,在设计个人所得税税制或者设置起征点(或免征额)、征收比例时,既要考虑公平,以避免社会运转出现问题,也要考虑效率,以避免社会总体福利的大量损失。

2. 个人所得税影响收入分配的效用

经济学家通常用洛伦兹曲线和基尼系数来分析收入分配的效果。我们首先来解释这两个概念。

美国统计学家洛伦兹在 1907 年提出了著名的洛伦兹曲线①。如图 3-9 所示,横轴表示人口,纵轴表示收入,两者都以百分比的形式给出。它先将一国人口按收入由低到高排队,然后考虑收入最低的任意百分比人口所得到的收入百

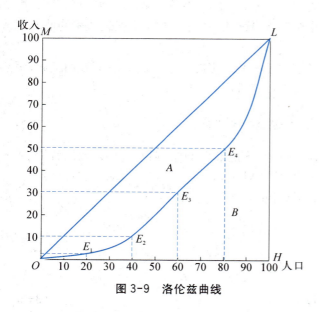

图 3-9 洛伦兹曲线

---

① 另有一种说法是 1905 年提出该理论。

分比。将这样的人口累计百分比和收入累计百分比的对应关系描绘在坐标图上,即得到洛伦兹曲线。

洛伦兹曲线被用来比较和分析一个国家在不同时代或者不同国家在同一时代的财富不平等,该曲线作为一个总结收入和财富分配信息的便利的图形方法得到广泛应用。

洛伦兹曲线的弯曲程度有重要意义。一般来讲,它反映了收入分配的不平等程度。弯曲程度越大,收入分配越不平等,反之亦然。特别是,如果所有收入都集中在一人手中,而其余人口均一无所获时,收入分配完全不平等,洛伦兹曲线成为折线 OHL。相反,若任一人口百分比均等于其收入百分比,从而人口累计百分比等于收入累计百分比,则收入分配是完全平等的,洛伦兹曲线成为通过原点的 45 度线 OL。

一般来说,一个国家的收入分配,既不是完全不平等,也不是完全平等,而是介于两者之间。相应的洛伦兹曲线,既不是折线 OHL,也不是 45 度线 OL,而是像图 3-9 中那样向横轴突出的弧线 OL,尽管突出的程度有所不同。

洛伦兹曲线与 45 度线之间的部分 A 叫作"不平等面积",当收入分配达到完全不平等时,洛伦兹曲线成为折线 OHL,OHL 与 45 度线之间的面积 A+B 叫作"完全不平等面积"。不平等面积与完全不平等面积之比称为基尼系数,是衡量一国贫富差距的标准。基尼系数 $G=A/(A+B)$。显然,基尼系数介于 0—1 之间。

个人所得税对洛伦兹曲线的影响就是把一部分人(通常是高收入者)的利益转移给另一部分人(通常是低收入者),也就是一部分人因个人所得税受损,另一部分人受益。在图 3-10 中,OCD 是个税征收前的洛伦兹曲线,OED 是个税征收后的洛伦兹曲线,从图中可以看出,通过征收个人所得税,洛伦兹曲线更接近 45 度线了,也就是收入的分配更加平均了。

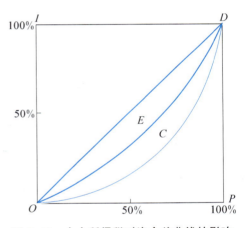

图 3-10 个人所得税对洛伦兹曲线的影响

(三) 我国实际情况

就国际标准而言,我国社会的基尼系数相对较高。全国居民人均可支配收入基尼系数在 2008 年达到最高点 0.491 后,2009 年至今呈现波动下降态势,2020 年降至 0.468,累计下降 0.023,但也已经超过了国际公认 0.4 的警戒水平。

但是,我们仍要对社会可能出现的不公平提高警惕,个人所得税的征收便很好地促进了我国个人收入的二次公平分配。尤其是近年来政府针对个人所得税的一系列改革,极好地体现了在尽量不损失效率的前提下追求公平的精神。

2005 年 9 月 27 日,全国人大法工委第一次就立法问题召开听证会——针对个人所得税的费用扣除问题。同年 11 月,第十届全国人大常委会第十八次全体会议通过《关于修改〈中华人民共和国个人所得税法〉的决定》,自 2006 年 1 月 1 日起,个人的工资、薪金所得费用扣除标准从每月 800 元提高到 1 600 元。这一举动使更多的工薪阶层不用再缴纳个人所得税,而成为税收政策的受益者;2008 年 3 月,个人所得税的扣除标准再次调高为 2 000 元,既满足了居民基本生活消费支出需要,也统筹兼顾了财政承受能力,并体现了重点照顾中低收入者的政策调整意图。

2011年9月，个人所得税的免征额提高到了每月3 500元，并且把九级超额累进税率改为七级超额累进税率；2018年10月起，个人所得税的基本减除费用标准进一步提高到了5 000元。从近年的多次改革来看，国家更注重降低中低收入阶层的税负，而高收入人群税负不降反升，可见我国近年的个税改革更加注重社会公平，使个税起到了调节贫富差距的作用。

概括而言，本章从基本经济学原理入手，结合我国的实际情况，简要介绍了个人所得税的功能定位。在我国，个人所得税的功能主要体现在两个方面：一是从行为人角度来看的微观层面，二是从一个经济体角度来看的宏观层面。

从微观角度讲，个人所得税的增减以及征收方式会影响到行为人的劳动供给、消费和储蓄以及投资行为；从宏观角度讲，个人所得税是一个经济体组织财政收入的手段之一，而且是调节收入进行二次分配的重要手段。

因为我国的种种特殊情况，个人所得税对于行为人的微观影响并不大。但因为政府和社会舆论的努力，个税已经逐步成为促进公平的良好途径。

本章主要从理论层面进行了论述，有关个人所得税功能的实证研究请参见第六章。

本章参考文献

1. 萨拉尼.税收经济学[M].陈新平,王瑞泽,陈宝明,等译.北京：中国人民大学出版社,2002.
2. 李友元,等.税收经济学[M].北京：光明日报出版社,2003.
3. 郝春虹.税收经济学[M].天津：南开大学出版社,2007.
4. 于洪.我国个人所得税税负归宿与劳动力供给的研究[J].财经研究,2004(4)：50-59.
5. 余显才.所得税劳动供给效应的实证研究[J].管理世界,2006(11)：28-40,171-172.
6. 张世伟,周闯.工薪所得税减除费用标准提升的作用效果：基于劳动供给行为微观模拟的研究途径[J].世界经济,2010(2)：67-82.
7. 刘怡,聂海峰,邢春冰.个人所得税费用扣除调整的劳动供给效应[J].财贸经济,2010(6)：52-59.
8. 尹音频,杨晓妹.劳动供给对个人所得税改革敏感吗——基于微观模拟的动态分析[J].财经科学,2013(10)：99-107.
9. 叶菁菁等.个人所得税减免会增加劳动供给吗？——来自准自然实验的证据[J].管理世界,2017(12)：20-32.
10. 刘蓉,汤云鹏,赵岭晓.个人所得税改革对中老年劳动力供给的影响研究——基于CHARLS的面板数据[J].北京大学学报(哲学社会科学版),2019(5)：87-100.
11. 徐晔,杜莉.中国税制[M].7版.上海：复旦大学出版社,2020.

第四章

我国现行个人所得税体系

在前三章介绍了个人所得税的历史发展、基本理论问题,并分析了其功能定位的基础上,本章将重点就我国现行个人所得税体系进行阐述,具体包括:个人所得税的纳税义务人、征税对象、税率费用扣除标准、每次收入的确定、应纳税额的计算等问题。

第一节 个人所得税的纳税义务人和征税对象

一、个人所得税的纳税义务人

我国个人所得税的纳税义务人为中国公民、个体工商业户、个人独资企业、合伙企业个人投资者、在中国境内有所得的外籍人员和香港、澳门、台湾同胞。

一国政府在行使税收管辖权之前,首先要明确纳税人是否属于本国居民。我国个人所得税法参照国际惯例,按照属地原则和属人原则来确定税收管辖权,并同时采用住所标准和时间标准来确定居民纳税人(个人)和非居民纳税人(个人)。

（一）居民纳税人

居民纳税人(个人)是指在中国境内有住所,或者虽无住所但在一个纳税年度在中国境内累计居住满183天的个人。可见,对于居民纳税人的判断标准有两条:住所标准和时间标准。只要符合其中一条,就属于居民纳税人。当两个标准的条件都不符合时,该纳税人就是非居民纳税人。

1. 住所标准——在中国境内有住所

在中国境内有住所的个人,是指因户籍、家庭、经济利益关系而在中国境内习惯性居住的个人。这里的习惯性居住,是判定纳税义务人是居民还是非居民的一个法律意义上的标准,不是指实际居住或在某一个特定时期内的居住。个人因学习、工作、探亲、旅游等原因在中国境外居住,但是在这些原因消除后,必须回到中国境内居住的,则中国为该个人的习惯性居住地。

2. 时间标准——在境内居住满183天

一个纳税年度(即公历1月1日起至12月31日止)在中国境内居住满183天。在计算居住天数时,取消了原有的临时离境规定,按纳税人一个纳税年度内在境内的实际居住时间确定。即境内无住所的个人在一个纳税年度内无论出境多少次,只要在我国境内累计住满183天,就可判定为我国的居民纳税人。

例4-1：某外籍人士的户籍和家庭都不在中国,其于2019年9月30日进入中国境内,于2020年5月30日出境,虽然其在中国境内实际居住时间超过了183天,但我们需要按照一个纳税年度的居住时间为判断标准,其在2019年纳税年度只居住了3个月,在2020年度只居住了5个月,都没有达到居住满183天的标准,所以,该外籍人士在2019年和2020年两个纳税年度都不是中国居民纳税人,而是非居民纳税人。

综上可知,个人所得税的居民纳税人包括以下两类：

一是在中国境内定居的中国公民和外国侨民。但不包括虽具有中国国籍,却并没有在中国境内定居,而是侨居海外的华侨和居住在我国香港、澳门、台湾地区的同胞。

二是从公历1月1日起至12月31日止,在中国境内累计居住满183天的外籍人员、海外侨胞和香港、澳门、台湾同胞。

现行个人所得税法中"中国境内"的概念,是指中国大陆(内地),不包括中国香港、澳门和台湾地区。

(二) 非居民纳税人

非居民纳税人(个人),是指不符合居民纳税人(个人)判定标准(条件)的纳税义务人。个人所得税法规定,非居民纳税人是"在中国境内无住所又不居住,或者无住所而一个纳税年度内在境内居住累计不满183天的个人"。也就是说,非居民纳税人,是指习惯性居住地不在中国境内,而且不在中国境内居住;或者在一个纳税年度内,在中国境内居住累计不满183天的个人。在现实生活中,习惯性居住地不在中国境内的个人,只有外籍人员、华侨或我国香港、澳门和台湾同胞。因此,非居民纳税人,实际上只能是在一个纳税年度中,没有在中国境内居住,或者在中国境内居住天数累计不满183天的外籍人员、华侨或我国香港、澳门、台湾同胞。

自2019年1月1日起,无住所个人一个纳税年度内在中国境内累计居住天数,按照个人在中国境内累计停留的天数计算。在中国境内停留的当天满24小时的,计入中国境内居住天数,在中国境内停留的当天不足24小时的,不计入中国境内居住天数。

二、征税范围

根据个人所得税法规定,居民纳税人应就其源于中国境内、境外的所得,依法缴纳个人所得税；非居民纳税人负有有限纳税义务,即仅就其来源于中国境内的所得在中国缴纳个人所得税。这是一般的规定,但是对于居民纳税人的境外所得和非居民纳税人的境内所得行使征税管辖权时,个人所得税法实施条例也做出了宽松的特殊规定。

(一) 征税范围的一般规定

1. 对于一般的居民纳税人,应就其源于中国境内、境外的全部所得,依法缴纳个人所得税

这类居民纳税人主要有两类:一类是指在中国境内有住所的个人;另一类是指在中国境内无住所但境内累计居住超过183天的年度连续满6年的个人。上述个人就其该纳税年度内来自中国境内、境外的全部所得,无论境内支付还是境外支付,都要向中国政府缴纳个人所得税。

2. 对于一般非居民纳税人,则仅就其来源于中国境内的所得缴纳个人所得税,也就是对其来源于境内的所得,无论支付所得的地点是否在中国境内,都应依法缴纳个人所得税

上述一般非居民纳税人是指在中国境内无住所,在一个纳税年度内累计居住超过90天但不满183天的个人。

(二) 征税范围的特殊规定

1. 对在中国境内无住所,但在境内累计居住满183天的年度连续不满6年的纳税人的特殊规定

在中国境内无住所,但在境内累计居住满183天的年度连续不满6年的个人,其来源于中国境外的所得,经主管税务机关批准,可以只就由中国境内公司、企业以及其他经济组织或者个人支付的部分缴纳个人所得税;居住超过6年的个人,从第7年起,应当就其来源于中国境内外的全部所得缴纳个人所得税。

在中国境内居住满183天的任一年度中有一次离境超过30天的,其在中国境内居住满183天年度的连续年限重新起算。

2. 对在中国境内无住所,但在一个纳税年度中在中国境内居住不超过90天的纳税人的特殊规定

在中国境内无住所,但在一个纳税年度中在中国境内连续或者累计居住不超过90天的纳税人,其来源于中国境内的所得,由境外雇主支付并且不由该雇主在中国境内的机构、场所负担的部分,免予缴纳个人所得税。

综上所述,对中国境内无住所的个人(非高管)取得工资、薪金所得的征税问题相关规定可归纳为表4-1:

表4-1 在中国境内无住所个人(非高管)纳税规定汇总表

境内无住所个人划分(非高管)		境内所得		境外所得	
		境内支付	境外支付	境内支付	境外支付
非居民个人	境内累计居住不超过90天	√	免税	×	×
	境内累计居住超过90天但不满183天	√	√	×	×
居民个人	境内累计居住超过183天的年度连续不满6年	√	√	√	免税
	境内累计居住超过183天的年度连续满6年	√	√	√	√

注:表格中的"√"代表在我国纳税,"×"代表不在我国纳税。

3. 无住所个人为高管人员的情形

无住所居民个人为高管人员的,工资、薪金收入额按照前述"无住所个人为居民个人"有关规定计算纳税。非居民个人为高管人员的,按照以下规定处理:

(1) 高管人员在境内居住时间累计不超过90天的情形。在一个纳税年度内,在境内累计居住不超过90天的高管人员,其取得由境内雇主支付或者负担的工资、薪金所得应当计算缴纳个人所得税;不是由境内雇主支付或者负担的工资、薪金所得,不缴纳个人所得税。当月工资、薪金收入额为当月境内支付或者负担的工资、薪金收入额。

(2) 高管人员在境内居住时间累计超过90天不满183天的情形。在一个纳税年度内,在境内居住累计超过90天但不满183天的高管人员,其取得的工资、薪金所得,除归属于境外工作期间且不是由境内雇主支付或者负担的部分外,应当计算缴纳个人所得税。

综上所述,对中国境内无住所的个人(高管)取得工资、薪金所得的征税问题相关规定可归纳为表4-2:

表4-2 在中国境内无住所个人(高管)纳税规定汇总表

境内无住所个人划分(高管)		境内所得		境外所得	
		境内支付	境外支付	境内支付	境外支付
非居民个人	境内累计居住不超过90天	√	免税	√	×
	境内累计居住超过90天但不满183天	√	√	√	×
居民个人	境内累计居住超过183天的年度连续不满6年	√	√	√	免税
	境内累计居住超过183天的年度连续满6年	√	√	√	√

注:表格中的"√"代表在我国纳税,"×"代表不在我国纳税。

三、征税对象

个人所得税的征税对象是个人取得的应税所得。确定应税所得项目可以使纳税人掌握自己有哪些收入是需要纳税的。

(一) 征税对象的具体规定

我国个人所得税的征税对象有如下九大类。

1. 工资、薪金所得

工资、薪金所得,是指个人因任职或者受雇而取得的工资、薪金、奖金、年终加薪、劳动分红、津贴、补贴以及与任职或者受雇有关的其他所得。

一般来说,工资、薪金所得属于非独立个人劳动所得。所谓非独立个人劳动,是指个人所从事的由他人指定、安排并接受管理的劳动,工作或服务于公司、工厂、行政事业单位的人员(私营企业主除外)均为非独立劳动者。他们从上述单位取得的劳动报酬,是以工资、薪金的形式体现的。在这类报酬中,工资和薪金的收入主体略有差异。通常情况下,把直接从事生产、经营或服务的劳动者(工人)的收入称为工资,即所谓"蓝领阶层"所得;而将从事社公职或管理活动的劳动者(公职人员)的收入称为薪金,即所谓"白领阶层"所得。但在实际立法中,各国都从简便易行的角度考虑,将工资、薪金合并为一个项目计征个人所得税。

除工资、薪金以外,奖金、年终加薪、劳动分红、津贴、补贴也属于工资、薪金范畴。奖金是指所有具有工资性质的奖金,免税奖金的范围在税法中另有规定。年终加薪、劳动分红不分种类和取得情况,一律按工资、薪金所得课税。津贴、补贴等则有例外,根据我国目前个人收入的构成情况,规定对于一些不属于工资、薪金性质的补贴、津贴或者不属于纳税人本人工资、薪金所得项目的收入,不予征税。这些项目包括:

(1) 独生子女补贴。

(2) 执行公务员工资制度未纳入基本工资总额的补贴、津贴差额和家属成员的副食品补贴。

(3) 托儿补助费。

(4) 差旅费津贴、误餐补助。其中,误餐补助是指按照财政部规定,个人因公在城区、郊区工作,不能在工作单位或返回就餐的,根据实际误餐顿数,按规定的标准领取的误餐费。但单位以误餐补助名义发给职工的补助、津贴不能包括在内。

(5) 外国来华留学生领取的生活津贴费、奖学金。

2. 劳务报酬所得

劳务报酬所得,是指个人从事各种非雇佣的劳务所取得的所得。具体内容如下:

(1) 设计。指按照客户要求,代为制定工程、工艺等各类设计业务。

(2) 装潢。指接受委托,对物体进行装饰、修饰,使之美观或具有特定用途的作业。

(3) 安装。指按照客户要求,对各种机器、设备的装配、安置,以及与机器、设备相连的附属设施的装设和被安装机器设备的绝缘、防腐、保温、油漆等工程作业。

(4) 制图。指受托按实物或设想物体的形象,依体积、面积、距离等,用一定比例绘制成平面图、立体图、透视图等业务。

(5) 化验。指受托用物理或化学的方法,检验物质的成分和性质等业务。

(6) 测试。指利用仪器仪表或其他手段代客对物品的性能和质量进行检测试验的业务。

(7) 医疗。指从事各种病情诊断、治疗等医护业务。

(8) 法律。指受托担任辩护律师、法律顾问,撰写辩护词、起诉书等法律文书的业务。

(9) 会计。指受托从事会计核算业务。

(10) 咨询。指对客户提出的经济、科技、法律、会计、文化等方面的问题进行解答、说明的业务。

(11) 讲学。指应邀(聘)进行讲课、做报告、介绍情况等业务。

(12) 翻译。指受托从事中、外语言或文字的翻译(包括笔译和口译)的业务。

(13) 审稿。指对文字作品或图形作品进行审查、绘画、题词等业务。

(14) 书画。指按客户要求,或自行从事书法、绘画、题词等业务。

(15) 雕刻。指代客户制作图章、牌匾、碑、玉器、塑像等业务。

(16) 影视。指应邀或应聘在电影、电视节目中出任演员或担任导演、音响、化妆、道具、制作、摄影等与拍摄影视节目有关的业务。

(17) 录音。指用录音器械代客户录制各种录音制品的业务,或者应邀做演讲、演唱、采访而被录音的服务。

(18) 录像。指用录像器械代客户录制各种图像、节目的业务,或者应邀表演、采访被录像的业务。

(19) 演出。指参加戏剧、音乐、舞蹈、曲艺等文艺演出活动的业务。

(20) 表演。指从事杂技、体育、武术、健美、时装、气功以及其他技艺性表演活动的业务。

(21) 广告。指利用图书、报纸、杂志、广播、电视、电影、招贴、路牌、橱窗、霓虹灯、灯箱、墙面及其他载体,为介绍商品、经营服务项目、文体节目或通告、声明等事项所做的宣传和提供相关服务的业务。

(22) 展览。指举办或参加书画展、影展、盆景展、邮展、个人收藏品展、花鸟虫鱼展等各种展示活动的业务。

(23) 技术服务。指利用一技之长,而进行技术指导、提供技术帮助的业务。

(24) 介绍服务。指介绍供求双方商谈,或者介绍产品、经营服务项目等服务的业务。

(25) 经纪服务。指经纪人通过居间介绍,促成各种交易和提供劳务等服务的业务。

(26) 代办服务。指代委托人办理受托范围内的各项事宜的业务。

(27) 其他劳务。指上述列举26项劳务项目之外的各种劳务。

个人由于担任董事职务所取得的董事费收入,属于劳务报酬所得性质,按照"劳务报酬所得"项目征收个人所得税,但仅适用于个人担任某公司董事、监事,且不在该公司任职、受雇的情形。个人在公司(包括关联公司)任职、受雇,同时兼任董事、监事的,应将董事费、监事费按照"工资、薪金所得"项目缴纳个人所得税。

自2004年1月20日起,对商品营销活动中,企业和单位对营销业绩突出人员以培训班、研讨会、工作考察等名义组织旅游活动,通过免收差旅费、旅游费对个人实行的营销业绩奖励(包括实物、有价证券等),应根据所发生费用全额计入营销人员应税所得,依法征收个人所得税,并由提供上述费用的企业和单位代扣代缴。其中,对企业雇员享受的此类奖励,应与当期的工资、薪金合并,按照"工资、薪金所得"项目征收个人所得税;对非企业雇员享受的此类奖励,应作为当期的劳务收入,按照"劳务报酬所得"项目征收个人所得税。

在实际操作过程中,还可能出现难以判断一项所得是属于工资、薪金所得,还是属于劳务报酬所得的情况。这两者的区别在于:工资、薪金所得是非独立个人劳务活动,即在机关、团体、学校、部队、企业、事业单位及其他组织中任职、受雇而得到的报酬;而劳务报酬所得,则是个人独立从事各种技艺、提供各项劳务取得的报酬。说得通俗一些:工资、薪金存在雇佣与被雇佣关系,而劳务报酬则不存在这种关系。

3. 稿酬所得

稿酬所得,是指个人因其作品以图书、报刊形式出版、发表而取得的所得。将稿酬所得独立划归一个征税项目,而对不以图书、报刊形式出版、发表的翻译、审稿、书画所得归为劳务报酬所得,主要是考虑到了出版、发表作品的特殊性。第一,它是一种依靠较高智力创作的精神产品;第二,它具有普遍性;第三,它与社会主义精神文明和物质文明密切相关;第四,它的报酬相对偏低。因此,稿酬所得应当与一般劳务报酬相对区别,并给予适当的优惠照顾。

与稿酬所得有关的一些相关规定如下：

（1）作者去世以后，对取得其遗作稿酬的个人，按照稿酬所得计算缴纳个人所得税。

（2）除了任职、受雇于报刊等单位的记者、编辑等专业人员以外，其他人员在本单位的报刊上发表作品取得的所得，应当按照稿酬所得计算缴纳个人所得税。出版社的专业作者撰写、编写或者翻译的作品，由本社以图书形式出版而取得的稿费收入，应当按照稿酬所得计算缴纳个人所得税。

4. 特许权使用费所得

特许权使用费所得，是指个人提供专利权、商标权、著作权、非专利技术以及其他特许权的使用权取得的所得。提供著作权的使用权取得的所得，不包括稿酬所得。

对于专利权，许多国家只将提供他人使用取得的所得列入特许权使用费，而将转让专利权所得列为资本利得税的征税对象。我国没有开征资本利得税，故将个人提供和转让专利权取得的所得，都列入特许权使用费所得征收个人所得税。

与特许权使用费所得有关的一些相关规定如下：

（1）作者将自己的文字作品手稿原件或者复印件公开拍卖取得的所得，应按照特许权使用费所得征税，不按照稿酬所得征收个人所得税。

（2）个人取得的专利赔偿所得，应当按照特许权使用费所得计算缴纳个人所得税。

（3）对于剧本作者从电影、电视剧的制作单位取得的剧本使用费，无论剧本的使用方是否为其任职单位，统一按照特许权使用费所得计算缴纳个人所得税。

（4）企业员工向本企业提供非专利技术取得收入，属于非专利技术所得，应当按照特许权使用费所得计算缴纳个人所得税。

5. 经营所得

经营所得包括以下情形：

（1）个体工商户从事生产、经营活动取得的所得，个人独资企业投资人、合伙企业的个人合伙人来源于境内注册的个人独资企业、合伙企业生产、经营的所得；

（2）个人依法从事办学、医疗、咨询以及其他有偿服务活动取得的所得；

（3）个人对企业、事业单位承包经营、承租经营以及转包、转租取得的所得；

（4）个人从事其他生产、经营活动取得的所得。

例如，个人因从事彩票代销业务而取得的所得，或者从事出租车个体运营的出租车驾驶业务取得的收入，都应按照"经营所得"项目计征个人所得税。这里所说的从事出租车个体运营，包括出租车属个人所有，但挂靠出租汽车经营单位或企事业单位，驾驶员向挂靠单位缴纳管理费，或出租汽车经营单位将出租车所有权转移给驾驶员。

个体工商户和从事生产、经营的个人，取得与生产、经营活动无关的其他各项应税所得，应分别按照其他应税项目的有关规定，计算征收个人所得税。如取得银行存款的利息所得、对外投资取得的股息所得，应按"利息、股息、红利"项目的规定单独计征个人所得税。个人独资企业、合伙企业的个人投资者以企业资金为本人、家庭成员及其相关人员支付与企业生产经营无关的消费性支出及购买汽车、住房等财产性支出，视为企业对个人投资者的利润分配，并入投资者个人的生产经营所得，依照"经营所得"项目计征个人所得税。

注意区分经营所得与劳务报酬所得，经营所得中列举的第（2）种情形所对应的活动内容与劳务报酬所得对应的活动内容具有高度一致性,区别主要在于是否具有完全意义上的经营性质。总体可参考以下要素进行区分:第一,个人办理营业执照而产生的收入属于经营所得;第二,未办理营业执照,但经政府有关部门批准,从事办学、医疗、咨询等有偿服务活动的个人取得的所得属于经营所得;第三,对于无照又未经批准的,是否有固定场所(包括网络场所)也可以作为判断依据之一,有固定场所的可以按照经营所得处理,没有固定场所的则按劳务报酬所得处理;第四,对一个项目可以按照是否对经营成果拥有所有权来判定;第五,劳务一般应表现为一个人的行为,对于雇用人员的行为,应视为经营行为[①]。

6. 利息、股息、红利所得

利息、股息、红利所得,是指个人拥有债权、股权而取得的利息、股息、红利所得。利息,指个人拥有债权而取得的利息,包括存款利息、贷款利息和各种债券的利息。按税法规定,个人取得的利息所得,除国债和国家发行的金融债券利息外,应当依法缴纳个人所得税。股息、红利,指个人拥有股权取得的股息、红利。按照一定的比率对每股派发的息金,叫股息;根据公司、企业应分配的超过股息部分的利润,按股份分配的叫红利。股息、红利所得,除另有规定外,都应当缴纳个人所得税。

除个人独资企业、合伙企业以外的其他企业的个人投资者,以企业资金为本人、家庭成员及其相关人员支付与企业生产经营无关的消费性支出及购买汽车、住房等财产性支出,视为企业对个人投资者的红利分配,依照"利息、股息、红利所得"项目计征个人所得税。

7. 财产租赁所得

财产租赁所得,是指个人出租建筑物、土地使用权、机器设备、车船以及其他财产取得的所得。

个人取得的财产转租收入,属于"财产租赁所得"的征税范围,由财产转租人缴纳个人所得税。

8. 财产转让所得

财产转让所得,是指个人转让有价证券、股权、合伙企业中的财产份额、不动产、机器设备、车船以及其他财产取得的所得。

在现实生活中,个人进行的财产转让主要是个人财产所有权的转让。财产转让实际上是一种买卖行为,当事人双方通过签订、履行财产转让合同,形成财产买卖的法律关系,使出让财产的个人从对方取得价款(收入)或其他经济利益。财产转让所得因其性质的特殊性,需要单独列举项目征税。对个人取得的各项财产转让所得,除股票转让所得外,都要征收个人所得税。具体规定如下:

(1) 股票转让所得。根据《中华人民共和国个人所得税法实施条例》(以下简称《实施条例》)规定,对股票转让所得征收个人所得税的办法,由国务院另行规定,并报全国人民代表大会常务委员会备案。为了配合企业改制,促进股票市场的稳健发展,经报国务院批准,从1997年1月1日起,对个人转让上市公司股票取得的所得继续暂免征收个人所得税。

(2) 量化资产股份转让。集体所有制企业在改制为股份合作制企业时,对职工个人以股份形式取得的拥有所有权的企业量化资产,暂缓征收个人所得税;待个人将股份转让时,

---

① 李娟.劳务报酬所得、经营所得区别点探析[EB/OL].[2022-03-10]. https://www.esnai.com.

就其转让收入额,减除个人取得该股份时实际支付的费用支出和合理转让费用后的余额,按"财产转让所得"项目计征个人所得税。

9. 偶然所得

偶然所得,是指个人得奖、中奖、中彩以及其他偶然性质的所得。得奖是指参加各种有奖竞赛活动,取得名次得到的奖金。中奖、中彩是指参加各种有奖活动,如有奖销售、有奖储蓄,或者购买彩票,经过规定程序抽中、摇中号码而取得的奖金。偶然所得应缴纳的个人所得税税款,一律由发奖单位或机构代扣代缴。

(二) 征税对象(即所得)来源的确定

我国个人所得税法将"所得"区分为"境内所得"和"境外所得"。由于税法对居民纳税人和非居民纳税人的纳税义务有不同的规定,即征税范围不同,因此必须确定所得的来源地。

判断所得来源地,是确定是否应对该项所得征收个人所得税的重要依据。居民纳税人要承担无限纳税义务,即就中国境内和境外取得的所得缴纳个人所得税,因此,有关所得来源的判断不是很重要。非居民纳税人因为要承担有限纳税义务,即就其来源于中国境内的所得征税,所以判断其所得的来源就显得十分重要。

除国务院财政、税务主管部门另有规定外,下列所得,不论支付地点是否在中国境内,均为来源于中国境内的所得:

(1) 因任职、受雇、履约等在中国境内提供劳务取得的所得;

(2) 将财产出租给承租人在中国境内使用而取得的所得;

(3) 许可各种特许权在中国境内使用而取得的所得;

(4) 转让中国境内的不动产等财产或者在中国境内转让其他财产取得的所得;

(5) 从中国境内企业、事业单位、其他组织以及居民个人取得的利息、股息、红利所得。

例 4-2: 某外籍人员受雇于我国境内某合资企业担任常驻总经理,合同期 2 年。合同规定,其月薪为 6 000 美元,其中 2 800 美元在中国境内支付,3 200 美元由境外母公司支付给其家人。问:其来源于我国境内的所得是多少?

解答: 该外籍人员来源于我国境内的所得是每月 6 000 美元。工资、薪金所得是以纳税人任职的单位所在地为所得来源地,而不管所得是在哪里支付的。本题中该外籍人员的任职企业是我国境内的单位,因此其所得不管支付地是哪里,都属于来源于境内的所得。

第二节 个人所得税的税率和费用扣除标准

一、个人所得税的税率

个人所得税的税率区别不同个人所得项目分为两大类:超额累进税率和比例税率。

（一）综合所得适用的税率

综合所得适用七级超额累进税率，如表4-3所示：

表4-3　综合所得个人所得税税率表

级　数	全年应纳税所得额	税率(%)
1	不超过36 000元的	3
2	超过36 000元至144 000元的部分	10
3	超过144 000元至300 000元的部分	20
4	超过300 000元至420 000元的部分	25
5	超过420 000元至660 000元的部分	30
6	超过660 000元至960 000元的部分	35
7	超过960 000元的部分	45

注：① 表中的全年应纳税所得额是指依照税法的规定，居民个人取得综合所得以每一纳税年度收入额减除60 000元以及专项扣除、专项附加扣除和依法确定的其他扣除后的余额。
② 非居民个人取得的工资、薪金所得，劳务报酬所得，稿酬所得和特许权使用费所得，依照本表按月换算后计算应纳税额。

居民每一纳税年度内取得的综合所得包括：工资、薪金所得，劳务报酬所得，稿酬所得和特许权使用费所得。

（二）经营所得适用的税率

经营所得适用五级超额累进税率，如表4-4所示：

表4-4　经营所得个人所得税税率表

级　数	全年应纳税所得额	税率(%)
1	不超过30 000元的	5
2	超过30 000元至90 000元的部分	10
3	超过90 000元至300 000元的部分	20
4	超过300 000元至500 000元的部分	30
5	超过500 000元的部分	35

注：本表所称全年应纳税所得额是指以每一纳税年度的收入总额，减除个人所得税法规定的可以扣除的成本、费用以及损失后的余额。

需要注意的是，由于目前承包、承租经营的形式较多，分配方式也不相同，因此，承包、承租人按照承包、承租经营合同的规定取得所得的适用税率也不一致，具体有下面两种情况：

（1）凡承包、承租人对企业经营成果不拥有所有权，仅是按合同（协议）规定取得一定所得的，其所得应按"工资、薪金所得"项目，适用3%—45%的七级超额累进税率；

(2) 凡承包、承租人按合同(协议)规定向发包、出租方交纳一定费用后，企业经营成果归自己所有的，其取得的所得应按"经营所得"项目，适用5%—35%的五级超额累进税率。

(三) 其他所得适用税率

财产租赁所得，财产转让所得，利息、股息、红利所得和偶然所得适用比例税率，税率为20%。

二、费用扣除标准

各国在设计费用扣除制度时，一般都遵循以下两项原则：一是纯收益原则，即扣除纳税人为取得收入所必须支付的成本、费用。如与工作有关的交通费、搬家费，接受教育与培训费用。二是纳税能力原则，即纳税人及其家庭必要的生活费用应予扣除。除上述基本扣除外，不少国家还允许特殊扣除，以照顾纳税人的特别开支需求，实现真正对纯收益征税的目的。如因生病而导致的大量医疗费、为子女支付的高昂学费、意外事故带来的损失等。

费用扣除采用的方法有分项扣除和标准扣除。分项扣除指纳税人列明费用支出项目及数额，在法定范围及限度内进行扣除。标准扣除则是规定一个固定数额，允许纳税人一次性扣除。在税收实践中，有的国家允许纳税人自选一种方式，有的国家则明确规定只准采用某种方式。为了体现对特殊群体的优惠政策，一些国家还允许他们享有额外扣除额。如美国规定老人、盲人可以享有额外的扣除。

目前，我国个人所得税法采用的是分项定额扣除与定率扣除法相结合的方法，对纳税人不同性质的所得分别进行扣除。以某项应税项目的收入额减去税法规定的该项目费用扣除标准后的余额，为该项应纳税所得额。具体每项扣除标准如下：

1. 居民个人取得的综合所得的应纳税所得和费用扣除标准

居民个人取得的综合所得，以每年收入额减除费用60 000元以及专项扣除、专项附加扣除和依法确定的其他扣除后的余额，为应纳税所得额。

(1) 专项扣除，包括居民个人按照国家规定的范围和标准缴纳的基本养老保险、基本医疗保险、失业保险等社会保险费和住房公积金等。

(2) 专项附加扣除，包括子女教育、继续教育、大病医疗、住房贷款利息或者住房租金、赡养老人等支出，具体范围、标准和实施步骤由国务院确定，并报全国人民代表大会常务委员会备案。

(3) 依法确定的其他扣除，包括个人缴付符合国家规定的企业年金、职业年金，个人购买的符合国家规定的商业健康保险、税收递延型商业养老保险的支出，以及国务院规定可以扣除的其他项目。

(4) 专项扣除、专项附加扣除和依法确定的其他扣除，以居民个人一个纳税年度的应纳税所得额为限额；一个纳税年度扣除不完的，不结转以后年度扣除。

2. 非居民个人取得所得的应纳税所得和费用扣除标准

非居民个人取得的工资、薪金所得，以每月收入额减除费用5 000元后的余额为应纳税所得额。劳务报酬所得、稿酬所得、特许权使用费所得，以每次收入额为应纳税所得额。

3. 经营所得的应纳税所得额和费用扣除标准

经营所得，以每一纳税年度的收入总额减除成本、费用和损失后的余额，为应纳税所得额。

所称成本、费用，是指生产、经营活动中发生的各项直接支出和分配计入成本的间接费用以及销售费用、管理费用、财务费用；损失，是指生产、经营活动中发生的固定资产和存货的盘亏、毁损、报废损失，转让财产损失，坏账损失，自然灾害等不可抗力因素造成的损失以及其他损失。

取得经营所得的个人，没有综合所得的，计算其每一纳税年度的应纳税所得额时，应当减除费用60 000元、专项扣除、专项附加扣除以及依法确定的其他扣除。专项附加扣除在办理汇算清缴时减除。

纳税人从事生产、经营活动，未提供完整、准确的纳税资料，不能正确计算应纳税所得额的，由主管税务机关核定应纳税所得额或者应纳税额。

4. 财产租赁所得的应纳税所得和费用扣除标准

财产租赁所得，每次收入不超过4 000元的，减除费用800元；4 000元以上的，减除20%的费用，其余额为应纳税所得额。

5. 财产转让所得的应纳税所得和费用扣除标准

财产转让所得，以转让财产的收入额减除财产原值和合理费用后的余额，为应纳税所得额。财产原值按照下列方法确定：

(1) 有价证券，为买入价以及买入时按照规定交纳的有关费用；

(2) 建筑物，为建造费或者购进价格以及其他有关费用；

(3) 土地使用权，为取得土地使用权所支付的金额、开发土地的费用以及其他有关费用；

(4) 机器设备、车船，为购进价格、运输费、安装费以及其他有关费用；

(5) 其他财产，参照上述规定的方法确定财产原值。

纳税人未提供完整、准确的财产原值凭证，不能按照上述规定的方法确定财产原值的，由主管税务机关核定财产原值。

合理费用，是指卖出财产时按照规定支付的有关费用。

6. 利息、股息、红利所得和偶然所得的应纳税所得和费用扣除标准

利息、股息、红利所得和偶然所得，以每次收入额为应纳税所得额。

7. 专项附加扣除标准

专项附加扣除是2018年第七次修正的个人所得税法中新增加的费用扣除标准，其中引入了六项专项附加扣除，2022年又新增了一项专项附加扣除，遵循公平合理、利于民生、简便易行的原则，发挥了前景理论的确定性效应和反射性效应的积极作用，使纳税人真正感受到了确定性收益，促进了自愿性个税遵从①。因为我国人口众多，为了能够遵循简便易行原则，就必然会牺牲一定的公平性，因此七项专项附加扣除的具体规定尚有不少不完善的地方，留待未来信息化更为发达、操作成本更低时再进行完善。七项专项附加扣除的具体规定如下：

(1) 子女教育。纳税人年满3岁的子女接受学前教育、全日制学历教育的相关支出，按

---

① 郭月梅，赵明洁.行为经济学视角下的个人所得税遵从探析[J].税务研究，2021(6)：119-124.

照每个子女每月1 000元(每年12 000元)的标准定额扣除。

学前教育包括年满3岁至小学入学前的教育;学历教育包括义务教育(小学、初中教育)、高中阶段教育(普通高中、中等职业、技工教育)、高等教育(大学专科、大学本科、硕士研究生、博士研究生教育)。

父母可以选择由其中一方按扣除标准的100%扣除,也可以选择由双方分别按扣除标准的50%扣除,具体扣除方式在一个纳税年度内不能变更。

纳税人子女在中国境外接受教育的,纳税人应当留存境外学校录取通知书、留学签证等相关教育的证明资料备查。

允许扣除的时间段规定如下:学前教育阶段,为子女年满3周岁当月至小学入学前一月;学历教育,为子女接受全日制学历教育入学的当月至全日制学历教育结束的当月。

(2) 继续教育。纳税人在中国境内接受学历(学位)继续教育的支出,在学历(学位)教育期间按照每月400元(每年4 800元)定额扣除。

学历(学位)继续教育,为在中国境内接受学历(学位)继续教育入学的当月至学历(学位)继续教育结束的当月,同一学历(学位)继续教育的扣除期限不能超过48个月。纳税人接受技能人员职业资格继续教育、专业技术人员职业资格继续教育的支出,在取得相关证书的当年,按照3 600元定额扣除。

个人接受本科及以下学历(学位)继续教育,符合扣除条件的,可以选择由其父母扣除,也可以选择由本人扣除。

纳税人接受技能人员职业资格继续教育、专业技术人员职业资格继续教育的,应当留存相关证书等资料备查。

(3) 大病医疗。在一个纳税年度内,纳税人发生的与基本医保相关的医药费用支出,扣除医保报销后个人负担(指医保目录范围内的自付部分)累计超过15 000元的部分,由纳税人在办理年度汇算清缴时,在80 000元限额内据实扣除。

纳税人发生的医药费用支出可以选择由本人或者其配偶扣除;未成年子女发生的医药费用支出可以选择由其父母一方扣除。纳税人及其配偶、未成年子女发生的医药费用支出,按规定分别计算扣除额。

纳税人应当留存医药服务收费及医保报销相关票据原件(或者复印件)等资料备查。医疗保障部门应当向患者提供在医疗保障信息系统记录的本人年度医药费用信息查询服务。允许扣除的年份为医疗保障信息系统记录的医药费用实际支出的当年。

(4) 住房贷款利息。纳税人本人或者配偶单独或者共同使用商业银行或者住房公积金个人住房贷款,为本人或者其配偶购买中国境内住房,发生的首套住房贷款利息支出,在实际发生贷款利息的年度,按照每月1 000元(每年12 000元)的标准定额扣除,扣除期限最长不超过240个月。我国幅员广阔,各地区在收入水平、消费能力等方面存在较大差异,为了精准降税,与住房有关的专项附加扣除应该体现地区差异。但是,住房贷款利息扣除实行的是全国统一标准,未体现地区差异,因此这样的定额扣除模式在一定程度上具有累退性[①]。

纳税人只能享受一次首套住房贷款的利息扣除。首套住房贷款是指购买住房享受首套

---

① 赵艾凤,姚震.进一步完善我国个人所得税扣除制度的构想[J].税务研究,2020(9):41-45.

住房贷款利率的住房贷款。

经夫妻双方约定，可以选择由其中一方扣除，具体扣除方式在一个纳税年度内不能变更。夫妻双方婚前分别购买住房发生的首套住房贷款，其贷款利息支出，婚后可以选择其中一套购买的住房，由购买方按扣除标准的100%扣除，也可以由夫妻双方对各自购买的住房分别按扣除标准的50%扣除，具体扣除方式在一个纳税年度内不能变更。

允许扣除的时间段为贷款合同约定开始还款的当月至贷全部归还或贷款合同终止的当月。纳税人应当留存住房贷款合同、贷款还款支出凭证备查。

（5）住房租金。纳税人在主要工作城市没有自有住房而发生的住房租金支出，可以按照以下标准定额扣除：

直辖市、省会（首府）城市、计划单列市以及国务院确定的其他城市，扣除标准为每月1 500元（每年18 000元）。除前述所列城市以外，市辖区户籍人口超过100万的城市，扣除标准为每月1 100元（每年13 200元）；市辖区户籍人口不超过100万的城市，扣除标准为每月800元（每年9 600元）。

市辖区户籍人口，以国家统计局公布的数据为准。夫妻双方主要工作城市相同的，只能由一方扣除住房租金支出。纳税人及其配偶在一个纳税年度内不能同时分别享受住房贷款利息和住房租金专项附加扣除。

允许扣除的时间段为租赁合同（协议）约定的房屋租赁期开始的当月至租赁期结束的当月。提前终止合同（协议）的，以实际租赁期限为准。

纳税人应当留存住房租赁合同、协议等有关资料备查。

（6）赡养老人。纳税人赡养一位及以上被赡养人的赡养支出，统一按照以下标准定额扣除：

纳税人为独生子女的，按照每月2 000元（每年24 000元）的标准定额扣除；纳税人为非独生子女的，由其与兄弟姐妹分摊每月2 000元（每年24 000元）的扣除额度，每人分摊的额度不能超过每月1 000元（每年12 000元）。可以由赡养人均摊或者约定分摊，也可以由被赡养人指定分摊。约定或者指定分摊的须签订书面分摊协议，指定分摊优先于约定分摊。具体分摊方式和额度在一个纳税年度内不能变更。

被赡养人是指年满60岁的父母，以及子女均已去世的年满60岁的祖父母、外祖父母。父母，指生父母、继父母、养父母；子女，是指婚生子女、非婚生子女、继子女、养子女。父母之外的其他人担任未成年人的监护人的，比照本规定执行。允许扣除的时间段为被赡养人年满60周岁的当月至赡养义务终止的年末。

（7）幼儿看护。为了配合优化生育政策，国务院于2022年3月底发布了《国务院关于设立3岁以下婴幼儿照护个人所得税专项附加扣除的通知》（国发〔2022〕8号），具体内容如下：

纳税人照护3岁以下婴幼儿子女的相关支出，按照每个婴幼儿每月1 000元的标准定额扣除。在具体扣除方式上，父母可以选择由其中一方按扣除标准的100%扣除，也可以选择由双方分别按扣除标准的50%扣除，即两人各按照每月500元扣除。监护人不是父母的，也可以按照规定扣除。具体扣除方式在一个纳税年度内不能变更。

上述七项专项附加扣除的规定要点比较多，也比较细。我们把上述要点归纳整理成表4-5，以帮助读者更好消化这些政策的细节。

表 4-5　七项专项附加扣除要点整理一览表

项　目	扣除限额	条　件	扣除方式	其　他
子女教育	每个子女 1 000 元/月	学历教育和 3 岁后学前教育	一方扣除或者双方各扣 50%	境外教育需要证明
继续教育	400 元/月（学历），3 600 元(职业资格)	学历或学位教育扣除期限不超过 48 个月	职业资格在获得证书当年扣除	本科及以下学历可以选择父母或本人扣除，其余情况一律由本人扣除
大病医疗	80 000 元上限/年	扣除医保后个人支付超过 15 000 元部分	可选择本人或配偶扣除，未成年子女由父母一方扣除	纳税人、配偶、未成年子女分别扣除
住房贷款利息	1 000 元/月	首套住房贷款利息，扣除期限不超过 240 个月，只能享受一次首套扣除	夫妻可以选择一方扣除（一年内不能变更）	婚前分别购买，可选择一套扣除，也可以各自分别扣 50%
住房租金	800—1 500 元/月	主要工作城市没有自住住房，且发生租金支出	不能同时享受贷款利息和租金扣除，夫妻工作城市相同，只能一方扣除	直辖市、省会(首府)城市等 1 500 元，其他人口超过 100 万的 1 100 元，其余 800 元
赡养老人	1 000 元或 2 000 元/月	年满 60 周岁父母或祖父母(子女去世)	非独生子女，分摊但每人不超过 1 000 元	独生子女 2 000 元/月
幼儿看护	每个子女 1 000 元/月	3 岁之前	一方扣除或者双方各扣 50%	监护人不是父母的，也可以按规定扣除

第三节　每次收入的确定

一、征税方法

新修正的个人所得税法对纳税义务人的征税方法有三种：第一种是按年计征，如经营所得和居民个人取得的综合所得；第二种是按月计征，如非居民个人取得的工资、薪金所得；第三种是按次计征，如利息、股息、红利所得，财产租赁所得，偶然所得，非居民个人取得的劳务报酬，稿酬所得和特许权使用费所得六项所得。

二、按次计征

在按次计征情形下，扣除费用依据每次应纳税所得额的大小，分别规定了定额和定率两种标准，另外，综合所得中的劳务报酬所得、稿酬所得和特许权使用费所得在预扣税金环节也是需要按次计算预扣税款的，因此如何划分"次"显得非常重要。将"次"界定清楚可以维护纳税义务人的合法权益，也可以避免税收漏洞，防止税款流失。

上述六个项目中的"次"，在新修订的个人所得税法实施条例中做出了明确的规定。具体如下：

（1）非居民个人取得劳务报酬所得、稿酬所得、特许权使用费所得①，根据不同所得项目的特点，分别规定为：

① 属于一次性收入的，以取得该项收入为一次。一些劳务报酬所得，例如从事设计、安装、装潢、制图、测试等劳务，往往是接受客户的委托，按照客户的要求，完成一次劳务后取得收入。因此，这些收入属于一次性收入，应以每次提供劳务取得的收入为一次。

对于稿酬所得，以每次出版、发表取得的收入为一次，不论出版单位是预付还是分笔支付稿酬，或者加印该作品后再付稿酬，都应该合并其稿酬所得按一次计征个人所得税。具体又可细分为：同一作品再版取得的所得，应视为另一次稿酬所得计征个人所得税；同一作品先在报刊上连载，然后再出版，或者先出版，再在报刊上连载，应视为两次稿酬所得征税，即连载作为一次，出版作为另一次；同一作品在报刊上连载取得收入的，以连载完成后取得的所有收入合并为一次，计征个人所得税；同一作品在出版和发表时，以预付稿酬或分次支付稿酬等形式取得的稿酬收入，应合并计算为一次；同一作品出版、发表后，因添加印数而追加稿酬的，应与以前出版、发表时取得的稿酬合并计算为一次，计征个人所得税；两处或两处以上出版、发表或再版同一作品而取得稿酬所得，则可分别各处取得的所得或再版所得按分次所得计征个人所得税。

对于特许权使用费所得，以某项特许权的一次转让所取得的收入为一次。一个非居民个人，可能不仅拥有一项特许权，每一项特许权的使用权也可能不止一次地向我国境内提供。因此，对特许权使用费所得"次"的界定，明确为每一项使用权的每次转让所取得的收入为一次。如果该次转让取得的收入是分笔支付的，则应将各笔收入相加，计征个人所得税。

② 属于同一事项连续取得收入的，以一个月内取得的收入为一次。例如，某学校的外教彼得老师在某学年的第一学期每周给学生上两次课，每次课付酬400元，即每周付800元，每月3 200元。则在计算彼得老师劳务报酬所得时，应视为同一事项的连续性收入，以其一个月内取得的收入为一次计征个人所得税，而不能以每次拿到的收入为一次。

（2）财产租赁所得，以一个月内取得的收入为一次。

（3）利息、股息、红利所得，以支付利息、股息、红利时取得的收入为一次。

（4）偶然所得，以每次取得该项收入为一次。

第四节 应纳税额的计算

依照个税法规定的适用税率和费用扣除标准，各项所得的应纳税额，应分别计算如下。

一、居民个人综合所得应纳税额的计算

1. 不考虑代扣代缴的理论计算法

居民个人的综合所得为工资、薪金所得，劳务报酬所得，稿酬所得及特许权使用费之和。

---

① 由于居民个人取得的劳务报酬所得、稿酬所得和特许权使用费所得均纳入综合所得按年征收，当居民个人取得这些所得时，扣缴义务人仍需按"次"预扣预缴相应的税款，因此这里"次"的规定也适用于本章第七节中的相关内容。

首先，工资、薪金全额计入收入额；而劳务报酬所得和特许权使用费所得以其收入的80%计入综合所得；另外，稿酬所得以其收入的56%计入综合所得。其次，综合所得允许扣除的项目有一年一人60 000元的免征额、专项扣除、专项附加扣除和依法确定的其他扣除。

因此，居民个人综合所得应纳税额的计算公式为：

应纳税额＝全年应纳税所得额×对应级数的适用税率－速算扣除数
　　　　＝(全年工资、薪金所得＋全年劳务报酬所得和特许权使用费所得×80%＋
　　　　全年稿酬所得×56%－60 000－专项扣除－享受的专项附加扣除－
　　　　享受的其他扣除)×适用税率－速算扣除数

(4-1)

式(4-1)中的适用税率及速算扣除数见表4-6。

表4-6 综合所得个人所得税税率表（含速算扣除数）

级 数	全年应纳税所得额	税率(%)	速算扣除数(元)
1	不超过36 000元的	3	0
2	超过36 000元至144 000元的部分	10	2 520
3	超过144 000元至300 000元的部分	20	16 920
4	超过300 000元至420 000元的部分	25	31 920
5	超过420 000元至660 000元的部分	30	52 920
6	超过660 000元至960 000元的部分	35	85 920
7	超过960 000元	45	181 920

例4-3： 某居民纳税人2020年扣除"三险一金"后共取得工资、薪金所得为136 000元，除了一个子女教育和住房贷款专项附加扣除外，该纳税人不享受其他专项附加扣除。问：其2020年应纳个人所得税税额是多少？

解答：(1) 全年应纳税所得额＝136 000－60 000－12 000－12 000＝52 000(元)

(2) 应纳税额＝52 000×10%－2 520＝2 680(元)

例4-4： 某居民纳税人为独生子女，其父母都健在并且已经年满60岁，其有两个在读的学生子女，他和其妻子一人抵扣一个孩子的教育费，有自有住房无贷款，其2020年交完社保和公积金等后取得税前工资、薪金收入25万元，劳务报酬1.6万元，稿酬2万元。问：其2020年应纳个人所得税税额是多少？

解答：(1) 全年的应纳税所得额＝250 000＋16 000×80%＋20 000×56%－60 000－

12 000－24 000＝178 000(元)

(2) 应纳税额＝178 000×20%－16 920＝18 680(元)

以上关于居民纳税人的年应纳税所得额的计算是按照税法的规定按年计算的,但是在实务操作中,为保证征管效率,对居民个人综合所得涉及的四类所得实行预扣预缴制度。税法要求支付所得的个人或单位要承担预扣代缴义务,工资、薪金所得,劳务报酬所得,稿酬所得和特许权使用费所得分别预扣预缴,目前工资、薪金所得按照综合所得的累进税率表预扣预缴,具体计算方法采取累计预扣法,其他三项所得代扣代缴按照旧准则中的费用扣除额和税率来计算,即劳务报酬和特许权使用费每次收入的费用扣除额4 000元以下扣除800元,4 000元以上扣除20%,稿酬所得对应纳税额减征30%,其余同特许权使用费。

由于新修正的税法中是按年计税的,而平时工资、薪金是按月预扣的,劳务报酬、特许权使用费和稿酬所得是按次代扣代缴的,因此我们需要在次年按照税法规定的时间进行自主汇算清缴申报。下面我们介绍工资、薪金所得的累计预扣法的计算方法、劳务报酬所得、稿酬所得和特许权使用费按次计税的计算方法以及年底汇算清缴的计算方法。

2. 工资、薪金所得的累计预扣计算法

累计预扣法,是指扣缴义务人在一个纳税年度内预扣预缴税款时,以纳税人在本单位截至当前月份工资、薪金所得累计收入减除累计免税收入、累计减除费用、累计专项扣除、累计专项附加扣除和累计依法确定的其他扣除后的余额为累计预扣预缴应纳税所得额,适用个人所得税预扣率表一(表4-7),计算累计应预扣预缴税额,再减除累计减免税额和累计已预扣预缴税额,其余额为本期应预扣预缴税额。余额为负值时,暂不退税。纳税年度终了后余额仍为负值时,由纳税人通过办理综合所得年度汇算清缴,税款多退少补。

表4-7 个人所得税预扣率表一(居民个人工资、薪金所得预扣预缴适用)

级 数	累计预扣预缴应纳税所得额	预扣率(%)	速算扣除数(元)
1	不超过36 000元的	3	0
2	超过36 000元至144 000元的部分	10	2 520
3	超过144 000元至300 000元的部分	20	16 920
4	超过300 000元至420 000元的部分	25	31 920
5	超过420 000元至660 000元的部分	30	52 920
6	超过660 000元至960 000元的部分	35	85 920
7	超过960 000元	45	181 920

具体计算公式如下:

当期应预扣预缴税额＝(累计预扣预缴应纳税所得额×预扣率－速算扣除数)－累计减免税额－累计已预扣预缴税额   (4-2)

$$\text{累计预扣预缴应纳税所得额} = \text{累计收入} - \text{累计免税收入} - \text{累计减除费用} - \text{累计专项扣除} - \text{累计专项附加扣除} - \text{累计依法确定的其他扣除} \quad (4-3)$$

其中：累计减除费用，按照5 000元/月乘以纳税人当年截至本月在本单位的任职受雇月份数计算。

年度预扣预缴税额与年度应纳税额不一致的，由居民个人于次年3月1日至6月30日向主管税务机关办理综合所得年度汇算清缴，税款多退少补。

例4-5：2020年1月8日，某公司应向杨女士支付工资16 500元，杨女士在该月除由任职单位扣缴"三险一金"2 560元外，还通过单位缴付企业年金540元，自行支付商业健康保险费200元。其专项扣除如下：子女扣除费每月1 000元；杨女士本人是在职博士研究生在读；杨女士2019年使用商业银行个人住房贷款购买了首套住房，现处于偿还贷款期间，每月需支付贷款利息5 300元，已与丈夫约定由杨女士进行住房贷款利息专项附加扣除；因杨女士所购住房距离小孩上学的学校很远，以每月租金1 200元在(本市)孩子学校附近租住了一套房屋；杨女士的父母均已满60岁，杨女士与姐姐和弟弟签订书面分摊协议，约定由杨女士分摊赡养老人专项附加扣除800元。问：杨女士1月份应预缴的个人所得税为多少？

解答：(1) 杨女士可以享受的附加扣除和专项附加扣除＝1 000＋400＋1 000＋800＋540＋200＝3 940元

(2) 杨女士1月应纳税所得额＝16 500－5 000－2 560－3 940＝5 000(元)

(3) 1月份为杨女士预扣预缴的税金＝5 000×3％＝150(元)

例4-6：续例4-5，2020年2月4日，公司应支付杨女士工资16 500元，同时发放春节的过节费6 500元，合计23 000元。2020年3月4日，公司应支付杨女士工资16 500元，同时发放季度奖20 500元，其余情况都与1月份一样。试用累计预扣法计算2020年2月份和3月份应扣缴的杨女士的个人所得税。

解答：(1) 在1月份已预扣预缴杨女士个人所得税150元。

(2) 杨女士2月份累计应税收入＝16 500＋16 500＋6 500＝39 500(元)

(3) 杨女士2月份累计扣除额＝5 000×2＋2 560×2＋3 940×2＝23 000(元)

(4) 杨女士2月份累计预扣预缴应纳税所得额＝39 500－23 000＝16 500(元)

(5) 2月份累计应预扣预缴杨女士个人所得税＝16 500×3％＝495(元)

(6) 2月份当月应预扣预缴杨女士个人所得税＝495－150＝345(元)

(7) 杨女士3月份累计应税收入＝16 500×3＋6 500＋20 500＝76 500(元)

(8) 杨女士3月份累计扣除额＝5 000×3＋2 560×3＋3 940×3＝34 500(元)

(9) 杨女士3月份累计预扣预缴应纳税所得额＝76 500－34 500＝42 000(元)

(10) 3月份累计应预扣预缴杨女士个人所得税＝42 000×10％－2 520＝1 680(元)

(11) 3月份当月应预扣预缴杨女士个人所得税＝1 680－345－150＝1 185(元)

例 4-7：上海的某大学教授(居民纳税人)2020年税前工资薪金所得(不含"三险一金")为25万元,已经被预扣预缴税金总计14 080元,2020年4月份获得一次性校外讲座收入20 000元,已经被预扣预缴税金3 200元,2020年6月在外校参加答辩获得酬金3 800元,已经被预扣预缴税金600元,2020年8月获得出版教材的稿费20 000元,已经被预扣预缴税金2 240元,2020年作为某上市公司的独立董事获得该公司支付的董事费96 000元(按月支付),已经被预扣预缴15 360元税金。问：该教授在2021年对2020年度的所得应该如何进行汇算清缴？该教授享受的专项附加扣除有赡养老人(每月1 000元)和子女教育(每月1 000元),无其他扣除。

解答：(1) 该教授计入纳税的年综合所得额＝250 000＋(20 000＋3 800＋96 000)×80%＋20 000×56%＝357 040(元)

(2) 该教授2020年的应纳税额＝(357 040－60 000－1 000×12－1 000×12)×20%－16 920

＝37 688(元)

(3) 该教授2020年汇算清缴额＝37 688－14 080－3 200－600－2 240－15 360

＝2 208(元)

即该教授年底汇算清缴时应该补交2 208元的税金。

例 4-8：某企业职工2020年税前工资薪金所得(不含"三险一金")为6万元,未被预扣预缴税金,2020年4月份在外单位获得一次性劳务报酬8 000元,已经被预扣预缴税金1 280元,2020年8月获得稿费一笔共4 000元,已经被预扣预缴税金448元。问：该职工在2021年对2020年度的所得应该如何进行汇算清缴？该职工享受的专项附加扣除为一个月2 000元的扣除限额,没有其他扣除。

解答：(1) 该职工2020年总的综合所得收入额＝60 000＋8 000＋4 000＝72 000(元)

(2) 该职工计入纳税的年综合所得额＝60 000＋8 000×80%＋4 000×56%＝68 640(元)

(3) 该职工2020年的应纳税所得额＝68 640－60 000－2 000×12＝－15 360(元)

可见,该职工2020年的综合所得不需要纳税,这就意味着2020年被预扣预缴的税金可以获得退税。

即该职工年底汇算清缴时应该获得退税金额＝1 280＋448＝1 728(元)

3. 劳务报酬所得、稿酬所得和特许权使用费按次计税计算方法

按新修正的个税法规定，对于居民纳税人来说，劳务报酬、稿酬所得和特许权使用费所得属于综合所得，适用超额累进税率，但是纳税人在获得这三项所得时并不知道综合所得总额是多少，也就无法确定其适用的税率，因此，在实务中，支付人在向所得获得者支付时按照旧个税法中的计税办法按次先预扣预缴税金。

(1) 劳务报酬所得按次计税计算方法。劳务报酬所得适用居民个人劳务报酬所得预扣率表二(表4-8)，其预扣预缴税额计算公式为：

每次收入不足4 000元的：

$$应纳税额 = 应纳税所得额 \times 适用税率 = (每次收入 - 800) \times 20\% \tag{4-4}$$

每次收入超过4 000元的：

$$\begin{aligned}应纳税额 &= 应纳税所得额 \times 适用税率 - 速算扣除数 \\ &= 每次收入 \times (1 - 20\%) \times 适用税率 - 速算扣除数\end{aligned} \tag{4-5}$$

式(4-4)中的速算扣除数表见表4-8。

表4-8 个人所得税预扣率表二(居民劳务报酬所得预扣预缴适用)

级 数	每次应纳税所得额	预扣率(%)	速算扣除数(元)
1	不超过20 000元的部分	20	0
2	超过20 000至50 000元的部分	30	2 000
3	超过50 000元的部分	40	7 000

例4-9：某居民纳税人演员到某地演出，取得演出收入100 000元。试计算该演员的演出收入应该被预扣预缴多少个人所得税。

解答：(1) 单次应纳税所得额 = 100 000 × (1 - 20%) = 80 000(元)

(2) 单次预扣预缴税额 = 80 000 × 40% - 7 000 = 25 000(元)

(2) 稿酬所得按次计税计算方法。按次计税的稿酬所得适用20%的比例税率，并按规定对应纳税额减征30%，其计算公式如下：

每次收入不足4 000元的：

$$\begin{aligned}应纳税额 &= 应纳税所得额 \times (1 - 30\%) \times 适用税率 \\ &= (每次收入 - 800) \times (1 - 30\%) \times 20\%\end{aligned} \tag{4-6}$$

每次收入在4 000元以上的：

$$应纳税额 = 应纳税所得额 \times (1-30\%) \times 适用税率 \\ = 每次收入 \times (1-20\%) \times (1-30\%) \times 20\% \qquad (4-7)$$

例4-10：复旦大学余教授（为居民纳税人）2020年3月因其编著的教材出版，获得稿酬9 500元，2020年8月因教材加印又得到稿酬5 000元。试计算获得稿酬时应预扣预缴的税额。

解答：按照稿酬所得"次"的规定，上例中的两次获得稿酬应为一次收入，应该合并计税。但是其所得是分两次先后取得的，所以每次应分别预扣预缴税款：（1）第一次被预扣预缴税款 = 9 500 × (1 - 20%) × (1 - 30%) × 20% = 1 064（元）

（2）第二次被预扣预缴税款 = (9 500 + 5 000) × (1 - 20%) × (1 - 30%) × 20% - 1 064 = 1 624 - 1 064 = 560（元）

（3）特许权使用费所得按次计税计算方法。特许权使用费按次计税适用20%的比例税率，其应纳税额的计算公式如下：

每次收入不足4 000元的：

$$应纳税额 = 应纳税所得额 \times 适用税率 = (每次收入 - 800) \times 20\% \qquad (4-8)$$

每次收入在4 000元以上的：

$$应纳税额 = 应纳税所得额 \times 适用税率 = 每次收入 \times (1-20\%) \times 20\% \qquad (4-9)$$

二、非居民个人取得工资、薪金所得，劳务报酬所得，稿酬所得和特许权使用费所得应纳税额的计算

与居民个人取得的劳务报酬所得、稿酬所得和特许权使用费所得一样，非居民个人取得的这些项目的所得同样适用劳务报酬所得、稿酬所得、特许权使用费所得以收入减除20%的费用后的余额为收入额、稿酬所得的收入额减按70%计算的规定。

非居民个人的工资、薪金所得，以每月收入额减除费用5 000元后的余额为应纳税所得额；劳务报酬所得、稿酬所得、特许权使用费所得，以每次收入额为应纳税所得额。

非居民个人取得工资、薪金所得，劳务报酬所得，稿酬所得和特许权使用费所得，依照表4-3按月换算后计算应纳税额。因此，非居民个人从我国境内取得这些所得时，适用的税率见表4-9。

表 4-9 非居民个人工资、薪金所得,劳务报酬所得,稿酬所得,特许权使用费所得适用税率表

级 数	全年应纳税所得额	税率(%)	速算扣除数(元)
1	不超过 3 000 元的	3	0
2	超过 3 000 元至 12 000 元的部分	10	210
3	超过 12 000 元至 25 000 元的部分	20	1 410
4	超过 25 000 元至 35 000 元的部分	25	2 660
5	超过 35 000 元至 55 000 元的部分	30	4 410
6	超过 55 000 元至 80 000 元的部分	35	7 160
7	超过 80 000 元的部分	45	15 160

例 4-11:某非居民纳税人来中国旅游,旅游期间在国内一家教育机构兼职两天,获得讲学收入 7 800 元。试计算其讲学收入应纳税额。

解答:非居民纳税人劳务报酬按次计税。

$$应纳税额 = 7\ 800 \times 80\% \times 10\% - 210 = 414(元)$$

非居民个人取得工资、薪金所得,劳务报酬所得,稿酬所得和特许权使用费所得,有扣缴义务人的,由扣缴义务人按月或者按次代扣代缴税款,不办理汇算清缴。

三、经营所得应纳税额的计算

经营所得适用五级超额累进税率(表 4-10),经营所得应纳税额的计算公式为:

$$应纳税额 = 全年应纳税所得额 \times 适用税率 - 速算扣除数 \\ = (全年收入总额 - 成本、费用以及损失) \times 适用税率 - 速算扣除数 \tag{4-10}$$

表 4-10 经营所得个人所得税税率表(含速算扣除数)

级 数	全年应纳税所得额	税率(%)	速算扣除数(元)
1	不超过 30 000 元的	5	0
2	超过 30 000 元至 90 000 元的部分	10	1 500
3	超过 90 000 元至 300 000 元的部分	20	10 500
4	超过 300 000 元至 500 000 元的部分	30	40 500
5	超过 500 000 元的部分	35	65 500

取得经营所得的个人,没有综合所得的,计算其每一纳税年度的应纳税所得额时,应当减除费用 6 万元、专项扣除、专项附加扣除以及依法确定的其他扣除(具体减除规则同前):

$$应纳税所得额＝收入额－成本－费用－损失－60\,000－专项扣除－专项附加扣除－其他扣除 \quad (4-11)$$

专项附加扣除在办理汇算清缴时减除。从事生产、经营活动,未提供完整、准确的纳税资料,不能正确计算应纳税所得额的,由主管税务机关核定应纳税所得额或者应纳税额。在实务中,具体计算又分为如下不同情况。

(一) 个体工商户应纳税额的计算

个体工商户的生产经营所得,以每一纳税年度的收入总额,减除成本、费用、税金、损失、其他支出以及允许弥补的以前年度亏损后的余额,为应纳税所得额。

个体工商户从事生产经营以及与生产经营有关的活动(以下简称生产经营)取得的货币形式和非货币形式的各项收入,为收入总额,包括销售货物收入、提供劳务收入、转让财产收入、利息收入、租金收入、接受捐赠收入、其他收入。其中,其他收入包括个体工商户资产溢余收入、逾期一年以上的未退包装物押金收入、确实无法偿付的应付款项、已作坏账损失处理后又收回的应收款项、债务重组收入、补贴收入、违约金收入、汇兑收益等。

成本,是指个体工商户在生产经营活动中发生的销售成本、销货成本、业务支出以及其他耗费。

费用,是指个体工商户在生产经营活动中发生的销售费用、管理费用和财务费用,已经计入成本的有关费用除外。

税金,是指个体工商户在生产经营活动中发生的除个人所得税和允许抵扣的增值税以外的各项税金及其附加。

损失,是指个体工商户在生产经营活动中发生的固定资产和存货的盘亏、毁损、报废损失,转让财产损失,坏账损失,自然灾害等不可抗力因素造成的损失以及其他损失。

个体工商户发生的损失,减除责任人赔偿和保险赔款后的余额,参照财政部、国家税务总局有关企业资产损失税前扣除的规定扣除。

其他支出,是指除成本、费用、税金、损失外,个体工商户在生产经营活动中发生的与生产经营活动有关的、合理的支出。

根据税法规定,个体工商户所得应纳税额的确定应注意以下几点:

(1) 个体工商户发生的支出应当区分收益性支出和资本性支出。收益性支出在发生当期直接扣除;资本性支出应当分期扣除或者计入有关资产成本,不得在发生当期直接扣除。

(2) 个体工商户的下列支出不得扣除:个人所得税税款,税收滞纳金,罚金、罚款和被没收财物的损失,不符合扣除规定的捐赠支出,赞助支出,用于个人和家庭的支出,与取得生产经营收入无关的其他支出,国家税务总局规定不准扣除的支出。

(3) 个体工商户实际支付给从业人员的、合理的工资、薪金支出,准予扣除,个体工商户业主的工资、薪金支出不得税前扣除。

(4) 个体工商户生产经营活动中,应当分别核算生产经营费用和个人、家庭费用。对于因生产经营与个人、家庭生活混用难以分清的费用,其40%视为与生产经营有关的费用,准予扣除。

(5) 个体工商户向当地工会组织拨缴的工会经费、实际发生的职工福利费支出、职工教育经费支出分别在工资、薪金总额的2%、14%、2.5%的标准内据实扣除。

(6) 个体工商户发生的与生产经营活动有关的业务招待费,按照实际发生额的60%扣除,但最高不得超过当年销售(营业)收入的5‰。

(7) 个体工商户每一纳税年度发生的与其生产经营活动直接相关的广告费和业务宣传费不超过当年销售(营业)收入15%的部分,可以据实扣除;超过部分,准予在以后纳税年度结转扣除。

(8) 个体工商户在生产经营活动中发生的下列利息支出,准予扣除:向金融企业借款的利息支出;向非金融企业和个人借款的利息支出,不超过按照金融企业同期同类贷款利率计算的数额的部分。

(9) 个体工商户通过公益性社会团体或者县级以上人民政府及其部门,用于《中华人民共和国公益事业捐赠法》规定的公益事业的捐赠,捐赠额不超过其应纳税所得额30%的部分可以据实扣除。个体工商户直接对受益人的捐赠不得扣除。

例 4-12:某个体户从事商品经营,2020年全年销售收入为600万元,进货成本为380万元,各项费用支出为35万元,当年支付3名雇员工资各12万元,工商户本人领取工资20万元,年内商场失窃各种商品价值3万元,获得保险公司赔款1.8万元。当年支付除增值税和企业所得税之外的各项税金为20万元,个体工商户业主有每个月3 000元的专项附加扣除。试计算2020年该个体工商户应缴纳的个人所得税税金。

解答:

(1) 2020年的生产经营所得=600−380−35−3×12−3+1.8−20=127.8(万元)

(2) 2020年的生产经营应纳税所得额=127.8−6−0.3×12=118.2(万元)

(3) 2020年个体工商户的经营所得应纳税额=118.2×35%−6.55=34.82(万元)

(二) 个人独资企业和合伙企业应纳税额的计算

对于个人独资企业和合伙企业生产经营所得,其个人所得税应纳税额的计算有以下两种方法。

1. 查账征税

从2019年1月1日起,个人独资企业和合伙企业生产经营所得依法计征个人所得税时,个人独资企业和合伙企业投资者本人的费用扣除标准统一确定为60 000元/年。投资者的工资不得在税前扣除。

查账征税的计税依据同个体工商户的计算规定大致相同,个人独资企业和合伙企业先按照税法中规定的标准计算应纳的所得额,然后根据账面计算得到的应纳税所得额进行计算纳税,税务机关随时可以进行查账核对。

2. 核定征收

核定征收方式，具体包括定额征收、核定应税所得率征收以及其他合理的征收方式。

（1）有些企业依照国家规定应当设置但未设置账簿；有些企业虽然设置账簿，但账目混乱或者成本资料、收入凭证、费用凭证残缺不全难以查账的；另外一种情况是，纳税人发生的纳税义务，没有按照规定的期限办理纳税申报，经税务机关责令限期申报，预期仍不申报的。有上述情形之一的，主管税务机关应采取核定征收方式征收个人所得税。

（2）实行核定应税所得率征收方式的，计算公式为：

$$\begin{aligned}\text{应纳所得税额}&=\text{应纳税所得额}\times\text{适用税率}\\&=\text{收入总额}\times\text{应税所得率}\\&=\text{成本费用支出额}\div(1-\text{应税所得率})\times\text{应税所得率}\end{aligned} \quad (4-12)$$

式（4-12）中的应税所得率按照税法的规定标准执行，行业不同规定有所不同，具体而言，工业、交通运输业和商业为5%—20%；建筑业和房地产开发业为7%—20%；饮食服务业为7%—25%；娱乐业为20%—40%；其他行业为10%—30%。

企业如果经营多业的，则税法规定无论经营项目是否单独核算，均应根据其主营项目确定其适用的应税所得率。

实行核定征税的投资者，不能再享受个人所得税的优惠政策。如果企业之前是采用查账征税方式的，之后改为核定征税的，则在查账征税方式下认定的年度经营亏损未弥补完的部分，不得再继续弥补。

3. 共同规定

此外，对于个人独资企业和合伙企业，不管是查账征收还是核定征收，都要遵守如下规定：

（1）个人独资企业和合伙企业对外投资分回的利息或者股息、红利，不能并入企业的收入，而应该单独作为投资者个人取得的利息、股息、红利所得单独计税。

（2）残疾人员投资兴办或参与投资兴办个人独资企业和合伙企业的，残疾人员取得的经营所得符合规定的可以减征个人所得税。

（3）企业进行清算时，投资者应当在注销工商登记之前，向主管税务机关结清有关税务事宜。企业的清算所得应当视为年度生产经营所得，由投资者依法缴纳个人所得税。

（4）企业在纳税年度的中间开业，或者由于合并、关闭等原因，使该纳税年度的实际经营期不足12个月的，应当以其实际经营期为一个纳税年度。

四、财产租赁所得应纳税额的计算

财产租赁所得一般以个人每次取得的收入，定额或定率减除规定费用后的余额为应纳税所得额。费用减除标准为：每次收入不超过4 000元的，减除费用800元；每次收入在4 000元以上，定率减除20%的费用。财产租赁所得以1个月内取得的收入为一次。对个人按市场价格出租的居民住房取得的所得，自2001年1月1日起暂减按10%的税率征收个人所得税。

在确定财产租赁的应纳税所得额时,纳税人在出租财产的过程中缴纳的税金和教育费附加,可持完税凭证,从其财产租赁收入中扣除。另外,对于能够提供有效、准确凭证,证明由纳税人负担的该出租财产实际开支的修缮费用也准予扣除。允许扣除的修缮费用,以每次 800 元为限。一次扣除不完的,准予在下一次继续扣除,直到扣完为止。

个人出租财产所得应纳税额的计算公式如下:

(1) 每次(月)收入不足 4 000 元的:

$$
\begin{aligned}
应纳税额 &= 应纳税所得额 \times 适用税率 \\
&= [每次(月)收入额 - 准予扣除项目 - 修缮费用(800\,元为限) - 800] \times 20\%
\end{aligned}
$$

(4-13)

(2) 每次(月)收入在 4 000 元以上的:

$$
\begin{aligned}
应纳税额 &= 应纳税所得额 \times 适用税率 \\
&= [每次收入额 - 准予扣除项目 - 修缮费用(800\,元为限)] \times (1-20\%) \times 20\%
\end{aligned}
$$

(4-14)

例 4-13:王某于 2020 年 1 月将自有的三间面积为 140 平方米的房屋出租给李某居住,租期为 1 年。王某每月取得租金收入 8 000 元,全年租金收入 96 000 元。当年 4 月份因水道堵塞等原因王某找人修理,发生修理费 1 500 元,有维修部门的正式收据。试计算王某全年租金收入应缴纳的个人所得税(不考虑其他税费)。

解答:

(1) 4 月份应纳税额 = (8 000 - 800) × (1 - 20%) × 10% = 576(元)

(2) 5 月份应纳税额 = (8 000 - 700) × (1 - 20%) × 10% = 584(元)

(3) 其他月份每月应纳税额 = 8 000 × (1 - 20%) × 10% = 640(元)

(4) 全年应纳税额 = 640 × 10 + 576 + 584 = 7 560(元)

五、财产转让所得应纳税额的计算

财产转让所得适用 20% 的比例税率,其应纳税额的计算公式为:

$$
\begin{aligned}
应纳税额 &= 应纳税所得额 \times 适用税率 \\
&= (财产转让取得的收入总额 - 财产原值 - 合理费用) \times 20\%
\end{aligned}
$$

(4-15)

财产原值,按照下列方法确定:

有价证券,为买入价以及买入时按照规定交纳的有关费用;建筑物,为建造费或者购进价格以及其他有关费用;土地使用权,为取得土地使用权所支付的金额、开发土地的费用以及其他有关费用;机器设备、车船,为购进价格、运输费、安装费以及其他有关费用。其他财产,参照上述规定的方法确定财产原值。

纳税人未提供完整、准确的财产原值凭证,不能按照上述规定的方法确定财产原值的,由主管税务机关核定财产原值。对股票转让所得征收个人所得税的办法,由国务院另行规定,并报全国人民代表大会常务委员会备案。其中,对个人在上海证券交易所、深圳证券交易所转让从上市公司公开发行和转让市场所得的上市公司股票所得,继续免征个人所得税。

个人转让限售股,以每次限售股转让收入,减除股票原值和合理税费后的余额,为应纳税所得额。具体计算方法见本章第五节。

例4-14: 张某于2020年3月转让给本市某企业一台印刷机,取得转让收入145 000元。此印刷机购进时的原价为115 000元,转让时支付有关的费用为800元。试计算张某转让这台印刷机应缴纳的个人所得税。

解答:
(1) 应纳税所得额＝145 000－115 000－800＝29 200(元)
(2) 应纳税额＝29 200×20％＝5 840(元)。

六、利息、股息、红利所得应纳税额的计算

利息、股息、红利所得适用20％的比例税率,其应纳税额的计算公式为

$$应纳税额 = 应纳税所得额 \times 适用税率 = 每次收入额 \times 20\% \tag{4-16}$$

式(4-16)中的"应纳税所得额"是纳税人每次取得的收入额,不得从收入额中扣除任何费用。

为了应对通货膨胀以及居民存款实际利率为负的现象,2007年7月21日国务院发布《国务院关于修改〈对储蓄存款利息所得征收个人所得税的实施办法〉的决定》,规定存款利息税自2007年8月15日起减按5％执行。为了进一步抵消通货膨胀的影响,从2008年10月9日起暂停征收储蓄存款利息所得税。

2005年6月13日,财政部、国家税务总局发布通知,对个人投资者从上市公司取得的股息、红利所得,暂减50％计入个人应纳税所得额,所以,对这一部分股息、红利所得,相当于个人所得税的税率减半,为10％。为了引导金融投资,抑制投机,自2013年1月1日起,对个人从公开发行和转让市场取得的上市公司股票,其股息红利所得按持股时间长短实行差别化个人所得税政策:持股超过1年的,税负为5％,税负比政策实施前降低一半;持股1个月至1年的,税负为10％,与政策实施前维持不变;持股1个月以内的,恢复至法定税负水平,

即税负为20%。自2015年9月8日起,个人从公开发行和转让市场取得的上市公司股票,持股期限超过1年的,股息红利所得暂免征收个人所得税,持股期限在1个月以内(含1个月)的,其股息红利所得全额计入应纳税所得额;持股期限在1个月以上至1年(含1年)的,暂减按50%计入应纳税所得额。因此,个人投资者持股时间越长,其股息红利所得个人所得税的税负就越低。

目前,按照持有时间长短,股息红利税率的具体实施方法如下:

(1) 在实施分红的时候,一律不扣税(因为在分红时不知道投资者会持有多长时间)。

(2) 卖出股票时,持有时间(自买进之日起到卖出之日的前一日,下同)超过一年的免税;卖出股票时,持有时间在1月以内(含1个月)的,补交红利的20%税款,券商直接从投资者账户中扣取补交的税额;卖出股票时,持有时间在1月至1年间(含1年)的,补交红利的10%税款,券商直接从投资者账户中扣取补交的税额。

(3) 如果是同一个账户分次买入的股票,一律按照先进先出原则一一对应计算持股时间。

(4) 当日有买进卖出的(即所谓做T),收盘后系统计算当日净额,净额为买入,则记录为今日新买入。净额为卖出,则按照先进先出原则,算成卖出最早买入的对应数量持股,并考虑是否扣税和税率问题。

例 4-15:2020年5月,李某通过股票交易账户在二级市场购进境内A上市公司股票10 000股,成交价格为每股8元。同年7月,A上市公司给李某分红2 500元。同年9月,李某以每股8.7元的价格将股票全部转让。问:李某需要缴纳个人所得税多少元?

解答:李某取得分红所得应缴纳个人所得税$= 2\,500 \times 50\% \times 20\% = 250$(元)

李某转让境内上市公司股票免征个人所得税。

七、偶然所得应纳税额的计算

偶然所得适用20%的比例税率,其应纳税额的计算公式为:

$$应纳税额 = 应纳税所得额 \times 适用税率 = 每次收入额 \times 20\% \qquad (4-17)$$

第五节 应纳税额计算中的几个特殊问题

一、全年一次性奖金计税处理办法

在旧的个人所得税法中,对于居民纳税人取得的全年一次性奖金,有特殊的优惠规定,即纳税人可以对全年一次性奖金不并入工资薪金所得计税,而是用全年一次性奖金除以12,用得到的商数来套用超额累进税率表中适用的税率,然后再用全年一次性奖金以该税率为标准来计税。新的个人所得税法沿用了旧法中的优惠政策,但是给予纳税人三年的过渡期,即在2021年12月31日前,可选择不并入当年综合所得,按以下计税办法,由扣缴义务人发放时代扣代缴,将居民个人取得的全年一次性奖金,除以12个月,按其商数依照按月换算后的综合所得税率表确定适用税率和速算扣除数(表4-11)。

表4-11 按月换算后的综合所得税率表

级 数	月应纳税所得额	税率(%)	速算扣除数(元)
1	不超过3 000元的	3	0
2	超过3 000元至12 000元的部分	10	210
3	超过12 000元至25 000元的部分	20	1 410
4	超过25 000元至35 000元的部分	25	2 660
5	超过35 000元至55 000元的部分	30	4 410
6	超过55 000元至80 000元的部分	35	7 160
7	超过80 000元的部分	45	15 160

在一个纳税年度内,对每一个纳税人而言,该计税办法只允许采用一次。

实行年薪制和绩效工资的单位,居民个人取得年终兑现的年薪和绩效工资按上述方法执行。居民个人取得全年一次性奖金,也可以选择并入当年综合所得计算纳税。

居民个人取得除全年一次性奖金以外的其他各种名目奖金,如半年奖、季度奖、加班奖、先进奖、考勤奖等,一律与当月工资、薪金收入合并,按税法规定缴纳个人所得税。

自2022年1月1日起,居民个人取得全年一次性奖金,统一并入当年综合所得计算缴纳个人所得税,也就是不再享受优惠政策。根据上述规定,在2019—2021年三年之间,纳税人对于自己的年终一次性奖金,可以选择并入综合所得合计纳税,也可以不并入综合所得而单独纳税。是否需要计入应该根据每个纳税人的不同情况选择,有的纳税人选择合并计入总体税负较低,而有的纳税人选择单独计入总体税负较低。

2021年12月31日,为进一步减轻纳税人负担,财政部、国家税务总局发布《关于延续实施全年一次性奖金等个人所得税优惠政策的公告》,全年一次性奖金单独计税优惠政策的执行期限延长至2023年12月31日。

例4-16:居民个人陈某2020年在我国境内1—12月每月的税后工资为3 800元,12月31日又一次性领取年终含税奖金60 000元。请计算陈某取得年终奖金应缴纳的个人所得税。

解答:

(1)年终奖金适用的税率和速算扣除数:

按 12 个月分摊后,每月的奖金=60 000÷12=5 000(元),根据工资、薪金七级超额累进税率的规定,适用的税率和速算扣除数分别为 10%、210 元。

(2) 年终奖应缴纳个人所得税:

$$应纳税额=年终奖金收入×适用的税率-速算扣除数$$
$$=60\,000×10\%-210=6\,000-210=5\,790(元)$$

在第二年汇算清缴时,陈某在自主申报时也可以选择把上述年终奖合并到工资、薪金中纳税,如果陈某有专项附加扣除等,而陈某每个月的工资额又较低,则陈某在次年的汇算申报中应该能获得退税。

二、个人取得拍卖收入征收的个人所得税规定

(1) 自 2007 年 5 月 1 日起,个人通过拍卖市场拍卖个人财产,对其取得所得按以下规定征税:

① 作者将自己的文字作品手稿原件或复印件拍卖取得的所得,应以其转让收入额减除 800 元(转让收入额 4 000 元以下)或者 20%(转让收入额 4 000 元以上)后的余额为应纳税所得额,按照"特许权使用费所得"项目适用 20%税率缴纳个人所得税。

② 个人拍卖除文字作品原稿及复印件外的其他财产,应以其转让收入额减除财产原值和合理费用后的余额为应纳税所得额,按照"财产转让所得"项目适用 20%税率缴纳个人所得税。

(2) 对个人财产拍卖所得征收个人所得税时,以该项财产最终拍卖成交价格为其转让收入额。

(3) 个人财产拍卖所得适用"财产转让所得"项目计算应纳税所得额时,纳税人凭合法有效凭证(税务机关监制的正式发票、相关境外交易单据或海关报关单据、完税证明等),从其转让收入额中减除相应的财产原值、拍卖财产过程中缴纳的税金及有关合理费用。

① 财产原值,是指售出方个人取得该拍卖品的价格(以合法有效凭证为准)。具体为:通过商店、画廊等途径购买的,为购买该拍卖品时实际支付的价款;通过拍卖行拍得的,为拍得该拍卖品实际支付的价款及缴纳的相关税费;通过祖传收藏的,为其收藏该拍卖品而发生的费用;通过赠送取得的,为其受赠该拍卖品时发生的相关税费;通过其他形式取得的,参照以上原则确定财产原值。

② 拍卖财产过程中缴纳的税金,是指在拍卖财产时纳税人实际缴纳的相关税金及附加。

③ 有关合理费用,是指拍卖财产时纳税人按照规定实际支付的拍卖费(佣金)、鉴定费、评估费、图录费、证书费等费用。

(4) 纳税人如不能提供合法、完整、准确的财产原值凭证,不能正确计算财产原值的,按转让收入额的 3%征收率计算缴纳个人所得税;拍卖品为经文物部门认定是海外回流文物的,按转让收入额的 2%征收率计算缴纳个人所得税。

例4-17：2020年8月，吴某通过拍卖行将一件珍藏多年的玉器拍卖，取得拍卖收入300 000元，拍卖过程中缴纳相关税费10 000元，吴某无法提供完整的财产原值，经文物部门鉴定，该玉器为海外回流文物。问：吴某取得的拍卖收入应缴纳个人所得税多少元？

解答：吴某取得的拍卖收入应缴纳个人所得税＝300 000×2％＝6 000（元）。

三、房屋赠与个人所得税的计算

（1）以下情形的房屋产权无偿赠与，当事双方都不需要征收个人所得税：

① 房屋产权所有人将房屋产权无偿赠与配偶、父母、子女、祖父母、外祖父母、孙子女、外孙子女、兄弟姐妹。

② 房屋产权所有人将房屋产权无偿赠与对其承担直接抚养或者赡养义务的抚养人或者赡养人。

③ 房屋产权所有人死亡，依法取得房屋产权的法定继承人、遗嘱继承人或者受遗赠人。

（2）除上述情形以外，房屋产权所有人将房屋产权无偿赠与他人的，受赠人因无偿受赠房屋取得的受赠所得，按照"偶然所得"项目缴纳个人所得税，税率为20％。

（3）对受赠人无偿受赠房屋计征个人所得税时，其应纳税所得额为房地产赠与合同上标明的赠与房屋价值减除赠与过程中受赠人支付的相关税费后的余额。赠与合同标明的房屋价值明显低于市场价格或房地产赠与合同未标明赠与房屋价值的，税务机关可依据受赠房屋的市场评估价格或采取其他合理方式确定受赠人的应纳税所得额。

（4）受赠人转让受赠房屋的，以其转让受赠房屋的收入减除原捐赠人取得该房屋的实际购置成本以及赠与和转让过程中受赠人支付的相关税费后的余额为受赠人的应纳税所得额，依法计征个人所得税。受赠人转让受赠房屋价格明显偏低且无正当理由的，税务机关可以依据该房屋的市场评估价格或其他合理方式确定的价格核定其转让收入。

例4-18：张某接受好友的房产赠与，赠与合同上注明该房产原值55万元，张某支付相关税费5万元。经税务机关评估，该房产市场价格为75万元。问：张某获赠房产应缴纳个人所得税多少万元？

解答：赠与合同标明的房屋价值明显低于市场价格，税务机关可依据受赠房屋的市场评估价格确定受赠人的应纳税所得额。

张某获赠房产应缴纳的个人所得税＝(75－5)×20％＝14（万元）。

四、关于重点群体创业就业有关个人所得税的规定

自2019年1月1日至2021年12月31日三年内,对建档立卡贫困人口、持《就业创业证》或《就业失业登记证》(注明"自主创业税收政策")的人员从事个体经营的,在3年(36个月)内按每户每年12 000元为限额依次扣减其当年实际应缴纳的增值税、城市维护建设税、教育费附加、地方教育附加和个人所得税。限额标准最高可上浮20%。各省、自治区、直辖市人民政府可根据本地区实际情况在此幅度内确定具体限额标准。

纳税人年度应缴纳税款小于上述扣减限额的,以其实际缴纳的税款为限;大于上述扣减限额的,以上述扣减限额为限。

上述人员具体包括:
(1) 纳入全国扶贫开发信息系统的建档立卡贫困人口。
(2) 人力资源社会保障部门公共就业服务机构登记失业半年以上的人员。
(3) 零就业家庭、享受城市居民最低生活保障家庭劳动年龄内的登记失业人员。
(4) 毕业年度内高校毕业生。高校毕业生是指实施高等学历教育的普通高等学校、成人高等学校应届毕业的学生。

上述税收优惠政策在2021年12月31日未享受满3年的,可继续享受至3年期满为止。

五、关于创业投资企业个人合伙人和天使投资个人有关个人所得税的规定

合伙创投企业采取股权投资方式直接投资于初创科技型企业满2年(24个月,下同)的,合伙创投企业的个人合伙人可以按照对初创科技型企业投资额的70%抵扣个人合伙人从合伙创投企业分得的经营所得;当年不足抵扣的,可以在以后纳税年度结转抵扣。

天使投资个人采取股权投资方式直接投资于初创科技型企业满2年的,可以按照投资额的70%抵扣转让该初创科技型企业股权取得的应纳税所得额;当期不足抵扣的,可以在以后取得转让该初创科技型企业股权的应纳税所得额时结转抵扣。

六、关于自主择业的军队转业干部和随军家属就业,以及自主就业退役士兵创业就业有关个人所得税的规定

对从事个体经营的军队转业干部和随军家属,自领取税务登记证之日起,3年内免征个人所得税。

自主择业的军队转业干部必须持有师以上部队颁发的转业证件;随军家属必须有师以上政治机关出具的可以表明其身份的证明,但税务部门应进行相应的审查认定。每一随军家属只能享受一次上述免税政策。

2019年1月1日至2021年12月31日,对自主就业退役士兵从事个体经营的,自办理个体工商户登记当月起,在3年内按每年每户12 000元限额扣除其当年实际应缴纳的增值

税、城市维护建设税、教育费附加、地方教育附加和个人所得税。所称自主就业退役士兵,是指依照《退役士兵安置条例》(国务院、中央军委令第608号)的规定退出现役并按自主就业方式安置的退役士兵。到2021年12月31日,从事个体经营的自主就业退役士兵享受上述税收优惠未享受满3年的,也可以继续享受至3年期满为止。

七、关于个人取得公务交通、通信补贴收入的征税问题

个人因公务用车和通信制度改革而取得的公务用车、通信补贴收入,扣除一定标准的公务费用后,按照"工资、薪金所得"项目计征个人所得税。按月发放的,并入当月"工资、薪金所得"计征个人所得税;不按月发放的,分解到所属月份并与该月份"工资、薪金所得"合并后计征个人所得税。

八、在中国境内无住所的个人取得工资、薪金所得的征税问题

自2019年1月1日起,在中国境内无住所但在境内累计居住满183天的年度连续不满6年的个人,其在中国境内工作期间取得的由中国境内企业或个人雇主支付和由中国境外企业或个人雇主支付的工资、薪金,均应申报缴纳个人所得税,凡是中国境内企业、机构属于采取核定利润方法计征企业所得税或没有营业收入而不征收企业所得税的,在中国境内企业、机构任职、受雇的个人取得的工资、薪金,不论是否在中国境内企业、机构会计账簿中有记载,均应视为由其任职的中国境内企业、机构支付。

根据所得来源地和所得支付地分别是境内还是境外,工资、薪金收入可以分为四类:所得来源地与所得支付地均为境内的、所得来源地为境内而所得支付地为境外的、所得来源地为境外而所得支付地为境内的、所得来源地与所得支付地均为境外的。这四类所得依次可以简称为:境内所得境内支付、境内所得境外支付、境外所得境内支付、境外所得境外支付。

根据在中国境内居住时间长短以及是否为高管人员,无住所个人上述四类工资、薪金所得在中国的个人所得税义务不同,相应纳税义务详见表4-1、表4-2。

(一)无住所个人为非居民个人的情形

1. 非居民个人境内居住时间累计不超过90天的情形

如表4-12所示,在一个纳税年度内,在境内累计居住不超过90天的非高管个人(非居民个人),仅就其境内所得境内支付部分计算缴纳个人所得税。当月工资、薪金收入额的计算公式如下:

$$当月工资、薪金收入额 = 当月境内外工资、薪金总额 \times \frac{当月境内支付工资、薪金数额}{当月境内外工资、薪金总额} \times \frac{当月工资、薪金所属工作期间境内工作天数}{当月工资、薪金所属工作期间公历天数} \quad (4-18)$$

境内雇主包括雇用员工的境内单位和个人以及境外单位或者个人在境内的机构、场所。

凡境内雇主采取核定征收所得税或者无营业收入未征收所得税的,无住所个人为其工作取得工资、薪金所得,不论是否在该境内雇主会计账簿中记载,均视为由该境内雇主支付或者负担。工资、薪金所属工作期间的公历天数,是指无住所个人取得工资、薪金所属工作期间按公历计算的天数。

当月境内外工资、薪金包含归属于不同期间的多笔工资、薪金的,应当先分别按照规定计算不同归属期间工资、薪金收入额,然后再加总计算当月工资、薪金收入额。

2. 非居民个人境内居住时间累计超过90天不满183天的情形

在一个纳税年度内,在境内累计居住超过90天但不满183天的非高管个人(非居民个人),其工资、薪金所得中属于境内所得的部分,均应当计算缴纳个人所得税;属于境外所得的部分,不征收个人所得税。当月工资、薪金收入额的计算公式如下:

$$当月工资、薪金收入额 = 当月境内外工资、薪金总额 \times \frac{当月工资、薪金所属工作期间境内工作天数}{当月工资、薪金所属工作期间公历天数} \quad (4-19)$$

(二) 无住所个人为居民个人的情形

1. 无住所居民个人在境内居住累计满183天的年度连续不满六年的情形

在境内累计居住满183天的年度连续不满六年的无住所非高管个人(居民个人),经向主管税务机关备案,其工资、薪金所得中境外所得境外支付的部分,免予缴纳个人所得税,其余均须在中国缴纳个人所得税。当月工资、薪金所得收入额的计算公式如下:

$$当月工资、薪金收入额 = 当月境内外工资、薪金总额 \times \left[1 - \frac{当月境外支付工资、薪金数额}{当月境内外工资、薪金总额} \times \frac{当月工资、薪金所属工作期间境外工作天数}{当月工资、薪金所属工作期间公历天数} \right]$$

$$(4-20)$$

2. 无住所居民个人在境内居住累计满183天的年度连续满六年的情形

在中国境内累计居住满183天的年度连续满六年的无住所非高管个人(居民个人),在境内承担无限纳税义务,其工资、薪金所得无论来源地和支付地是否为境内都要计入计税收入额。

(三) 无住所个人为高管人员的情形

无住所居民个人为高管人员的,工资薪金收入额按照上述规定(二)计算纳税。非居民个人为高管人员的,按照以下规定处理:

1. 高管人员在境内居住时间累计不超过90天的情形

如前表4-2所示,在一个纳税年度内,在境内累计居住不超过90天的高管人员(非居民个人)取得的工资、薪金所得是否计税,不考虑所得来源地,只根据所得支付地:由境内雇主支付或者负担的,应当计算缴纳个人所得税;非境内雇主支付或者负担的,不缴纳个人所得税。当月工资、薪金收入额为当月境内支付或者负担的工资、薪金收入额。

2. 高管人员在境内居住时间累计超过 90 天不满 183 天的情形

在一个纳税年度内,在境内居住累计超过 90 天但不满 183 天的高管人员(非居民个人)取得的工资、薪金所得,除境外所得境外支付的部分,其余都应当计算缴纳个人所得税。当月工资、薪金收入额计算适用前述公式(4-20)。

(四)所得来源地

1. 工资、薪金所得来源地的判断,对于其纳税义务的确定具有基础意义。不同情况下不同表现形式的工资、薪金所得,所得来源地判定具体规则不同。

个人取得归属于中国境内(以下称境内)工作期间的工资、薪金所得为来源于境内的工资薪金所得。境内工作期间按照个人在境内工作天数计算,包括其在境内的实际工作日以及境内工作期间在境内、境外享受的公休假、个人休假、接受培训的天数。在境内、境外单位同时担任职务或者仅在境外单位任职的个人,在境内停留的当天不足 24 小时的,按照半天计算境内工作天数。

无住所个人在境内、境外单位同时担任职务或者仅在境外单位任职,且当期同时在境内、境外工作的,按照工资、薪金所属境内、境外工作天数占当期公历天数的比例计算确定来源于境内、境外工资、薪金所得的收入额。境外工作天数按照当期公历天数减去当期境内工作天数计算。

2. 无住所个人取得的数月奖金或者股权激励所得按照相应规定确定所得来源地,无住所个人在境内履职或者执行职务时收到的数月奖金或者股权激励所得,归属于境外工作期间的部分,为来源于境外的工资薪金所得;无住所个人停止在境内履约或者执行职务离境后收到的数月奖金或者股权激励所得,对属于境内工作期间的部分,为来源于境内的工资薪金所得。

具体计算方法为:数月奖金或者股权激励乘以数月奖金或者股权激励所属工作期间境内工作天数与所属工作期间公历天数之比。

无住所个人一个月内取得的境内外数月奖金或者股权激励包含归属于不同期间的多笔所得的,应当先分别按照规定计算不同归属期间来源于境内的所得,然后再加总计算当月来源于境内的数月奖金或者股权激励收入额。数月奖金是指一次取得归属于数月的奖金、年终加薪、分红等工资薪金所得,不包括每月固定发放的奖金及一次性发放的数月工资。股权激励包括股票期权、股权期权、限制性股票、股票增值权、股权奖励以及其他因认购股票等有价证券而从雇主取得的折扣或者补贴。

3. 对于担任境内居民企业的董事、监事及高层管理职务的个人(以下统称高管人员),无论是否在境内履行职务,取得由境内居民企业支付或者负担的董事费、监事费、工资薪金或者其他类似报酬(以下统称高管人员报酬,包含数月奖金和股权激励),属于来源于境内的所得。

例 4-19: 某外籍个人(其所属国与中国已签订税收协定)在 2020 年 1 月 1 日起担任中国境内某外商投资企业的副总经理,由该企业每月支付其工资 20 000 元,同时,该企业外方的境外总机构每月也支付其工资4 000美元。其大部分时间是在境外履行职务,2020年来华工作时间累计为180天。根据规定,其2020年度在我国的纳税义务确定如下:

(1) 由于其属于企业的高层管理人员,因此,根据规定,该人员于2020年1月1日起至12月31日在华任职期间,由该企业支付的每月20 000元工资、薪金所得,应按月依照税法规定的期限申报缴纳个人所得税。

(2) 由于其2020年来华工作时间未超过183天,根据税收协定的规定,其境外雇主支付的每月4 000美元的工资、薪金所得,在我国可免予申报纳税。

(3) 假如其2020年在中国工作时间为190天,超过了183天但连续不满6年,而且他是高管,因此其应该就其获得的境内支付的每月20 000元计征个人所得税,境外支付的每月4 000美元免税。

九、个人以非货币资产投资的个人所得税规定

(1) 个人以非货币性资产投资,属于个人转让非货币性资产和投资同时发生。对个人转让非货币性资产的所得,应按照"财产转让所得"项目,依法计算缴纳个人所得税。非货币性资产,是指现金、银行存款等货币性资产以外的资产,包括股权、不动产、技术发明成果以及其他形式的非货币性资产。非货币性资产投资,包括以非货币性资产出资设立新的企业,以及以非货币性资产出资参与企业增资扩股、定向增发股票、股权置换、重组改制等投资行为。

(2) 个人以非货币性资产投资,应按评估后的公允价值确认非货币性资产转让收入,以非货币性资产转让收入减除该资产原值及合理税费后的余额为应纳税所得额。

非货币性资产原值为纳税人取得该项资产时实际发生的支出。纳税人无法提供完整、准确的非货币性资产原值凭证,不能正确计算非货币性资产原值的,主管税务机关可依法核定其非货币性资产原值。

合理税费是指纳税人在非货币性资产投资过程中发生的与资产转移相关的税金及合理费用。纳税人以股权投资的,该股权原值确认等相关问题依照《股权转让所得个人所得税管理办法(试行)》(国家税务总局公告2014年第67号)有关规定执行。

(3) 个人以非货币性资产投资,应于非货币性资产转让、取得被投资企业股权时,确认非货币性资产转让收入的实现。个人应在发生上述应税行为的次月15日内向主管税务机关申报纳税。纳税人一次性缴税有困难的,可合理确定分期缴纳计划并报主管税务机关备案后,自发生上述应税行为之日起不超过5个公历年度内(含)分期缴纳个人所得税。

十、在外商投资企业、外国企业和外国驻华机构工作的中方人员取得的工资、薪金所得的征税问题

在外商投资企业、外国企业和外国驻华机构工作的中方人员取得的工资、薪金收入,凡

是由雇用单位和派遣单位分别支付的,支付单位应按税法规定代扣代缴个人所得税。同时,按税法规定,纳税义务人应以每月全部工资、薪金收入减除规定费用后的余额为应纳税所得额。

为了有利于征管,对雇用单位和派遣单位分别支付工资、薪金的,采取由支付者中的一方减除费用的方法,即只由雇用单位在支付工资、薪金时,按税法规定减除费用,计算扣缴个人所得税;派遣单位支付的工资、薪金不再减除费用,以支付金额直接确定适用税率,计算扣缴个人所得税。

上述纳税义务人,应持两处支付单位提供的原始明细工资、薪金单(书)和完税凭证原件,选择并固定到一地税务机关申报每月工资、薪金收入,汇算清缴其工资、薪金收入的个人所得税,多退少补。

例 4-20:张某为一外商投资企业雇用的中方人员,假定 2020 年 3 月,该外商投资企业支付给张某的薪金为 10 500 元,同月,张某还收到其所在的派遣单位发放的扣完"五险一金"后的工资 4 500 元。问:当月该外商投资企业、派遣单位应如何扣缴个人所得税?张某当月实际应缴的个人所得税为多少?(不考虑其应享受的专项附加扣除和依法确定的其他扣除)

解答:(1) 3 月外商投资企业应为王某扣缴的个人所得税:

扣缴税额=(3 月收入额-5 000)×适用税率-速算扣除数
=(10 500-5 000)×10%-210=340(元)

(2) 3 月派遣单位应为王某扣缴的个人所得税:

扣缴税额=3 月收入额×适用税率-速算扣除数
=4 500×10%-210=240(元)

(3) 张某实际应缴的个人所得税:应纳税额=(3 月收入额-5 000)×适用税率-速算扣除数=(10 500+4 500-5 000)×10%-210=790(元)。因此,在张某到某税务机关申报时,还应补缴 210(790-340-240)元

十一、对个人因解除劳动合同取得经济补偿金的征税方法

根据《财政部 国家税务总局关于个人与用人单位解除劳动关系取得的一次性补偿收入征免个人所得税问题的通知》(财税〔2001〕157 号)和《国家税务总局关于国有企业职工因解除劳动合同取得一次性补偿收入征免个人所得税问题的通知》(国税发〔2000〕77 号)精神,自 2001 年 10 月 1 日起,对个人因解除劳动合同取得经济补偿金按以下规定处理:

(1) 企业依照国家有关法律规定宣告破产,企业职工从该破产企业取得的一次性安置费收入,免征个人所得税。

(2) 个人因与用人单位解除劳动关系而取得的一次性补偿收入(包括用人单位发放的

经济补偿金、生活补助费和其他补助费用),其收入在当地上年职工平均工资3倍数额以内的部分,免征个人所得税;超过3倍数额的部分,不并入当年综合所得,单独适用综合所得税率表,计算纳税。个人在解除劳动合同后又再次任职、受雇的,已纳税的一次性补偿收入不再与再次任职、受雇的工资、薪金所得合并计算补缴个人所得税。

(3) 个人领取一次性补偿收入时按照国家和地方政府规定的比例实际缴纳的住房公积金、医疗保险费、基本养老保险费、失业保险费,可以在计征其一次性补偿收入的个人所得税时予以扣除。

例 4-21:李华强在某服装厂工作20年,现因企业不景气被买断工龄,该服装厂向李某支付一次性补偿金35万元,当地上年职工平均工资为5.8万元。问:李某应缴纳的个人所得税为多少?

解答:免纳个人所得税的部分=58 000×3=174 000(元)

应纳个人所得税的部分=350 000-174 000=176 000(元)

按照综合所得税率表(表 4-6),李华强就这笔补偿金应纳个人所得税为 176 000×20%-16 920=18 280(元)。

十二、关于企业减员增效和行政事业单位、社会团体在机构改革过程中实行内部退养办法人员取得收入的征税问题

实行内部退养的个人在其办理内部退养手续后至法定离退休年龄之间从原任职单位取得的工资、薪金,不属于离退休工资,应按"工资、薪金所得"项目计征个人所得税。

个人在办理内部退养手续后从原任职单位取得的一次性收入,应按办理内部退养手续后至法定离退休年龄之间的所属月份进行平均,并与领取当月的"工资、薪金"所得合并后减除当月费用扣除标准,以余额为基数确定适用税率,再将当月工资、薪金加上取得的一次性收入,减去费用扣除标准,按适用税率计征个人所得税。

个人在办理内部退养手续后至法定离退休年龄之间重新就业取得的工资、薪金所得,应与其从原任职单位取得的同一月份的工资、薪金所得合并,并依法自行向主管税务机关申报缴纳个人所得税。

例 4-22:老王所在的单位今年由于改革对其进行了内部退养,单位给了老王31.2万元的一次性补贴,并且从退养时间起至法定退休年龄止,会给老王每月发放3 000元的工资。老王离退休还有60个月。问:老王的这笔补贴该如何交税?

解答:(1) 先按办理内部退养手续后至法定离退休年龄之间的所属月份进行平均:312 000÷60=5 200(元)。

(2) 与领取当月的工资、薪金所得合并后减除当月费用扣除标准,以余额为基数确定适

用税率：5 200＋3 000－5 000＝3 200(元)，税率为10%，速算扣除数为210元。

(3) 再将当月工资、薪金加上取得的一次性收入，减去费用扣除标准，按适用税率计征个人所得税：(3 000＋312 000－5 000)×10%－210＝30 790(元)。

例4-23：假如老王之后重新找了一份工作，每月工资5 000元。此外，原单位每月发放工资3 000元。问：老王应该怎么交税呢？

解答：两者应该合并计税，老王每月的应扣税额＝(5 000＋3 000－5 000)×3%＝90(元)
次年3—6月汇算清缴时需要将老王全年的综合所得合并计算，个人所得税多退少补。

十三、个人提前退休取得补贴收入征收个人所得税的规定

自2019年1月1日起，个人提前退休取得一次性补贴收入征收个人所得税按以下规定执行：个人办理提前退休手续而取得的一次性补贴收入，应按照办理提前退休手续至法定退休年龄之间实际年度数平均分摊，确定适用税率和速算扣除数，单独适用综合所得税率表(表4-6)计算纳税。计算公式为：

$$应纳税额＝\{[(一次性补贴收入÷办理提前退休手续至法定退休年龄的实际年度数)－费用扣除标准]×适用税率－速算扣除数\}×办理提前退休手续至法定退休年龄的实际年度数$$

(4-21)

例4-24：2020年3月，工作了35年的老张提前办理了退休手续，退休时老张57岁。公司按照规定，给予老张提前退休一次性补贴21万元。问：老张提前退休的一次补贴该如何纳税？

解答：正常男性职工退休年龄为60岁，老张离正常退休还有3年，21万元平均分摊到每年是7万元，免征额6万元，适用税率为3%。

因此，应纳税额＝(70 000－60 000)×3%×3＝900(元)。

十四、企业促销展业赠送礼品个人所得税的规定

自2011年6月9日起，企业和单位在营销活动中以折扣折让、赠品、抽奖等方式，向个

人赠送现金、消费券、物品、服务等(以下简称礼品)有关个人所得税的具体规定如下：

(1) 企业在销售商品(产品)和提供服务过程中向个人赠送礼品，属于下列情形之一的，不征收个人所得税：

① 企业通过价格折扣、折让方式向个人销售商品(产品)和提供服务。

② 企业在向个人销售商品(产品)和提供服务的同时给予赠品，如通信企业对个人购买手机赠话费、入网费，或者充话费赠手机等。

③ 企业对累积消费达到一定额度的个人按消费积分反馈礼品。

(2) 企业向个人赠送礼品，属于下列情形之一的，取得该项所得的个人应依法缴纳个人所得税，税款由赠送礼品的企业代扣代缴：

① 企业在业务宣传、广告等活动中，随机向本单位以外的个人赠送礼品，对个人取得的礼品所得，按照"偶然所得"项目，全额适用20%的税率缴纳个人所得税。

② 企业在年会、座谈会、庆典以及其他活动中向本单位以外的个人赠送礼品，对个人取得的礼品所得，按照"偶然所得"项目，全额适用20%的税率缴纳个人所得税。

③ 企业对累积消费达到一定额度的顾客，给予额外抽奖机会，个人的获奖所得，按照"偶然所得"项目，全额适用20%的税率缴纳个人所得税。

(3) 企业赠送的礼品是自产产品(服务)的，按该产品(服务)的市场销售价格确定个人的应税所得；是外购商品(服务)的，按该商品(服务)的实际购置价格确定个人的应税所得。

十五、企业给股东个人购买汽车或者为个人购房的个人所得税征税方法

企业为股东购买车辆并且车辆所有权归属股东个人名下的，其实质为企业对股东实施了红利性质的实物分配，应按照"利息、股息、红利所得"项目征收个人所得税。考虑到该股东个人名下的车辆同时也为企业经营使用的实际情况，允许合理减除部分所得；减除的具体数额由主管税务机关根据车辆的实际使用情况合理确定。

个人取得以下情形的房屋或其他财产，不论所有权人是否将财产无偿或有偿交付企业使用，其实质均为企业对个人进行了实物性质的分配，应依法计征个人所得税：

(1) 企业出资购买房屋及其他财产，将所有权登记为投资者个人、投资者家庭成员或企业其他人员的。

(2) 企业投资者个人、投资者家庭成员或企业其他人员向企业借款用于购买房屋及其他财产，将所有权登记为投资者、投资者家庭成员或企业其他人员，且借款年度终了后未归还借款的。

对个人独资企业、合伙企业的个人投资者或其家庭成员取得的上述所得，视为企业对个人投资者的利润分配，按照"个体工商户的生产、经营所得"项目计征个人所得税；对除个人独资企业、合伙企业以外其他企业的个人投资者或其家庭成员取得的上述所得，视为企业对个人投资者的红利分配，按照"利息、股息、红利"所得项目计征个人所得税；对企业其他人员取得的上述所得，按照"工资、薪金"所得项目计征个人所得税。

十六、科技人员取得职务科技成果转化现金奖励的税收政策

为进一步支持国家大众创业、万众创新战略的实施,促进科技成果转化,2018年7月1日起,依法批准设立的非营利性研究开发机构和高等学校,根据《中华人民共和国促进科技成果转化法》规定,从职务科技成果转化收入中给予科技人员的现金奖励,可减按50%计入科技人员当月"工资、薪金所得",依法缴纳个人所得税。

十七、个人转让限售股征收个人所得税规定

自2010年1月1日起,对个人转让限售股取得的所得,按照"财产转让所得",适用20%的比例税率征收个人所得税。

1. 限售股的定义

关于限售股定义的范围如下:

(1) 上市公司股权分置改革完成后股票复牌日之前股东所持原非流通股股份,以及股票复牌日至解禁日期间由上述股份产生的送转股(以下统称股改限售股)。

(2) 2006年股权分置改革新老划断后,首次公开发行股票并,上市的公司形成的限售股,以及上市首日至解禁日期间由上述股份产生的送、转股(以下统称新股限售股)。

(3) 个人从机构或其他个人受让的未解禁限售股。

(4) 个人因依法继承或家庭财产依法分割取得的限售股。

(5) 个人持有的从代办股份转让系统转到主板市场(或中小板、创业板市场)的限售股。

(6) 上市公司吸收合并中,个人持有的原被合并方公司限售股所转换的合并方公司股份。

(7) 上市公司分立中,个人持有的被分立方公司限售股所转换的分立后公司股份。

(8) 财政部、国家税务总局、国务院法制办和证监会共同确定的其他限售股。

2. 限售股的相关个税规定

限售股在解禁前被多次转让的,转让方对每一次转让所得均应按规定缴纳个人所得税。对具有下列情形的,应按规定征收个人所得税:

(1) 个人通过证券交易所集中交易系统或大宗交易系统转让限售股。

(2) 个人用限售股认购或申购交易型开放式指数基金(ETF)份额。

(3) 个人用限售股接受要约收购。

(4) 个人行使现金选择权将限售股转让给提供现金选择权的第三方。

(5) 个人协议转让限售股。

(6) 个人持有的限售股被司法扣划。

(7) 个人用限售股偿还上市公司股权分置改革中由大股东代其向流通股股东支付的对价。

(8) 其他具有转让实质的情形。

3. 应纳税额的计算

个人转让限售股,以每次限售股转让收入,减除股票原值和合理税费后的余额,为应纳税所得额。计算公式为:

$$应纳税额=[限售股转让收入-(限售股原值+合理税费)]×20\% \quad (4-22)$$

上述所称限售股转让收入,是指转让限售股股票实际取得的收入。限售股原值,是指限售股买入时的买入价及按照规定缴纳的有关费用。合理税费,是指转让限售股过程中发生的印花税、佣金、过户费等与交易相关的税费。如果纳税人未能提供完整、真实的限售股原值凭证的,不能准确计算限售股原值的,主管税务机关一律按限售股转让收入15%核定限售股原值及合理税费。

例 4-25:2020年6月,王先生将持有的境内上市公司限售股转让,取得转让收入30万元。假设该限售股原值无法确定。问:王先生转让限售股应缴纳个人所得税多少万元?

解答:王先生转让限售股应缴纳个人所得税=30×(1-15%)×20%=5.1(万元)。

十八、企业转增股本个人所得税规定

股份制企业用资本公积金转增股本不属于股息、红利性质的分配,对个人取得的转增股本数额,不作为个人所得,不征收个人所得税。这里所表述的不征税"资本公积金"是指股份制企业股票溢价发行收入所形成的资本公积金。将此转增股本由个人取得的数额,不作为应税所得征收个人所得税。而与此不相符合的其他资本公积金分配个人所得部分,应当依法征收个人所得税。

股份制企业用盈余公积金派发红股属于股息、红利性质的分配,对个人取得的红股数额,应作为个人所得征税。

自2016年1月1日起,全国范围内的中小高新技术企业(未上市或未在新三板挂牌交易的)以未分配利润、盈余公积、资本公积向个人股东转增股本时,个人股东一次缴纳个人所得税确有困难的,可根据实际情况自行制定分期缴税计划,在不超过5个公历年度内(含)分期缴纳,并将有关资料报主管税务机关备案。非上市及未在全国中小企业股份转让系统挂牌的其他企业转增股本,应及时代扣代缴个人所得税。这里所称的中小高新技术企业,是指注册在中国境内实行查账征收的、经认定取得高新技术企业资格,且年销售额和资产总额均不超过2亿元、从业人数不超过500人的企业。

个人股东获得转增的股本,应按照"利息、股息、红利所得"项目,适用20%税率征收个人所得税。

股东转让股权并取得现金收入的,该现金收入应优先用于缴纳尚未缴清的税款。

在股东转让该部分股权之前,企业依法宣告破产,股东进行相关权益处置后没有取得收益或收益小于初始投资额的,主管税务机关对其尚未缴纳的个人所得税可不予追征。

上市公司、上市中小高新技术企业及在新三板挂牌的中小高新技术企业向个人股东转增股本(不含以股票发行溢价形成的资本公积转增股本),股东应纳的个人所得税,继续按照

现行有关股息红利差别化个人所得税政策执行,即:

(1) 持股期限超过1年的,股息、红利所得暂免征收个人所得税。

(2) 持股期限在1个月以内(含)的,其股息、红利所得全额计入应纳税所得额。

(3) 持股期限在1个月以上至1年(含)的,暂减按50%计入应纳税所得额。

十九、个人股票期权所得个人所得税的征税方法

1. 股票期权所得性质的确认及其具体征税规定

(1) 员工接受实施股票期权计划企业授予的股票期权时,除另有规定外,一般不作为应税所得征税。

(2) 员工行权时,其从企业取得股票的实际购买价(施权价)低于购买日公平市场价(指该股票当日的收盘价,下同)的差额,是因员工在企业的表现和业绩情况而取得的与任职、受雇有关的所得,应按"工资、薪金所得"适用的规定计算缴纳个人所得税。

对因特殊情况,员工在行权日之前将股票期权转让的,以股票期权的转让净收入,作为工资、薪金所得征收个人所得税。股票期权的转让净收入,一般是指股票期权转让收入。员工以折价购入方式取得股票期权的,可以股票期权转让收入扣除折价购入股票期权时实际支付的价款后的余额,作为股票期权的转让净收入。

员工行权日所在期间的工资、薪金所得,应按下列公式计算工资、薪金应纳税所得额:

$$股票期权形式的工资、薪金应纳税所得额 = (行权股票的每股市场价 - 员工取得该股票期权支付的每股施权价) \times 股票数量$$

(4-23)

公式中"员工取得该股票期权支付的每股施权价",一般是指员工行使股票期权购买股票实际支付的每股价格。员工以折价购入方式取得股票期权的,上述施权价可包括员工折价购入股票期权时实际支付的价格。

(3) 员工将行权后的股票再转让时获得的高于购买日公平市场价的差额,是因个人在证券二级市场上转让股票等有价证券而获得的所得,应按照"财产转让所得"适用的征免规定计算缴纳个人所得税。

(4) 员工因拥有股权而参与企业税后利润分配取得的所得,应按照"利息、股息、红利所得"适用的规定计算缴纳个人所得税。

2. 应纳税款的计算

(1) 认购股票所得(行权所得)的税款计算。员工因参加股票期权计划而从中国境内取得的所得,按规定应按"工资、薪金所得"项目计算纳税的,在2021年12月31日前,对该股票期权形式的工资、薪金所得不并入当年综合所得,全额单独适用综合所得税率表(表4-6),计算纳税。计算公式为:

$$应纳税额 = 股权激励收入 \times 适用税率 - 速算扣除数$$

(4-24)

2021年12月31日,为了进一步减轻纳税人负担,财政部、国家税务总局发布《关于延续实施全年一次性奖金等个人所得税优惠政策的公告》,上市公司股权激励单独计税优惠政策的执行期限延长至2022年12月31日。

居民个人一个纳税年度内取得两次以上(含两次)股权激励的,应合并按上述规定计算纳税。

(2)转让股票(销售)取得所得的税款计算。对于员工转让股票等有价证券取得的所得,应按现行税法和政策规定征免个人所得税。即:个人将行权后的境内上市公司股票再行转让而取得的所得,暂不征收个人所得税;个人转让境外上市公司的股票而取得的所得,应按税法的规定计算应纳税所得额和应纳税额,依法缴纳税款。

(3)参与税后利润分配取得所得的税款计算。员工因拥有股权参与税后利润分配而取得的股息、红利所得,除依照有关规定可以免税或减税的外,应全额按规定税率计算纳税。

3. 可公开交易的股票期权

部分股票期权在授权时即约定可以转让,且在境内或境外存在公开市场及挂牌价格(以下称为可公开交易的股票期权)。员工接受该可公开交易的股票期权时,按以下规定进行税务处理:

(1)员工取得可公开交易的股票期权,属于员工已实际取得有确定价值的财产,应按授权日股票期权的市场价格,作为员工授权日所在月份的工资薪金所得,并按上述2(1)规定计算缴纳个人所得税。如果员工以折价购入方式取得股票期权的,可以授权日股票期权的市场价格扣除折价购入股票期权时实际支付的价款后的余额,作为授权日所在月份的工资、薪金所得。

(2)员工取得上述可公开交易的股票期权后,转让该股票期权所取得的所得,属于财产转让所得,按上述2(2)规定进行税务处理。

(3)员工取得本条所述可公开交易的股票期权后,实际行使该股票期权购买股票时,不再计算缴纳个人所得税。

4. 在行权日不实际买卖股票的情形

凡取得股票期权的员工在行权日不实际买卖股票,而按行权日股票期权所指定股票的市场价与施权价之间的差额,直接从授权企业取得价差收益的,该项价差收益应作为员工取得的股票期权形式的工资薪金所得,按照上述有关规定计算缴纳个人所得税。

例4-26:李先生2018年1月取得某上市公司授予的股票期权15 000股,授予日股票价格为10元/股,施权价为8元/股,该股票期权自2019年2月起可行权。假定李先生于2019年2月28日行权10 000股,行权当天股票市价为16元/股。问:李先生此次行权应缴纳多少个人所得税?

解答:李先生2019年2月28日行权时按照"工资、薪金所得"的应纳税所得额=(16-8)×10 000=80 000(元)。

李先生取得的股票期权激励,应全额单独计税,应纳个人所得税额=80 000×10%-

2 520＝5 480(元)。

假如李先生于2019年10月31日再次行使股票期权5 000股,施权价为8元/股,行权当日股票市价为23元/股,则李先生该次行权又该如何计算缴纳个人所得税?

第二次股权激励的应纳税所得额＝(23－8)×5 000＝75 000(元),合并二次股权激励应纳税所得额＝80 000＋75 000＝155 000(元)。

所以,第二次股权激励应申报纳税＝155 000×20％－16 920－5 480＝8 600(元)。

二十、证券投资基金个人所得税的规定

对个人投资者买卖基金单位获得的差价收入,在对个人买卖股票的差价收入未恢复征收个人所得税以前,暂不征收个人所得税。

对投资者从基金分配中获得的股票的股息、红利收入以及企业债券的利息收入,由上市公司和发行债券的企业在向基金派发股息、红利、利息时代扣代缴20％的个人所得税,基金向个人投资者分配股息、红利、利息时,不再代扣代缴个人所得税。

对投资者从基金分配中获得的国债利息、储蓄存款利息以及买卖股票价差收入,在国债利息收入、个人储蓄存款利息收入以及个人买卖股票差价收入未恢复征收所得税以前,暂不征收所得税。

对个人投资者从基金分配中获得的企业债券差价收入,应按税法规定对个人投资者征收个人所得税,税款由基金在分配时依法代扣代缴。

二十一、"长江学者奖励计划"有关个人所得税的规定

特聘教授取得的岗位津贴应并入其当月的工资、薪金所得计征个人所得税,税款由所在学校代扣代缴。

对特聘教授获得"长江学者成就奖"的奖金,可视为国务院部委颁发的教育方面的奖金,免予征收个人所得税。对教育部颁发的特聘教授在聘期内享受的"特聘教授奖金",免予征收个人所得税。

二十二、关于企业年金和职业年金缴费的个人所得税规定

企业和事业单位根据国家有关政策规定的办法和标准,为在本单位任职或者受雇的全体职工缴付的企业年金或职业年金缴费部分,在计入个人账户时,个人暂不缴纳个人所得税。

个人根据国家有关政策规定缴付的年金个人缴费部分,在不超过本人缴费工资计税基数的4％标准内的部分,暂不缴纳个人所得税。

年金基金投资运营收益分配计入个人账户时,个人暂不缴纳个人所得税。

二十三、律师事务所从业人员取得收入征收个人所得税的有关规定

律师个人出资兴办的独资和合伙性质的律师事务所的年度经营所得,从 2000 年 1 月 1 日起,停止征收企业所得税,作为出资律师的个人经营所得,按照有关规定,比照"经营所得"应税项目征收个人所得税。在计算其经营所得时,出资律师本人的工资、薪金不得扣除。

合伙制律师事务所应将年度经营所得全额作为基数,按出资比例或者事先约定的比例计算各合伙人应分配的所得,据以征个人所得税。

律师事务所支付给雇员(包括律师及行政辅助人员,但不包括律师事务所的投资者,下同)的所得,按"工资、薪金所得"应税项目征收个人所得税。

作为律师事务所雇员的律师与律师事务所按规定的比例对收入分成,律师事务所不负担律师办理案件支出的费用(如交通费、资料费、通信费及聘请人员等费用),律师当月的分成收入按前述规定扣除办理案件支出的费用后,余额与律师事务所发给的工资合并,按"工资、薪金所得"应税项目计征个人所得税。

律师从其分成收入中扣除办理案件支出费用的标准,由各省(自治区、直辖市)税务局根据当地律师办理案件费用支出的一般情况、律师与律师事务所之间的收入分成比例及其他相关参考因素,在律师当月分成收入的 30% 比例内确定。

兼职律师从律师事务所取得工资、薪金性质的所得,律师事务所在代扣代缴其个人所得税时,不再减除《个人所得税法》规定的费用扣除标准,以收入全额(取得分成收入的为扣除办理案件支出费用后的余额)直接确定适用税率,计算扣缴个人所得税。兼职律师应于次月 7 日内自行向主管税务机关申报两处或两处以上取得的工资、薪金所得,合并计算缴纳个人所得税。

律师以个人名义再聘请其他人员为其工作而支付的报酬,应由该律师按"劳务报酬所得"应税项目负责代扣代缴个人所得税。为了便于操作,税款可由其任职的律师事务所代为缴入国库。律师从接受法律事务服务的当事人处取得的法律顾问费或其他酬金,均按"劳务报酬所得"应税项目征收个人所得税,税款由支付报酬的单位或个人代扣代缴。

二十四、保险营销员、证券经纪人佣金收入的政策

保险营销员、证券经纪人取得的佣金收入,属于劳务报酬所得,自 2019 年 1 月 1 日起,以不含增值税的收入减除 20% 的费用后的余额为收入额,收入额减去展业成本以及附加税费后,并入当年综合所得,计算缴纳个人所得税。保险营销员、证券经纪人展业成本按照收入额的 25% 计算。

扣缴义务人向保险营销员、证券经纪人支付佣金收入时,应按照《个人所得税扣缴申报管理办法(试行)》(国家税务总局公告 2018 年第 61 号)规定的累计预扣法计算预扣税款。具体计算公式如下:

$$本期应预扣预缴税额=(累计预扣预缴应纳税所得额×预扣率-速算扣除数)-累计减免税额-累计已预扣预缴税额 \quad (4-25)$$

累计预扣预缴应纳税所得额＝累计收入额－累计减除费用－累计其他扣除 　　(4-26)

其中：收入额按照不含增值税的收入减除20％的费用后的余额计算；累计减除费用按照5 000元／月乘以纳税人当年截至本月在本单位的从业月份数计算；其他扣除按照展业成本、附加税费和依法确定的其他扣除之和计算，展业成本按照收入额的25％计算。

例4-27：小李是某保险公司营销员，2020年1—3月，分别取得保险营销佣金收入15 450元、20 600元和18 540元，该保险公司接受税务机关委托代征税款，向个人保险代理人支付佣金费用后，代个人保险代理人统一向主管税务机关申请汇总代开增值税专用发票。假定小李每月应缴"三险一金"800元，无专项附加扣除和其他扣除，附加税费征收率为12％（7％＋3％＋2％）。问：保险公司该如何预扣预缴小李的个人所得税？

解答：（1）1月份：代征增值税＝15 450÷（1＋3％）×3％＝450（元）

代征附加税费＝450×12％＝54（元）

展业费用＝（15 450－450）×（1－20％）×25％＝3 000（元）

计税收入额＝（15 450－450）×（1－20％）－3 000－54＝8 964（元）

应预扣个人所得税额＝（8 964－5 000－800）×3％＝94.38（元）

（2）2月份：应征增值税＝20 600÷（1＋3％）×3％＝600（元）

应征附加税费＝600×12％＝72（元）

展业费用＝（20 600－600）×（1－20％）×25％＝4 000（元）

计税收入额＝（20 600－600）×（1－20％）－4 000－72＝11 928（元）

应预扣个人所得税＝[（8 964＋11 928）－2×5 000－2×800]×3％－94.38

＝278.76－94.38＝184.38（元）

（3）3月份：应征增值税＝18 540÷（1＋3％）×3％＝540（元）

应征附加税费＝540×12％＝64.8（元）

展业费用＝（18 540－540）×（1－20％）×25％＝3 600（元）

计税收入额＝（18 540－540）×（1－20％）－3 600－64.8＝10 735.2（元）

应预扣个人所得税＝[（8 964＋11 928＋10 735.2）－3×5 000－3×800]×3％－94.38－184.38＝148.05（元）

第六节　个人所得税的税收优惠和境外所得的税额扣除

一、个人所得税的税收优惠

从立法模式上看，减免税方式各国有所不同，有的国家采取直接减免的方式，有的国家采取间接减免的方式。我国目前个人所得税采取直接减免的立法模式,但对减免税的规定主要侧重于鼓励科学发明、促进科技进步、支持社会福利与慈善事业,较少考虑某些纳税人的不同实际困难。

《个人所得税法》及其《实施条例》以及财政部、国家税务总局的若干规定等,对一些个人所得项目给予了减税和免税的优惠,主要包括以下几项。

(一) 免税政策

下列各项个人所得,免纳个人所得税:

(1) 省级人民政府、国务院部委和中国人民解放军军以上单位,以及外国组织颁发的科学、教育、技术、文化、卫生、体育、环境保护等方面的奖金(奖学金)。

(2) 国债和国家发行的金融债券利息。国债利息,是指个人持有中华人民共和国财政部发行的债券而取得的利息所得和2012年及以后年度发行的地方政府债券(以省、自治区、直辖市和计划单列市政府为发行和偿还主体)取得的利息所得;国家发行的金融债券利息,是指个人持有经国务院批准发行的金融债券而取得的利息所得。

(3) 按照国家统一规定发给的补贴、津贴。按照国家统一规定发给的补贴、津贴,是指按照国务院规定发给的政府特殊津贴、院士津贴,以及国务院规定免纳个人所得税的其他补贴、津贴。

(4) 福利费、抚恤金、救济金。福利费,是指根据国家有关规定,从企业、事业单位、国家机关、社会团体提留的福利费或者工会经费中支付给个人的生活补助费;救济金,是指各级人民政府民政部门支付给个人的生活困难补助费。

上述生活补助费,是指由于某些特定事件或者原因而给纳税人或者其家庭的正常生活造成一定困难,其任职单位按照国家规定从提留的福利费或者工会经费中向其支付的临时性生活困难补助。

(5) 保险赔款。是指发生各种灾害、事故时,从保险公司取得的相应数额的赔偿。

(6) 军人的转业费、复员费。对退役士兵按照《退役士兵安置条例》规定,取得的一次性退役金以及地方政府发放的一次性经济补助,免征个人所得税。

(7) 按照国家统一规定发给干部、职工的安家费、退职费、基本养老金或者退休费、离休费、离休生活补助费。

(8) 依照我国有关法律规定应予免税的各国驻华使馆、领事馆的外交代表、领事官员和其他人员的所得。

(9) 中国政府参加的国际公约、签订的协议中规定免税的所得。

(10) 奖励见义勇为者的奖金或奖品,经主管税务机关核准,免征个人所得税。

(11) 企业和个人按照国家或者省级地方政府的比例提取并缴付的住房公积金、基本医疗保险金、基本养老保险金、失业保险金,不计入个人当期的工资、薪金收入,免征个人所得税。超过规定的比例缴付的部分计征个人所得税。个人实际领取原先提存的住房公积金、医疗保险金和基本养老保险金时,免予征收个人所得税。

(12) 国务院规定的其他免税所得。

(二) 减征个人所得税的优惠

(1) 个人投资者持有2019—2023年发行的铁路债券取得的利息收入,减按50%计入应纳税所得额计算征收个人所得税。税款由兑付机构在向个人投资者兑付利息时代扣代缴。铁路债券是指以中国铁路总公司为发行和偿还主体的债券,包括中国铁路建设债券、中期票据、短期融资券等债务融资工具。

(2) 自 2019 年 1 月 1 日起至 2023 年 12 月 31 日,一个纳税年度内在船航行时间累计满 183 天的远洋船员,其取得的工资、薪金收入减按 50% 计入应纳税所得额,依法缴纳个人所得税。

(3) 有下列情形之一的,经批准可以减征个人所得税:

① 残疾、孤老人员和烈属的所得。

② 因严重自然灾害遭受重大损失的。

③ 其他经国务院财政部门批准减税的。具体减征项目有:个人出租房屋取得所得减按 10% 税率计征;个人取得投资于中国境内上市公司取得的股息、红利所得,减按 50% 计入个人应纳税所得额等。

对于减征的幅度和期限由省、自治区和直辖市人民政府规定。

(三) 暂免征收规定

(1) 外国公司为其来华工作雇员实际支付的医疗保险费,经主管税务机关审核,属外国公司福利制度统一规定且数额合理的。

(2) 外籍个人转让所持有的中国境内企业发行的 B 股和海外股所取得的净收益。

(3) 外籍个人以非现金形式或实报实销形式取得的住房补贴、伙食补贴、搬迁费、洗衣费。

(4) 外籍个人按合理标准取得的境内、外出差补贴。

(5) 外籍个人取得的探亲费、语言训练费、子女教育费等,经当地税务机关审核批准为合理的部分。

(6) 个人举报、协查各种违法、犯罪行为而获得的奖金。

(7) 个人转让自用达 5 年以上,并且是唯一的家庭生活居住用房取得的所得。

(8) 单张有奖发票奖金所得不超过 800 元的免征个人所得税,超过 800 元则全额征税。购买社会福利有奖募捐奖券、体育彩票一次中奖收入不超过 10 000 元的免征个人所得税,超过 10 000 元的全额征税。

(9) 对按《国务院关于高级专家离休退休若干问题的暂行规定》和《国务院办公厅关于杰出高级专家暂缓离休审批问题的通知》精神,达到离休、退休年龄,但确因工作需要,适当延长离休退休年龄的高级专家(指享受国家发放的政府特殊津贴的专家、学者),其在延长离休退休期间的工资、薪金所得,视同退休工资、离休工资免征个人所得税。

(10) 外籍个人从外商投资企业取得的股息、红利所得。

(11) 凡符合下列条件之一的外籍专家取得的工资、薪金所得可免征个人所得税:

① 根据世界银行专项贷款协议由世界银行直接派来我国工作的外国专家。

② 联合国组织直接派来我国工作的专家。

③ 为联合国援助项目来华工作的专家。

④ 援助国派来我国专为该国无偿援助项目工作的专家,除工资、薪金外,其取得的生活津贴也免税。

⑤ 根据两国政府签订文化交流项目来华工作 2 年以内的文教专家,其工资、薪金所得由该国负担的,免征个人所得税。此外,外国来华文教专家,在我国服务期间,由我方发工资、薪金,并对其住房、使用汽车、医疗实行免费"三包",可只就其工资、薪金所得按照税法规定征收个人所得税;对我方免费提供的住房、使用汽车、医疗,可免予计算纳税。

⑥ 根据我国大专院校国际交流项目来华工作 2 年以内的文教专家,其工资、薪金所得由该国负担的,免征个人所得税。

⑦ 通过民间科研协定来华工作的专家,其工资、薪金所得由该国政府机构负担的,免征个人所得税。

(12) 对被拆迁人按照国家有关城镇房屋拆迁管理办法规定的标准取得的拆迁补偿款(含因棚户区改造而取得的拆迁补偿款),免征个人所得税。

(13) 科研机构、高等学校转化职务科技成果以股份或者出资比例等股权形式给予科技人员的个人奖励,经主管税务机关认可后,暂免征收个人所得税。

(14) 个人办理代扣代缴税款手续,按规定取得的扣缴手续费。

(15) 自 2020 年 1 月 1 日起到 2021 年 12 月 31 日止:

① 对参加新冠肺炎疫情防治工作的医务人员和防疫工作者按照政府规定标准取得的临时性工作补助和奖金,免征个人所得税。政府规定标准包括各级政府规定的补助和奖金标准。

对省级及省级以上人民政府规定的对参与疫情防控人员的临时性工作补助和奖金,比照执行。

② 单位发给个人用于预防新冠肺炎的药品、医疗用品和防护用品等实物(不包括现金),不计入工资、薪金收入,免征个人所得税。

二、境外所得的税额扣除

在我国负有纳税义务的个人,包括我国公民和外国公民,从境外取得收入,一般都按取得地税法规定缴纳了个人所得税。可是按我国税法规定,这些收入在我国也应缴纳个人所得税,这就会出现重复征税的问题。因此,我国采取了避免重复纳税的税收抵免做法。

目前国际上所得税税收抵免限额的基本计算方法有分项计算法、分国计算法和综合计算法。

分项计算法就是按照所得的不同类型分别计算抵免限额;分国计算法就是按照所得来源的国别分别计算不同国家的抵免限额,不同国家的抵免额不能互相冲抵;综合计算法是不分项目和国别,综合各国来源的各项所得,盈亏相抵以后得出一个综合抵免限额。

在上述基本计算方法基础上,抵免限额的实际计算方法有分项又分国法、分国不分项法以及综合限额法。我国目前实行分国不分项的抵免限额计算方法,即计算抵免限额时,来源于境外一个国家或地区的抵免限额为综合所得抵免限额、经营所得抵免限额以及其他所得抵免限额之和，不再按所得项目计算分项抵免限额。鉴于我国对综合所得和经营所得都实行累进税率，在计算境内和境外所得的应纳税额时，需将居民个人来源于境内、境外的综合所得、经营所得分别合并后计算其应纳税额。适用比例税率的其他分类所得可以不合并计算，单独计算应纳税额即可。《财政部 国家税务总局关于境外所得有关个人所得税政策问题的公告》（财政部 税务总局公告2020年第3号）也根据境外所得应纳税额计算方法的调整，对境外所得抵免限额的计算方法进行了相应的调整。由于境内、境外所得统一计算税额，需要采取一定的计算方法拆分出归属同一境外国家或地区的应纳税额和抵免限额，具体计算方法为：

来源于一国（地区）综合所得的抵免限额＝合并中国境内和境外全部综合所得计算得到的应纳税额×来源于该国（地区）的综合所得收入额÷中国境内和境外综合所得收入额合计　　　　　（4-27）

来源于一国（地区）经营所得的抵免限额＝合并中国境内和境外全部经营所得计算得到的应纳税额×来源于该国（地区）的经营所得应纳税所得额÷中国境内和境外经营所得应纳税所得额合计　　　　　（4-28）

来源于一国（地区）其他分类所得的抵免限额＝该国（地区）的其他分类所得单独计算的应纳税额　　　　　（4-29）

来源于一国（地区）所得的抵免限额＝来源于该国（地区）综合所得抵免限额＋来源于该国（地区）经营所得抵免限额＋来源于该国（地区）其他分类所得抵免限额　　　　　（4-30）

我国个人所得税法规定，个人从中国境外取得的所得，准予其在应纳税额中扣除已在境外缴纳的个人所得税税额，但扣除额不得超过其境外所得依照我国税法规定计算的应纳税额。对这条规定需要解释的是：

（1）已在境外缴纳的个人所得税税额，是指个人从中国境外取得的所得，依照该所得来源国或者地区的法律应当缴纳并且实际已经缴纳的个人所得税税额。

（2）税法所说的依照本法规定计算的应纳税额，是指纳税义务人从中国境外取得的所得，区别不同国家或者地区和不同应税项目，依照我国税法规定的费用减除标准和适用税率计算的应纳税额；同一国家或者地区内不同应税项目，依照我国税法计算的应纳税额之和，为该国家或者地区的扣除限额。

居民个人一个纳税年度内来源于一国（地区）的所得实际已经缴纳的所得税税额，低于依照税法规定计算出的来源于该国（地区）该纳税年度所得的抵免限额的，应以实际缴纳税额作为抵免额进行抵免；超过来源于该国（地区）该纳税年度所得的抵免限额的，应在限额内进行抵免，超过部分可以在以后5个纳税年度内结转抵免。

居民个人从中国境外取得所得的,应当在取得所得的次年3月1日至6月30日内申报纳税。

例 4-28：居民纳税人陈某 2020 年取得来源于中国境内的工资薪金收入 32.4 万元,取得来源于中国境外 A 国的工资、薪金收入 21.6 万元,无其他综合所得,需要合并计算境内境外的综合所得,可以扣除年度费用 6 万元,可以扣除专项扣除 6.8 万元,可以扣除专项附加扣除 4.8 万元,可以扣除的其他扣除为 2 万元。假设陈某国内工资、薪金所得部分已经被预扣预缴税款为 10 280 元,其在 A 国缴纳的个人所得税是 6.2 万元。问：陈某境外所得已纳税款如何抵免？他在次年汇算清缴时应该如何补税或退税？

解答：陈某 2020 年境内、外全部综合所得的应纳税所得额＝(32.4＋21.6－6－6.8－4.8－2)＝34.4(万元)。

陈某 2020 年境内、外全部综合所得应纳税额＝344 000×25％－31 920＝54 080(元)。

陈某 2020 年来源于 A 国综合所得抵免限额＝54 080×(21.6/21.6＋32.4)＝54 080×0.4＝21 632(元)。

实际缴纳境外税款 62 000 元,仅可抵免 21 632 元。陈某在次年汇算清缴时应该补交税金＝54 080－10 280－21 632＝22 168(元)。

例 4-29：上例续,假如陈某当年取得来源于中国境外 A 国的股息红利收入 12 万元,而且依据 A 国国内法被扣除了 10％的预提所得税 1.2 万元,陈某净得税后红利 10.8 万元。问：这部分境外利息所得的抵免限额是多少？陈某 2019 年在 A 国已纳税款的总抵免额是多少？其在次年的汇算清缴中应该如何补税或退税？

解答：这部分境外红利单独计算境外所得,其单独的抵免限额是 12×20％＝2.4(万元),单就股息红利来说,其在境外缴纳的股息红利个税 1.2 万元可以全额抵免,实际上在境内需补税 1.2 万元。

综合抵免分析：将两个例子合并在一起,陈某源于 A 国的综合所得抵免限额、经营所得抵免限额以及其他所得抵免限额之和,为来源于 A 国所得的抵免限额。

如前所计算,其综合所得抵免限额为 21 632 元。其利息股息红利所得抵免限额＝120 000×20％＝24 000(元)。

则：其 A 国抵免限额之和＝综合所得抵免限额＋利息股息红利所得抵免限额＝21 632＋24 000＝45 632(元)。

由于其综合所得在境外实缴税款 62 000 元,股息红利实缴税款 12 000 元,均取得境外完税凭证,其实缴税款合计 74 000 元,超过了抵免限额,当年仅可抵免 45 632 元。

陈某次年汇算清缴时应该补交税金＝54 080＋24 000－45 632－10 280＝22 168(元)。

第七节 征收管理

个人所得税的纳税办法,全国通用实行的有自行申报纳税和全员全额扣缴申报纳税两种。此外,《税收征收管理法》还对无法查账征收的纳税人规定了核定征收的方式,但由于核定征收由各地税务局依据自身情况制定当地的细则,因此本书对此部分内容不做详述。

2019年起施行的新个人所得税制,实现了从分类征收到综合与分类相结合的税制转型,个税"调高惠低"的功能进一步凸显,但个税征管领域也出现许多新挑战,掣肘个税改革的深化以及个税治理效能的发挥。长期以来,我国税务机关重点关注对企业纳税人的征管,数据的分析、应用、风险管理以及指标模式、风险库等都以纳税单位为主要对象,对自然人的税收征管关注不够。以税收风险管控为例,由于外部数据获取不及时,个税征管在日常监管和风险预警、风险提示方面较为薄弱,以自然人涉税数据深入挖掘分析为基础的风险评估模型及风险预警系统,有待进一步完善。未来个税征管中,亟须进一步深化大数据技术应用能力,强化"互联网+"、云计算、大数据等现代信息技术在个税纳税服务、遵从风险管理、税收信用管理等领域的运用,不断提升征管质效,应对不断变化的经济社会环境①。

一、自行申报纳税

自行申报纳税,是由纳税人自行在税法规定的纳税期限内,向税务机关申报取得的应税所得项目和数额,如实填写个人所得税纳税申报表,并按照税法规定计算应纳税额,据此缴纳个人所得税的一种方法。

(一) 应当依法办理纳税申报的情形

有下列情形之一的,纳税人应当依法办理纳税申报:
(1) 取得综合所得需要办理汇算清缴。
(2) 取得应税所得没有扣缴义务人。
(3) 取得应税所得,扣缴义务人未扣缴税款。
(4) 取得境外所得。
(5) 因移居境外注销中国户籍。
(6) 非居民个人在中国境内从两处以上取得工资、薪金所得。
(7) 国务院规定的其他情形。

(二) 取得综合所得需要办理汇算清缴的纳税申报

2020年3月起,以实行综合所得年度汇算为标志,中国的个人所得税征管从精确代扣代缴制向以自行申报为基础的年度汇算制转型。原先的代扣代缴制度征管和遵从效率较高,但是也有征收手段隐蔽、过程不透明、切断了纳税人与政府的联结等为人诟病的弱点。此

---

① 杜小娟.大数据视域下个人所得税征管问题研究[J].税务研究,2021(9):135-140.

外,它不能适应改革后更加复杂化的新个人所得税制的要求。新的年度汇算办法,在适应外部环境变化、创造良好遵从环境、促进管理效率提高和减轻纳税人负担等方面,保留了原代扣代缴制的优势,同时也在一定范围内引入年度汇算,来克服它的缺点①。

我国现行预扣预缴和汇算清缴制度有效避免了"先多预缴、再多退税"的麻烦,尽可能使大多数纳税人在预扣预缴环节就精准预缴税款,提前享受改革红利。从税制设计角度看,一些国家为了提高纳税遵从度,使退税成为汇算清缴的主流结算方式。这固然是一种有效的征税措施,但如果制度设计不合理、不精准,则可能会造成退税额畸高,导致过度占用纳税人资金,给纳税人造成"税负过重"的不良体验感。我国本着"以人为本"的理念,在设计个税制度时充分推演、分析,将退税额、退税率控制在合理范围内,有助于降低纳税人税负负担,增强纳税人获得感②。

取得综合所得且符合下列情形之一的纳税人,应当依法办理汇算清缴:

(1) 从两处以上取得综合所得,且综合所得年收入额减除专项扣除后的余额超过6万元。

(2) 取得劳务报酬所得、稿酬所得、特许权使用费所得中一项或者多项所得,且综合所得年收入额减除专项扣除的余额超过6万元。

(3) 纳税年度内预缴税额低于应纳税额。

(4) 纳税人申请退税。

需要办理汇算清缴的纳税人,应当在取得所得的次年3月1日至6月30日内,向任职、受雇单位所在地主管税务机关办理纳税申报,并报送"个人所得税年度自行纳税申报表"。纳税人有两处以上任职、受雇单位的,选择向其中一处任职、受雇单位所在地主管税务机关办理纳税申报;纳税人没有任职、受雇单位的,向户籍所在地或经常居住地主管税务机关办理纳税申报。

纳税人办理综合所得汇算清缴,应当准备与收入、专项扣除、专项附加扣除、依法确定的其他扣除、捐赠、享受税收优惠等相关的资料,并按规定留存备查或报送。

纳税人办理汇算清缴退税或者扣缴义务人为纳税人办理汇算清缴退税的,税务机关审核后,按照国库管理的有关规定办理退税。纳税人申请退税时提供的汇算清缴信息有错误的,税务机关应当告知其更正;纳税人更正的,税务机关应当及时办理退税。纳税人申请退税,应当提供其在中国境内开设的银行账户,并在汇算清缴地就地办理税款退库。

(三) 取得经营所得的纳税申报

个体工商户业主、个人独资企业投资者、合伙企业个人合伙人、承包承租经营者个人以及其他从事生产、经营活动的个人取得经营所得需要进行纳税申报。

纳税人取得经营所得,按年计算个人所得税,由纳税人在月度或季度终了后15日内,向经营管理所在地主管税务机关办理预缴纳税申报,并报送"个人所得税经营所得纳税申报表(A表)"。在取得所得的次年3月31日前,向经营管理所在地主管税务机关办理汇算清缴,并报送"个人所得税经营所得纳税申报表(B表)";从两处以上取得经营所得的,选择向其中

---

① 马珺.个人所得税综合所得年度汇算清缴的理论与实践问题[J].国际税收,2020(3):6-14.
② 石坚,费茂清,陆进.我国个人所得税年度汇算情况及国际比较[J].国际税收,2021(8):46-53.

一处经营管理所在地主管税务机关办理年度汇总申报,并报送"个人所得税经营所得纳税申报表(C表)"。

(四)取得应税所得,扣缴义务人未扣缴税款的纳税申报

纳税人取得应税所得,扣缴义务人未扣缴税款的,应当区别以下情形办理纳税申报:

(1)居民个人取得综合所得的,且符合前述第(二)项所述情形的,应当依法办理汇算清缴。

(2)非居民个人取得工资、薪金所得,劳务报酬所得,稿酬所得,特许权使用费所得的,应当在取得所得的次年6月30日前,向扣缴义务人所在地主管税务机关办理纳税申报,并报送"个人所得税自行纳税申报表(A表)"。有两个以上扣缴义务人均未扣缴税款的,选择向其中一处扣缴义务人所在地主管税务机关办理纳税申报。

非居民个人在次年6月30日前离境(临时离境除外)的,应当在离境前办理纳税申报。

(3)纳税人取得利息、股息、红利所得,财产租赁所得,财产转让所得和偶然所得的,应当在取得所得的次年6月30日前,按相关规定向主管税务机关办理纳税申报,并报送"个人所得税自行纳税申报表(A表)"。

税务机关通知限期缴纳的,纳税人应当按照期限缴纳税款。

纳税人取得应税所得没有扣缴义务人的,应当在取得所得的次月15日内向税务机关报送纳税申报表,并缴纳税款。

(五)取得境外所得的纳税申报

居民个人从中国境外取得所得的,应当在取得所得的次年3月1日至6月30日内,向中国境内任职、受雇单位所在地主管税务机关办理纳税申报;在中国境内没有任职、受雇单位的,向户籍所在地或中国境内经常居住地主管税务机关办理纳税申报;户籍所在地与中国境内经常居住地不一致的,选择其中一地主管税务机关办理纳税申报;在中国境内没有户籍的,向中国境内经常居住地主管税务机关办理纳税申报。

(六)非居民个人在中国境内从两处以上取得工资、薪金所得的纳税申报

非居民个人在中国境内从两处以上取得工资、薪金所得的,应当在取得所得的次月15日内,向其中一处任职、受雇单位所在地主管税务机关办理纳税申报,并报送"个人所得税自行纳税申报表(A表)"。

(七)纳税申报方式

纳税人可以采用远程办税端、邮寄等方式申报,也可以直接到主管税务机关申报。

二、全员全额扣缴申报纳税

税法规定:扣缴义务人向个人支付应税款项时,应当依照个人所得税法规定预扣或者代扣税款,按时缴库,并专项记载备查。

全员全额扣缴申报,是指扣缴义务人应当在代扣税款的次月15日内,向主管税务机关报送其支付所得的所有个人的有关信息、支付所得数额、扣除事项和数额、扣缴税款的具体数额和总额以及其他相关涉税信息资料。这种方法,有利于控制税源、防止漏税和逃税。

(一)扣缴义务人和代扣预扣税款的范围

扣缴义务人,是指向个人支付所得的单位或者个人。这里的支付,包括现金支付、汇拨支付、转账支付和以有价证券、实物以及其他形式的支付。

实行个人所得税全员全额扣缴申报的应税所得包括除了经营所得之外的其他八项所得。扣缴义务人应当依法办理全员全额扣缴申报。

(二)不同项目所得扣缴方法

扣缴义务人向居民个人支付工资、薪金所得时,应当按照累计预扣法计算预扣税款,并按月办理扣缴申报。累计预扣法的计算方法见上文应纳税额计算相关部分。

扣缴义务人向居民个人支付劳务报酬所得、稿酬所得、特许权使用费所得时,应当按照按次或者按月预扣预缴税款,预扣税款的计算方法见上文应纳税额计算相关部分。

非居民个人取得工资、薪金所得,劳务报酬所得,稿酬所得和特许权使用费所得,有扣缴义务人的,由扣缴义务人按月或者按次代扣代缴税款,不办理汇算清缴。扣缴税款的计算方法见上文应纳税额计算相关部分。

扣缴义务人支付利息、股息、红利所得,财产租赁所得,财产转让所得或者偶然所得时,应当依法按次或者按月代扣代缴税款。

纳税人需要享受税收协定待遇的,应当在取得应税所得时主动向扣缴义务人提出,并提交相关信息、资料,扣缴义务人代扣代缴税款时按照享受税收协定待遇有关办法办理。

扣缴义务人未将扣缴的税款解缴入库的,不影响纳税人按照规定申请退税,税务机关应当凭纳税人提供的有关资料办理退税。

(三)扣缴义务人责任与义务

(1)支付工资、薪金所得的扣缴义务人应当于年度终了后2个月内,向纳税人提供其个人所得和已扣缴税款等信息。纳税人年度中间需要提供上述信息的,扣缴义务人应当提供。

纳税人取得除工资、薪金所得以外的其他所得,扣缴义务人应当在扣缴税款后,及时向纳税人提供其个人所得和已扣缴税款等信息。

(2)扣缴义务人应当按照纳税人提供的信息计算税款、办理扣缴申报,不得擅自更改纳税人提供的信息。

扣缴义务人发现纳税人提供的信息与实际情况不符的,可以要求纳税人修改。纳税人拒绝修改的,扣缴义务人应当报告税务机关,税务机关应当及时处理。

纳税人发现扣缴义务人提供或者扣缴申报的个人信息、支付所得、扣缴税款等信息与实际情况不符的,有权要求扣缴义务人修改。扣缴义务人拒绝修改的,纳税人应当报告税务机关,税务机关应当及时处理。

(3)扣缴义务人对纳税人提供的"个人所得税专项附加扣除信息表",应当按照规定妥善保存备查。

(4)扣缴义务人应当依法对纳税人报送的专项附加扣除等相关涉税信息和资料保密。

(5)对扣缴义务人按照规定扣缴的税款,按年付给2%的手续费。不包括税务机关、司法机关等查补或者责令补扣的税款。

(6)扣缴义务人依法履行代扣代缴义务,纳税人不得拒绝。纳税人拒绝的,扣缴义务人应当及时报告税务机关。

(7) 扣缴义务人有未按照规定向税务机关报送资料和信息、有虚报虚扣专项附加扣除、应扣未扣税款、不缴或少缴已扣税款、借用或冒用他人身份等行为的,依照税收征收管理法等相关法律、行政法规处理。

(四) 代扣代缴期限

扣缴义务人每月或者每次预扣、代扣的税款,应当在次月15日内缴入国库,并向税务机关报送"个人所得税扣缴申报表"。

扣缴义务人首次向纳税人支付所得时,应当按照纳税人提供的纳税人识别号等基础信息,填写"个人所得税基础信息表(A表)",并于次月扣缴申报时向税务机关报送。

扣缴义务人对纳税人向其报告的相关基础信息变化情况,应当于次月扣缴申报时向税务机关报送。

三、专项附加扣除的操作办法

此次个人所得税改革的一大特点是增加了专项附加扣除,国家税务总局制定了《专项附加扣除操作办法》,自2019年1月1日起施行。可以享受专项附加扣除的纳税人,依照该办法规定办理。

关于专项附加扣除的类别以及范围和具体规定见上文的费用减除标准部分,下文主要介绍与专项附加扣除相关的具体操作细则。

(一) 报送信息及留存备查资料

(1) 纳税人选择在扣缴义务人发放工资、薪金所得时享受专项附加扣除的,首次享受时应当填写并向扣缴义务人报送"扣除信息表";纳税年度中间相关信息发生变化的,纳税人应当更新"扣除信息表"相应栏次,并及时报送给扣缴义务人。

更换工作单位的纳税人,需要由新任职、受雇扣缴义务人办理专项附加扣除的,应当在入职的当月,填写并向扣缴义务人报送"扣除信息表"。

(2) 纳税人次年需要由扣缴义务人继续办理专项附加扣除的,应当于每年12月份对次年享受专项附加扣除的内容进行确认,并报送至扣缴义务人。纳税人未及时确认的,扣缴义务人于次年1月起暂停扣除,待纳税人确认后再行办理专项附加扣除。

扣缴义务人应当将纳税人报送的专项附加扣除信息,在次月办理扣缴申报时一并报送至主管税务机关。

纳税人享受子女教育专项附加扣除,应当填报配偶及子女的姓名、身份证件类型及号码、子女当前受教育阶段及起止时间、子女就读学校以及本人与配偶之间扣除分配比例等信息。

纳税人需要留存备查资料包括:子女在境外接受教育的,应当留存境外学校录取通知书、留学签证等境外教育佐证资料。

(3) 纳税人享受继续教育专项附加扣除,接受学历(学位)继续教育的,应当填报教育起止时间、教育阶段等信息;接受技能人员或者专业技术人员职业资格继续教育的,应当填报证书名称、证书编号、发证机关、发证(批准)时间等信息。

纳税人需要留存备查资料包括:纳税人接受技能人员职业资格继续教育、专业技术人员职业资格继续教育的,应当留存职业资格相关证书等资料。

(4) 纳税人享受住房贷款利息专项附加扣除,应当填报住房权属信息、住房坐落地址、贷款方式、贷款银行、贷款合同编号、贷款期限、首次还款日期等信息;纳税人有配偶的,填写配偶姓名、身份证件类型及号码。

纳税人需要留存备查资料包括:住房贷款合同、贷款还款支出凭证等资料。

(5) 纳税人享受住房租金专项附加扣除,应当填报主要工作城市、租赁住房坐落地址、出租人姓名及身份证件类型和号码或者出租方单位名称及纳税人识别号、租赁起止时间等信息;纳税人有配偶的,填写配偶姓名、身份证件类型及号码。

纳税人需要留存备查资料包括:住房租赁合同或协议等资料。

(6) 纳税人享受赡养老人专项附加扣除,应当填报纳税人是否为独生子女、月扣除金额、被赡养人姓名及身份证件类型和号码、与纳税人关系;有共同赡养人的,需填报分摊方式、共同赡养人姓名及身份证件类型和号码等信息。

纳税人需要留存备查资料包括:约定或指定分摊的书面分摊协议等资料。

(7) 纳税人享受大病医疗专项附加扣除,应当填报患者姓名、身份证件类型及号码、与纳税人关系、与基本医保相关的医药费用总金额、医保目录范围内个人负担的自付金额等信息。

纳税人需要留存备查资料包括:大病患者医药服务收费及医保报销相关票据原件或复印件,或者医疗保障部门出具的纳税年度医药费用清单等资料。

(8) 纳税人享受幼儿照护专项附加扣除,应当填报幼儿姓名和身份证类型及号码以及与配偶之间扣除分配比例等信息。

(9) 纳税人将需要享受的专项附加扣除项目信息填报至"扣除信息表"相应栏次。填报要素完整的,扣缴义务人或者主管税务机关应当受理;填报要素不完整的,扣缴义务人或者主管税务机关应当及时告知纳税人补正或重新填报。纳税人未补正或重新填报的,暂不办理相关专项附加扣除,待纳税人补正或重新填报后再行办理。纳税人应当对报送的专项附加扣除信息的真实性、准确性、完整性负责。

(二) 后续管理

纳税人应当将"扣除信息表"及相关留存备查资料,自法定汇算清缴期结束后保存5年。

纳税人报送给扣缴义务人的"扣除信息表",扣缴义务人应当自预扣预缴年度的次年起留存5年。

纳税人向扣缴义务人提供专项附加扣除信息的,扣缴义务人应当按照规定予以扣除,不得拒绝。扣缴义务人应当为纳税人报送的专项附加扣除信息保密。

扣缴义务人应当及时按照纳税人提供的信息计算办理扣缴申报,不得擅自更改纳税人提供的相关信息。

扣缴义务人发现纳税人提供的信息与实际情况不符,可以要求纳税人修改。纳税人拒绝修改的,扣缴义务人应当向主管税务机关报告,税务机关应当及时处理。

除纳税人另有要求外,扣缴义务人应当于年度终了后2个月内,向纳税人提供已办理的专项附加扣除项目及金额等信息。

税务机关定期对纳税人提供的专项附加扣除信息开展抽查。

税务机关核查时,纳税人无法提供留存备查资料,或者留存备查资料不能支持相关情况的,税务机关可以要求纳税人提供其他佐证;不能提供其他佐证材料,或者佐证材料仍不足以支持的,不得享受相关专项附加扣除。

税务机关核查专项附加扣除情况时,可以提请有关单位和个人协助核查,相关单位和个人应当协助。

纳税人有下列情形之一的,主管税务机关应当责令其改正;情形严重的,应当纳入有关信用信息系统,并按照国家有关规定实施联合惩戒;涉及违反《税收征收管理法》等法律法规的,税务机关依法进行处理:

(1) 报送虚假专项附加扣除信息;

(2) 重复享受专项附加扣除;

(3) 超范围或标准享受专项附加扣除;

(4) 拒不提供留存备查资料;

(5) 税务总局规定的其他情形。

四、汇算清缴工作中需要注意的问题

从2019年开始,我国的个人所得税的纳税人需要对一年的所得进行汇算清缴申报。这是一项实务性很强的工作,下面就实务中遇到的一些需要注意的问题进行总结归纳。

(一) 哪些人需要补税

1. 综合所得最高边际税率20%以上且有多元化收入的人

如果纳税人在一年之内既有工资、薪金所得,又有劳务报酬所得、稿酬所得和特许权使用费所得三类所得中的一类或者多类,他们在获得所得的时候都已经被扣缴了个人所得税,但是这种扣缴只是预扣,在汇算清缴过程中,需要汇总纳税人的四类所得的合计数,根据合计数来套用个税综合所得税率表,进行汇算清缴。这种情况下,中高收入的纳税人往往需要进行补税,尤其是综合所得合计数的最高边际税率超过20%的纳税人,因为劳务报酬的预扣税率为16%(一次所得20 000元以上除外),稿酬所得的预扣税率为11.2%,而综合所得的税率为20%或者比20%更高,那么预扣税金不足的部分就需要补税。

2. 有多个雇主的纳税人

如果纳税人有多个雇主,也就是说有两个或者两个以上的雇主会给其发放工资、薪金所得,每位雇主在发放工资预扣个人所得税时都默认纳税人每个月可以享受5 000元的免征额,也就是说一个人重复享受了5 000元的月免征额,而一个人一个月最终只能享受一次,所以在汇算清缴的时候就会需要补税,而且单位越多,收入越高,需要补交的税额也越高。

3. 获得所得时没有预交税金的纳税人

有些纳税人在获得所得时没有扣缴义务人,或者扣缴义务人没有履行扣缴义务,则在汇算清缴时需要补交税金。不过,这种情况下,往往只有纳税意识很高的人才会去主动申报补税。因为在没有扣缴的情况下,这笔所得其实没有上报税务系统,所以税务局并没有掌握纳税人的所得信息,这种情况下需要纳税人手动填报收入信息,在我国居民纳税意识普遍有待提高的情况下,绝大多数纳税人往往会选择不申报这些税务局未知的收入从而达到不补交税金的目的。

4. 年内更换过单位的纳税人

有些纳税人在年内更换过单位，则第二年汇算清缴时即使没有多元化收入，也往往需要补税，因为更换单位后，新单位在申报纳税时一般都重新开始用累计预扣法，比如纳税人8月换新单位，本来其1—7月累计的收入税率已经到了20%，如果不换单位，8月之后的累计预扣税率会等于或高于20%。但是因为8月份换了新单位，新单位申报的时候重新开始累计预扣法，因此税率从3%开始预扣，这样就会导致预扣税金不足，因此次年汇算清缴的时候就会出现需要补税的现象。

（二）哪些人可以获得退税

1. 综合所得最高边际税率20%以下且有多元化收入的人

如前所述，如果纳税人在一年之内既有工资、薪金所得，又有劳务报酬所得、稿酬所得和特许权使用费所得三类所得中的一类或者多类，他们在获得所得的时候都已经被扣缴了个人所得税，但是这种扣缴只是预扣，在汇算清缴过程中，需要汇总纳税人的四类所得的合计数，根据合计数来套用个税综合所得税率表，进行汇算清缴。这种情况下，低收入的纳税人往往可以获得退税，如果综合所得合计数的最高边际税率为10%或3%的纳税人，因为劳务报酬的预扣税率为16%（一次所得20 000元以上除外），稿酬所得的预扣税率为11.2%，而综合所得的税率为只有10%或3%，那么预扣的税金就可以获得部分或者全部退税。

有两类人群是这次个人所得税改革的受益者，一类是大学生，一类是退休人员。在过去的分类所得税制度下，大学生实习的工资都是作为劳务报酬由实习单位代扣代缴的，基本税率是20%，这部分税金就会被直接上缴国家；但是在新个人所得税制度下，由于大学生没有正式工作，也就没有工资、薪金所得，在汇算清缴时，实习工资（劳务报酬）一年往往不超过60 000元（一年的免征额是60 000元）或者即使超过60 000元的免征额也可能只需要适用3%或者10%的税率，所以被代扣代缴的税金往往全部或者部分退回给纳税人。同样的，在中国，退休人员被返聘的现象很普遍，而被返聘往往获得的是劳务报酬，被预扣预缴20%（实际预扣16%）的个税，这部分税在以前的税制下同样会被全部上缴国家，但是现在在汇算清缴时，因为退休人员的退休工资是免税的，所以在返聘工资不是很高的情况下，这些被预扣的税金往往可以部分或者全部退还给纳税人。

2. 综合所得不高且一次性年终奖单独计税的纳税人

在新的个人所得税制度下，关于年底一次性奖金，税法允许纳税人自行选择合并计税还是单独计税。如果纳税人的年终奖在发放时按照单独计税申报，而纳税人的综合所得不是很高（纳税人又有一项或者多项专项附加扣除），则在汇算清缴时选择合并计税就可以把年终一次性奖金单独计税时申报的税金部分或者全部退回来。

3. 在预扣预缴时没有享受专项附加扣除的纳税人

有不少纳税人并没有把专项附加扣除信息提交给扣缴义务人，因此后者在履行代扣代缴义务时按照纳税人不享受专项附加扣除的情况来预扣税金，而在汇算清缴时，纳税人首先需要填报自己的专项附加扣除信息，注意在填报时选择的年份为需要进行汇算清缴的年份，在选择申报方式时一定要选择综合所得年度自行申报，而不能选择通过扣缴义务人申报，因为汇算清缴工作是对过去一年的清缴工作，扣缴义务人不可能为了个别纳税人补填的专项附加扣除信息，对过去一年的数据去进行更正申报。填写好各项专项附加扣除信息之后，相当于纳税人的免税额增加了,在汇算清缴时就能获得退税,纳税人收入越高,专项附加扣除越多,能够获得的退税额也越多。

(三) 如何进行家庭合理规划

此次个人所得税改革中,增加了带有家庭元素的专项附加扣除制度,因此存在着进行合理规划的空间。

1. 子女教育扣除选择税率高的一方

就子女专项附加扣除而言,个税法中规定允许选择配偶一方扣除或者双方各扣除50%,这种情况下,如果事先双方很清楚哪一方收入明显会更高,那么在填报时把子女的专项附加扣除给予收入高的一方并且递交给扣缴义务人进行扣缴将会获得更大的税收优惠。如果夫妻双方对未来一年双方的收入高低并不清楚,可以选择平时不使用专项附加扣除,等次年汇算清缴时再使用,这时候夫妻双方的数据都可以在个人所得税 APP 中一目了然地看到,选择高收入一方抵用受益更大。实际操作时夫妻双方可以每人试着申报,但不要递交,看看哪一种情况家庭税收收入最优化再最后递交即可。

2. 住房贷款利息支出和住房租金支出选择税率高的一方

上述两项专项附加扣除在税法中同样允许选择配偶一方扣除,因此,原理同上述第一个问题,纳税人选择收入高的一方使用更合适。

3. 赡养老人扣除在兄弟姐妹之间进行合理规划

个税法规定赡养老人的专项附加扣除在非独生子女中可以均摊扣除,也可以选择协议扣除,因此兄弟姐妹之间可以合理规划。在可能的情况下,这项专项附加扣除尽量给高收入者使用,因为每个子女最高只能抵扣 1 000 元,所以如果是两个子女,只能一人抵扣 1 000 元;如果三个以上子女,那么 1 000 元的抵扣额度给收入高的兄弟姐妹使用更合适。

4. 大病医疗支出扣除选择收入高的一方

在新税法中,对于大病医疗支出同样考虑了家庭元素,允许病者本人或者配偶或者其父母扣除,因此在可能的情况下,尽量给收入高纳税额多的人抵扣。

5. 收入高税率高的纳税者尽量获得更多的专项附加扣除

在目前的政策下,有些专项附加扣除纳税人可以自主获得或者通过自己的努力来获得,比如上海、福建和苏州工业园区允许纳税人购买税收递延型养老金,因此如果纳税人的雇主所在地是这三个地方的,并且最高边际税率较高(比如至少在 20% 以上),那么建议纳税人可以购买税收递延型养老金,每个月可以额外获得 1 000 元的专项附加扣除。税收递延养老金在抵扣时不纳税,等退休以后再统一补税,但是补税的税率目前为 7.5%,远远低于纳税人在职时的税率,因此税率越高的纳税人购买这个养老金越划算。

另外,税率较高的纳税人也可以积极获得继续教育的专项附加扣除,比如每年可以考一个专业资格证书,既能提高自己的专业技能,又能获得额外的专项附加扣除。

本章参考文献

1. 徐晔,杜莉.中国税制[M].7 版.上海:复旦大学出版社,2020.

2. 朱为群.中国税制[M].2版.北京：高等教育出版社,2020.
3. 马海涛.中国税制[M].11版.北京：中国人民大学出版社,2021.
4. 刘佐.中国税制概览[M].25版.北京：经济科学出版社,2021.
5. 马珺.个人所得税综合所得年度汇算清缴的理论与实践问题[J].国际税收,2020(3)：6-14.
6. 赵艾凤,姚震.进一步完善我国个人所得税扣除制度的构想[J].税务研究,2020(9)：41-45.
7. 郭月梅,赵明洁.行为经济学视角下的个人所得税遵从探析[J].税务研究,2021(6)：119-124.
8. 石坚,费茂清,陆进.我国个人所得税年度汇算情况及国际比较[J].国际税收,2021(8)：46-53.
9. 杜小娟.大数据视域下个人所得税征管问题研究[J].税务研究,2021(9)：135-140.

第五章

我国现行个人所得税体系中存在的问题

在第四章中,我们详细介绍了我国个人所得税体系。在本章中,我们将详细分析并举例说明我国目前的个人所得税体系中存在的各种问题。我们把这些问题分为三大类:税制层面的问题、征管层面的问题、环境及相关配套措施层面的问题。

第一节 个人所得税税制层面的问题

一、税制模式选择问题

在第二章中,我们介绍了世界各国采用的三种个人所得税模式,并分析了各种模式的优缺点。我国目前采用的是分类综合所得税模式,这一模式虽然减少了分类所得税模式的种种弊端,但依旧存在诸多问题。

(一)违背了税收公平,不利于充分贯彻立法原则

具体有如下两个主要方面的不公平性存在:

1. 导致收入高的人少纳税,收入低的人多纳税的不公平现象

我国的混合所得税制把纳税人所有的收入来源分为 9 类,不同类别适用不同的税率和费用扣除额,例如:工资、薪金所得适用 3%—45%的超额累进税率和每个月 5 000 元的费用扣除额;劳务报酬所得适用 20%—40%的预扣税率和每次 800 元或 20%的费用扣除额;稿酬所得适用 14%的优惠预扣税率以及每次 800 元或 20%的费用扣除额,租房所得适用 20%的税率和每个月 800 元或者 20%的费用扣除额等等。在这种不同收入适用不同税率、预扣率和费用扣除额的情况下,必然会导致收入来源多的高收入者可以同时享受各项收入的费用抵扣额,而收入来源单一的低收入者只能享受一项费用抵扣额,这就导致了收入高的人少纳税,收入低的人多纳税的不公平现象。

例 5-1：纳税人 A 每个月只有一项收入来源，即工资、薪金所得为 10 000 元，一年纳税额为 (10 000×12－60 000)×10%－2 520＝3 480 元。纳税人 B 为某报社记者，每个月获得工资、薪金所得 5 000 元，每个月还有房产租赁所得 800 元，存款利息收入所得 8 000 元。其每月的收入总计共约 13 800 元，按照我国目前所得税体制规定，不需要交纳任何税金。（不考虑专项附加扣除）

从上例中可以很明显地看到，由于纳税人 B 的收入来源多，每类来源的所得按照税法规定都有抵扣额。这导致其月总收入较高，但却不需要扣税。纳税人 A 由于只有单一收入，所以虽然每个月的总收入比纳税人 B 低不少，但是却需要交纳不少的税。

我国在 2019 年之前采取的是分类所得税制度，那时候不公平性更加明显，多元化收入和单一收入的纳税人之间税负差别非常大，比如下面的这个例子：

例 5-2：纳税人 A 是某公司高管，一个月的工资、薪金税前为 90 000 元。纳税人 B 是大学教授，其每个月工资、薪金只有 8 000 元，稿酬所得 8 000 元，课题经费所得 10 000 元，给校外公司企业举办了两次讲座，每次收入 20 000 元，一次是税前的另一次是税后到手的，答辩劳务费 2 000 元，评审劳务费 2 000 元，每个月有 5 家上市公司的独立董事劳务费，每家公司每个月 4 000 元，其每个月的所有这些收入加总到一起也是 90 000 元，但是 A、B 两人的税负差别非常大，在原来的分类所得税制度下，B 教授的每一项收入都有相应的抵扣额，因此他的应税所得比 A 低了很多，具体见表 5-1：

表 5-1 分类所得税制度下相同收入纳税人费用扣除额的不同

纳税人 A				纳税人 B			
所得项目	金额（元）	扣除额（元）	交纳税金（元）	所得项目（按月）	金额（元）	扣除额（元）	应纳税额
工资、薪金所得（年所得）	90 000	3 500	25 420	工资薪金	8 000	5 000	345
				稿酬版税	8 000	1 600	896
				课题经费	10 000	10 000	0
				课酬1	20 000	4 000	3 200
				课酬2	20 000	20 000	0
				答辩劳务费①	2 000	2 000	0

---

① 本答辩劳务费是月度内多个不同来源的答辩劳务费汇总额，而单个来源劳务费往往不高于 800 元，所以在按月度交税时不需要交纳税金。

续 表

纳税人A				纳税人B			
所得项目	金额（元）	扣除额（元）	交纳税金（元）	所得项目（按月）	金额（元）	扣除额（元）	应纳税额（元）
工资、薪金所得（年所得）	90 000	3 500	25 420	评审劳务费①	2 000	2 000	0
				独立董事费1	4 000	800	640
				独立董事费2	4 000	800	640
				独立董事费3	4 000	800	640
				独立董事费4	4 000	800	640
				独立董事费5	4 000	800	640
合　计	90 000	3 500	25 420	合　计	90 000	47 100	7 641

表5-2　现行混合税制下相同收入纳税人费用扣除额的不同

纳税人A				纳税人B			
所得项目	金额（元）	扣除额（元）	缴纳税金（元）	所得项目	金额（元）	扣除额（元）	预扣税金（元）
工资薪金所得（年所得）	1 080 000	60 000	277 080	工资薪金	8 000	5 000	90
				稿酬所得	8 000	1 600	896
				课题经费	10 000	10 000	0
				课酬1	20 000	4 000	3 200
				课酬2	20 000	20 000	0
				答辩劳务费	2 000	2 000	0
				评审劳务费	2 000	2 000	0
				独立董事费1	4 000	800	640
				独立董事费2	4 000	800	640
				独立董事费3	4 000	800	640
				独立董事费4	4 000	800	640
				独立董事费5	4 000	800	640
合　计	1 080 000	60 000	277 080	合　计	90 000	48 600	7 386

---

①　同答辩劳务费。

从表 5-1 中可以看出,在不考虑专项附加扣除等情况下,在原来的分类所得税制度下,A 纳税人每个月的实际税负为 28.24%(即 25 420÷90 000),而纳税人 B 的实际税负却只有 8.49%(即 7 641÷90 000),由此可见,不公平性非常明显。现在我们来看一下 2019 年的税制改革之后,这一不公平现象是否有所改善。在目前的税制下,根据表 5-2,最后一栏 B 教授的税金都为预扣税金,到了第二年其需要进行汇算清缴,汇算清缴计算过程如下:

(1) 纳税人 B 年底的综合所得=[8 000+8 000×0.56+44 000×0.8+(20 000+3 809.52)×0.8)]×12=800 731.39(元)。

(2) 年应纳税所得额=800 731.39−60 000=740 731.39(元)。

(3) 年应纳税额=740 731.39×0.35−85 920=173 335.98(元)。

(4) 每个月已经纳税=(90+896+3 200+3 809.5+5×640)=11 195.5(元)。

(5) 年度已纳税=11 195.5×12=134 346(元)。

(6) 年底汇算清缴需要补交=173 335.98−134 346=38 989.98(元)。

因此,B 纳税人在现行分类综合所得税制度下实际税率为:173 335.98÷1 080 000=16.05%。

由此可见,经过此次税制改革,我国个人所得税制度的不公平性得到很大的改善,原来 A、B 两个纳税人的月实际税负分别为 28.24%和 8.49%,不公平性非常大,经过改革之后,两者的月实际税负分别为 25.66%和 16.05%。但是同等收入的纳税人的税负还是有差别,不公平性还是存在,主要原因在于综合所得中的劳务报酬、稿酬所得以及特许权使用费所得在合并到综合所得时可以扣除一定比例的费用额,因此多元化收入的纳税人比单一收入的纳税人税负还是要低一些。

表 5-3 个人所得税收入中来源于工资薪金所得的占比

年份	2007	2008	2009	2010	2011	2012	2013	2014	2015	2016	2017	2018	2019
占比	55%	60%	63%	65%	65%	62%	63%	65%	65%	67%	68%	67%	59%

资料来源:根据历年《中国税务年鉴》数据整理所得。

正是由于高收入低纳税和低收入高纳税现象的存在,使得我国个人所得税财政收入中主要贡献者并不是高收入者,而是普通的工薪阶层,表 5-3 列示了 2007—2019 年我国个人所得税收入中来源于工资、薪金所得部分的占比。从中可以看出:除 2007 年该占比不足 60%外,其余各年度的占比均超过 60%,2016—2018 年的占比高达 67%以上。2019 年个税改革后,专项附加扣除等各项减税政策惠及大众,工薪所得占比也大幅下降,但仍接近六成。北上深一线城市的此数据甚至已达 80%以上,个人所得税已成了名副其实的"工薪税"。这种计征结果导致很多城市靠工资、薪金生存的打工者,成了个人所得税的主要承担者,月均收入在 8 000—38 500 元的人占工薪人群的比例仅为 8.4%,却贡献了 58%的工薪个税,而真正拉大收入差距的是那些分股息、赚红利的财产性收入所有者以及畸高收入的明星等,但现行个人所得税制对这部分资本利得所得及高收入群体的关注度不够,从个税的收入构成来看,这部分富裕群体并没有缴纳更多的个人所得税[1]。

---

[1] 马莉萍.关于以家庭为单位个税综合税制改革的思考[J].纳税,2018(12):18−21.

根据《中国统计年鉴》和《中国税务年鉴》,工资性收入占人均可支配收入的56%,但工资性收入对我国个人所得税收入的贡献率高达70%,反观经营性收入,尽管其占人均可支配收入的17%左右,但是经营性收入对我国个人所得税收入的贡献率仅仅为6%左右。而且,根据波士顿咨询公司和中国建设银行联合发布的《中国私人银行2019:守正创新 匠心致远》所公布的数据,国内高净值人士最主要的财富来源一直是经营企业的获利,2018年66%的高净值人士的主要收入为经营企业获得的利润,而只有13%高净值人士的主要收入为工资性收入①。因此,考虑到上述讨论到的各种情况,可以认为我国个人所得税收入的来源结构是非常不合理的,这对个人所得税公平性的影响是巨大的。可见来源于工资、薪金所得的个人所得税是我国个税收入的最重要来源,广大工薪阶层是我国个人所得税的主要纳税力量。个人所得税的征纳未能较好起到收入调节功能,还可能进一步加大社会贫富差距②。下面的数据足以说明这个问题:在《福布斯》发布的"中国富豪排行榜"中,排名前50的富豪之中,仅仅有4人在"中国内地私营企业纳税百强"的名单之上,据比较分析,中国高收入人群的税收贡献率仅为20%,而美国所得税收入中有68.3%是由最高收入群体贡献的。可见,中国富人阶层税款实际缴纳情况并不乐观③。

2. 导致贫困家庭纳税,富裕家庭不纳税的不公平现象

目前我国的混合所得税制模式下,单纯以个人为纳税单位,忽视纳税人的婚姻、家庭负担等具体情况,这与税收量能负担的原则相悖。

例5-3:A和B两家庭,家庭月收入都是10 000元,A家庭人口5人,其中只有丈夫有收入,每月收入10 000元,一个未成年孩子,一对无收入的父母,一个月的生活必须开支和孩子的托儿费为7 500元,每月都需要按照累计预扣法预扣预缴税金,每月需要还银行贷款1 500元,每个月的实际结余为不足千元;B家庭只有两口人,夫妻双方各收入5 000元,不需要纳税,一个月生活必须支出为5 500元,无贷款,则该家庭每个月的实际结余为正4 500元。

上例中A家庭极其贫困,却需要纳税,而B家庭相对比较富裕,却不需要缴纳任何税,这显然是很不公平和合理的现象。

(二)容易造成避税和逃税,导致税源流失

个税改革之前的分类所得税制存在许多不合理的地方,使得纳税人避税和逃税的机会大大增加。改革之后,这种现象虽然有所好转,但还是存在避税和逃税的问题。

1. 分解收入,延迟纳税

在原来的分类所得税制下,劳务报酬所得和稿酬所得等所得的纳税按照一次所得扣除

---

① 王选.公平视角下个人所得税法存在的问题分析[J].现代审计与会计,2021(6):33-34.
② 武晓芬,耿溪谣.我国个人所得税制模式改革及其完善对策——基于实现税收公平的视角[J].税务与经济,2019(1):79-85.
③ 于佳琪,蔡昌.中国富人阶层避税揭秘[J].新理财,2019(1):56-60.

800元或20%所得额作为费用扣除额,纳税人可将同一项目的所得分解为多次取得,化整为零,进行税收规避。例如,纳税人可以将一次性劳务收入改为多次领取,从而使扣除费用增加,减少应纳税额,甚至可以使每次的收入都低于费用扣除标准以达到不纳税的目的。改革之后,这种现象基本消除,因为劳务报酬最后要合并到综合所得中汇算清缴,但是纳税人依旧可以把一笔所得拆分成数笔,从而在获得所得时不需要纳税或者少交税,等到次年6月底之前再补交,达到延迟纳税、节约货币的时间成本的目的。

例 5-4:某纳税人2020年1月份获得一次性劳务报酬9 600元,按照个税法应该在1月份预扣预缴1 536元个人所得税,但是该纳税人可以分解为12次,每次按照800元支付,不需要预扣预缴个人所得税,这样的话,这个1 536元的税金就可以延迟到2021年6月在汇算清缴时补交,这种情况下,纳税人获取了税款延迟一年半时间缴纳的好处,能够获得货币的时间价值好处。

2. 导致身份改变,应纳税额也改变

原来的分类所得税制使得同样的一笔收入由于纳税人身份的改变而导致纳税额差异巨大。尤其是在我国对于工资薪金和劳务报酬所得分类界定比较模糊的情况下,两者的税率相差很大,由此会导致纳税人通过变更身份逃税或避税的情况增多。在新的个税制度下,虽然对于劳务报酬也需要合并到综合所得中纳税,但是目前的税法规定劳务报酬可以打八折再合并到综合所得中,这就意味着,同样的收入,工资薪金的税负高于劳务报酬,因此,对于纳税人来说,把工资薪金以一定的手段转换为劳务报酬还是可以达到少交税的目的。

例 5-5:纳税人A是某高校教师,月工资8 000元,同时在附属该校的成人教育学院授课,一个月课时费3 000元。每年应纳税=[(8 000+3 000)×12−60 000]×10%−2 520=4 680(元)。

纳税人A为了少缴税,可以采取偷税和避税两种方案:

偷税:他可以让成人教育学院发放工资时以劳务报酬的名义发放,则每年共纳税=[(3 000×12×80%+8 000×12)−60 000]×10%−2 520=3 960(元),逃税额为每年720元。

避税:为了把课时费这一工资收入转化为劳务报酬,纳税人A不在自己学校的成人教育学院上课,而改到其他学校上课,假如课时费一样,这时一个月3 000元的工资收入就转化为正式的劳务报酬所得,这样该老师就可以合理合法地每年少交720元的所得税。

除了将工资薪金所得与劳务报酬所得进行转换之外,新的个税制度下,"经营所得"税目的适用范围很广,涵盖贸易、投资、劳务等各行各业,但是无论是老个税法,还是新修正的个税法及其实施条例,均未从税法角度出发对"生产经营行为"进行专门的解释说明,在实践中纳税人或税务部门往往将其作一般化、抽象化理解。因此,"经营所得"税目的概念和范围容易引发歧义,以及税目划分逻辑的混乱,容易引发税目适用的竞合,"经营所得"也产生了巨大的税收筹划空间。

例 5-6:

情形一: 王某在甲会计师事务所兼职提供咨询服务,本年度取得税前劳务报酬收入 600 000 元,且与甲会计师事务所约定,王某自己承担因提供咨询活动产生的成本、费用以及损失,当年的成本、费用以及损失为 400 000 元。当年王某的专项扣除、专项附加扣除和依法确定的其他扣除合计 40 000 元。当年王某没有其他收入。

由于劳务报酬所得以收入减除 20% 的费用后的余额为收入额,因此当年的成本、费用以及损失为 400 000 元不能据实扣除,而只能按照收入的 20% 定率扣除。

本年综合所得的应纳税所得额 = 600 000 ×(1 − 20%)− 60 000 − 40 000 = 380 000(元)

本年综合所得的应纳个人所得税 = 380 000 × 25% − 31 920 = 63 080(元)

情形二: 王某注册成立一家个体工商户,通过甲会计师事务所对外提供咨询服务,且与甲会计师事务所约定,该个体工商户自己承担因提供咨询活动产生的成本、费用以及损失,本年度该个体工商户取得税前经营收入 600 000 元,当年的成本、费用以及损失为 400 000 元。当年王某的专项扣除、专项附加扣除和依法确定的其他扣除合计 40 000 元。当年王某没有其他收入。

本年经营所得的应纳税所得额 = 600 000 − 400 000 − 60 000 − 40 000 = 100 000(元)

本年经营所得的应纳个人所得税 = 100 000 × 20% − 10 500 = 9 500(元)

由此可见,情形二比情形一少缴纳个人所得税 53 580 元(63 080 − 9 500),本案例中将劳务报酬所得转化为经营所得节税比例高达 85%。

3. 征收方式的改变

查账征收和核定征收是计算个体工商户应纳税额的两种方法。其中核定征收因为无法核定其实际的成本、利润情况,所以按照应税所得率进行征收。纳税人有下列情形之一的,税务机关有权核定其应纳税额:

(1)依照法律、行政法规的规定可以不设置账簿的;

(2)依照法律、行政法规的规定应当设置账簿但未设置的;

(3)擅自销毁账簿或者拒不提供纳税资料的;

(4)虽设置账簿,但账目混乱或者成本资料、收入凭证、费用凭证残缺不全,难以查账的;

(5)发生纳税义务,未按照规定的期限办理纳税申报,经税务机关责令限期申报,逾期仍不申报的;

(6)纳税人申报的计税依据明显偏低,又无正当理由的。

由于核定征收方式与查账方式的不同,也产生了一些税收筹划空间。

例 5-7：

小李大学毕业后自主创业开了一家奶茶店，一年的销售额大概在 40 万元，小李因为是大学生，认为自己需要建立会计账簿，采用查账征收，经查实，小李经营发生的可合理扣除的费用为 20 万元，此时小李需要交纳个人所得税为：

$$（400\,000-200\,000-60\,000）\times 20\%-10\,500=17\,500（元）$$

但若小李建立的会计账簿不能如实反映自身费用情况，税务局采用核定征收，根据规定，餐饮服务业的核定利润率 7%—25%，假设核定利润率定为 25%，小李应缴纳个人所得税为：

$$400\,000\times 25\%=100\,000（元）$$

$$100\,000\times 20\%-10\,500=9\,500（元）$$

相比查账征收的 17 500 元节省了 8 000 元。

由此可见，查账征收方式和核定征收方式之间的相互转化带来的节税利益非常明显。

（三）易产生税收征管漏洞

由于个税征收采用的是混合所得税制，因此纳税人可以通过转移收入类型、分解收入等手段来达到降低税率、获得减免、多项扣除或减少应税所得的目的。我国的个人所得分为九大类，类别比较多，而且有些类别之间的区分并不是很明显，有些时候，纳税人变更项目、分解收入等做法可能非常隐秘，查账成本很高。目前国内税务局的人力重点放在流转税和企业所得税上，之所以对个人所得税的稽查和管理重视程度不够，主要原因在于目前我国个人所得税收入占全部税收收入的比重不高，见表 5-4 数据，稽查和管理成本过高则不符合成本效益原则。

表 5-4　个人所得税收入占税收收入比重　　　　　　　　　　（单位：亿元）

时　间	总税收收入	个人所得税收入	个税比重（%）
2011	89 738	6 054	6.75
2012	100 614	5 820	5.78
2013	110 531	6 532	5.91
2014	119 175	7 377	6.19
2015	124 922	8 617	6.90
2016	130 361	10 089	7.74
2017	144 370	11 966	8.29

续 表

时 间	总税收收入	个人所得税收入	个税比重(%)
2018	156 403	13 872	8.87
2019	158 000	10 389	6.57
2020	154 312	11 568	7.50

资料来源：根据历年《中国统计年鉴》数据整理所得。

例5-8：2006年3月，A企业所属的市地税局稽查人员根据日常稽查计划，对2005年度纳税情况进行了检查。发现该企业2005年9月、10月、12月这三个月的工资发放情况异常，有变更所得税项目偷逃个人所得税嫌疑，为此列入重点调查对象，进行深入调查。稽查后发现三个疑点：一是人数及工资总额不一致，其他月份该公司实发工资16人、1 560元，而9月份则为27人、28 800元，10月份为22人、24 800元，12月份为36人、34 400元；二是同一人月工资级别相差悬殊；三是工资项目空白（其他月份工资单中技能工资级别、岗位工资、价格补贴等项目齐全，但9、10、12月份只列出了工资总额，没有工资项目）。围绕这三点疑点，稽查人员询问该公司的经理和财务人员，通过政策攻心、晓以利害，最终会计人员承认9、10、12月发放的41 200元工资，实际上是公司职工的集资利息。由于那个时候集资利息适用20%的全额固定税率，而该公司职工的工资薪金所得不多，适用比较低的税率，所以该公司财务人员采取偷梁换柱的手段，编制假工资单，把集资利息分摊成3个月的工资发放，使职工的人均都达不到工资薪金所得税的免征额，从而逃避个人所得税代扣代缴义务，共偷逃个人所得税＝41 200×20%＝8 240(元)。

在上述的案例中，由于偷逃税做法比较隐秘，采取变更所得类别做法，税务局稽查人员的稽查成本很高，但是高成本下查到的逃税额并不高，有时候甚至不符合成本效益原则。

在新的个税制度下，这种情况依然存在，纳税人或者扣缴义务人采取盈利或拆分或改变分类等手段偷逃个税，税务机关想要查实需要花费大量的人力和财力成本。

(四) 不利于提高公民的纳税意识

我国原有的分类所得税制模式下，个人所得税的征管主要依靠扣缴义务人进行分类分项代扣代缴，由于税款不需要由本人亲自去税务局缴纳，所以许多纳税人对自己的收入是否要纳税、纳多少税、如何纳税知之甚少，甚至一无所知。这种纳税方式显然不利于公民纳税意识的提高。虽然从2006年开始，我国要求年收入12万元以上的纳税人自行申报纳税，但年收入12万元以上的纳税人毕竟只是全国所有纳税人之中的小部分，对于提高全民纳税意识帮助不是很大。

2018年个税改革之后，这一现象有所好转，但是个人所得税大多数情况下还是依赖于扣缴义务人代扣代缴，虽然次年有汇算清缴环节，由于大多数纳税人不需要补税或退税，因此他们也就不需要进行汇算清缴申报，即使是需要进行汇算清缴的纳税人，绝大多数也依赖于个人所得税 APP 的计算清算功能,他们其实并不清楚自己需要补的税或退的税是如何产生的,因此纳税人整体的纳税意识仍有待提高。

在个税改革之前的分类所得税制模式下,我国纳税人的大多数收入在获得时已经被扣缴义务人精确扣税了,因此到了次年,也就不存在退税或者补税之说了。2018年改革之后,我们现行的混合所得税制度下,次年进行汇算清缴时有的纳税人会获得退税,有的纳税人会进行补税,因此纳税人的纳税意识比之前确实有所提高。不过,在我们现行的制度下,存在退税金额较少而补税金额往往较大的现象,因为能获得退税的纳税人一般都是综合收入并不是很高的纳税人,其年度综合所得的综合税率低,而平时获得劳务报酬等所得时被预扣预缴的税率高于综合税率,因此才能获得退税。但是对于需要补税的纳税人来说,补税的金额有时候可能非常高,尤其是那些平时获得劳务报酬、稿酬所得或者特许权使用费金额比较高,其综合所得的最高边际综合税率也很高(比如45%)的纳税人,大多数情况下要补缴高额的税款,这种制度也不利于提高这些高收入人群的纳税积极性和纳税意识。因此,想要进一步提高纳税人的纳税意识,我们需要改变现行的劳务报酬等预扣预缴的模式,使得次年汇算清缴时更多人能获得更高金额的退税,降低补税的人数或者补税的金额等。

可见,我国的不少纳税人之所以纳税意识不高,主要还是跟我国的个人所得税制度、纳税环境以及传统文化影响等有关。

二、税基问题

税基方面,美国个人所得税法采取排除法,即规定排除项目以外的所有所得都应被确认为所得的来源。德国则通过详尽的条款规范以实物好处形式存在的个人所得,把它纳入所得税的范围,从而杜绝了灰色收入。德国把实物好处划成几大方面:食堂补贴、获得本企业的免费或减价的实物和产品等。我国个人所得税法则采取了具体列举税基的形式,列举的九类中的所得理应纳税,而九类之外的所得在税法中也并没有明确是否需要纳税,一般的纳税人推定不需要纳税,从而造成我国个人所得税的征税范围相对狭窄。例如,A 纳税人获得理财产品收入1万元,B 纳税人获得企业债券利息收入1万元,但A 纳税人由于获得的理财产品不属于法定的个人所得税的税基范畴,因而不用缴纳个人所得税;而 B 因为获得的利息属于法定的个人所得税的税基范畴,因而需要按照20%的税率来缴纳个人所得税,即 $10\,000 \times 20\% = 2\,000$(元)。显然,这对于 B 纳税人来说有悖于税收的横向公平。对于没有纳入税基范畴的所得不征收个人所得税,这种做法十分不科学,无法涵盖个人的全部所得收入,尤其是在收入渠道日益增多的现实情况下,如附加福利、灰色收入、第二职业收入的出现[①]。具体而言,我国所得税制对于"资本利得""推定所得"和"附加福利"等的计税处于空白状态,损失了相当大的税源。以资本利得为例,尽管我国个税法中有"财产转让所得"的概念,但毕竟与国际通行的"资本利得"概念有差距,我国实际上把股票转让所得排除在纳税范

---

① 武晓芬,耿溪谣.我国个人所得税税制模式改革及其完善对策——基于实现税收公平的视角[J].税务与经济,2019(1):79-85.

围之外。就附加福利和推定所得而言,我国个税法虽然也强调所有工资外收入、现金或实物收入等需要纳税,但这种说法还是略显笼统,也缺乏操作上可行的具体条例。目前我国具体有如下这些收入属于征管盲区:

(一) 福利收入

由于受计划经济时期的影响,我国目前存在的福利收入大致有以下两种:

一是普遍存在的暗补贴。这与计划经济体制下的"大锅饭"相一致。在长期实施低工资制的同时,由国家和单位向职工提供广泛的公共福利,尤其是目前的一些国有企业单位,主要包括养老、医疗、教育、物价、交通、实物和其他福利事业等"暗补贴",而且多以实物形式为主。这些实物形式的福利,虽然税法里也明确规定作为计税依据,但是在实际征收过程中却很少把它们真正作为计税依据。当然,过去十多年我国进行薪酬福利制度改革之后,我国各个单位的福利收入相对降低,但是对于一些国有企业和一些财务制度不是很规范的中小企业,还是存在或多或少的福利收入,这部分福利收入雇主基本上都不会替员工代扣代缴个人所得税。

二是各种各样的消费卡。曾经有一段时间,各单位尤其是国有企业普遍流行发放各种购物卡或者购物券,这些购物卡或购物券对于职工来说,相当于现金,但是现实操作中一般不缴纳个人所得税,对于单位来说,把这些购物券和购物卡作为成本费用,也可以在企业所得税前抵扣。后来国家一律禁止这类购物卡和购物券的发放,这一现象逐步减少。但还是有一些财务不是很正规的企业依旧在使用购物卡帮助职工逃税。

(二) 多头收入

目前,我国居民的个人所得实际上已形成多轨制,个人取得收入的途径日益宽泛。仅靠工资养家糊口的时代已经过去,根据国家统计局近几年发布的数据来看,工资收入已仅占城镇居民收入的六成,比重呈现逐年下降之势。财产性收入、经营性收入、转移性收入等都正在填充全国居民的钱袋。我们可以将所得来源分为四部分,即工资薪金、工资外补助、通过"小金库"发的"外快"及在单位外收取的"额外收入"。

对这些不同收入而言,个人所得税的现实征收情况是:工资薪金部分通过代扣代缴方式大都已被征税;补助性收入只征到其中一部分,"外快"和"额外收入"则游离于所得税制之外。不可否认,职工工资外收入中有些项目是合理的,属于职工工资的补偿。问题在于不合理部分正在迅速膨胀,比如各单位提高奖金发放标准,或扩大范围,或巧立名目增加工资外各种灰色收入。灰色收入来源渠道多种多样,最为典型的是以现金形式发放的各种收入。此外,考虑到灰色收入的隐蔽性,居民的实际可支配收入与名义可支配收入在数字上有着很大的差异,导致政府的再分配政策调节的效果不及预期甚至南辕北辙。

可喜的是,最近几年,由于第三方支付平台的普遍使用,现金交易逐渐减少,这对于国家监控收入是很有帮助的。但是,这部分收入的税收基本还是流失了,因此我们未来需要出台对在第三方支付模式下代扣代缴个人所得税的奖励办法,鼓励广大公民提高纳税意识,帮助进行纳税监督。

(三) 转移收入

畅销全球的《富爸爸穷爸爸》一书中曾写到,成立一个公司并把个人家庭的生活费用打入公司成本的做法,会让你少交很多税。这一"巧妙做法"事实上早就为中国的许多"富豪"发现并心照不宣地实践着。

对于我国的一些个体经营者,他们具有直接或间接谙熟法律的便利,存在着强烈的逃税动机,逃避税负对他们来说并不困难,因为他们在某种情况下可能就不具有法律上的个人应税所得。在私营企业中,其组织形式不断向多样化发展,个人独资及合伙制企业需要负担法律上的无限责任,是否为这些企业主开工资并非必要条件。个人所得和企业所得在某种意义上的一致性,也可能使征收个人所得税无从"下手"。

目前企业主可以合理避税或逃税,比如他每个月只给自己开 5 000—8 000 元工资不等(看其有多少专项附加扣除,以正好不交税为标准),既可以作为企业费用,又不用交个人所得税;又比如他可以把自己家庭经常性的小额开支通过发票在公司报销;还可以增加挂名人员,用几个与企业经营毫无关系的人名做成企业的工资账等。这些逃税的动机普遍存在的原因除了公民纳税意识普遍有待提高外,也跟我们税法制度中税基规定范围狭窄有关,有些所得虽然在法律中作为税基有明确规定,但是没有与之对应的细则出台,实践操作中无法实现税收征纳,致使税基规定其实形同虚设。而在较为成熟的所得税制设计中,会尽可能地避免由于制度缺失造成税负归宿的不公平。例如,美国注册会计师拉里·利普生(Larry Lipsher)曾以具体事例对此加以说明:某人自己出资开办会计师事务所,并为事务所购买轿车一辆,但联邦税务员却认为这项开支不能全部算入公司支出。因为该人员下班后也会开这辆车。税务员会认为有 50%的时间属于私人用车,只承认 50%的开支进入公司成本。再以最常见的公款宴请为例,税务人员会要求具体列出和谁会面、讨论的具体内容,参与者要想以此作为个人福利会非常困难。由此可见,我们需要的是细化具体的规定,在有章可循的情况下,个人支出与公司支出还是可以加以区分的。

(四)灰色收入和黑色收入

我们如果把收入分为"白色收入、灰色收入和黑色收入"的话,在个人所得税法中规定的九项应税所得显然是指白色收入,那么灰色和黑色的隐性收入是不是应当列入需要纳税的收入范围呢?既然在个人所得税法中对于税基的规定没有把这两项收入作为纳税对象,那么如果纳税人获得了灰色或黑色收入而不纳税并没有违反规定,这显然有违公平性。其实越是有隐性收入的人收入越是高,也越容易获得收入,从税收的公平角度讲,这部分人应该缴纳更多的税,但实际情况是目前无论是《个人所得税法》中还是《个人所得税自行纳税申报办法(试行)》中都没有明确这部分收入要交税。我们认为在《个人所得税法》中不应该对这类敏感收入由于实际无法监管和操作而避而不谈,如果在准则中没有涉及,那么纳税人一般不会把这部分收入进行申报纳税的。但是如果在准则中明确规定这部分收入也是税基之一,同时在《个人所得税自行纳税申报办法(试行)》第三十八条中已经规定了税务机关和税务人员未依法为纳税人保密的处理办法以及通过银行存款实名制和财产实名登记制等监控纳税人的隐性收入,那么有一部分人就会把他的一部分灰色收入进行申报,这就可以缓解税收不公平的问题,也会抑制一部分个人所得税的税收流失[①]。

(五)务农收入

现行《个人所得税法》基本不"下乡",对从事农、林、牧、渔业的个人没有征收个人所得税。一些农业部门、城市的非转轨部门也居于所得税的覆盖面之外,他们的收入或是不计

---

① 徐晔.完善个人所得税自行纳税申报的几点建议[J].税务研究,2007(6):3.

入账目,或是账面极不完整,税源难以监控,导致个人所得税无法征收和漏征。在农业经济结构调整较早,经济作物种植业、养殖业、捕捞业发展较快的地区,高收入者已占相当比重,在一些乡镇工业比较发达的地区,广大农民在乡镇企业上班的工资薪金所得早已超过每月5 000元,但是由于部分乡镇企业的代扣代缴不规范,这部分税收流失也较为普遍。

(六)其他收入

我国个人所得税法中规定的九项所得中没有将如下这些收入作为纳税的税基:捐赠收入、外汇交易所得、股票交易所得、赡养收入所得等,但是这些收入游离在纳税范围之外不利于我国"宽税基"的税收改革政策导向。我们认为在继续推进个人所得税税收改革过程中,随着配套措施的改善,应该把这些所得纳入税基范围之内。

新业态也拓展了新税源。互联网复制了几乎所有的传统行业模式,采用了"传统产品＋互联网经营"的方式,产生了跨区域经营、集团经营、线上线下经营、微营销等多种经营模式。一项交易的资本流动、物流和信息流往往被分散到许多地方,使得税务部门很难掌握所有的税源。此外,网上"小额支付"越来越普遍,其单笔交易金额远未达到当前的税收门槛标准,也没有进入监管机构的视线。事实上,举例来说,一个直播平台的网络主播全年接受的"小额支付"经过累计,就可能是一笔很大金额的税源①。这种监管和意识上的滞后往往催生了税源监管上的盲点,导致税款流失。

另外,我国个人所得税法中对于减免范围的规定很宽泛,减免税项目过多,减免税政策不规范、不完善,侵蚀了税基,目前仅免税项目就有10大项,减税有2大项。从国际税制改革趋势来看,扩大课税范围主要是大范围取消减免税项目,内扩征税空间。近年来我国经济生活发展变化较大,十年前规定的一些减免税项目现在很难监管,成为一些纳税人逃避税的优良港湾,已没有存在的必要;而有的有保留必要的减免税项目可以通过费用扣除制度给予更加规范、科学、有效的安排;剩下的确实有保留必要的减免税项目也应改变目前减免税项目的低位阶立法状况。尤其是地方政府的变通规定普遍存在,出现"法律简、法规详、规章通知繁"的局面,上位法和下位法"打架",下位法"以下犯上"等矛盾情况层出不穷。2018年国税总局对我国现行的个税优惠政策进行梳理,发布了有关继续有效的个税优惠目录总计达88条之多。在个人所得税法之外,还有70多部法律法规涉及个税税收减免规定。很多税收优惠政策规定多,种类杂,分布乱,还产生了税收优惠上的区别对待现象、优惠政策导向性出现明显偏差②。这严重违反课税要素法定原则的要求,造成减免税政策不规范、不完善,产生逆向调节作用。

整体来看,个人所得税税收收入分配调节效应微弱有限。汤贡亮(2007)指出个税的税基、税源不能够比较准确地把握会影响到个税作用的发挥,也提出了应对个人所得税拓宽税基、降低税率的改革建议,同时还认为税基的拓宽要受到居民的收入差距、收入水平和征收成本等方面的制约③。孙玉栋(2009)认为,从我国的税改历史来看,主体税种一定程度上调

---

① 王琦.浅谈我国高收入者个税征管中的信息非对称问题[J].市场周刊,2017(13):67.
② 张猛.我国个人所得税税收优惠立法问题研究[D].北京:中央民族大学,2021.
③ 汤贡亮,周仕雅.从税基的视角完善个人所得税制[J].税务研究,2007(6):28-31.

节了居民的收入分配,但是由于个人税负累退性比较强,对个人的税收调节力度不够,我国税制也存在着调节力度弱化、调节累退性和低收入群体负担重的问题①;岳希明(2012)对2011年个税改革展开了实证研究,实证结果显示本次改革实际上并不能让个人所得的再分配效应得到提升,这是由于平均税率是决定收入分配的重要因素,就算费用扣除标准的提高使得税制的累进性加强,但其实际的平均税率降低,进而弱化了收入分配调节效应②;刘蓉(2019)通过测算分配不平等的分解办法以及使用我国的微观数据库,从劳动收入方向入手,将其分解开来测算个人所得税的改革成果,结论是本次税改主要的减税福利集中在我国的工薪阶层,且调节作用的效果十分有限③。此外,税收分配效应与税制要素有关。张楠(2018)利用CFPS2012,从两个角度的数据出发(分别是家庭和个人),指出个税所发挥的调节功能不强,其主要是因为平均税率还是偏低。与以个体为征税单位相比较,若是以家庭为课征单位,那么横向公平可能会更加难以均衡,这归根到底还是与征收方式相关④;万莹(2019)利用CFPS2014数据,通过泰尔指数分解,强调了综合税制能促进横向和纵向公平,费用扣除和税率级距变化能带来较好的减税效果⑤;王晓佳(2019)同样利用微观数据库CFPS2016,将其样本分为个人和家庭两个测算单位,分别进行了个税的收入分配效应计算,结果显示以家庭为单位更利于分配效应⑥。

三、税率问题

(一) 我国综合所得超额累进税率对调节收入分配的作用有限

当前我国面临着较为严峻的国内外收入分配和个人所得税收环境。从国内形势看,在2020年我国个人所得税收为11 568亿元,同比增长11.41%,仅占税收收入的7.497%、财政收入的6.32%,筹集财政收入这一功能并未完全体现。而对收入分配的调节作用就更加有限。2010—2019年,我国基尼系数从0.481降至0.465 2⑦,但是我国贫富差距状况仍有待进一步改善。

调节收入分配作用有限的主要原因是超额累进税率实际累进度太低。根据我国年收入人口分布情况,年收入在60 000元以内的占比达到78.94%,也就是说我国有78.94%的居民不需要缴纳个人所得税,而个人所得税收入依靠剩余21.06%的人。而对于21.06%的人口,年收入超过480 000元的仅占0.2%,超过720 000元的仅占0.07%,超过1 020 000元的仅

---

① 孙玉栋.论我国税收政策对居民收入分配的调节——基于主体税制的税收政策视角[J].财贸经济,2009(5):46-52.
② 岳希明,徐静.2011年个人所得税改革的收入再分配效应[J].经济研究,2012(9):12.
③ 刘蓉,寇璇.个人所得税专项附加扣除对劳动收入的再分配效应测算[J].财贸经济,2019(40):39-51.
④ 张楠,邹甘娜.个人所得税的累进性与再分配效应测算——基于微观数据的分析[J].税务研究,2018(1):53-58.
⑤ 万莹,熊惠君.2018年我国个人所得税改革的收入再分配效应[J].税务研究,2019(6):52-56.
⑥ 王晓佳,吴旭东.个人所得税专项附加扣除的收入再分配效应——基于微观数据的分析[J].当代经济管理,2019(41):83-86.
⑦ 国家统计局.中国统计年鉴—2020[M].北京:中国统计出版社,2020.

占 0.03%，也就是说，在扣除 60 000 元后适用 30% 税率的人数占总人口数 0.13%，适用 35% 税率的人数约占总人口数 0.04%，适用 45% 税率的人数约占总人口数 0.03%。高税率的适用人数极少，这使得后三档税率形同虚设，并不具备普遍的现实意义①。因而，个人所得税税率结构严重脱离了职工工薪分布的实际情况，难以有效发挥调节收入分配职能。

表 5-5　中美个人所得税税率累进水平比较表（旧）

中国			美国		
年应纳税所得额（元）	税率（%）	累进水平	年应纳税所得额（美元）	税率（%）	累进水平
0—18 000	3	1.00	0—8 925	10	1.00
18 000—54 000	10	3.33	8 925—36 250	15	1.50
54 000—108 000	20	2.61	36 250—87 850	25	1.82
108 000—420 000	25	1.81	87 850—183 250	28	1.62
420 000—660 000	30	1.36	183 250—398 350	33	1.28
660 000—9 600 000	35	1.40	398 350—400 000	35	1.36
9 600 000 以上	45	—	400 000 以上	39.6	—

注：1. $D = M_{1-0} / A_0$。
2. 用来衡量税率结构的累进水平的较为经典的指标 MT 指数，由马斯格雷夫（Musgrave）和廷（Thin）在 1948 年提出。通过比较税前基尼系数和税后基尼系数获得，可以简单用上述公式计算获得，公式中的 A_0 表示收入 Y_0 的平均税率，而 M_{1-0} 表示边际收入 Y_1-Y_0 的税率。

表 5-6　中美个人所得税税率累进水平比较表（新）

中国			美国		
年应纳税所得额（元）	税率（%）	累进水平	年应纳税所得额（美元）	税率（%）	累进水平
0—36 000	3	1.00	0—19 050	10	1.00
36 000—144 000	10	3.33	19 051—77 400	12	1.20
144 000—300 000	20	1.74	77 401—165 000	22	1.91
300 000—420 000	25	1.44	165 001—315 000	24	1.41
420 000—660 000	30	1.37	315 001—400 000	32	1.57
660 000—9 600 000	35	1.34	400 001—600 000	35	1.53
9 600 000 以上	45	—	600 000 以上	37	—

注：同表 5-5。

---

① 陈龙，刘杰.我国个人所得税税率结构设计理念、实践及改进空间[J].地方财政研究，2020(10)：49-58.

我国的税率累进水平相较于美国显得并不合理。根据表 5-6,在个税改革后,在 10% 边际税率级次内,税率涨幅在 7%,累进水平突然达到了 3.33,在此之后随着级次的上升,累进水平由 1.74 逐渐下降到 1.34,如此一来,对于高收入群体来说,平均税负增速放缓了,这在一定程度上削弱了个人所得税所具有的税负累进性,阻碍了个人所得税收入再分配功能的有效发挥,不利于社会公平正义。然而,依据同样的分析思路,根据表 5-5,可以发现在个税改革前的旧税率表,这种税负累进的不合理性就已经存在,说明我国的个人所得税的改革并没有很好地关注到税率累进的不合理性。

类比美国的个人所得税的累进水平,根据表 5-6,个税改革后的第二档级次的累进水平为 1.20,低于改革前表 5-5 的 1.50,也远低于中国同样级次的 3.33,更加符合社会公平原则,在最后三档级次的累进程度也相较于之前有所提升,能够更好地发挥对高收入群体的收入分配调节作用。

(二) 综合所得边际税率过高

所谓边际税率是指应纳税额的增量与税基增量之比。边际税率反映税基每增加一个单位,适用税率变化的情况。实践中,征收个人所得税采用的超额累进税率被等同于边际税率。对个人所得税来说,是对个人收入征税,所以边际税率就是人们每多挣的 1 元钱中个税所占的比例。当然政府部门不可能对每增加 1 元钱所征的税都做出详细规定,即边际税率不可能真正细致规定到每 1 元钱,一般把 500 元、1 000 元或更大的金额作为增加的单位,即税收级次或纳税档次。对每一个级次收入实行的税率就是边际税率。

在综合所得税税率方面,世界上除了高税率、高福利的一些欧洲国家外,其他各国的最高边际税率均在 40% 以下。从国际形势看,当前许多国家为了吸引人才而选择加入税收竞争的队伍,降低本国的税率,致使个人所得税的调节能力因此而弱化[1]。目前我国的个人所得税中处于最高层级的需要缴纳 45% 的税,与俄罗斯(15%)、巴西(27.5%)、加拿大(33%)相比,在某种程度上不利于吸引顶尖的国际人才。美国是公认的税率比较高的国家,其最高边际税率也仅为 37%。而且这些国家有各种各样的基本生活费扣除额和特殊项目扣除额等,实际税率并没有那么高,比如在多种抵扣项目下,美国大概一半以上家庭基本不用纳税,孩子多,补贴也多,年应税收入达到 628 300 美元税率为 37%,按照目前的汇率折合人民币约 402 万元[2]。而我国工资薪金所得税的最高边际税率为 45%,处于较高水平,而且纳税人的收入不管有多高,基本费用扣除额都只有一个月 5 000 元,实际税率非常高。一个国家的税率高低往往与社会保障体系、福利制度、公共产品的供给能力有关,我国目前的社会保障制度还处于改革中,福利水平不算太高,如此高的边际税率不符合我国国情。许多国家尤其是西方发达国家为了提高人们工作、投资和储蓄的积极性,都在进行减少个人所得税的税制改革。比较而言,我国对工资薪金所得的最高边际税率一直偏高,从 20 世纪 80 年代以来,西方各个国家都在降低税率,唯独中国多次改革只考虑到给中低收入人群减税,但是这个 45% 的最高边际税率就始终维持在世界较高水平没降过。另外,我国个人所得税的税率级

---

[1] 杨志勇.21 世纪的收入分配公平与财税政策:从皮凯蒂旋风谈起[J].国际税收,2015(4):4.
[2] 世界首富缴多少税?"有两年一分钱也没交"[EB/OL].[2022-03-10]. https://baijiahao.baidu.com/s?id=17021083655991151105&wfr=spider&for=pc,2022 年.

次有些烦琐,效率低,不符合世界范围"简税制"的发展趋势,也不利于我国吸引外商投资,更不利于提高外国技术专家来华工作、投资和储蓄的积极性,纳税人心理压力较大。

(三)劳动所得名义税率高于非劳动所得的名义税率

所谓名义税率是指税法中规定的税率。我国目前的所得税制模式对不同类别的所得采用不同的名义税率和不同的费用扣除额,比较和分析各类所得的名义税率,其实不难发现真正的劳动所得的名义税率远比非劳动所得的名义税率高。比如,我们的工资薪金所得名义税率为3%—45%的超额累进税率;经营所得的名义税率是5%—35%;劳务报酬劳动所得的名义预扣税率是20%—40%,可见,我国现行体制中,这三大类劳动所得的名义税率是很高的。但是对于非劳动所得名义税率却很低甚至为0,比如,我们对于财产租赁所得、财产转让所得以及偶然所得的名义税率都为20%;对于股票转让所得目前都是免税的,对于股息所得税实行差别化纳税。任何开征个人所得税的国家都把公平收入分配作为开征个人所得税的首要目标,我国也不例外。我国还把鼓励劳动所得、鼓励创业、限制不劳而获作为个人所得税的征税原则。但从上述不同所得的名义税率中,我们不难得出劳动所得的名义税率远比非劳动所得名义税率高,根据有关数据,个人所得税中劳动所得税占比在70%左右;远远大于经营所得税和财产所得税之和。因此,可以说我国当下的个人所得税高边际税率只能调节高劳动收入,对真正高收入者调节作用有限。这与国家宏观经济政策导向出现了"偏离"。在这种所得税率体系下,资本财产所得税负偏轻,劳动所得税负偏重,对于高收入者以及富有阶层尤其明显。

例 5-9:纳税人 A 工作很辛苦,经常要加班,压力也很大,其每个月的工资薪金收入为 40 100 元,没有其他任何收入,则其应纳税额=(40 100×12-60 000)×30%-52 920=73 440(元)。纳税人 B 工作较清闲,压力较小,其每个月的工资薪金收入为 9 100 元,应纳税额=(9 100×12-60 000)×10%-2 520=2 400(元);B 每个月还有现金形式的灰色收入约 14 000 元,在目前税收制度下一般不纳税;另外 B 有 3 套房子出租,每套每个月租金为 3 000 元,共 9 000 元,租金收入纳税=(3 000-800)×10%×3×12=7 920(元)(在现实中,房屋租金收入一般都不会主动去缴税,税收也流失了);B 每个月有存款利息和各种其他途径的理财收入 8 000 元,目前免税。可见 B 每个月的固定收入总额为 40 100 元,与 A 收入一样,但是其每年需要纳税的总额=2 400+7 920=10 320(元),或者只交 2 400 元(现实中房租没有代扣代缴义务人,房东往往不缴税)。

在上述案例中,A 每个月获得 40 100 元的收入付出很大的劳动,而 B 每个月同样获得 40 100 元的收入却很轻松,最后 A 一年需要纳税 73 440 元,而相对而言轻松获得收入的 B 却只需要交纳 2 400 元或 10 320 元的税。这一不公平合理现象的存在就在于我们国家对于劳动所得的税率高于非劳动所得的税率,这会导致鼓励不劳而获风气的存在。

(四)各类不同所得的实际税率差异巨大且不合理

实际税率亦称实际负担率,指实征税额与其征税对象实际数额的比例,它是衡量纳税人实际税负的主要标志。

表 5-7 为原先分类所得税制度下各种收入额对应的实际税率（因为经营所得等在现实中难以被全面监管，其实际的税率计算出来也只是理论数据，所以表 5-7 中只列出了目前主要依靠代扣代缴征收的税收收入有保障的所得）。

表 5-7　原有制度下不同分类所得的个人所得税实际税率　　　　　　（%）

收入(元)	工资所得	劳务所得	稿酬所得	特许权使用费所得	财产租赁所得	利息股息红利偶然所得
800	0	0	0	0	0	20
3 500	0	15.4	10.8	15.4	15.4	20
4 000	0.375	16	11.2	16	16	20
5 000	0.9	16	11.2	16	16	20
8 000	4.3	16	11.2	16	16	20
12 500	9.96	16	11.2	16	16	20
28 500	18.4	16.98	11.2	16	16	20
38 500	20.12	18.81	11.2	16	16	20
58 500	23.46	20.03	11.2	16	16	20
83 500	26.94	23.62	11.2	16	16	20
123 500	32.79	26.33	11.2	16	16	20
143 500	34.49	27.12	11.2	16	16	20
203 500	37.59	28.56	11.2	16	16	20
303 500	40.03	29.69	11.2	16	16	20
无穷大	约 45	约 32	11.2	16	16	20

注：此表不同收入个人所得税实际税率是按每月或每次不同收入水平计算的，收入额是指没有扣除费用额前的收入。

从表 5-7 中，我们可以看出 2018 年我国个税改革前实际税率的如下几大问题：

1. 随着所得增加而固定不变的实际税率不符合量能原则

从表 5-7 中可以看出，对于稿酬所得、特许权使用费、财产租赁所得和股息利息偶然所得，当每次所得大于 4 000 元时，实际税率是固定不变的，这显然不符合高收入高税收以调节贫富差距的理念。

2. 对于低收入者，各类不同所得的实际税率差别巨大

从表 5-7 中可以看出，当所得低于 12 500 元时，工资薪金所得的实际税率远远低于其他各类所得的实际税率，而且所得越低，实际税率差别也越大，这种差别的主要原因在于我们国家分别于 2006 年、2008 年和 2011 年三次提高了工资薪金所得基本费用的扣除额，由 800

元提高到 3 500 元,但是对于劳务报酬、稿酬所得、特许权使用费所得、财产租赁所得等的基本扣除额却没有上调,维持在原来的每次扣除 800 元或 20% 的水平。这种做法显然不合理,对于其主要收入来源为非工资薪金所得的低收入者,其实际税负过高。尤其是目前全球疫情导致大量职工失业的情况下,许多人只能靠赚取一些不固定的劳务报酬所得或者是出租旧房子获得财产租赁所得等维持生计,显然在这种情况下,他们的实际税负比有稳定工薪所得收入的工薪阶层高得多,这也不符合给贫困人群减负的原则。

3. 对于高收入者,各类不同所得的实际税率同样差别巨大

从表 5-7 中可看出,当个人工薪所得大于 28 500 元时,实际税率高于劳务、特许权使用费、稿酬、财产租赁所得。当个人工薪所得大于 38 500 元时,实际税收负担率高于股息、利息、红利收入者和偶然所得。特别是当工薪所得大于 123 500 元时,实际税收负担率为 32.78%,几乎是稿酬所得的 3 倍,特许权使用费、财产租赁所得的 2 倍,比偶然所得高 50% 以上。而当工薪所得无穷大时,其实际税率接近名义税率,达到 45%,但是劳务报酬因为有 20% 固定的费用扣除额,所以其实际税率只有 32%,其他各类所得的税率还是维持在低水平,也就是说,假如个人的收入为无穷大,工资薪金所得的实际税率比劳务报酬所得实际税率几乎高出 50%,是稿酬所得实际税率的 4 倍多,是特许权使用费和财产租赁所得实际税率的近 3 倍,是利息股息偶然所得的 2.25 倍。可见,对于高收入者而言,工资薪金所得的实际税率过高,其他所得的实际税率相比过低,这也是很不合理的现象。实际上,对于许多富有阶层者,他们的主要收入来源并不是工资薪金所得,而是其他各类所得,比如对于一些体育明星和影视明星,他们的广告收入和演出收入都归入劳务报酬所得,这些所得往往金额较大,实际税率却低于工薪所得税率。又比如一些富人群体,他们每个月的财产租赁所得和股息利息所得数额就非常大,相比工资薪金所得而言,这些所得的实际税率也明显偏低。可见,当收入过高时,工资薪金所得的效率损失较大,劳动替代效应明显,不利于鼓励勤劳致富。

表 5-8 现行制度下不同所得的个人所得税实际税率 (%)

收入(元)	综合所得	经营所得	财产租赁所得	利息股息红利偶然所得
800	0	0	0	20
3 000	0	0	14.67	20
4 000	0	0	16	20
8 000	1.125	2.187 5	16	20
12 000	4.08	4.79	16	20
25 000	10.36	12.5	16	20
35 000	13.83	16.07	16	20
55 000	19.25	21.89	16	20
85 000	24.52	26.52	16	20

续 表

收入(元)	综合所得	经营所得	财产租赁所得	利息股息红利偶然所得
125 000	31.07	29.23	16	20
155 000	33.77	30.35	16	20
205 000	36.51	31.48	16	20
305 000	39.29	32.64	16	20
无穷大	约45	约35	16	20

从表5-8中可以看出,在2018年个税改革之后,各类收入实际税负的差距依旧很大,主要表现在当综合所得或经营所得大于55 000元时,劳动所得的实际税负明显大于其他所得的税负,助长了不劳而获的风气,因此未来改革仍任重道远。

四、纳税单位问题

从取得税收收入的角度看,以个人为申报单位和以家庭为申报单位两者之间并没有本质上的区别,但是对纳税人来说,同一收入水平下,有家庭的纳税人其生活负担、费用开支明显高于没有家庭的纳税人。在只有个人为纳税申报单位的条件下,有家庭的个人和没有家庭的个人就不会在费用扣除标准上做区分,实际上也是对个人与其家庭成员之间必然联系的一种否定,是现代税制缺乏理性考虑的突出表现。我国现行个人所得税以个人为纳税单位,即以有应税收入的个人为单位进行费用和生计扣除,并按税率表计征税款。这种纳税方法的好处为:对于征管能力的要求较低;可采取个人收入源泉扣缴的方法来征收;能够控制税源,减少逃税、漏税和滞纳税款;征管手续简便,从而节省征收成本;在年终自主申报时,无须考虑家庭其他人口的情况,仅就单个纳税人的收入申报税款,税务机关易于监管,无须监督纳税人家庭的构成情况以及负担情况。另外,税款随所得的发生分期缴纳,每次数额较少,不会造成纳税人因税负过重而缴税困难,从而比较符合我国目前的征管条件。

在原个税体制下,仅对个人收入征税,在费用扣除时只对个人在取得综合项目时发生的必要费用和个人生计费用进行扣除,就不可能将家庭因素纳入其中考虑,也不可能顾及纳税人赡养人口负担、子女教育负担和医疗费负担等因素。因此,2018年个税改革增加了专项附加扣除,从纳税人家庭支出方面做出了一定的考虑,但以个人为单位征收个税本身还是存在一定的问题的。个人作为家庭成员中的一员,他的支出就应该不仅包括他在取得综合项目时发生的必要费用、他本人的生计费用和医疗费用等支出,还应该包括没有收入来源的家庭其他成员的生活费用、教育费、医疗费用,即根据家庭的基本生活需求来确定费用扣除。个人纳税多少,势必会对不同家庭产生不同影响,例如相同收入的两个人,其中一个要抚养一个孩子,那么其平均收入相当于另外一个人的二分之一。但根据现行个人所得税政策,他们要缴纳相同的所得税。按比例来说,他们都交出了自己收入的相同一份,但这笔税对他们生活需要的影响程度却完全不同。特别是随着我国"三孩"政策的实行,按照现行个人所得税计算方式,如果夫妻收入悬殊,或家庭中孩子老人多,需要供养人数多,将导致可支配的人均收入差额过大。可见,我国以单个个人作为纳税申报单位,并且不考虑纳税人的实际家庭结构而采用统一的费用扣除额和税率,不利于税收负担分配的支付能力原则的体现。具体而言,以个人为纳税单位存在以下问题:

(一) 忽略了纳税人家庭收入构成的差异

在家庭总收入相同,但收入来源不同的情况下,会造成家庭总纳税额不等的不公平现象。乍看之下,纳税人单独对自己的收入进行费用扣除后缴税非常公平,实际上这种纳税模式忽略了不同家庭中收入结构的差异和负担的不同。例如,有的家庭是夫妻双方都有稳定的工作,一个家庭可以获得两份收入,在分别扣除费用后可能每人只需要缴纳少量的税款。但是有的家庭是只有一方有固定工作和收入的,收入可能会高于平均水平,在扣除相同的生计费用后,根据累进制税率可能会比夫妻双方都有收入的缴纳更高一个档次的税费,这对于只有一个人有经济收入的家庭来讲非但没有减缓税收压力,反而是增大了纳税负担。

例 5-10:家庭 A 中夫妻两人都在工作,各自月收入 5 000 元,合计月收入 10 000 元,而家庭 B 中妻子是全职太太,丈夫一人工作并取得月收入 10 000 元,这样,两个家庭的月收入总额一样,同时两个家庭的每月生活支出也一样,但是按照现行规定家庭 A 不需要纳税,而家庭 B 每月需要按照累计预扣法纳税,这个结果的出现,对 A、B 两个家庭来说,体现了明显的税负不公平。

按照税收公平性原则,纳税能力相同的纳税人应该负担同样的税款,纳税能力不同的纳税人应该负担不同的税款。从表面上看,我们以个人为纳税单位使得收入相同的纳税人负担了相同的税,是公平的,但是,我们的社会单元是以家庭为主,必须考虑到家庭整体的收入情况,所以,以个人为纳税单位是以形式上的"税负公平"掩盖了事实上的"税负不公平"。

(二) 忽略了纳税人家庭负担的差异

个税改革前,我国以个人为纳税单位的制度未考虑家庭赡养人口的数量和经济状况的差异,不能对特殊的项目采用要素扣除,没有顾及家庭的税收负担能力的不同,使得个人所得税偏离了其调节收入分配,特别是调节过高收入的本意,有悖于"平等生存权"这一社会公平原则。即使在个税改革后增加了专项附加扣除,以个人为计税单位的征收模式和费用扣除设计,仍使得专项附加扣除政策在执行过程中体现出一定的不协调性和局限性。因家庭共同支出及负担而设计的扣除费用,强行限定扣除主体以及分摊方式容易导致不合理,如在房贷利息专项附加扣除中,夫妻双方婚前分别购房符合扣除条件的情况下,其婚后整体的合计扣除标准相对于婚前个体明显降低,纳税人由个人向家庭的转变,使其在该扣除项目上承担了更多的税收负担,不仅仅会造成税收上的不平等,同时也会影响人们追求婚姻的积极性[①]。不同结构的家庭面对缴税的压力是不同的,而同样减去每个月 5 000 元的生计费用扣除对它们的税负影响也是不同的。纳税人的背后是一个个家庭,家庭的总体收入相对个人

---

① 李玉.个人所得税专项附加扣除公平性完善研究[J].现代营销(经营版),2022(2):28-30.

收入来讲更能够反映出纳税能力的大小,以家庭为单位进行纳税实际上对每个纳税人来说更加公平。

例 5-11:A 和 B 两家庭,家庭月收入都是 10 000 元,A 家庭有 5 口,只有丈夫一个人有收入,月收入为 10 000 元,每月需要累计预扣预缴税款,一个未成年孩子,一对无收入的有慢性病的父母,一个月的生活必须开支和孩子的托费为 5 500 元,父母每个月的医药费 1 500 元,每月需要还银行贷款 3 000 元,即使考虑专项附加扣除,该家庭每个月也需要纳税,实际结余为负数。B 家庭只有两口人,夫妻双方各收入 5 000 元,不需要纳税,一个月家庭生活必须支出为 5 000 元,无贷款,则该家庭每个月的实际收支为正 5 000 元。

从例 5-11 中可以看出,以个人为纳税单位纳税,而不考虑家庭的生活支出和家庭的负担情况,容易形成贫困家庭税负远远大于富裕家庭税负的不合理现象。

(三)不利于家庭夫妻之间财务透明度

中国家庭传统文化以夫妻恩爱为美德,以和为贵,但是一个家庭是否和睦除了夫妻之间的性格匹配、感情基础等重要因素外,经济也是一个很重要的因素。据统计,许多财务 AA 制的家庭离婚的概率比较大。而我国个人所得税以个人为纳税单位的制度给家庭财务 AA 制以很好的便利条件,夫妻双方的税金都是支付方代扣代缴,所以双方都不知道对方的收入和纳税额是多少,无形中导致夫妻双方都对自己的收入情况保密,这显然不利于家庭团结和睦。而如果采取以家庭为单位进行申报,因为申报要涉及双方的收入和家庭的各种抵扣额,一般都是夫妻双方共同填写这份复杂的申报表,显然,在夫妻共同申报纳税的情况下,夫妻双方对对方的收入情况较为了解,也有助于夫妻双方坦诚相待,增进家庭和睦。

五、纳税时间间隔问题

我国目前的纳税时间要求主要包括:我国居民纳税人四项综合所得按月预扣按年汇算清缴;居民纳税人其他所得按次纳税;个体工商户按年申报纳税;非居民纳税人工资薪金按月,其他各项所得按次扣税。明显可以看出,我国目前纳税时间设置过于复杂,而很多实行综合所得税的国家都是以年为时间单位纳税,这样更为合理和科学。

六、费用扣除问题

从国外费用扣除内容的设置可以看出,费用扣除一般包括必要费用扣除、生计费用扣除、特别费用扣除三大类,而费用扣除的实施在一定程度上不但可以实现公平收入再分配的社会经济政策目标,还具有优化资源配置、引导消费的功能。

我国现行的个人所得税采取分项确定、分类扣除,根据个人所得的不同情况分别实行定额、定率和按实际发生额扣除三种方法。具体又可以分为四类：第一类包括综合所得和经营所得，采用定额扣除方法，目前法律赋予每个人一个月5 000元的扣除额；第二类包括经营所得及财产转让所得，采用按实际发生额扣除方法；第三类包括劳务报酬所得、稿酬所得、特许权使用费所得，采用定率扣除20%之后合并到综合所得的方法；第四类包括利息、股息、红利所得，偶然所得和其他所得，不允许扣除任何费用。

我国目前实行的费用扣除方法存在如下问题：

（一）扣除标准的设计依据不充分

我国的定额扣除和定率扣除基本适用于大多数人，但是这种扣除方法既不区分职业，也不区分劳动所得和非劳动所得，在费用扣除标准上一视同仁。衡量个人纳税能力有多种标志，如收入、支出、财产等。我国仅以个人的收入作为衡量纳税能力的标志，而不考虑其财产等的实际拥有状况，也不考察其实际消费水平，过于片面。现行综合分类税制中一律实行5 000元的基本扣除费用，表面上达到了横向公平，实际上，同样收入的纳税人，由于年龄、性别、健康状况、婚姻状况、赡养负担等差别，都可能会导致即使有相同的收入，也可能具有不同的纳税能力，仅根据纳税人本人的收入是很难确定其真实纳税能力的。费用扣除没有因纳税人的具体情况而有所区别，这就会产生实质上的税负不公平，有悖于个人所得税的"量能负担"原则。个税改革后我国设置了专项附加扣除，一定程度上考虑了医疗、教育和赡养问题，但仍未能充分解决税收公平问题，设置的类别以后还可以更多。

在国外，尤其是个人所得税制比较完善的国家，其税前的费用扣除必须考虑纳税人的实际情况，如固定的家庭费用扣除要按家庭实际赡养人口计算，此外，还要考虑赡养老年人和抚养小孩的加计扣除、生病住院治疗的加计扣除、教育培训的另计扣除以及购买一套住宅的加计扣除等等。通过这些扣除，使纳税人能够在比较公平的起点上缴纳税收，避免由于扣除简单化造成的征税上的不公平。此外，在实际生活中，每个纳税人为相同数额的所得支付的成本费用占所得的比率不同，甚至相差很远，因而规定所有纳税人都从所得中扣除相同数额或相同比例的基本费用显然也是不合理的。比如纳税人A家就在单位附近，上班没有通勤费用；而纳税人B家离单位很远，必须配一辆车用于上下班，因此每个月的通勤费用较高，包括车辆折旧费、汽油费、停车费、保养费、保险费、修理费等等，这些费用都是纳税人为了获得所得而必须支付的费用。这个例子说明同样是获得所得的纳税人，A不需要任何通勤费用，而B需要较高的通勤费用，但是两个人的费用扣除额却是一样的。除了通勤费用，还有其他诸多费用也是同样的道理。

（二）费用扣除额没有考虑到地区间差异

随着经济的发展，各地区之间的收入和消费水平拉开了很大的距离，甚至在同一个区域内的不同城市和地区之间，经济发展的速度也出现了差异。居民收入的高低导致了消费程度的不同，人们对于生活成本的支出也逐渐拉开了距离。表5-9直观地呈现了2020年全国各地区的城镇居民人均可支配收入，其中可支配收入较高地区如北京69 433.5元、上海72 232.4元、浙江52 397.4元，较低地区如黑龙江24 902.0元、甘肃20 335.1元，由此可见不同地区因经济发展不同，可支配收入也有一定的差距。不同地区使用同样额度的费用扣除标准是否合理呢？

表 5-9　2020 年各地区城镇居民人均可支配收入(元)

地区	2020	地区	2020
全　国	32 188.8	河　南	24 810.1
北　京	69 433.5	湖　北	27 880.6
天　津	43 854.1	湖　南	29 379.9
河　北	27 135.9	广　东	41 028.6
山　西	25 213.7	广　西	24 562.3
内蒙古	31 497.3	海　南	27 904.1
辽　宁	32 738.3	重　庆	30 823.9
吉　林	25 751.0	四　川	26 522.1
黑龙江	24 902.0	贵　州	21 795.4
上　海	72 232.4	云　南	23 294.9
江　苏	43 390.4	西　藏	21 744.1
浙　江	52 397.4	陕　西	26 226.0
安　徽	28 103.2	甘　肃	20 335.1
福　建	37 202.4	青　海	24 037.4
江　西	28 016.5	宁　夏	25 734.9
山　东	32 885.7	新　疆	23 844.7

从表 5-9 中可以看到,诸如北京、上海、浙江这一类经济发达地区,人均可支配收入均远高于全国平均水准,其中上海居民的可支配收入更是比全国平均数值高了 4 万元,但经济发达地区的物价和消费支出是高于经济欠发达地区的。面对这种差异化的经济发展,在制定费用扣除额度相关法规的时候却没有将该因素考虑进去,选择运用统一的扣除额度,而不是根据不同地区的不同情况按实际差异来制定扣除额标准。虽然"一刀切"的模式可以避免居民因为政策的不同而选择去对自己更有利的地区缴纳税款,但是固定的费用扣除额度在客观上确实是忽略了各地发展的差异,不同地区相同的扣除额度对身处发达地区但收入水平处于中低端的纳税人是极为不公平的,不符合个税法的"量能负担"的原则。为此可以考虑让地方政府在全国统一扣除额度的基础上根据本地实际情况对费用扣除额度实行增加或减少,以此来找到最适合本地区的扣除额度①。具体操作可以按照雇主所在地来判断纳税人的地域归属,以确定费用扣除额。

---

①　王璐迪.我国个人所得税费用扣除标准研究[D].南昌:江西财经大学,2019.

(三)费用扣除额没有科学的通货膨胀调整或工资指数调整

所谓通货膨胀调整,又称税收指数化,是指应用法律确定的公式,对税制中一些项目随物价变化进行指数化调整,以自动消除通货膨胀对实际应纳税额的影响。

通货膨胀在个人所得税方面的影响包含三个层面:一是按税法规定原本不必缴税的纳税人,因通货膨胀导致实际免征额的降低而被归入缴纳个人所得税之列;二是通货膨胀使个人所得税的名义收入提高而产生了纳税"级次爬升"(Bracket Greek)效应,纳税人在实际收入没有增加的情况下却按高税率纳税;三是通货膨胀造成相邻应纳税级次之间的差值缩小,也加重了纳税人的税收负担。所有这些都给劳动者的工作积极性带来消极影响,特别是对那些低收入者,由于其税负上升的幅度高于高收入者上升的幅度,所以通货膨胀会更多地损害低收入纳税阶层的利益,使个人所得税产生逆向再分配效应①。西方许多发达国家对个人所得税的费用扣除额会每年根据通货膨胀情况进行相应调整,这一调整不仅针对基本扣除额,各项特殊扣除额也都会根据通货膨胀情况进行调整,比如美国从1981年开始逐步实施个人所得税通货膨胀调整,至今已有40多年。这是在临时性救市减税之外的长期性、稳定性制度,使绝大多数纳税人获益。针对通货膨胀的影响,美国对个人所得税中的生计费用扣除额、标准扣除额和税率级次的级距等实行指数化,以消费者物价指数(CPI)为依据,每年调整相关项目,以减少通货膨胀对税收的扭曲性影响,使税负趋于合理。

美国国内收入署(IRS)每年会根据通货膨胀调整联邦所得税率,近期它发布了2022纳税年度通货膨胀调整,修订了包括税率表、标准扣除额等60多项个人所得税税收规定。具体内容为:提高不同申报单位的标准扣除额;每档税率对应的收入区间将有所上调,调整后,夫妻联合报税的最高档税率对应年收入上调了将近2万美元,实际上,所有税档对应的收入水平较2021年都上调了3%左右,这一上调幅度是近四年来的最大值;提高医疗的附加标准扣除额;提高个人赠予的免税金额等②。从美国的这些税收指数化措施看,美国对于个人所得税的税收调整是全方位的,不仅对基本生计费用扣除额和标准扣除额进行调整,而且对税率级次起始金额、税收抵免额和附加标准扣除额等都有调整。这些调整措施的实施将有效降低美国个人和家庭的个人所得税负担。

我国的工资薪金所得的基本生计费用扣除额在1980—2006年的27年之间一直保持在800元,而这27年之间的累积通货膨胀率达到237%③,纳税人的生活费开支也呈几十倍甚至几百倍的增长,但是费用扣除额却始终维持在800元,这显然是不合理的。2006年在通货膨胀急剧加大的情况下,我国终于将工资薪金的基本费用扣除额由原来的800元调高到1600元,从2006年1月1日开始实行。2008年2月28日,应广大舆论和民众的呼吁,我国又把工资薪金所得的费用扣除额由1600元/月上调为2000元/月,从2008年3月1日开始实行。从2011年9月起,个税免征额再次提高到3500元,提高幅度达75%。2018年10月开始,每月扣除额上调到5000元/月。从我国上述基本费用扣除额调整的历史轨迹看,

---

① 杨颖.我国个人所得税制度改革中的公平问题研究[D].北京:中国政法大学,2006.
② 美国国内收入署(IRS)2022年最新纳税规定调整[EB/OL].[2022-03-10]. https://www.shangyexinzhi.com/article/4511103.html.
③ 海证期货有限公司.黄金投资能否抵御通货膨胀[EB/OL].[2022-03-10]. http://www.sina.com.cn.

对于费用扣除额并没有形成一种每年或每半年根据通货膨胀情况进行调整的制度,而是带有很大的随意性。另外,在进行费用扣除额调整时,对于同样的劳动所得,工资薪金所得的月扣除费用由原来的3 500元上调到5 000元,但是对于劳务报酬和稿酬所得等的费用扣除额一直到2019年都维持在原有的800元,这一做法显然也是费用扣除额调整不规范的具体体现。2019年之后虽然劳务报酬和稿酬所得合并到综合所得中,但是对于这两项所得还是用之前的费用扣除方法预扣,很不合理。

所谓工资指数调整是指个人所得税的免征额应该随着职工工资的上涨而调整。由于工资具有刚性特征,尤其是我国目前工资进入上升区间,职工工资的上涨使得纳税职工比例会持续不断上升,因此个人所得税工薪所得免征额应当适时地和工资上涨率挂钩,随工资的一般水平上涨而相应提高,才可能使得纳税人数占职工总数的比例不至于上升过快,从而不至于将中等偏下收入的工薪阶层纳入个人所得税缴税序列。纵观我国40多年职工工资收入的变化,由1980年的普通工薪阶层的一个月只有几十元的收入到目前在大中城市中普通工薪阶层月薪超过5 000元的人比比皆是。这中间工资的上涨幅度超过百倍,而免征额的提高却没有按照工资指数调整,这显然也是不合理的。

吴羽佳(2019)研究发现,如果以2011年规定的扣除额3 500元为基数,乘以2017年的居民消费价格定基指数,计算出2017年工资薪金所得费用扣除标准应该达到3 951.5元/月,而不是3 500元/月。若按照人均收入的增长速度来看,我国的城镇居民可支配收入已经从2011年的21 810元上涨到了2017年的36 396元,上涨了66.88%,根据这个增长速度计算2017年工资薪金所得费用扣除标准应该为5 840.8元/月。若按照我国GDP的增长来看,2011年我国的GDP总量为473 104亿元[①],2017年我国的GDP总量则达到了827 122亿元[②],上涨了(827 122-473 104)/473 104=74.83%,按照这个增长率计算2017年工资薪金所得的费用扣除标准则应该为6 119.05元/月。从这些计算结果都可以看出,不变的3 500元的费用扣除标准在2017年会产生扣除不足的效果[③]。由此可见,在出现通货膨胀的情况下,国家应该采取配套的指数化调整机制,适当地调整费用扣除额度,以满足居民生活需要。

(四) 扣除额未考虑个人不同偏好的存在

当两个纳税人存在不同的偏好时,如果没有税收,闲暇偏好强的人和闲暇偏好不强的人的福利水平是一样的,只不过前者的福利是以较低的收入和较多的闲暇体现的,后者的福利是以较高的收入和较少的闲暇体现的。按所得数量多少对前者征较少的税,对后者征较多的税,税后福利水平发生了变化,后者的情况比前者的情况变糟了,显然不符合横向公平的要求。从这个意义上说,只要承认人们有不同的偏好,而又没有可能将效用大小准确计入总所得,就需要在确定应纳税所得额时弥补总所得这一在统计上的局限,在规定扣除额时对闲暇偏好不强的人取得的所得扣除额应大于闲暇偏好强的人。具体可以根据所得来源性质(不同性质的所得可以在一定程度上体现闲暇程度)或同一项所得的不同职业的纳税人分别进行扣除。而现行的所得税制度在规定扣除额时并未完全考虑不同性质的所得,更未具体

---

① 数据来源:2012年《政府工作报告》。
② 数据来源:2018年《政府工作报告》。
③ 吴羽佳.我国个人所得税费用扣除标准研究[D].南昌:江西财经大学,2019.

区别不同的纳税人。当然,我国劳动力市场尚不健全,自愿选择职业和岗位不一定机会均等。就业的选择不一定都是根据个人的闲暇偏好进行的,也可能是一种不得已的结果,所以考虑个人不同偏好存在的扣除额设计的具体实施并不简单。

(五)扣除额在年度之间没有延续性

我国目前的企业所得税法中规定对于企业的亏损,可以允许其在五年内进行税前抵补,即经营风险可以在税前予以考虑。在个人所得税方面,我国的相关费用扣除的递延性仍需进一步改善。例如,我国的个税法规定,关于慈善捐赠扣除,某些捐赠可以扣除应纳税所得额的30%,对指定的有些捐赠准予全额扣除。有的国家的慈善捐赠扣除也同样规定了限制条件,如美国的慈善捐赠扣除准予扣除本年度内纳税人调整后毛所得(AGI)的50%以内的部分,但与中国的政策不同的是,它规定了剩余部分可以在随后五年内进行结转扣除。我国目前除少数可以全额扣除的特别情形外,大部分捐赠金额超过当期应纳税所得额30%的部分既不得在当年扣除、也不允许结转,与企业所得税可以递延三年在税前扣除的规定不一致,造成税制失衡,可能会对捐赠产生一定的负面影响,也不利于我国个人捐赠规模的进一步扩大①。

(六)纳税对象的无差异性,对社会弱势群体关爱不够

我国个人所得税法对纳税对象采取"一刀切"模式,如果这类收入是免税收入,那么不管是哪些纳税对象都不纳税,如果这类收入属于纳税范围,那么不论是哪些纳税对象都需要纳税,这种做法使得弱势群体处于非常不利的地位。

在西方发达国家,一般来讲,政府采取税收支出调节收入分配的方式有两种:一种是直接对低收入阶层的许多纳税项目给予税收优惠照顾,这些项目包括医疗费用扣除、儿童抚养费用扣除、劳动所得抵免等等;另一种是对间接增加最低收入阶层的行为给予税收优惠照顾,如雇主和高收入者向慈善机构、公益事业机构等的捐款,在纳税时给予税收优惠。而我国现行个人所得税制在课税对象的选择与划分方面,虽然新增了专项附加扣除制度,更好地兼顾了纳税人的家庭结构与家庭开支水平,能够符合量能负税的原则,但还是有改善的空间,具体将在下一部分进行讨论。除此之外,像企业所有者转让股权无论收入多高,最高税率为20%;房市投机者哪怕收入千万元,也只需要适用1%—3%的征收率。这种税负失调,其实就是对弱势群体的关爱不够。并且,我国个人所得税的基本费用扣除方式主要采用的是固定扣除标准,但扣除范围并没有真正考虑地区的经济发展和消费水平,很难真正实现公平性和合理性,更是难以真正做到关爱弱势群体。

七、专项附加扣除制度不够完善

2018年,我国进行个人所得税税制改革,明确规定六项专项附加费扣除,这就表明我国个人所得税法对家庭因素重视程度不断增加。按照有关规定,六项专项附加费用扣除采用的是定额扣除模式,便于操作和征管。但是,据相关工作人员和民众反馈,这种模式不够灵活,不能更加真实地反映纳税人实际情况,缺少针对性。

---

① 任国保,周宇.公益性捐赠扣除个人所得税制度国际比较[J].国际税收,2021(10):68-73.

(一) 子女教育

1. 扣除范围方面

根据相关规定,所有家庭可以对年龄在 3 周岁以上的子女产生的教育费用进行扣除。而对于 0—3 周岁的子女,并没有相关的扣除项目。但是对于 0—3 周岁的子女,家庭投入了更多的时间、精力,教育费用投入也相对较多。如果把这部分费用排除在外,对纳税人的负担较重,所以,有关扣除方面的年龄界限问题有待研究。如果对于一些 3 周岁以下子女的教育费用未进行扣除,则会影响一些家庭对于 3 周岁以下子女教育的投入,不利于幼儿教育工作的开展①。2022 年 1 月 1 日起,3 周岁以下婴幼儿照护费纳入专项附加扣除。

2. 扣除标准方面

实践过程中,不同地区不同教育阶段的教育费用支出存在差异,而我国采取固定的扣除标准,从而导致教育费用扣除的公平性下降、合理性不足,并不能降低一些家庭的子女教育负担,致使税收的调节功能弱化。例如,2018 年各地区人均教育支出最高的浙江是最低的西藏的五倍还多,这就意味着我国当前不同的区域因为社会经济发展的区别,在教育支出环节中存在的差距还是极其显著的②。又例如,子女在初中阶段,家庭的教育经费支出需要 1 630 元/月,而高中阶段则需要 1 843 元/月,具体如表 5-10 所示。如果依然采取同样的扣除标准,则这个家庭在子女高中阶段的教育经费支出压力较大③。

表 5-10 2019 年不同阶段教育经费支出统计 （单位:元/月）

教育阶段	幼儿园	小学	初中	高中	中等职业学校	普通高等学校
费用	988	1 124	1 630	1 843	1 767	3 223
同比增长	11.33%	5.92%	5.63%	8.10%	7.36%	6.60%

(二) 继续教育

对于继续教育的支出,个人所得税专项附加扣除规定得比较粗糙,未考虑地域差异和职业差别。目前非全日制教育已经和全日制教育并轨,二者只是在学习的方式上有点差别,接受非全日制教育的纳税人或其子女,在花费上比接受全日制学历(学位)教育的纳税人或其子女多出一大截,而在享受扣除标准上却变低了,这与扣除标准的设置初衷相背离。此外,对纳税人在职业资格继续教育、专业技术职业资格继续教育方面的支出,在取得相关证书的当年,可以按照 3 600 元定额扣除,标准偏低且没有考虑到行业的关联性。由于不同行业对继续教育要求的标准不同,纳税人接受学历学位教育、继续教育所在地区及城市也存在差别,整齐划一地采用统一标准,实行相同金额的费用扣除,明显与实际花费相背离,这对调节收入分配的作用较弱;对于一个年度取得多份证书的人而言,也只能按 3 600 元的额度进行扣除,这对勤奋而上进的纳税人显然是不公允的,不能有效地鼓励纳税人主动接受职业资格

---

① 王薇.我国个人所得税费用扣除问题研究[D].南昌:江西财经大学,2021.
② 李林君.中国个人所得税工薪所得综合费用扣除标准化设计[M].北京:首都经济贸易大学出版社,2018.
③ 央广网.2019 年全国教育经费执行情况统计快报[EB/OL].[2020-03-10]. http://me.mbd.baidu.com/r/hxCOCwgY7u?f=cp&u=02f053f69bb1c4a3.

教育,难以激发公民学习的热情,反而弱化了继续教育专项附加扣除的作用①。

(三) 住房贷款利息和住房租金

在《个人所得税专项附加扣除暂行办法》(下文简称《办法》)中只简单地规定了首套住房贷款利息支出可以税前扣除,但没有对可扣除贷款利息的住房类型进行规定。纳税人无论是购买普通住房还是高档住房,均可以享受税前扣除,这样的扣除制度既不合理,也不符合政策制定的初衷。此外,政策规定并没有考虑到我国较为复杂的家庭结构,同样是购买刚需住房,当三代人一起居住时,就要比两代人所需要的住房面积大,纳税人所承担的住房贷款利息也就更高②。

我国个人所得税费用扣除制度中关于住房租金的扣除,是所有的专项附加扣除项目中唯一考虑到了地区差异的。根据不同城市的经济发展水平和人口数量,设置了三个级次的等额扣除,但是却忽略了在经济发展水平较高的城市也有低收入者,在经济发展水平较低的城市也有高收入者,也就是说,住房租金扣除虽然考虑了地区差异,但是却与纳税人的收入相脱节。不可否认的是,大部分纳税人在租房时,首先要考虑的就是自己的收入水平,例如一个纳税人的收入为每月 7 000 元,那么考虑到日常生活所需,肯定不愿意支付 6 000 元的住房租金。

(四) 赡养老人

《办法》规定纳税人赡养年满 60 岁(含)的父母和子女已经去世的祖父母、外祖父母可以享受该项扣除。但是,《办法》仍存在一定的局限:第一,政策忽略了那些年龄不满 60 岁,却已经丧失生活能力的老人,相比之下这部分老人所需要的赡养费用可能更高;第二,实际中存在很多纳税人与被赡养人非上述关系的情况,如女婿赡养岳父、岳母,根据《办法》就不能将赡养老人的费用在税前扣除;第三,被赡养的父母是否拥有收入来源对子女的影响也较大,有社会保险的被赡养对象在退休后完全有能力自给自足,而广大农村很多老年人并没有养老保险,赡养费用全部依赖子女,这导致承担赡养义务的子女所需要负担的费用是不一样的;第四,养老方式的差别,现有的养老方式主要有子女供养、自助养老和养老机构养老等三种方式,这三种养老方式尽管目的相同,但是费用开支却大相径庭,所需资金差距悬殊;第五,非独生子女的扣除数额更小,没有考虑到其父母年轻时同时养育几个子女的压力大于独生子女,而每个纳税人都有赡养父母的义务,承担赡养义务的子女在履行相同的义务后,在扣除标准上却"打了折扣",不符合人之常情、社会常理③。

(五) 大病医疗

1. 扣除范围方面

按照我国法律的有关要求,医疗费主要包括医药费、住院费、护理费、检查费等,但是我国对于大病界定没有明确标准,哪些病属于"大病"范畴暂没有具体规定,仅是采取列举说明的模式进行介绍,并且我国大病医疗费用扣除并未考虑病人接受治疗后康复所需要的费用,有些大病,治疗起来可能费用并不是很高,但是往往后期康复时间长、花费多。例如,糖尿

---

① 陈志明.论我国个人所得税专项附加扣除制度[D].南昌:南昌大学,2021.
② 寇恩惠,刘柏惠.个人所得税房贷利息扣除政策优化探讨[J].税务研究,2020(7):32-37.
③ 黄朝晓.个人所得税赡养老人专项附加扣除制度建议[J].税务研究,2018(11):43-48.

病、高血压、半身不遂、老年痴呆等,长期威胁民众的健康,影响其正常工作和生活,还会诱发其他疾病,需要投入大量的人力、财力进行治疗和恢复,因此,扣除范围不合理,无法调节民众医疗压力①。

2. 扣除标准方面

对于大病医疗的扣除标准,在目前我国医疗保障体系不完善的情况下,弱势群体往往没有医保,导致其在看病时,能省则省,达不到15 000元的标准,对这种急需照顾的人群,专项附加扣除制度的短板显得异常突出。然而,还有部分纳税人不仅可以得到医疗保险的赔偿金,在扣除了医疗保险报销部分后,大病医疗费用往往还有商业保险部分可以报销,最后,导致其他偿还的部分对大病医疗的总额部分有较大影响。所以,在确定大病医疗具体数额标准时,还应当考虑商业保险等对于医疗费用总额的影响②。

3. 扣除对象方面

我国有关大病医疗方面的费用扣除对象设置不够合理,扣除对象不包括父母,随着我国人口老龄化加重,老年人患病的概率比较大,而老人在治疗环节中发生的医疗费用不可以由子女来扣除,但巨额的医疗费用支出却往往要由子女来承担,导致其子女在无形之中倍感压力③。

八、全年一次性奖金的操作困境

新修正的个人所得税法实施后,对全年一次性奖金所得税计征方式也进行了修改。全年一次性奖金是指行政机关、企事业单位等扣缴义务人根据其全年经济效益和对雇员全年工作业绩的综合考核情况,向雇员发放的一次性奖金,也包括年终加薪、实行年薪制和绩效工资办法的单位根据考核情况兑现的年薪和绩效工资。居民个人取得全年一次性奖金,可以不并入当年综合所得,全年一次性奖金收入/12按照月度税率表(全年一次性奖金适用),确定适用税率和速算扣除数,单独计算纳税。这很好地发挥了全年一次性奖金对纳税人的激励效果,释放出新个税改革带来的红利,减轻了低收入人群的纳税压力。但现实中也存在如下问题:

(一)临界值问题

首先,全年一次性奖金存在"无效区间"。通过对比综合所得税率表和月度税率表(全年一次性奖金适用)可以看出,与超额累进制不同的是,月度税率表(全年一次性奖金单独计税适用)在临界点的税率和税负上呈现跳跃式上升,如果全年一次性奖金除以12的商数刚刚超过临界点,就会出现全年一次性奖金多但是实发却少的现象。如全年一次性奖金为36 000元,需缴税1 080元,但是如果全年一次性奖金再多发一元钱,则需缴税3 390.1元④。

我们可以利用Excel求解出全年一次性奖金的无效区间。当全年一次性奖金不超过36 000元时,不存在无效区间。当全年一次性奖金处于(36 000,144 000)时,设全年一次性

---

① 王薇.我国个人所得税费用扣除问题研究[D].南昌:江西财经大学,2021.
② 盛常艳,薛兴华.我国个人所得税专项附加扣除制度探讨[J].税务研究,2018(11):5.
③ 王薇.我国个人所得税费用扣除问题研究[D].南昌:江西财经大学,2021.
④ 张艳菲.关于过渡期综合所得与全年一次性奖金分配问题的思考[J].商讯,2020(21):135-137.

奖金为 X，使全年一次性奖金 X 与上一区间临界值 36 000 元的税后收入相等，即 $X-(X\times 10\%-210)=36\,000-36\,000\times 3\%$，解出 $X=38\,566.67$。也就是说，当全年一次性奖金处于 $(36\,000,38\,566.67]$ 时，税后实发数并没有超过 36 000 元时的实发数，这就是全年一次性奖金的无效区间，同样的方法，可以得出全年一次性奖金无效区间，见表 5-11：

表 5-11　全年一次性奖金无效区间表　　　　　　　　　　（单位：元）

区间	全年一次性奖金	无效区间
1	(0,36 000]	无
2	(36 000,144 000]	(36 000,38 566.67]
3	(144 000,300 000]	(144 000,160 500]
4	(300 000,420 000]	(300 000,318 333.3]
5	(420 000,660 000]	(420 000,447 500]
6	(660 000,960 000]	(660 000,706 538.46]
7	超过 960 000	(960 000,1 120 000]

因此，单从考虑全年一次性奖金的角度，如果全年一次性奖金数额落入这个区间内，可能出现纳税人税前全年一次性奖金的金额增加，而税后全年一次性奖金反而减少的不合理现象，不符合按劳分配的原则。造成这一现象的原因与不同速算扣除数和超额累进税率以及年底一次性奖金的计算方法有关，因此年底一次性奖金的计算方法还有待调整以避免临界值问题的出现。

(二) 全年一次性奖金计税方式自主选择问题

2018 年个税改革后，新的个人所得税制度对于纳税人的年底一次性奖金，在延续原来的单独优惠计税基础上，添加了一个人性化的要素，即纳税人可以自行选择把年底一次性奖金合并到综合所得中合计计税还是单独计税。这一新政策理论上给予了纳税人自主选择权，但在实际工作中，如何落实其选择权却非常困难，困难之处有以下几点①：

首先，纳税人并不知晓其如何选择。在我国，居民的纳税意识普遍有待提高，个税基本以代扣代缴为主，纳税人的税收大都是扣缴义务人代扣代缴的，因此纳税人自己并不懂税，尤其是 2018 年改革后采取混合所得税制，对平时的工资薪金进行累计预扣，对综合所得中的其他三项所得按照原来的计算办法预扣预缴，到了年底再汇算清缴，但全年一次性奖金有优惠政策，而这个政策又允许纳税人自主选择，因此也不清楚选择哪一个计算方法可以获得税收优惠。在这种情况下，即使单位很尽责地让每个人自主选择，纳税人往往也无从选择。

其次，即使纳税人正好是税收方面的专家，知道如何选择对自己有利的计税方式，但是在实务中，很多单位年终奖发放计算和考核很复杂，年终奖来源也并不单一，即纳税人在选择计税方法时并不知道自己今年能拿多少金额的年终奖，因此也根本不清楚哪一种计税方式对自己有利而做

---

① 徐晔.新个税政策下如何优化年底一次性奖金的税务处理[J].世界经济情况,2020(6)：10-13.

出选择。

最后，扣缴义务人如何通知纳税人进行选择。这一政策,对于一些小单位而言或许不会存在问题,扣缴义务人可以派出专家给单位所有员工进行科普,落实到每个纳税人时,专家也可以一对一帮助纳税人做出选择。但是对于一些员工特别多的大单位,却带来了很大的挑战。如果单位员工上万人,下属单位几百家,负责扣缴义务的财务人员人手不够,年底财务工作又繁忙,如何做到逐一通知到每一位员工就是一个很大的问题。再加上有的单位扣缴义务人本身对政策不了解,不知道这一政策会关乎纳税人的切实利益,因此扣缴义务人认为此政策并不重要而选择不通知纳税人。有的单位财务人员可能只是任务性地通知了事,至于纳税人有无阅读通知消息并做出正确选择则根本不会再关注。

基于以上原因,预扣预缴环节优化综合所得和全年一次性奖金方案只能是个粗略的测算,并不能保证所有职工的利益。通过2019年度个人所得税年度汇算工作可以看出,不同单位职工对个人所得税的政策变化的掌握存在很大差异,这就需要财务工作者在日常工作中就注重政策的宣传,使职工掌握分配方案的方法①。

例 5-11：某单位有上万名员工,其2019年的年终奖在2020年1月发放,为了高效地通知到下属所有单位员工在财务系统中自行选择全年一次性奖金的计税方法,扣税人员通过单位的OA系统批量地给下属所有单位的第一负责人发送了选择计税方法的通知,如果员工没有做出选择,其扣税系统就默认把纳税人全年一次性奖金中36 000元部分单独计税,而把多余的奖金部分合并到综合所得中计税。有部分下属单位的第一负责人并没有留意到这一通知,自然也就没有通知其所属单位的所有员工做出选择,于是该单位的财务系统把所有这些没有自主选择的员工的全年一次性奖金中36 000元部分单独计税,而超过部分合并到综合所得合并计税。

下属某一单位纳税人到2月底发现这个问题后,与单位财务扣缴人员沟通是否可以纠错,但是被告知单位太大,员工太多,而且2月份工资的累计预扣已经实施,纠错太复杂,因此拒绝更正。

在与财务沟通过程中,纳税人发现2019年的全年一次性奖金财务也是这么处理的,而且2019年财务没有发送任何通知,也就是说,纳税人没有任何选择的权利,被人为地统一按照上述做法进行扣税。而这一错误既不能由扣缴义务人更正纠错,也不能在汇算清缴时纠错,因为国家为了防止纳税人进行税收筹划,在汇算清缴中,允许纳税人把全年一次性奖金合并到综合所得中,但是却不允许纳税人把已经计入综合所得的部分拆分成全年一次性奖金。这就意味着2019年的错误不仅仅是下属个别单位的员工,而是该单位所有上万名员工都是这么被武断地进行扣税的。这一案例具有普遍代表性,由于税收计算的复杂以及纳税人实际并不懂税,因此大多数纳税人被多扣了税金自己却浑然不知。

---

① 张玲.全年一次性奖金计征个人所得税问题浅析[J].纳税,2020(14)：9-11.

我们来分析一下这个案例中的逻辑思路,扣缴义务人的财务人员认为把纳税人年终奖中的36 000元部分剥离出来适用3%的低税率,而超过部分作为综合所得是对纳税人最优的税务处理。那么实际上是否为最优处理呢?应该说对于一部分年综合所得低、年终奖在36 000元附近的员工确实是最佳的,但对于大多数其余员工却会产生年内被多扣税的现象。新个税法下,综合所得采取累计预扣法,税率是按照年所得来套用的,而1月份是一年的第一个月,纳税人当年的累计综合所得还不是很高,虽然把年终奖中的大额部分剥离出来作为综合所得,纳税人1月份的税率也不超过10%,从当月来看,这确实是对纳税人最好的选择,1月份扣缴的税金最少,殊不知这会直接推高之后月份适用的税率,会导致年内后续11个月的税金都会增加。因此,在按年计税下,一年之内,纳税人会多交好多税。

例如,纳税人李某2020年1月获得2019年的年终奖为13.6万元,1月份他还获得正常的每个月的工资薪金2万元,当月奖金1万元,假设李某的"四险一金"免税部分为每月3 000元,个人专项附加扣除为每月2 000元,按照国家现行对年终奖的优惠政策,李某可以自行选择把13.6万元单独计税还是合并计税。如果他选择单独计税,那么年终奖部分适用的税率是10%,如果合并计税,就得看该纳税人2020年全年的所有综合所得是多少,到年底的最高边际税率能达到多少,如果最高边际税率高于10%而且是远远高于10%的,那么选择单独计税肯定是划算的。

上例中,单位财务在李某不做选择的情况下,擅自把李某的年终奖的36 000元部分适用优惠计税政策,而把多余部分作为综合所得,这样的话,李某1月份应该被预扣的税金＝36 000×3%＋(100 000＋20 000＋10 000－5 000－3 000－2 000)×10%－2 520＝10 560元。如果李某自己选择把年终奖全部单独计税,那么李某1月份应该被预扣预交的税金＝136 000×10%＋(20 000＋10 000－5 000－3 000－2 000)×3%＝14 200元。

从上述计算结果来看,仅就1月份而言,财务的选择确实是利于纳税人的,1月份李某被少扣了3 640元(14 200－10 560)的税金。但是做出这样的选择之后,本来李某1月份的综合所得只有2万元,但是财务把1月份综合所得多记了10万元,也就是说1月份李某的综合所得已经达到12万元了(扣除免征额和其他扣除),适用的税率是10%,到了2月份,李某当月如果所得达到4万元,那么李某2月份的适用税率就已经达到20%,以后每个月税率只会越来越高。但是如果李某自己做出选择把年终奖全部单独计税,那么后续几个月的所有工资薪金,一直要累加到14.4万(扣除各种费用之后)后税率才会达到20%。也就是说按照李某一个月固定2万工资、1万月度奖金来计算的话,他要到7月份时在累计预扣法下税率才达到20%。

我们来看看财务的这一武断做法会导致李某2020年多交多少税。具体多交的税金数额得根据李某这一年的总的综合所得适用的最高边际税率来定,如果李某当年的最高边际税率为45%(年应纳税所得额大于96万元),那么李某由于财务的不当操作导致2020年多交了32 480元的税[100 000×(45%－10%)－36 000×(10%－3%)],如果其最高边际税率是35%(年应纳税所得额66万—96万元),那么会多交22 480元的税[100 000×(35%－10%)－36 000×(10%－3%)]。如果其最高边际税率是30%(年应纳税所得额30万—42万元),那么会多交17 480元的税[100 000×(30%－10%)－36 000×(10%－3%)]。如果其最高边际税率是20%(年应纳税所得额14.4万—30万元),那么会多交7 480元的税

[100 000×(20%−10%)−36 000×(10%−3%)]。可见,纳税人一年的总综合所得越高,适用的最高边际税率越高,其多交的税金也就越大。

在上述案例中,其中下属一家单位的员工 200 人左右,假设 50%的员工年综合所得在 14.4 万—30 万元,25%的员工在 30 万—42 万元,大概有 10 人的最高边际税率达到 45%,10 人左右边际税率达到 35%,另外 30 人收入低并没有多交多少税,忽略不计。假设其年终奖统一都为 13.6 万元(为了计算简化,实际有人高于 13.6 万元,有人低于这个数),则由于该单位财务人员的武断扣税法,导致该单位下属这家基层单位的所有员工 2020 年多交了 219 万元左右的税金。而这家单位总员工数在 5 000 人以上,多交的税金总数相当巨大。

上述案例中的财务人员其实努力想帮纳税人省钱,只是因为不精通税务知识,最终好心办了坏事:一是他们不知道一个规模巨大、员工众多的单位,其员工的收入水平相差非常大,绝对不是用一种简单的办法就能够让大多数人实现税收最优化的;二是在综合所得税制下,纳税期限由月度改为年度,因此不能单看 1 月份预扣的税金多少来看是否最优,而是要看全年是否最优。最终他们选择了有利于收入较低的员工的最优税务处理,殊不知低收入人群的税收可能一年只少缴了几百元左右,但是却会导致中高收入的纳税人一年多缴高达好几万元的税。

第二节 个人所得税征管层面的问题

一、申报方式的变化

税收征管方式是指在税收征管过程中,税务机关依据不同税种的特点、征纳双方的具体条件而确定的计算征收税款的方法和形式。当前我国个税征收采用源泉控制、代扣代缴为主,纳税人自行申报纳税为辅的征收方式,但实际执行过程中并不尽如人意。

(一)自行申报难以到位

在第四章第七节中我们列示了现行税法中规定需要进行自主申报和年底汇算清缴的情况,然而在个人所得税法修正前,仅限于收入从两处以上取得和年收入 12 万元以上才需自行申报。现行个人所得税税法下,自行申报的范围明显扩大,覆盖到更多的纳税人。在过去的税制中,与自然人相关的税种大多采取代扣代缴、代收代缴的形式进行缴纳,纳税人对代扣制度产生严重依赖性,自主纳税的意识十分欠缺,有很大一部分纳税人不知道自己需要缴纳税款和纳税申报。由于自主申报是每年申报一次,自然人的纳税意识不足,对自身的收入没有详细的记录,也没有保存相关凭证,尤其是对于一些收入项目多且分散的纳税人来说,准确计算并进行纳税申报存在一定困难。并且在代扣制度下,有些扣缴义务人在对自然人的收入扣缴税款后,并没有给自然人纳税人开出相关的扣税凭证,导致纳税人不知道自己缴纳了多少或者应补缴多少税款。这一系列影响因素,也减损了自然人纳税人自主申报的积极性,阻碍了自主申报制度的落实。另外,由于纳税人缺少自主申报的经验,对税收、税法知识掌握不够,自行申报很可能出现错误和问题,增加了税务人员审核的难度。这些情况就会导致税务人员在对申报信息进行审核、计算应纳税款时工作量增大，影响工作效率①。

（二）扣缴申报制度不能很好落实

我国的个人所得税实行扣缴义务人全员全额扣缴申报加上自行纳税申报制度，其中全员全额扣缴申报，是指扣缴义务人应当在代扣税款的次月15日内，向主管税务机关报送其支付的所有个人的有关信息、支付所得数额、扣除事项和数额、扣缴税款的具体数额和总额以及其他相关涉税信息资料。实行个人所得税全员全额扣缴申报的应税所得包括除经营所得之外的八项所得。

在之前的分类征收模式下，个人取得工资薪金收入，可以直接由发放工资、薪金的雇主作为扣缴义务人，向税务机关扣缴纳税人的个人所得税。而现行模式下，居民的综合收入是按年汇总清缴，每个月取得的收入只进行个人所得税的预缴。累计预扣法是个人所得税法修正后新出现的一种扣缴形式，综合收入虽然是纳税年度终了时才汇算清缴，但是纳税人的工资收入是按月取得的，如果完全按照年底才汇总清缴个人所得税，不仅会因时间过长、收入次数多造成统计较为麻烦，而且征管成本过高。所以，纳税人从单位处取得收入，由扣缴义务人从收入中按照规定扣除一部分作为预缴税款，每月累计。扣缴时按工资、薪金减除各项扣除项目后按预扣率表计算。到纳税年度终了时，与应交税额比对，预扣多的办理退税，少的办理清缴。现行的方式比之前多一步年终时的比对，多出了退税和清缴步骤，因此这种累计预扣方法无疑相对复杂。

但是我国目前的代扣代缴情况并不是很好。首先，扣缴义务人对扣缴义务认识不到位，缺少法律责任感。许多扣缴义务人没有认识到代扣代缴工作是必须履行的义务，认为扣缴个人所得税是在帮税务机关的忙，税务机关支付给扣缴义务人一定比例的手续费更让扣缴义务人感觉是在给税务机关"打工"。在这种认识下，一些扣缴义务人缺乏法定责任感，敷衍了事、随意扣缴也就在所难免。修正前的个税法中规定扣缴义务人的法定代表人、财务主管和具体的办税人员共同对依法履行代扣代缴义务承担法律责任。这种规定使得扣缴义务人的违法责任不明确、不具体，法律中只规定了要承担责任，至于谁承担责任，承担什么责任，都没有明确②。这就进一步使得相关人员缺少法律责任感，一旦被查，都会相互推卸责任。另外，有的单位、企业不愿全面履行代扣代缴义务，究其原因，有的是怕得罪人，有的是怕麻烦。税务机关对扣缴义务人的激励或奖励措施不够，对未履行扣缴的单位处罚力度不够，都造成了扣缴义务人消极应对，不认真履行代扣代缴义务③。

其次，扣缴义务人用多种手段帮助纳税人逃税的现象并不罕见。扣缴义务人作为追求利益最大化为目标的主体，它与纳税人（经常是自己的员工）存在利害关系，员工税后收入高，工作积极性也高，而缴税会影响员工的工作积极性，此外，还有很多时候纳税人的税额是由扣缴义务人自身负担的。这都会使得扣缴义务人基于利益关系运用种种手段帮助纳税人逃税④。

---

① 陈亚萍.个税自行申报实施困难的原因探析[J].纳税,2019(15)：1.
② 《个人所得税代扣代缴暂行办法》(国税发[1995]65号)，于2016年废止。
③ 李博.个人所得税扣缴制度的问题及对策[J].中国经贸导刊(中),2020(4)：85-86.
④ 徐晔.抑制个人所得税流失的新思路——完善代扣代缴工作[J].税务与经济,2006(10)：1-8.

1. 工资、薪金所得

工资、薪金所得税款是个人所得税收入的主要来源。但就是这一公认扣缴比较好的税源,税务部门征收的税款一般也仅局限在易于控制的账面上的工资和薪金,而账外发放的工资以外的奖金、福利补贴、实物、货币购物券、有价证券等,由于一些支付单位采取巧立名目、多头发放和小金库支付的方法,并且一些支出是以非货币的实物形式存在,如年货等,税务部门根本无法完全监控这些税源,实际征管中这部分税收流失较大。这种现象在财务不是很规范的一些民营企业和一些小企业中比较普遍。当然,近几年由于我国现金使用范围的逐步缩小,工资薪金所得扣缴申报工作越来越规范,这也是近些年个人所得税收入中工资薪金所得项目占比逐年递增的原因所在。

2. 财产转让所得和财产租赁所得

目前我国的财产租赁所得和财产转让所得主要是房产租赁所得和房产转让所得,纳税人获得所得收入主要是通过房产中介公司实现的,房产中介公司为了达成交易,往往会想方设法帮助交易双方节约成本,而帮助他们偷逃个人所得税就是有利于三方的最好方式。具体来说,财产租赁所得和财产转让所得偷逃个人所得税的方式有所不同。

对于房产租赁所得,在现实中,在承租方不需要开具发票的情况下,租赁所得的个税基本上都会流失。因为中介公司一般都是民营或者个体性质的,在不需要发票的情况下,中介公司往往选择不替出租方代扣代缴个人所得税;而且在大多数情况下,租金都是承租人直接支付给出租方的,承租人更不会履行代扣代缴义务,而出租方是否会主动到税务机关去申报这笔租金收入主要看社会的纳税环境和纳税人的整体纳税意识。

具体而言,由于出租方的趋利心态,且法律意识较为薄弱,许多出租方甚至没有要纳税的意识,尤其租赁双方主要是以现金来结算,承租方不主动索要发票,导致税款流失相当严重。据有关调查数据显示,在参与调查的出租人中,不愿纳税的比例高达97.1%。此外,承租人也普遍存在纳税意识不足的问题。数据显示,参与调查的承租人中,没有向出租人索要收据或发票的比例高达92.47%。多数承租人没有索要发票的意识,同时也有担心房租增加的顾虑,使得多数承租人由于趋利心态选择隐瞒事实,因此选择放弃索要发票,这不仅使得自己的合法权益无法得到有效保障,也给税务机关开展税收征管工作增添了难度。个人出租房屋税收征管的相关纳税知识的普及程度直接关系到征收效果[①]。

随着经济的发展和居民财富的不断积累,财产转让所得日益成为我国居民收入的重要来源,其中尤以房产转让最为突出。据统计,2018年房产净值增长占全国家庭人均财富增长的91%。而房产转让所得个税收入仅占全国个税收入的3.66%,显然无法发挥有效的收入再分配作用[②]。房产交易必须通过房产交易中心过户,而房产交易中心一般都是隶属于政府部门,在交易环节,只有交易双方的税款结清后才能最终进行过户,所以在我国,不太可能偷逃房产转让所得的个人所得税。当然,在现实交易中,仍旧存在中介和交易双方为了降低双方交易成本采取做低合同价格的方式(也就是所谓的阴阳合同)来偷逃交易环节的各种税金,包括个人所得税。国家也采取一系列对应措施来抵制这种现象,包括采取限价政策,

---

① 杨昭.个人出租房屋税收征管问题研究[D].南昌:江西财经大学,2020.
② 刘维彬,黄凤羽.我国个人所得税的税收负担及其优化[J].税务研究,2020(9):32-40.

即合同价如果过低导致房产交易中心审核不通过,则按照核定的价格作为成交价,而个税是以成交价作为计税依据的,因此核定限价这一政策能有效抑制通过阴阳合同大额偷逃个人所得税的现象发生。

(三) 专项附加费用扣除申请存在问题

新的个人所得税制下,纳税人可在个人所得税 APP 等系统中,直接申请专项附加费用扣除,且只要申请即可扣除,其真实性由税务机关事后核查:核查属实,则依法正常缴纳个人所得税;核查不属实,按正确方式计算应交税款,进行补税。个人在系统内填写提交各项专项附加扣除信息,扣缴义务人以这些信息为基础计算扣缴税款,但是这些信息的真实性却无法保证,并且很多信息直接涉及被扣缴人家庭、房产等诸多私密问题,从心理的角度说,没有谁愿意将自己的私人信息完全向外界暴露,没有人愿意做"透明人",因此不少被扣缴人不愿意配合①。由于专项附加扣除信息涉及医疗部门、教育部门、房产部门、公安部门以及金融机构等多个部门,各项信息也可能会出现变化,且存在很大的个体特殊性,信息核对工作较为复杂,也可能存在相关部门掌握信息不全的情况,会导致扣除信息的核对过程存在困难。更重要的是,目前税务部门与政府其他部门之间存在一定的信息壁垒,其他部门出于自身利益和保护纳税人隐私等多方面的考虑,可能会在提供有关信息时存在异议,不愿或者不能提供自然人的有关涉税信息,也使信息的审核工作难以进行。

目前我国的法律法规中也没有明确规定相关部门不提供涉税信息是否应受到相应处罚,以及提供信息所需要的程序、途径,致使税务部门在获取专项附加扣除信息等涉税信息时缺少一定的法律依据,没有法律约束,无法保证能否获取信息以及信息的质量,这就会影响税收征管工作的进行,增加税收征管成本②。

二、征管机构的征管水平有待提高

(一) 征管人员素质尚需提高

我国的税务从业人员,从学历上看,近几年来已经有了很大的提高,税务机关也很重视对税务人员的业务培训,使税务人员的业务素质有了较大的提高。但税务干部整体的法律和专业素质仍不高,执法能力、专业技能、敬业意识和奉献精神都有待提高。在税收征管工作过程中,仍然存在着执法不严的问题,尤其是在征管个人所得税的过程中,由于税务人员直接与个人打交道,征税又直接关系到个人的经济利益,税务人员有时很难过人情关。这些都说明有些税务人员的法律意识还是比较薄弱,不能做到严格执法。有数据显示,1994 年我国税务部门在职干部职工为 34 万人,2019 年为 72 万人,增加至 2.12 倍。从人员学历来看,税务系统拥有博士学位的不到 1 000 人,拥有硕士学位的大约 4.6 万人。从年龄结构来看,年龄在 30 岁以下的约占 17%,这一部分人员主要是新招录的公务员;年龄在 30—40 岁的约占 16%,在 41—50 岁的约占 34.44%,这部分人承担大量业务工作,属于骨干力量;年龄在 50 岁以上的约占 32%,可见我国税务部门中 40—60 岁年龄层的人员占比约三分之二,青

---

① 杨桂荣.个税改革背景下个人所得税征管问题研究[D].南昌:江西财经大学,2019.
② 黄振.改革背景下的个人所得税征管问题和对策研究[D].郑州:郑州大学,2019.

年干部较少,导致了人员结构的失调①。

(二) 信息系统尚不健全

现行模式要求纳税人进行自行申报,这也同时要求税务机关必须清晰地掌握纳税人的收入情况,只有这样才能准确地计算纳税人的应纳税额,降低偷税漏税事件发生的可能性,这是对于税务机关征管能力的重大考验。近些年我国税务机关十分注重提高自身征管能力,也取得了不错的成绩,但是依旧无法完全适应现行模式。

1. 征管信息平台建设滞后

征管信息的不完善主要是由于数据采集平台不健全,数据来源单一。2016年上线的"金税三期"工程到目前为止一直在致力于实现不同平台间信息的共享,国地税已经合并,但是与其他部门间的联网工作和信息库的建设依旧在进行中。"金税三期"工程作为税收信息的基础载体,在实际的征管工作中扮演着重要的角色,但是在实际的征管中,有着许多的不足。纳税人与税务人员在填写数据时的不严谨、人为操作失误等原因都会造成在审核数据时,数据与实际数据的差异过大,造成数据的不准确,税收效率较低。税务机关得到的数据来源也比较单一,主要是纳税人的申报数据、社保机构导入的社保数据,其他部门的数据来源较少,无法及时地获取其他部门系统内的数据,很难实现数据之间的比对,直接影响到了征管一线人员对税源的管理②。

2. 信息共享机制不完善

我国目前主要以居民身份证号确定纳税人身份并作为纳税识别号。但是税务机关将纳税人的涉税信息集中归纳到纳税人个人名下的数据采集工作开展困难。我国目前各地区税务机关存在协同能力不足的情况,纳税人的收入来源地可能是多个不同地区,而征收个人所得税必须将综合收入汇总计算,税务机关对于纳税人在外地取得的收入数据获取较为困难,由多地取得收入的纳税人的真实收入情况在税务机关的系统中是碎片化的存在。但是税务部门与其他相关部门之间的信息联网尚不成熟,缺乏沟通和信息的共享,加之各部门有自身行业的信息保密要求,信息不对称的情况难以消除,这就使得税务机关很难对于有多种收入来源,尤其是高收入人群的经济活动有较强的掌控力,这是新个人所得税征管改革必须面对的重要问题。

(三) 收入信息不对称,税源监控乏力

个人所得税收入信息的不对称主要反映在征纳双方信息来源渠道、信息质量和信息传递过程的不同上。

1. 信息来源渠道

从信息来源渠道看,纳税人既可直接从税务部门,也可间接从图书、报纸、杂志、网络及其他新闻媒介或从社会中介机构获取所需的信息,而且随着现代科技的发展,纳税人获取有关信息的渠道更趋多元化;但是,反观征税人,在西方发达国家,税收征管技术手段高度现代化,税务机关一般都有广泛的信息来源系统,可通过征纳双方之外的第三方(如银行、个人征信机构等)获取有关信息。而在经济合作与发展组织各成员国中,都对第三方应承担的义务

---

① 国家税务总局.中国税务年鉴2020[M].北京:中国税务出版社,2020.
② 方锐杰.完善综合与分类相结合的个人所得税征管机制[D].蚌埠:安徽财经大学,2019.

及未履行义务的处罚以法律形式加以规定。目前来看,个人所得税征管中第三方涉税信息共享的主要法律依据是《税收征收管理法》第六条之规定,但该条款对第三方涉税信息共享只做了原则性规定,对制度建立的具体要素语焉不详,可操作性不强。首先,提供涉税信息的第三方主体不明确、不全面。关于第三方主体,相关条文所表述的是"政府其他管理机关""纳税人、扣缴义务人和其他有关单位",但对于究竟包含哪些政府管理机关、哪些有关单位并没有明确。义务主体的不明确,将可能导致该条之规定在一定程度上、一定范围内流于形式,无法得到彻底执行。其次,第三方主体提供涉税信息的范围、方式、期限等不明确。提供涉税信息需要建立相应的工作机制、配备专门的人员,第三方将由此产生相应的成本,此外,有的涉税信息可能涉及第三方的一些切身利益(比如银行可能会以保护客户隐私为由不愿意提供相关信息),因此,如果不对第三方应当提供的信息的范围、方式、期限等做出明确规定,将导致这一制度缺乏可操作性①。

个人所得税制度改革后,综合所得增加了六项专项附加扣除项目,大多数纳税人都需要填写提交个人的专项附加扣除信息,扣缴义务人也需要根据每个员工的专项扣除信息来计算扣缴税款。税务机关可以获得自然人纳税人的住房信息、家庭情况、医疗保险等多方面资料,能够掌握更多自然人纳税人的涉税信息,可以更加全面地了解其经济情况,有利于税务部门对自然人纳税人的税收进行监控和管理。但是与此同时,税务部门也面临着接收信息量大、涉税信息繁杂等问题,想要对掌握的信息进行有效的鉴别和利用,就需要税务机关对掌握的涉税信息进行审查、整理、分类并与相关部门联网核对。但是,我国现阶段税收征管工作对自然人的税收征管重视度还不够,缺少完善的自然人信息管理系统,系统内的自然人涉税信息也比较分散、杂乱,一般只在进行申报、扣缴税款时审查核对,缺乏对信息的日常监管和动态监控②。

2. 信息质量

从征纳双方占有信息的质量看,纳税人通过多种渠道直接或间接占有与纳税有关的信息,真实性、准确性很强,质量很高;反观征税人,由于没有个人所得税的专职稽查人员,难以对纳税人的纳税情况开展经常性的检查,信息来源主要依赖于扣缴第三方的信息,扣缴人和纳税人往往出于合谋的目的,许多信息已被人为地进行了技术处理,信息质量比较低。

3. 信息传递过程

从征纳双方信息传递过程看,为促使纳税人正确、及时履行纳税义务,各地税务机关都强化了税收服务,主动将国家制定的有关法律、法规和税收政策等信息及时传递给纳税人;而纳税人为了谋求自身利益最大化,却经常故意隐瞒信息。这种信息非对称性分布源于征税人观察纳税人行为的间接性与弱小性,而且高收入群体由于所处的特殊地位,更容易隐瞒信息,纳税人有可能将虚假的信息传递给征税人,税务机关由于征管手段的落后与信息不对称,无从核实信息的正确与否,使得税务部门对大量的隐性收入难以及时掌握并准确核实,从而导致了纳税人偷逃税行为的发生。

---

① 汤火箭,宋远军.大数据时代个人所得税征管中第三方涉税信息共享制度研究[J].税务研究,2020(1):101-107.

② 王娴.个人所得税改革背景下自然人税收征管问题研究[D].蚌埠:安徽财经大学,2019.

（四）税务稽查不规范

我国的税收征管模式一方面要求纳税人如实依法申报，另一方面要求税务机关把主要力量放到税务稽查上来，这样做的目的是加强对纳税人违法行为的检查处罚。但对个人所得税而言，实际执行的效果很差。长期以来，各地税务稽查的目的偏重于突击完成收入任务，很少对个人纳税情况进行检查。大型企业人数众多，税务机关由于检查人员少、时间有限，不可能对众多纳税人的个人所得税进行详细的检查，往往要企业进行自查自报，这就不可避免地造成了税源流失，而这些大型企业往往是高收入者比较集中的地方，因此，稽查的失控可能性大。

（五）对偷逃税行为处罚力度不足

近几年来，我国个人所得税的执法环境有了一定的提高，但个人所得税整体的偷逃税情况仍不容乐观。由于缺乏必要的、严厉的法律措施，税务机关对偷逃税案件的处罚力度弱、处罚不到位。我国现行《税收征收管理法》规定，对偷税等税收违法行为在采取强制执行措施追缴其不缴或者少缴的税款外，可以处不缴或者少缴的税款50%以上5倍以下的罚款。但是在执行过程中，对纳税人的处罚很少超过3倍，从而造成对税收违法行为处罚的威慑力不够，难以达到惩治违法行为的目的。

此外，部分地区的税务机关对于纳税人的税务稽查不严，在税收执法过程中的自由裁量权过大，同时只注重对税款的查补而处罚较轻，致使许多人偷逃税者往往抱有侥幸心理[①]。

（六）对高收入群体征收不力

首先，个人收入的多元隐蔽性，为腐败、违法行为提供了便利。高收入人群的收入渠道多，在某些领域的收入来源也比较隐蔽，在申报查证中一部分高收入项目很容易被忽略，税收征管部门进行完全彻底的个人收入统计申报难度较大，这都为偷税、漏税等违法行为制造了便利条件。

其次，征管制度不够完善，税务支付环节难以落实一套完善的税收征管制度，需要征管相关法规、部门机构人员和征管形式方法相互配合协调。现行的个人所得税法对自行申报缴纳个人所得税的要求不够全面；扣缴业务的监管难以把控，代扣代缴的形式未完全彻底落实，导致一些企业为了个人利益或是由于各种因素对代缴代扣所得税的实施不力，支付环节的控制失效也加重了税收的流失。此外，对高收入群体的界定也不够全面，《个人所得税管理办法》第七章"加强高收入者的重点管理"第二十九条规定，税务机关应将下列人员纳入重点纳税人的范围：金融、保险、证券、电力、电信、石油、石化、烟草、民航、铁道、房地产、学校、医院、城市供水供气、出版社、公路管理、外商投资企业和外国企业、高新技术企业、中介机构、体育俱乐部等高收入行业人员；民营经济投资者、影视明星、歌星、体育明星、模特等高收入个人；临时来华演出人员。这样列举式的界定标准可以囊括大部分的高收入行业和个人，但也只是象征性地说明问题，并不能包含全部，也可能其中部分行业的部分个人并不能被纳入高收入人群行列[②]。

[①] 李嘉琦. 个人所得税征管问题及发展对策的思考[J]. 纳税, 2021(3): 1-2.
[②] 秦文迪. 浅析我国高收入人群个人所得税税收征管的法律规制[J]. 全国流通经济, 2020(11): 156-157.

最后,纳税人纳税意识不强、税收征管部门对偷税行为的惩罚力度不足、社会从业场所的多变导致税收征管部门稽查所得税申报不彻底,加之一些高收入人群对国家税收政策制度的理解存在偏差,甚至钻法律的空子,不按规定缴纳所得税。我国《税收征收管理法》规定未按规定缴纳税款的个人处以未缴或少缴税款50%以上、5倍以下的罚款,对于高收入人群来说,惩罚力度还不够,经常出现以补代罚的现象,未起到有效的征管惩罚目的。

(七) 对隐形收入缺乏有效的监管措施

由于我国经济正处于转型期,收入分配渠道不规范,金融系统发展滞后,导致现实生活中现金交易频繁,并产生大量的隐形收入、灰色收入。王首元和王庆石(2014)基于包含价格因素的比例效用恒等式,测算出 2003—2011 年人均年灰色收入达 4 368 元,灰色收入约相当于合法收入的 30%①;王小鲁则借助定向调查数据用恩格尔系数法测量出 2005 年、2008 年和 2011 年灰色收入规模分别为 4.8 万亿元、5.4 万亿元和 6.2 万亿元②;刘穷志和罗秦(2015)基于分组数据下的实证分析表明,中国城乡家庭隐性收入规模一般在 20% 左右,其中城镇高收入户隐性收入最高,隐性收入规模达到了 70% 以上③。这说明税务部门对社会大量存在的隐形收入尚未实现有效监控。

三、纳税服务水平低下

我国目前整体的税收服务水平比较低下,个人所得税方面的服务水平尤其低下,具体表现如下:

(一) 对于个人所得税法等相关内容的宣传不到位

我国税收宣传主要有以下一些问题:

第一,我国税法宣教的手段单一,方式落后,没有建立一个健全的网络系统,使纳税人不能及时地获得各类税收政策、信息和建议。特别是在税收政策法规修改调整时或者出台新的税收法规时,往往不能及时地进行大规模宣传,使许多纳税人没有及时全面地了解和掌握,从而也就不能形成依法纳税的意识。

第二,我国税法宣教历来是税务部门唱独角戏,社会舆论及纳税人响应较少。税务部门缺少行之有效的吸引纳税人参与的方法,没有建立适当的激励机制来提高纳税人参与的积极性。

第三,我国公民的基本素质教育中,没有将税收法制教育作为一项必修课程纳入正规的学校教育中。在中小学,甚至高等教育中,几乎没有有关税法宣传活动,忽视了对这些"潜在纳税人"的税法宣传教育。而在各次普法教育中,也没有把税收法规放在应有的地位进行宣教。

第四,社会曾片面重视对"公款""国家财产"等概念的宣传,而不重视对"纳税人""税款"等概念的宣传;只强调人民是国家的主人,而不宣传纳税是国家主人在政治和经济意义上的

---

① 王首元,王庆石.灰色收入测算新模型:中国的应用——基于比例效用理论视角[J].财贸研究,2014(5):10-18.

② 王小鲁.灰色收入与国民收入分配:2013 年报告[J].比较,2013(5).

③ 刘穷志,罗秦.中国家庭收入不平等水平估算——基于分组数据下隐性收入的测算与收入分布函数的选择[J].中南财经政法大学学报,2015(1):3-11.

体现；只简单地讲税收"取之于民、用之于民"，但对为什么要纳税宣传较少，对税款的使用宣传不多，透明度还不够高，特别是对政府使用税款为纳税人提供公共产品或服务方面宣传较少。另外，有些宣传流于形式，对公民纳税意识的根本性改善作用不大。

第五，过分关注税收征纳法律关系中纳税人对国家课税权的服从，而忽视纳税人应有的权利，忽视发挥纳税人的主观能动性以及与征税机关之间良性互动关系的形成，使税收征纳关系带有浓厚的"官治民从"的色彩，纳税被看作一种不见回报的不得已的负担。

（二）税务代理缺失

个税改革前，我国要求年收入为 12 万元以上的纳税人在次年的 1—3 月进行纳税申报。改革后，个税自行申报的范围明显扩大，覆盖到更多的纳税人。在申报表中要求填写的各项收入为税前收入，但纳税人在每月或在每个收入环节实际拿到手的，都是完税之后的税后收入。有些纳税人甚至从未关心、也不知道其税前收入究竟是多少。因而，在填写申报时需要将税后的收入还原为税前的收入，特别是在多个环节、多来源取得的各个项目的收入逐一分项还原为税前的收入，并且将各项税前收入及其应纳税额、已缴税额加以汇集并分别申报，是涉及自行申报的纳税人必须面对的一个难题。这无论是对于税收知识所知甚少的纳税人，还是对具有税收知识背景的纳税人，都是不容易办到的。在美国，纳税申报更为复杂，但是其税务代理业非常发达，一般的家庭很少是自己填表申报纳税的，都是聘请专业的税务代理师代为申报。而在我国，个人所得税的税务代理几乎处于空白阶段，只有在一些会计师事务所中有部分专门服务于高薪的外籍人员的税务代理，很多纳税人甚至都不知道有个人所得税税务代理这回事。

2018 年个税改革之后，自行申报的纳税人数大大增加，年底汇算清缴出现了大量需要补税和退税的人群，个税法中新添加了六项专项附加扣除，新增加了综合所得项目，因此个税的申报比之前分类所得税制度下更为复杂，因此，在此背景下，我们更加需要税务代理行业的发展。在以前的分类模式下，需要自行申报个人所得税的纳税人占比很低，绝大部分的纳税人由于源泉扣缴没有使用社会中的第三方税务服务机构帮助缴纳个人所得税的需求。但是在现行模式下，需要自行申报的纳税人数量大幅增加，而一定的个人所得税申报知识是自行申报的必要条件，对于一般没有接触过自行申报的纳税人无疑是一种挑战，所以纳税人对于社会中的涉税服务行业需求将大幅增加。但是当前我国税收服务机构对于代理个税申报的服务供给依然很少，难以满足未来大幅增加的申报服务需求①。

第三节 环境及相关配套措施层面的问题

一、纳税人纳税意识低下

对于我国居民的纳税意识，许多机构曾经做过一系列的调查。比如，1999 年在北京、上

---

① 刘娟.税收公平视域下我国个人所得税课税模式改革研究[D].广州：华南理工大学，2019.

海、广州、长沙、武汉、重庆、兰州、大连、哈尔滨等城市进行的一次问卷调查,采取多段随机抽样调查方式,共发放调查问卷3 000份,有效回收率为96.5%。调查显示,我国市民总体纳税意识较差,对税收认知较模糊。在实际调查结果中发现,63%的人知道有个人所得税这个税种(其中90%的人在国有企业、机关事业单位工作,83%的人学历在中专以上,80%的人月收入在800元以上);19%的人认为自己不清楚有关个人所得税的事;15%的人认为这是富人们要缴的税,与自己无关。此外,调查中发现,有57.3%的人没有纳税经历,纳过税的人数只占被调查人群的42.7%。在问到"您或您的家人在领取工资或工资以外的收入时,是否会想起纳税"时,只有17.4%的人表示"每一次都想到过";44.7%的人表示"只有收入超过纳税界限时才想起";另有37.9%的人表示"从没有想过"。在纳税程序和方法的了解程度上,形势也不乐观:70.2%的人"不太熟悉";19.5%的人"根本不熟悉";只有10.3%的人认为自己对此"比较熟悉"。依法纳税是每一个公民应尽的义务。国家征收个人所得税的目的是"调节贫富之间的差距"和"用于国家公共支出",故而缴纳个人所得税是公民应尽的义务。那么人们对于尽这种义务,想法如何呢?调查中发现,31%的人说自己缴过的个人所得税是由单位统一扣缴的,5%的人说自己曾主动去地税局缴过个人所得税,近六成的人承认自己没有缴过或不愿意缴纳个人所得税。

根据李鹏飞在2010年的调查,在140位被调查对象中:认为纳税意识总体水平很高的,只有一人做了肯定性回答,占0.7%;认为较高的占13.6%;认为一般的占20%;认为较低的占30%;认为很差的占35.7%。对48位征税人和72位纳税人心理调查的结果也证实了这一点。征税人对公民纳税意识总体水平的评价是:近70%的人认为公民纳税意识总体水平一般。纳税人自评的结论是:40%的人认为"拖欠税款"是因"纳税意识不强"造成的。此外,在对"不自愿交税"和"造成偷漏税原因"的考察中发现,92.86%和80.7%的人认为是因纳税意识水平的低下才导致上述两种情况发生的。通过调查发现,我国公民的纳税意识与当前税收在国家经济社会生活中的地位、作用是不相适应的,我国公民纳税意识还是普遍较弱的①。

随着我国纳税教育水平的提高,我国青年学生的纳税意识有了一定的提升。根据阮诗翎等(2021)的调查显示,有过兼职经历的大学生中,87.01%大学生没有纳过税,大部分受访者都认为兼职所得收入不用缴纳个人所得税,不清楚自己的纳税情况。但大多数受调查者对自己应承担的纳税义务却表现出积极的一面,89.04%的大学生认为缴纳税款是公民的义务,对于偷逃税款的行为有91.58%的大学生表示厌恶,这表明我国多年的纳税教育有了一定成效。71.79%的大学生认为学习税法知识是非常有必要的,说明大多数大学生的纳税遵从度较高,但税收知识素养还不够,我国的纳税教育还有很长一段路要走②。

从上述调查中可以发现,我国公民的纳税自觉程度还不是很高,纳税意识仍有很大的提升空间,其主要原因如下:

(一)旧体制下"无税"的影响

漫长的封建社会中,农民起义大多与繁重的赋税有关,而政治开明、治国有方、国泰民安

---

① 李鹏飞.中国公民纳税意识淡薄原因探析及解决办法[D].开封:河南大学,2010.
② 阮诗翎,王艳红,吴祺,等.减税降费背景下大学生纳税意识研究——基于呈贡大学城的调查分析[J].现代商贸工业,2021(10):93-94.

的主要原因也都被认为与减轻赋税有关。从而,形成了人们对税收的敌对情绪,认为赋税是统治阶级剥削人民和压迫人民的手段,而抗租抗税是英雄行为。新中国成立后,国家政权的性质发生了根本变化,税收的本质也随之发生了变化。但是在一个相当长的时期内,由于受所有制结构、收入分配形式单一性的影响,政府主张最大限度地减少税收,"无捐无税"曾一度成为社会主义优越性的体现,对公民的纳税观念产生极大误导。新中国在改造旧税制、建立新税制方面,大幅度地废除国民党政府统治时期征收的苛捐杂税,这在当时意义非常重大,但同时在指导思想上却忽视了对税收本质的全面认识,忽略了税收在社会主义时期的历史地位和重要意义,以至于在舆论宣传上往往是片面地批判旧中国的苛捐杂税多,没有全面客观地向人民宣传必要的税法思想。

此外,受苏联"非税论"和"单一税制"的影响,我国的税种一简再简,使得人们片面地认为税收是剥削社会的产物,在社会主义时期好像应该逐步消失。尤其在"文革"期间,不仅已经根本无法简化的税制作为"烦琐哲学"受到批判,而且连税收都被当作"管、卡、压"的工具,被全面否定,税务机构受冲击,大批税务干部被调离,税收的声誉遭到前所未有的损害,同时也使人们在税收认识上产生极大的思想混乱①。

(二) 地方主义和本位主义对税法的侵蚀

我国改革开放以来,财政税收体制的改革一直处于变化中,同时由于企业单位和地方逐渐相对独立的利益与财政税收改革的每一个方案政策都直接相关,所以,地方主义和本位主义的思想在每一次改革方案实施中都会或多或少地曲解相关政策和方针。例如,企业通过各种加班工资、工资津贴和发放实物等手段调减企业利润,将其税前利润转化为个人收入,最终侵蚀了应上缴国家的税收。又比如地方搞经济封锁式的保护主义,将本可以实现的税收"藏富于民",然后通过收费的方式转变为部门、单位和个人的利益。有的地方为了一地的繁荣,通过任意减免税收达到"招商引资"的目的,以牺牲国家税收来增加地方利益。上述种种做法对个人所得税的侵蚀起着强烈的示范效应,显然会使居民的纳税意识更加淡泊。

(三) 现实社会的一些弊端使纳税人产生逆反心理

在改革开放的过程中,随着各种改革措施的出台,新旧体制摩擦出现漏洞,少数人借此谋取利益,出现了各种腐败行为。少数人的腐败行为,会形成纳税人对纳税的逆反心理。另外,由于政策倾斜形成的地区和行业收入差距,使低收入地区和行业的纳税人形成一种不公平心态,那就是谁享受国家的倾斜政策获得高收入,谁就应该多纳税。

(四) 权利与义务的不对等,使纳税人纳税意识不高

长期以来,在我国的法律体系中,纳税人与税务机关的法律地位和相应的权利义务不够明确,在实际工作中往往处于一种不对等的状态。我国尚没有纳税人权利保护法,对纳税人权利的规定凌乱不全,仅散见于《税收征收管理法》《行政诉讼法》《行政复议法》《行政处罚法》《国家赔偿法》等法律规范中,一般的纳税人作为非法律专业人士,难以了解这些法律规范,更难以真正把握其权利所在,造成了我国纳税人行使权利的无意识状态,用法律来保护自己的意识也就不够强;即使是法律专业人士,能看懂这些法律规范,但是有些规定原则性、概况性很强,缺乏实际可操作性,虽然有承认纳税人权利的体现,但没有具体化、明确化,保

---

① 徐进.个人所得税的经济分析[M].北京:中国财政经济出版社,2000.

护力度不够。比如,国家税务总局《个人所得税自行纳税申报办法(试行)》(以下简称《申报办法》)对不依法进行纳税申报的法律责任做了比较详细的规定,同时也规定了"税务机关依法为纳税人的纳税申报信息保密";《税收征收管理法》规定的各项权利中也包括要求保密权的权利,"纳税人、扣缴义务人有权要求税务机关为纳税人、扣缴义务人的情况保密。税务机关应当依法为纳税人、扣缴义务人的情况保密";但是,《申报办法》《税收征收管理法》却没有规定如果税务机关违反了保密义务应当承担何种法律责任,在实际中纳税人的权利就很难得到维护。

在实际工作中,过多的"义务"宣传与被淡化的权利意识形成鲜明对比。我国税收宣传一向以应尽义务论为主调,着重宣传公民应如何纳税、纳好税、不纳税应该承担哪些不利后果等,而对纳税人享有哪些权利以及如何行使这些权利却强调得不够,这也是忽视纳税人权利的体现。有关部门在征税宣传中,经常强调"公民有依法纳税的义务",在实际工作中往往片面强调税务机关的征税权,忽视税务机关应履行的法定义务,或片面强调纳税人应依法履行义务,而忽视忽略对纳税人在尽义务同时依法应当享有的种种权利。这导致纳税人只是在尽责任和义务,而不能清晰地感受到自己的权利,成就感更无从谈起。由于没有对纳税人权利进行强化,导致在纳税人和征税人之间,难以形成平等的关系①。

权利的缺失很容易刺激纳税人的情感性抗税,使"光荣"的纳税义务的履行在大多数情况下不可能成为自愿的行为,纳税人的纳税意识也就减弱了。

(五)收入分配制度不完善促使纳税人纳税意识无法提高

自市场化改革以来,中国行业间的工资差距一直存在,特别是垄断行业和竞争行业的工资差距有不断扩大的趋势。由于行业间工资差距合理性事关收入分配的公平问题,因此,受到社会各界广泛关注。近年来,政府开始进行收入分配制度顶层设计。垄断行业高收入中的不合理存在于各个收入阶层。首先,我国分配制度改革方案设计存在一定程度偏误:第一,存在重"效率"轻"公平"、重"资本"轻"劳动"的现象。第二,收入分配调节机制效果不佳:初次分配要素所得差距过大,二次分配时政府调控力度不够,三次分配的功能作用发挥不足。第三,深化分配制度改革的羁绊太多:根深蒂固的行业垄断难以动摇,既得利益群体阻力巨大,城乡发展一体化进程较缓慢,政府宏观调控职能定位不太清晰。上述多方面原因导致行业分配制度不完善,行业收入存在一定差距,特别是垄断行业与非垄断行业间收入差距一直较大。不管是垄断行业内部的员工薪酬分配方面的差距,还是非垄断行业与垄断行业之间的收入分配差距,从根本上讲,都充分说明当前的分配制度很难在效率与公平之间达到收入与分配的平衡。如果垄断行业的从业人员是通过与其他行业的劳动者之间的公平竞争或者是通过市场选择而获得的高收益,这是可以理解与接受的,但在实际中,垄断行业的员工依赖国家的优惠扶持政策以及垄断行业所特有的地位得到较高的收入,这并不是真正意义上的高效率,也不利于收入分配的公平,进而造成了纳税人之间的税收负担不公平②。

(六)不公平性影响了纳税人纳税意识的提高

纳税人不仅关心在统一的税法约束下自己所缴税款的绝对量,而且关心与自己属于

---

① 张美丽.公民纳税遵从行为研究[D].大连:东北财经大学,2007.
② 杨海涛,田文.行业垄断与收入分配差距的合理性探索及治理研究[J].经济问题,2018(9):50-55.

同一税收待遇范围内的其他纳税人所缴纳税款的绝对量。因此,纳税人会比较自己所缴纳税款总额在感觉上是否公平和合理,这一结果将会直接影响到他们今后及时足额缴纳税款的积极性。刘易斯(Lewis)研究个体纳税心理时发现,只有纳税人感到就他的收入而言税收政策是公平合理的,才可能自觉地缴纳税款,否则就会逃税,产生"搭便车"行为。因此,公平是纳税的心理前提。政府提供的公共产品与服务总量是否充足、质量是否令人满意、方式和结果是否有效率,纳税人的权益能否得到很好的维护、实现和发展,很大程度上决定了其遵从与否[①]。

在前文述及的我国个人所得税体制中存在不公平性都会导致纳税人纳税意识低下。比如纳税人中的工薪阶层与高收入阶层间存在明显的不公平,以工薪为唯一生活来源的劳动者所得的个人所得税边际税率最高达45%,且在发放工薪时已经通过本单位财务部门直接代扣代缴,税款"无处可逃";而高收入阶层及富人却可以通过税前列支收入、股息和红利、期权和股份的再分配、现金交易、拆分收入等多种手段"合理避税"。高收入者和富人占有的社会资源多,纳税反而少,这种不公平会在社会上形成一种不好的导向,阻碍工薪阶层的纳税意识提高。

税务机关人员执法尺度不统一,也造成了税负的不公平。随着我国税收制度的不断完善和征管改革的不断深入,税收执法逐步步入了法治化、规范化、程序化的轨道。执法的随意性不断削弱,执法的自由裁量权得到了有效的监控。但因地区和执法人员不同,执法尺度也有很大的差异。一般来说,越是经济发达地区,税源越充足,税收执法尺度就越宽松;而越是经济不发达的地区,税源越紧张,税收执法尺度就越偏紧,带来了税源的流动。即使在同一地区,不同执法人员的执法尺度也不尽统一,具体实施标准和范围不同,执行畸轻畸重,有的甚至显失公正。如对情节相近的偷逃税行为,有的执法人员处以所偷逃税数额1倍罚款,而有的执法人员只处以所偷逃税数额0.1倍罚款,处罚结果相差甚远,容易使纳税人产生不平衡的心理,不利于规范和引导正确的纳税人行为。

(七)代扣代缴制度不利于培养纳税意识

首先,部分经济不发达地区的扣缴申报制度乏力,大部分原因是扣缴义务人的纳税遵从度较低。许多刚接触财务工作的人员对于政策理解存在偏差,而税务部门辅导不够、不主动咨询等原因都可能导致财务人员执行个人所得税政策时产生失误。同时,扣缴义务人的法律意识也不够高,不少扣缴义务人认为自己不进行全员全额扣缴,也无需承担法律责任,而是由纳税人全权承担,对法律的片面理解导致扣缴义务人纳税遵从度低[②]。这样在纳税人与其应履行的纳税义务之间,事实上形成了一个隔离层。每当发生个人所得税偷漏税案件的时候,税务部门可以追究的对象也常常是扣缴义务人而非纳税义务人。这种情况下,纳税人的纳税意识于无形中也很难提高。个税改革后,纳税人自行申报需自行在网页或者手机APP中进行信息的填写等,相较于以前全部由扣缴义务人完成,对纳税人的素养要求较高,因此目前的自主申报也很难真正落实。

[①] 宋丽颖,张安钦.公共服务满意度、道德认知与自然人纳税遵从意愿[J].当代经济科学,2020(6):50-63.

[②] 叶倩静.个人所得税征管问题研究[D].咸阳:西北农林科技大学,2021.

（八）处罚机制的不完善也造成了纳税人的纳税意识不高

就我们国家的个人所得税而言，目前的法定处罚力度是比较适宜的，问题在于，执法缺乏刚性使得针对偷税漏税的实际处罚力度不足。例如，我国《税收征收管理法》规定"处以不缴或少缴的税款50%以上5倍以下的罚款"，这样的惩罚制度，显然弹性空间太大，也缺乏具体的操作原则，既有悖公正性与合理性，又可能滋生权力寻租之类的腐败。

例如，尽管已经颁布了新的个人所得税征管制度，但个人所得税征管中的奖惩机制仍不够完善，个人所得税征管中违法成本较低。对于长期进行零申报的单位，尽管税收数据明显不实，但税务部门并没有采取有力的征管措施，对纳税人进行违法行为处理。对超过申报期仍然没有按期申报的纳税人，没有设置申报阻断和提醒功能，扣缴义务人仍然可以继续进行扣缴申报，甚至可以申报一年以前的数据，在2019年度个人所得税汇算清缴申报中，税法明确规定申报期为次年的3月1日至6月30日，但是截至2020年12月31日，申报系统仍然开放。逾期申报不用接受处罚，纳税人税收违法成本较低，偷、逃税款所得的利益远超过需要承担的风险和成本，使得很多高收入者不进行纳税申报或是隐瞒自己的实际收入，导致纳税遵从度较低，税法的刚性彰显不足①。

二、法律制度不完善

（一）征管权、收益权归属不当

税收征管权，也可以称之为税收行政权，是指税务机关依据《税收征收管理法》及其他税法规定，应从事的所有活动，包括税收调查程序、税收核定程序、税收征收程序、税收强制执行程序以及法院外行政救济程序等。税收收益权是指在税务机关依照法律规定征收税款后，由中央政府还是地方政府对税收收入进行支配的权利。根据税收征管权和税收收益权的不同，可以将税收划分为中央税、地方税和中央地方共享税。在1994年进行分税制改革后，几乎完全把个人所得税划归为地方税，由地方政府予以征收和支配使用。仅仅把1999年恢复征收的储蓄存款利息所得税划归中央政府并由国家税务局征收，作为中央专项收入用于解决低收入者的生活保障和增加扶贫基金。可见之前个人所得税几乎完全是地方税。从2002年开始，我国个人所得税收入由中央政府和地方政府共享。2002年，中央和地方各分享50%；2003年开始，中央分享60%，地方分享40%。目前，个人所得税由地方政府征收，收益由中央和地方共享。这种税收征管权和受益权归属不能很好地发挥个人所得税应有的作用。理由如下：

一是个人所得税具有调节收入分配的功能，公平分配的职能应主要属于中央政府而非地方政府，征管权、收益权归属地方，显然不利于收入分配职能的实现。

二是个人所得税是国际税收涉及的主要税种，归地方征管不利于维护国家的税收管辖权和处理国家之间的税收分配关系。个人所得税作为地方税种，受本位利益驱动，使中央政府强化个人所得税征管的宏观政策意图不能全面落实。

三是个人所得税的纳税人和征税对象流动性大，税收来源在地区间纵横交错，将它划归

---

① 孙丹.我国个人所得税征管问题研究[D].济南：山东财经大学，2021.

地方,不仅会增加地方征管的难度,而且会造成税源流失和地区间的税负不公平、征管权划分不当,严重阻碍了财政收入的增加。

四是个人所得税各地区税源分布非常不均衡,理论上,税源分布不均衡的税种应该划为中央税,归属地方不利于平衡各地方政府的收益。

(二)税收法律法规不符合确定性准则

确定性准则意味着正常的公民都能够清晰无歧义地看懂制度安排所传递的信号,清楚地知道违规的后果,并能够恰当地使自己的行为符合制度安排的要求。我国有关税收的一些法律、法规或者过于复杂,或者过于笼统、含糊,技术性过强,无法被普通公民准确理解,往往需要专业人员才能解释和应用。再加上实践中税务部门较注重形象宣传,对纳税人真正关心的税法知识宣传有弱化倾向。日常的纳税辅导受征管力量和执法人员业务水平的制约较为薄弱,税务部门主动披露有关税收政策又具有时滞性和不全面性,纳税人获取税法的信息渠道有限。这样就加剧了双方对税收法律法规的信息不对称。纳税人不清楚自己该缴哪些税、缴纳多少,容易导致纳税人在无意中少缴税款。

税收法律法规的不完善不仅在一定程度上给一些人提供了偷逃税空间,也给一些税务工作人员提供了"寻租"空间。立法技术上的欠明确和透明,笼统的税法措辞原则使得相类似的税收情况可能造成不同的法律后果,扩大了税务机关自由裁量权。比如,《税收征收管理办法》规定,"纳税人不进行纳税申报,不缴或者少缴应纳税款的,由税务机关追缴其不缴或者少缴的税款、滞纳金,并处不缴或者少缴的税款50%以上5倍以下的罚款"。如此,偷税10万元,处罚5万元可以,处罚50万元也可以,这显然增加了税务机关的自由裁量权,无形中为税务人员创造了很大的寻租空间。再如,《税收征收管理办法》第六十二条表述为:"……由税务机关责令限期改正,可以处二千元以下的罚款;情节严重的,可以处二千元以上一万元以下的罚款。"两个模棱两可的"可以",便给了税务机关"仁者见仁、智者见智"的自由裁量权。

三、机构设置以及权力分配的不合理

2018年,税务系统"将省级和省级以下国税地税机构合并",实行双重领导管理体制。此次改革重在建立统一规范高效的税收征管体系。合并后的组织机构设置未做大幅调整,多数仍按照行政区划设置,即:省级及地(市)级税务局按照所在行政区划设置,各市下辖税务分局及稽查局由各地自主设置。部分城市在本市范围内探索实施了跨行政区划设置税务机构的改革,如武汉市跨行政区划设置了第一稽查局、第二稽查局等3个分局;扬州市则按照税务机构的职能跨行政区划设置了3个下属分局和2个稽查局。但由于缺乏系统权威的法律指引,各地跨行政区划设置税务机构的改革和实践仍存在标准不统一、范围较小、层次偏低的问题,税务机构设置与行政区划高度重合的情况尚未得到彻底改变,亟须在更大范围、更高层次开展跨行政区划设置税务机构的改革与探索,推动税收征管模式改革不断深化。税务组织机构设置与行政区划重合的弊端有以下几个方面:

1. 地方政府对征税过度干预

我国20世纪80年代开始实施的领导选拔、晋升标准改革和财政包干制,以及1994年开始实施的分税制改革等一系列制度和举措,使地方政府为了最大化本地财政收入,在财政支出和财政收入两个维度展开竞争,吸引流动性要素流入。其中财政收入维度的竞争主要表现在提供富有吸引力的税收政策,但这同时也导致税收征管地方化、行政化,阻碍了税务部门税收征管能力和水平的提高,不利于营造"竞争中性"的税收环境。

2. 税务组织纵向层级过多

以行政区划和行政级别为依托的金字塔式的科层体系布局,一线征管力量过多集中于较小行政辖区的基层税务机关,与全国乃至全球范围内的税源分布情况严重不协调,造成部分税务机关机构设置较为臃肿,机构职能存在交叉和重叠,影响税收工作效率。虽然近年来我国更加注重对一线税收征管资源的合理配置,但过大的机关行政人员占比仍然是导致一线征管资源不足的重要原因。

3. 税务组织横向职能交叉

各地税务机关大多按照税收预算级次和行政区划分别设置征管合一的税务分局和稽查局,可能造成征管业务交叉,浪费税收征管资源。在内部管理部门设置上采取税种、管理职能、纳税人类型三因素并行设置模式,各部门条块分割过于复杂,征管资源配置不均,极大制约着税收管理协同高效运行。多头管理、职能交叉在税收征管工作中可能造成相互推诿、管理缺位,导致纳税人"多头跑、多头找",降低纳税人对纳税服务的满意度。

4. 现有机构设置无法应对税源变化带来的挑战

一方面,纳税人数量迅猛增长,在传统的依托行政区属地划片管辖的征管模式下,一名税务干部少则管理几十户,多则管理几百户甚至上千户纳税人,人少户多的矛盾日益突出;另一方面,我国新的经济和业态不断涌现,跨国、跨地区经营的大型企业数量激增,如若税务部门继续按照属地原则进行管理,可能导致"看得见的管不着、管得着的又看不见"现象产生①。

四、现金使用难以监管

在我国,个人所得税的征收以纳税人的收入为基础,在现行征收模式下,税务机关审查纳税人收入是通过各种数据实现的,由于现金管理制度的欠缺,税务机关对于纳税人不通过银行转账等方式而使用现金交易的情况难以监控,纳税人的灰色收入难以被监管,造成核查的纳税人收入信息缺失,使得税款征收减少②。

五、财产登记制度不完善

我国当前并没有建立完善的财产登记制度,这使得税务机关难以掌握其应重点监控的人群如高收入者和多套不动产拥有者的财产拥有状况,形成了征管的漏洞。比如

---

① 龚振中,冯伟,李波.我国跨行政区划税务组织机构设置的构想——动因及路径[J].税务研究,2019(10):100-105.
② 方锐杰.完善综合与分类相结合的个人所得税征管机制[D].蚌埠:安徽财经大学,2019.

在 A 市购买过房屋的个人来到 B 市购买房屋,在银行认定是首套房后,即可享受首套房优惠政策,这体现了财产登记的不完善以及信息的不对称①。

六、个人征信系统的不完善

在我国,个人征信系统还不够完善,具体表现在如下方面:

(一)征信管理法律法规的不完善

2013 年颁布的《征信业管理条例》是我国征信业首部正式的法规,虽然其结束了征信业无法可依的乱象,但是该条例属于行政法规,而征信法的缺失使得条例的法律效力有限。此外,条例中有关信息采集和信用信息提供对象等多方面规定较为抽象,在实务操作过程中可能存在问题。

(二)行业自律组织缺失

除了征信法的缺失和条例的不完善外,我国也缺乏与征信相关的自律协会,虽然银行、证券公司等金融机构大都有行业自律协会,能对机构的信用信息收集和运用起到一定的监管作用,但是在这些机构之外,还有大量涉及征信的部门和公司,它们缺乏相应的协会来进行自律管理,而且金融行业内部的自律协会在对行业内部成员征信业务监管上也存在不专业性。行业自律协会的缺失不仅不利于征信机构的监督管理,也不利于机构之间的信息沟通,从而在信用信息收集、模型构建和产品开发等多个问题上都缺少相应的交流机制②。

(三)个人征信数据匮乏

自然人税收管理系统与"金税三期"系统关联度不够,数据同步时间较长。这导致税务部门对个人所得税和其他税种的关联性研究不足,其他税种的征管数据没有被充分利用。自然人税收管理系统是一个相对独立的系统,与"金税三期"核心征管系统和社保费管理系统的数据没有实现实时共通,缺少有效的关联比对。比如,自然人税收管理系统中扣缴申报人数与核心征管系统中企业登记信息内的职工人数没有关联比对,个人所得税扣缴申报金额与企业所得税工资薪金支出等相关数据缺少应有的风险比对,不能及时判断企业是否履行了全员全额扣缴申报义务。同时,资本性所得个人所得税与财产行为税的关联研究不够。有不少纳税人财产数额巨大,个人所得税缴纳金额却很少甚至没有缴纳个人所得税,没有建立有效的评估比对机制,导致不能及时有效地发现个人所得税风险③。

七、大数据在个税征管中存在的问题

(一)缺少配套制度体系

在大数据管税方面的相关法律尚未形成,缺少配套的制度体系。我国在个人所得税征管方面仅有《个人所得税法》《税收征收管理法》作为法律依据。而《个人所得税扣缴申报管

---

① 同上。
② 李晓刚.互联网金融个人征信体系建设研究[D].杭州:浙江大学,2017.
③ 孙丹.我国个人所得税征管问题研究[D].济南:山东财经大学,2021.

理办法(试行)》为国家税务总局发布的试行办法,法律约束力明显不足。《税收征收管理法》的很多规定不符合当今新经济环境新业态的要求,满足不了当前个人所得税征管的实际需求,表现出滞后性的特征,具体表现为以下几个方面:

一是相应的个人所得税征管法律较少,在当今大数据时代,我国尚未出台任何关于个人所得税征管涉税数据方面的法律,造成我国个人所得税征管涉税数据工作不仅没有法律可依,而且也没有法律保障的现状。《税收征收管理法》尽管明确要求政府部门应做到信息共享,新修正的《个人所得税法》也明确了哪些部门需配合税务部门提供数据,但由于缺乏具体的实施办法且数据格式标准等没有统一,会对涉税数据的采集、获取、共享的质量上有较大影响。大数据在个人所得税征管的应用上缺少必要的法律支撑,不利于税务相关工作的开展,也不利于探索过程中一些问题的解决。

二是税收法规对新事物规范不细,现行的税收法规未对电子证据、电子文书送达等事项进行具体的规定,这就容易造成个人所得税征管上的一些争议,存在一定风险。随着"放管服"政策的不断深入,纳税人纳税申报更加方便快捷的同时,涉税风险也大大增加,这就需要我们使用大数据技术进行多方涉税信息比对,以降低涉税风险。我们在用大数据进行个人所得税征管的过程中,还有非常多的实际征管难题需要解决,如网络送达效力问题、告知查收问题、征纳互动答复问题、数据安全问题等等。但目前来说还是缺乏相应的税收规范依据,不利于大数据在个人所得税征管中的发展。

(二) 信息甄别能力弱

在信息获取不完全的状态下,税务部门很难利用第三方信息、纳税人信息进行运算和逻辑性的比较分析,进而无法通过人工手段提高纳税评估的精准性和效率。纳税评估只能简单验算,不能进行大量的复杂运算,必然造成信息甄别难的困境,最终导致核实难[①]。由于税务人员业务水平良莠不齐,在征管过程中出现数据核实不规范,甚至可能存在逻辑上的问题,反映在收集管理数据过程中,一些"垃圾数据"被收集引用,数据信息失真。就信息管理的现状而言,由于税务信息资源的低效使用,基层税务部门的计算机应用水平只停留在税源信息登记、报税、征税、发票管理等方面,大规模数据的管理、分析、处理、交换和监视、修正功能尚未实现[②]。

(三) 数据管税能力不强

虽然大数据技术发展迅速,但税务部门将大数据技术应用在个人所得税征管上还任重而道远,总体来说,我国利用数据管税的能力不强。主要体现在以下几个方面:

一是涉税数据分析处理能力差。目前税务部门内部有各式各样的管理系统和信息系统,各个系统中都储存了大量的相关涉税数据可供使用,但数据重复率较高,真实性有待核查,且数据总体闲置严重。我国税务部门个人所得税征管人员也缺乏专业手段,难以有效应用,涉税数据的应用水平不高,整体效率较低。

二是涉税信息安全性待加强。当今网络环境在使人们的生活、工作更加方便快捷的同时也存在一些信息风险隐患,在大数据环境下,涉税信息的安全问题也逐渐凸显。涉税信息

---

① 刘泉.我国个人所得税征管问题研究[D].北京:中国人民大学,2018.
② 赵丹华.大数据条件下我国个人所得税征管改革研究[D].上海:中共上海市委党校,2020.

安全不仅会给征纳双方带来泄露风险,而且涉及个人财产收入隐私,社会关注度高,容易产生负面舆情,造成不利影响。涉税数据面临双重风险的考验,即内部风险和外部风险。纳税人的收入和任职情况、家庭状况、财产信息等都在税务部门的税务管理系统中,如税务人员有意或无意泄露了涉税数据,或因工作流程操作失误而造成涉税信息外泄,可能会对纳税人造成严重危害,不利于今后个税征管工作的开展,也可能对税务部门公信力造成负面影响①。

本章参考文献

1. 杨颖.我国个人所得税制度改革中的公平问题研究[D].北京:中国政法大学,2006.
2. 徐晔.抑制个人所得税流失的新思路——完善代扣代缴工作[J].税务与经济,2006(10):1-9.
3. 汤贡亮,周仕雅.从税基的视角完善个人所得税制[J].税务研究,2007(6):28-31.
4. 高颖.试论我国个人所得税征管的完善[D].苏州:苏州大学,2007.
5. 潘琳琳.我国个人所得税自行纳税申报问题研究[D].大连:东北财经大学,2007.
6. 张美丽.公民纳税遵从行为研究[D].大连:东北财经大学,2007.
7. 徐晔.完善个人所得税自行纳税申报的几点建议[J].税务研究,2007(6):32-34.
8. 孙玉栋.论我国税收政策对居民收入分配的调节——基于主体税制的税收政策视角[J].财贸经济,2009(5):46-52.
9. 李鹏飞.中国公民纳税意识淡薄原因探析及解决办法[D].开封:河南大学,2010.
10. 岳希明,徐静,刘谦,等.2011年个人所得税改革的收入再分配效应[J].经济研究,2012(9):113-124.
11. 王小鲁.灰色收入与国民收入分配:2013年报告[J].比较,2013(5):1-12.
12. 王首元,王庆石.灰色收入测算新模型:中国的应用——基于比例效用理论视角[J].财贸研究,2014(5):10-18.
13. 刘穷志,罗秦.中国家庭收入不平等水平估算——基于分组数据下隐性收入的测算与收入分布函数的选择[J].中南财经政法大学学报,2015(1):3-11.
14. 杨志勇.21世纪的收入分配公平与财税政策:从皮凯蒂旋风谈起[J].国际税收,2015(4):76-79.
15. 刘玉婷.个人所得税纳税遵从现状及对策分析[D].杭州:浙江财经大学,2017.
16. 李晓刚.互联网金融个人征信体系建设研究[D].杭州:浙江大学,2017.
17. 王琦.浅谈我国高收入者个税征管中的信息非对称问题[J].市场周刊(理论研究),2017(13):139-140.
18. 张楠,邹甘娜.个人所得税的累进性与再分配效应测算——基于微观数据的分析[J].税务研究,2018(1):53-58.
19. 杨海涛,田文.行业垄断与收入分配差距的合理性探索及治理研究[J].经济问题,2018

---

① 曾啸雨.大数据时代个人所得税征管问题研究[D].南昌:华东交通大学,2021.

(9)：50-55.

20. 黄朝晓.个人所得税赡养老人专项附加扣除制度建议[J].税务研究,2018(11)：43-48.

21. 马莉萍.关于以家庭为单位个税综合税制改革的思考[J].纳税,2018(12)：18-21.

22. 李林君.中国个人所得税工薪所得综合费用扣除标准化设计[M].北京：首都经济贸易大学出版社,2018.

23. 盛常艳,薛兴华,张永强.我国个人所得税专项附加扣除制度探讨[J].税务研究,2018(11)：48-52.

24. 刘泉.我国个人所得税征管问题研究[D].北京：中国人民大学,2018.

25. 武晓芬,耿溪谣.我国个人所得税税制模式改革及其完善对策——基于实现税收公平的视角[J].税务与经济,2019(1)：79-85.

26. 于佳琪,蔡昌.中国富人阶层避税揭秘[J].新理财,2019(1)：56-60.

27. 王璐迪.我国个人所得税费用扣除标准研究[D].南昌：江西财经大学,2019.

28. 吴羽佳.我国个人所得税费用扣除标准研究[D].南昌：江西财经大学,2019.

29. 杨桂荣.个税改革背景下个人所得税征管问题研究[D].南昌：江西财经大学,2019.

30. 黄振.改革背景下的个人所得税征管问题和对策研究[D].郑州：郑州大学,2019.

31. 王娴.个人所得税改革背景下自然人税收征管问题研究[D].蚌埠：安徽财经大学,2019.

32. 刘娟.税收公平视域下我国个人所得税课税模式改革研究[D].广州：华南理工大学,2019.

33. 方锐杰.完善综合与分类相结合的个人所得税征管机制[D].蚌埠：安徽财经大学,2019.

34. 万莹,熊惠君.2018年我国个人所得税改革的收入再分配效应[J].税务研究,2019(6)：52-56.

35. 龚振中,冯伟,李波.我国跨行政区划税务组织机构设置的构想——动因及路径[J].税务研究,2019(10)：100-105.

36. 陈亚萍.个税自行申报实施困难的原因探析[J].纳税,2019(15)：38.

37. 刘蓉,寇璇.个人所得税专项附加扣除对劳动收入的再分配效应测算[J].财贸经济,2019(5)：39-51.

38. 王晓佳,吴旭东.个人所得税专项附加扣除的收入再分配效应——基于微观数据的分析[J].当代经济管理,2019(41)：83-86.

39. 汤火箭,宋远军.大数据时代个人所得税征管中第三方涉税信息共享制度研究[J].税务研究,2020(1)：101-107.

40. 徐晔.新个税政策下如何优化年底一次性奖金的税务处理[J].世界经济情况,2020(6).

41. 杨昭.个人出租房屋税收征管问题研究[D].南昌：江西财经大学,2020.

42. 赵丹华.大数据条件下我国个人所得税征管改革研究[D].上海：中共上海市委党校,2020.

43. 李博.个人所得税扣缴制度的问题及对策[J].中国经贸导刊(中),2020(4)：83-84.

44. 宋丽颖,张安钦.公共服务满意度、道德认知与自然人纳税遵从意愿[J].当代经济科学,2020(6)：50-63.

45. 寇恩惠,刘柏惠.个人所得税房贷利息扣除政策优化探讨[J].税务研究,2020(7)：32-37.

46. 刘维彬,黄凤羽.我国个人所得税的税收负担及其优化[J].税务研究,2020(9)：32-40.

47. 陈龙,刘杰.我国个人所得税税率结构设计理念、实践及改进空间[J].地方财政研究,2020

(10)：49-58.

48. 张玲.全年一次性奖金计征个人所得税问题浅析[J].纳税,2020(14)：9-11.

49. 张艳菲.关于过渡期综合所得与全年一次性奖金分配问题的思考[J].商讯,2020(21)：135-137.

50. 秦文迪.浅析我国高收入人群个人所得税税收征管的法律规制[J].全国流通经济,2020(11)：156-157.

51. 王选.公平视角下个人所得税法存在的问题分析[J].现代审计与会计,2021(6)：33-34.

52. 陈志明.论我国个人所得税专项附加扣除制度[D].南昌：南昌大学,2021.

53. 李嘉琦.个人所得税征管问题及发展对策的思考[J].纳税,2021(3)：1-2.

54. 任国保,周宇.公益性捐赠扣除个人所得税制度国际比较[J].国际税收,2021(10)：68-73.

55. 阮诗翎,王艳红,吴祺,等.减税降费背景下大学生纳税意识研究——基于呈贡大学城的调查分析[J].现代商贸工业,2021(10)：93-94.

56. 王薇.我国个人所得税费用扣除问题研究[D].南昌：江西财经大学,2021.

57. 叶倩静.个人所得税征管问题研究[D].咸阳：西北农林科技大学,2021.

58. 孙丹.我国个人所得税征管问题研究[D].济南：山东财经大学,2021.

第六章

对我国个人所得税现状的实证分析

本书前三章向读者介绍了个人所得税的历史以及征收个人所得税的意义,第四和第五章分别介绍了我国的个人所得税制度及其存在的问题。在本章,我们将通过实证分析,探究我国个人所得税制度的实施效果。

在本章第一节,我们将按照税收收入标准和调节功能标准来衡量我国个人所得税的主体税地位。在第二节,我们将从个人所得税对个人行为、组织收入、调节收入分配三方面的影响探究我国个人所得税的功能定位,其中个人行为部分包括劳动供给、储蓄和投资。在第三节,我们将首先估算我国个人所得税的流失数额,然后从纳税人主观纳税意识和个人所得税客观征管难度两方面,分析我国个人所得税的流失原因。

第一节 我国个人所得税主体税地位的实证分析

本书第三章已经详细阐述了一国征收个人所得税的重要性。事实上,学术界也普遍认为个人所得税应成为一国的主体税种。在本节,我们将按照公认的评判个人所得税主体税地位的两种标准,即税收收入标准和调节功能标准,来分析我国个人所得税的地位。

一、按税收收入标准分析

按税收收入标准来衡量个人所得税的地位,就是根据个人所得税收入占 GDP、财政收入及税收收入的比重大小来衡量个人所得税的地位,其实质就是衡量个人所得税收入的变化对整个宏观经济以及税收收入产生的作用。

就我国目前的情况来看,个人所得税理应成为我国的主体税,然而目前我国个人所得税收入在两大主要指标上的数据表现都远低于其应有的水准。

(一) 个人所得税收入占 GDP 的比重

改革开放 40 多年来,我国 GDP 增长了 268.35 倍,已跃居世界第二,其中个人所得部分已占据三分之二以上,可谓重中之重。

就世界范围来看,个人所得税收入占 GDP 的平均比重自 20 世纪 80 年代早期至今保持相对稳定,1965 年为 7%,1980 年增长为 10.4%,此后一直保持在 10% 左右,2018 年的比重为 8.1%;就具体的 OECD 国家来看,个人所得税占 GDP 的比重较高的丹麦和芬兰分别是 25.2% 和 13.2%,较低的墨西哥和斯洛伐克分别为 3.4% 和 3.2%[①];2020 年 OECD 国家个人所得税的收入占 GDP 的比重增加了 0.3%(有 28 个国家上升)[②]。这一事实反映了政府在疫情中为维持工人与劳动力市场之间的联系提供了相当大的支持。而我国 2020 年个人所得税占 GDP 的比重仅为 1.14%。表 6-1 和图 6-1 显示了我国 1994—2020 年个人所得税占 GDP 的比重[③],从中可以看出,除 2019 年我国实施了大规模的减税降费政策,使个税收入占 GDP 的比重有显著下降之外,自 1994 年的 0.15% 到 2020 年的 1.14%,整体上保持着不错的增长趋势,但与世界其他国家相比仍然有较大差距。

表 6-1 1994—2020 年我国个人所得税占 GDP 比重

年 份	GDP(亿元)	个人所得税(亿元)	个人所得税占 GDP 比重(%)
1994	48 197.90	72.70	0.15
1995	60 793.70	131.50	0.22
1996	71 176.60	193.20	0.27
1997	78 973.00	295.90	0.37
1998	84 402.30	338.60	0.40
1999	89 677.10	414.00	0.46
2000	99 214.60	659.64	0.66
2001	109 655.20	995.25	0.91
2002	120 332.70	1 211.78	1.01
2003	135 822.80	1 418.04	1.04
2004	159 878.30	1 737.06	1.09
2005	183 217.40	2 094.91	1.14
2006	211 923.50	2 453.71	1.16
2007	249 529.90	3 185.60	1.28

---

① 付广琦.我国与 OECD 成员国个人所得税征收效率比较分析[D].昆明:云南财经大学,2019.
② 数据来源:中国人民大学财税研究所。
③ 数据来源:历年《中国统计年鉴》《中国税务年鉴》。

续 表

年 份	GDP(亿元)	个人所得税(亿元)	个人所得税占 GDP 比重(%)
2008	300 670.00	3 722.19	1.24
2009	348 517.70	3 949.35	1.13
2010	412 119.30	4 837.27	1.17
2011	487 940.20	6 054.11	1.24
2012	538 580.00	5 820.28	1.08
2013	592 963.20	6 531.53	1.10
2014	641 280.60	7 376.61	1.15
2015	685 992.90	8 617.27	1.26
2016	740 060.80	10 088.98	1.36
2017	820 754.30	11 966.37	1.46
2018	900 309.50	13 871.97	1.54
2019	990 865.00	10 388.00	1.05
2020	1 015 986.20	11 568.26	1.14

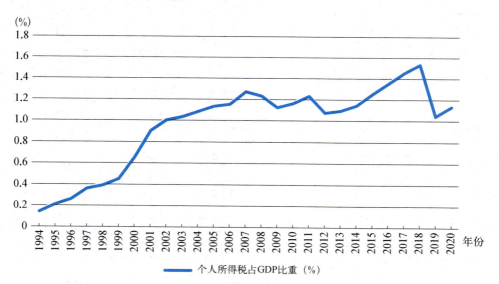

图 6-1　1994—2020 年我国个人所得税占 GDP 比重

表 6-2 显示了世界银行按收入等级统计的各国个人所得税占 GDP 的比重[①]。《中华人民共和国 2020 年国民经济和社会发展统计公报》指出，2020 年我国人均 GDP 达到 10 504

[①] 张宪.我国个人所得税的政策变迁[D].济南：山东大学，2020.

美元,也就是说,我国已属于中等收入国家①。然而,从表 6-1 中可知,我国个人所得税占 GDP 比重在 2020 年仅为 1.14%,大约是中等收入国家的 1/4,距低收入国家的 3% 也有一定的差距。

表 6-2　按收入等级统计各国个人所得税占 GDP 比重

收入等级	低收入国家 (670 美元以下)	中等收入国家 (670 美元—12 210 美元)	高收入国家 (12 210 美元以上)
个人所得税占 GDP 比重	3%	5%—6%	11.5%

(二) 个人所得税收入占财政收入及税收收入的比重

表 6-3 显示了世界银行按收入等级统计的各国个人所得税占财政收入比重②。根据国际货币基金组织近年发布的数据,美国、加拿大、澳大利亚等国家的个人所得税收入占税收比重达 50% 以上,日本、英国等国家在 35% 以上,韩国、菲律宾、泰国等国在 10% 以上,90 余个发展中国家平均值也在 10% 以上③。可见,我国个人所得税在国家财政收入中的地位不仅远低于发达国家,甚至低于发展中国家平均水平。

表 6-3　按收入等级统计各国个人所得税占财政收入比重

收入等级	低收入国家 (670 美元以下)	中等收入国家 (670 美元—12 210 美元)	高收入国家 (12 210 美元以上)
个人所得税占财政收入比重	10%	20%	40%

表 6-4 显示了 1994—2020 年我国个人所得税占总财政收入的比重④。从表中可以看出,同个人所得税占 GDP 的比重相似,我国历年个人所得税占财政收入的比重远低于中等收入国家的 20%,离低收入国家的 10% 也有一定的差距。

表 6-4　1994—2020 年我国个人所得税占财政收入比重

年　份	财政收入(亿元)	个人所得税(亿元)	个人所得税占财政收入比重(%)
1994	5 218.10	72.79	1.39
1995	6 242.20	131.50	2.11

---

① 2020 年统计公报出炉:我国人均 GDP 连续两年超 1 万美元[EB/OL]. [2022-03-10]. https://baijiahao.baidu.com/s?id=1692949507278770422&wfr=spider&for=pc.
② 张宪.我国个人所得税的政策变迁[D].济南:山东大学,2020.
③ 郝会凌.我国收入分配政策与跨越中等收入陷阱问题研究——基于个人所得税视角[J].西南金融,2020(3):72.
④ 数据来源:相关年份《中国统计年鉴》《中国财政年鉴》《中国税务年鉴》。

续 表

年 份	财政收入(亿元)	个人所得税(亿元)	个人所得税占财政收入比重(%)
1996	7 407.99	193.20	2.61
1997	8 651.14	295.90	3.42
1998	9 875.95	338.60	3.43
1999	11 444.08	414.00	3.62
2000	13 395.23	659.64	4.92
2001	16 386.04	995.25	6.07
2002	18 903.64	1 211.78	6.41
2003	21 715.25	1 418.04	6.53
2004	26 396.47	1 737.06	6.58
2005	31 649.29	2 094.91	6.62
2006	38 760.20	2 453.71	6.33
2007	51 321.80	3 185.60	6.21
2008	61 300.00	3 722.19	6.07
2009	68 518.30	3 949.35	5.76
2010	83 101.51	4 837.27	5.82
2011	103 874.43	6 054.11	5.83
2012	117 253.52	5 820.28	4.96
2013	129 209.64	6 531.53	5.05
2014	140 370.03	7 376.61	5.26
2015	152 269.23	8 617.27	5.66
2016	159 604.97	10 088.98	6.32
2017	172 592.77	11 966.37	6.93
2018	183 359.84	13 871.97	7.57
2019	190 382.00	10 388.00	5.46
2020	182 913.88	11 568.26	6.32

从2020年我国税收收入组成(图6-2)可以看出,流转税(包括增值税、消费税)牢牢占据第一主体地位,所得税(包括企业所得税、个人所得税)屈居第二,其中个人所得税占总税收收入的比重仅为7%[①]。由此可以看出,我国目前个人所得税在各税种中的地位还远不及流

---

① 数据来源:《中国统计年鉴—2021》。

转税。

我们再来观察历年个人所得税占税收收入比重的数据。表 6-5 显示了 1994—2020 年我国个人所得税占税收收入的比重,可以看出,比重最大的年份为 2018 年,该年的数据为 8.87%①。与此形成鲜明对比的是,在发达国家中,个人所得税占全部税收收入的比重平均在 30%—40%,有的国家甚至达到 50%,发展中国家个人所得税收入占全部税收收入比重平均为 16%—20%②。

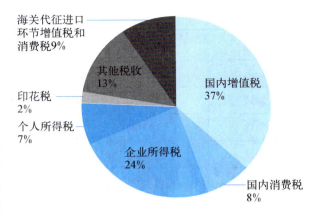

图 6-2　2020 年我国税收收入组成

表 6-5　1994—2020 年我国个人所得税占税收收入的比重

年　份	税收收入(亿元)	个人所得税(亿元)	个人所得税占税收收入比重(%)
1994	5 126.88	72.79	1.42
1995	6 038.04	131.50	2.18
1996	6 909.82	193.20	2.80
1997	8 234.04	295.90	3.59
1998	9 262.80	338.60	3.66
1999	10 682.58	414.00	3.88
2000	12 581.51	659.64	5.24
2001	15 301.38	995.25	6.50
2002	17 636.45	1 211.78	6.87
2003	20 017.31	1 418.04	7.08
2004	24 165.68	1 737.06	7.19
2005	28 778.54	2 094.91	7.28
2006	34 809.72	2 453.71	7.05
2007	45 622.00	3 185.60	6.98
2008	54 219.62	3 722.19	6.87
2009	59 521.59	3 949.35	6.64

---

①　数据来源:历年《中国统计年鉴》。
②　数据来源:OECD Revenue Statistics 1965-2019。

续 表

年 份	税收收入(亿元)	个人所得税(亿元)	个人所得税占税收收入比重(%)
2010	73 210.79	4 837.27	6.61
2011	89 738.39	6 054.11	6.75
2012	100 614.28	5 820.28	5.78
2013	110 530.70	6 531.53	5.91
2014	119 175.31	7 376.61	6.19
2015	124 922.20	8 617.27	6.90
2016	130 360.73	10 088.98	7.74
2017	144 369.87	11 966.37	8.29
2018	156 402.86	13 871.97	8.87
2019	157 992.00	10 388.00	6.58
2020	154 312.29	11 568.26	7.50

由以上历年个人所得税占财政收入及税收收入的数据可以看出,我国个人所得税的税收收入与世界其他国家有较大的差距。不过,我国从1994年至2020年个人所得税占财政及税收收入的比重(图6-3)有了显著的提高,在各税种中的地位有了显著的上升,2019年比重下降主要是由于我国实施了大规模的减税降费政策,但其成效也是显著的。2019年

图6-3　1994—2020年我国个人所得税占财政收入及税收收入比重

(资料来源:由表6-4和表6-5整理所得)

全年减税降费超过 2.3 万亿元,占 GDP 的比重超过 2%。财政部发布的数据显示,减税降费拉动 2019 年当年 GDP 增长 0.8 个百分点,拉动固定资产投资增长 0.5 个百分点,拉动社会消费品零售总额增长 1.1 个百分点①。学界对个人所得税的发展潜力普遍看好,认为只要我国个人所得税的制度设计和征收管理进一步完善,其逐步成为主体税种是必然趋势。

二、按调节功能标准分析

按调节功能的标准来衡量个人所得税的地位,就是根据个人所得税的课征范围和纳税人范围的大小来衡量个人所得税的地位,其实质就是衡量个人所得税调节收入分配功能的广度和深度。

(一) 调节功能的广度

1. 课征范围

表 6-6 显示了我国历年个人所得税收入结构,从表中可以看出:工资、薪金所得为个人所得税最重要的征税项目,并且其地位在近几年愈益重要,工资、薪金所得税收入已占据个人所得税总收入的一半以上并且逐年提高,2014 年之后始终高于 65%,2019 年的个税改革提高了基本扣除费用并增加专项附加扣除,惠及全部工薪阶层,所以 2019 年该数据明显下降,但仍近六成;财产转让所得近年来一跃成为第二重要的征税项目②。

表 6-6　1994—2018 年我国个人所得税收入结构　　　　　　　　(%)

年份	工资、薪金所得	个体户生产经营所得	利息、股息、红利所得	劳务报酬所得	承包承租经营所得	偶然所得	财产转让所得	财产租赁所得	稿酬所得	特许权使用所得	其他所得
1994	39.01	45.93	4.4	2.51	3.77	0.22	0.1	0.55	0.22	0.12	3.17
1995	42.74	39.13	6.08	2.57	5.08	1.19	0.08	0.57	0.1	0.05	2.35
1996	46.41	35.53	6.24	2.84	5.64	1.11	0.08	0.61	0.13	0.06	1.35
1997	47.7	35.2	5.54	2.64	5.5	0.8	0.06	0.4	0.1	0.03	2
1998	49.7	32.98	5.98	2.6	5.15	0.96	0.06	0.3	0.1	0.02	2.1
1999	52.7	29	6.8	2.8	4.7	1.5	0.11	0.46	0.2	0.06	1.2
2000	42.86	20.12	28.7	2.09	3.19	1.29	0.14	0.31	0.14	0.02	1.14
2001	41.23	16.07	34.94	1.9	2.7	1.66	0.17	0.2	0.12	0.02	0.71
2002	46.36	15.29	31.72	1.87	1.95	1.67	0.14	0.16	0.11	0.05	0.34

---

① 2019 年"国家账本"出炉,减税降费拉动 GDP 增长 0.8 个百分点[EB/OL].[2022-03-10]. https://baijiahao.baidu.com/s?id=1658217491207324288&wfr=spider&for=pc

② 数据来源:《中国税务年鉴》(相关数据更新至 2019 年)。

续 表

年份	工资、薪金所得	个体户生产经营所得	利息、股息、红利所得	劳务报酬所得	承包承租经营所得	偶然所得	财产转让所得	财产租赁所得	稿酬所得	特许权使用所得	其他所得
2003	52.32	14.15	26.96	1.98	1.79	1.51	0.3	0.19	0.13	0.03	0.27
2004	54.13	14.18	25.64	1.99	1.56	1.28	0.32	0.21	0.13	0.03	0.2
2005	55.5	14.15	24.54	2.09	1.32	1.07	0.47	0.20	0.11	0.02	0.21
2006	52.57	13.60	27.16	2.00	1.25	1.17	1.34	0.24	0.1	0.03	0.24
2007	54.97	12.56	24.94	1.96	1.16	1.16	2.29	0.24	0.08	0.03	0.62
2008	60.31	12.81	18.42	2.14	1.39	1.15	2.65	0.26	0.07	0.02	0.79
2009	63.08	12.2	14.16	2.26	1.64	1.29	4.24	0.28	0.06	0.02	0.76
2010	65.29	12.56	11.14	2.25	1.27	1.15	5.29	0.29	0.06	0.03	0.67
2011	64.45	11.3	10.91	2.28	1.36	1.12	7.67	0.33	0.06	0.03	0.51
2012	61.67	10.25	12.99	2.62	1.54	1.33	8.32	0.42	0.06	0.04	0.75
2013	62.7	8.84	11.11	2.67	1.87	1.19	10.35	0.43	0.07	0.03	0.75
2014	65.34	7.06	10.55	2.81	2.09	1.27	9.57	0.48	0.06	0.06	0.71
2015	65.23	5.6	10.49	3.08	1.77	1.16	11.4	0.46	0.06	0.04	0.71
2016	66.65	4.7	8.88	3.54	1.46	0.9	12.66	0.52	0.06	0.05	0.58
2017	67.76	5.01	8.45	4.05	1.03		11.56	0.62	0.07	0.05	0.51
2018	67.26	5.71	8.31	4.51	1.03	0.9	11.03	0.63	0.08	0.08	0.47
2019	59.45	7.03①	11.95	4.00	—	1.55	14.59	0.91	0.10	0.08	0.34

值得注意的是，工资、薪金所得税比重在1999—2000年有一个明显的下滑，与此同时，利息、股息、红利所得税却有显著的上升，其原因主要是1999年8月30日我国恢复对利息征税，使得利息、股息、红利所得税的比重显著提高。可以看出，在利息、股息、红利所得中，绝大多数都是利息所得。我国自2008年10月9日起暂停征收存款利息税，因此，2008年后利息、股息、红利所得占个税的比重逐年下降，工资、薪金所得一头独大的趋势愈益明显，也就是说个人所得税的调节功能将更依赖于工资、薪金所得。财产转让所得税占比从1994年的0.1%逐年提高到2018年的11.03%，根据表6-7，其中房产转让、股权转让是纳税人两大财产转让所得，近年财产转让所得个税迅速增加，二手房转让畅旺、企业股份制改革股权转让增加是两大主要原因。

---

① 为2019年新定义的经营所得占个税比重。

表 6-7　我国个人所得税的收入结构——财产转让部分　　　　　　　　（%）

财产转让个税收入结构	2011	2012	2013	2014	2015	2016	2017	2018
财产转让个税收入占个税总收入的比重	7.67	8.32	10.35	9.57	11.40	12.66	11.56	11.03
其中：限售股转让个税收入占财产转让个税收入的比重	20.6	14.4	22.3	26.4	28.2	23.4	15.2	14.5
房屋转让个税收入占财产转让个税收入的比重	24.7	22.0	31.6	24.2	27.7	32.4	30.1	33.3

资料来源：根据历年《中国税务年鉴》数据整理。

2. 纳税人范围

2018年个税调整时的数据显示，个税免征额调整到5 000元，纳税人数从1.87亿人降至6 400万人，如果按照纳税人群来看，那么月薪超过5 000元的人就只有6 400万左右，占总人口的4.6%。根据国家统计局《2020年中国统计年鉴》发布的统计结果，我国只有大概10%居民的月收入高于免征额5 000元，也就是说，我国月收入不足5 000元的群体占到了总人口的九成左右，这个比例还是非常高的。单纯从这项数据上看，我国设置的5 000元个税免征额还是比较合理的，并不像很多人说的那样大部分人都要纳税[①]。这一纳税人比例，显然使得我国目前的个人所得税无法作为主要的调节收入分配的工具。

也就是说，目前我国个人所得税的纳税人范围不够大，不能确保主体税应有的调节功能广度。在纳税人范围层面上，我国个人所得税应朝着在确保"高收入高税收，低收入低税收"的原则下扩大纳税人范围的方向发展，使其成为能广泛调节收入的主体税。

（二）调节功能的深度

在本部分，我们试图通过基尼系数、恩格尔系数和人均可支配收入来分析我国个人所得税调节功能深度的落实情况。

根据国际公认的标准，若基尼系数低于0.2表示收入绝对平均；0.2—0.3之间表示比较平均；0.3—0.4之间表示相对合理；0.4—0.5之间表示收入差距较大；高于0.6表示收入差距悬殊。从表6-8可以看出，全国居民收入基尼系数在2008年达到最高点0.491后，2009年至今呈现波动下降态势，2020年降至0.468，累计下降0.023。

表 6-8　我国主要年份基尼系数

年　　份	基尼系数	年　　份	基尼系数
2006	0.487	2010	0.481
2007	0.484	2011	0.477
2008	0.491	2012	0.474
2009	0.49	2013	0.473

---

① 上海财经大学高等研究院.中国宏观经济形势分析与预测年度报告(2020—2021)[R]. 2021.

续表

年　份	基尼系数	年　份	基尼系数
2014	0.469	2018	0.474
2015	0.462	2019	0.465
2016	0.465	2020	0.468
2017	0.467		

资料来源：根据历年《中国住户调查统计年鉴》数据整理所得。

表6-9显示了我国主要年份城镇和农村恩格尔系数及两者系数差。改革开放以来，我国城镇和农村的恩格尔系数都分别明显下降，虽然1994年个人所得税改革后，城镇和农村的恩格尔系数差有所上升，但长期来看仍然呈下降趋势。可见，我国个人所得税一定程度上有助于缩小城镇和农村的贫富差距，但二者的贫富差距问题仍然存在。

表6-9　我国主要年份城镇和农村恩格尔系数

年　份	农村恩格尔系数(%)	城镇恩格尔系数(%)	系数差(%)
1994	58.9	50.04	8.86
1995	58.6	50.09	8.51
1996	56.3	48.76	7.54
1997	55.1	46.6	8.5
1998	53.4	44.66	8.74
1999	52.6	42.07	10.53
2000	49.1	39.44	9.66
2001	47.7	38.2	9.5
2002	46.2	37.68	8.52
2003	45.6	37.1	8.5
2004	47.2	37.7	9.5
2005	45.5	36.7	8.8
2006	43	35.8	7.2
2007	43.1	36.29	6.81
2008	43.67	37.89	5.78
2009	40.97	36.52	4.45
2010	41.09	35.7	5.39

续　表

年　份	农村恩格尔系数(%)	城镇恩格尔系数(%)	系数差(%)
2011	40.36	36.3	4.06
2012	39.33	36.23	3.1
2013	37.66	35.02	2.64
2014	33.6	30	3.6
2015	33	29.7	3.3
2016	32.2	29.3	2.9
2017	31.2	28.6	2.6
2018	30.1	27.7	2.4
2019	30	27.6	2.4
2020	32.7	29.2	3.5

资料来源：根据国泰安数据库资料整理所得。

表 6-10 显示了我国近 15 年东西部地区城镇居民可支配收入的差距。从表中可以看出，自改革开放以来，我国东西部地区城镇居民人均可支配收入的绝对数分别都有显著的增加，而与此同时，东西部地区的绝对收入差距和相对收入差距也随着时间的推移明显扩大，尤其是 1995 年后的差距较 1995 年前的差距有显著增大。但是从 2007 年之后，差距有慢慢缩小趋势，说明 2006 年之后，个税的多次改革起到了缩小东西部收入差距的作用。

表 6-10　我国东西部地区城镇居民人均可支配收入差距统计

年　份	东部(元)	西部(元)	全国(元)	东西部绝对收入差距(元)	东西部相对收入差距
1980	448	375	439	73	1.19∶1
1985	787	657	685	130	1.20∶1
1990	1 678	1 297	1 387	381	1.29∶1
1995	5 013	3 456	4 283	1 557	1.45∶1
2000	7 938	5 643	6 280	2 295	1.41∶1
2004	11 625	8 040	9 422	3 585	1.45∶1
2005	13 374.9	8 783.2	10 493	4 591.7	1.52∶1
2006	14 967.4	9 728.5	11 759.5	5 238.9	1.54∶1
2007	16 974.2	11 309.5	13 785.8	5 664.7	1.50∶1
2008	19 203.5	12 971.2	15 780.8	6 232.3	1.48∶1

续　表

年　份	东部(元)	西部(元)	全国(元)	东西部绝对收入差距(元)	东西部相对收入差距
2009	20 953.2	14 213.5	17 174.7	6 739.7	1.47∶1
2010	23 272.8	15 806.5	19 109.4	7 466.3	1.47∶1
2011	26 406	18 159.4	21 809.8	8 246.6	1.45∶1
2012	29 621.6	20 600.2	24 564.7	9 021.4	1.44∶1
2013	31 152.4	22 362.8	26 955.1	8 789.6	1.39∶1
2014	33 905.4	24 390.6	28 843.9	9 514.8	1.39∶1
2015	36 691.3	26 473.1	31 194.8	10 218.2	1.39∶1
2016	39 651	28 609.7	33 616.2	11 041.3	1.39∶1
2017	42 989.8	30 986.9	36 396.2	12 002.9	1.39∶1
2018	46 432.6	33 388.6	39 250.8	13 044	1.40∶1
2019	50 145.4	36 040.6	42 358.8	14 104.8	1.39∶1
2020	52 027.1	37 548.1	43 833.8	14 479	1.38∶1

资料来源：根据历年《中国统计年鉴》数据整理所得。

通过对我国基尼系数、恩格尔系数和人均可支配收入的分析，可以看出，目前我国贫富差距仍有待缩小，并且个人所得税的开征对调节收入分配的作用仍较为有限，可以说，个人所得税调节功能的深度没有得到充分体现。

(三) 调节功能的小结

由以上实证分析可以得出结论，目前我国个人所得税调节收入分配功能的广度和深度都不尽如人意。无论是课征范围，还是纳税人范围，目前个人所得税的调节的广度都远远不够；而就我国目前贫富差距状况而言，个人所得税调节功能的深度也没有得到充分体现。可以说，个人所得税调节收入分配、实现共同富裕的功能在我国目前的个人所得税体制下尚未得到充分的发挥。

三、对我国个人所得税主体税地位的小结

运用财政收入标准和调节功能标准两大指标分析我国个人所得税的地位，都得到相同的结论——目前我国个人所得税不是主体税。

然而，据国家税务总局在2007年公布的消息，截至2007年4月2日，全国年收入高于12万元的自行纳税申报人数为1 628 706人，自行申报纳税人的纳税总额为900亿元，这一数据相当于2006年个人所得税总额2 452亿元的37%。从地区构成来看，北京、上海、广东、江苏、浙江、山东、福建、天津、深圳、宁波、青岛、厦门等省市的申报人数占总申报人数的81%，申报年所得额占84%、申报税额占85%。从行业构成来看，申报的纳税人主要

集中在银行、保险、证券、烟草、电力、电信、石油、石化、航空、房地产、制造业、医院、高校等较高收入行业。从人员构成来看,主要是收入较高行业和单位的管理人员及职工、个人投资者、私营企业主、个体工商户、文体工作者、中介机构从业人员、外籍人员等。从所得项目构成来看,主要是工资薪金所得、利息股息红利所得、个体工商户的生产经营所得、财产转让所得、劳务报酬所得,这五个项目的申报人数占总申报人数的89%。从上面的数据中可以看出,我国个人所得税税收收入的1/3以上来自占总人口约0.1%的高收入人群,集中于经济发达地区、高收入行业和职位。在2018年个税改革后,相关结论也是类似的,如表6-11所示,2020年中国个人所得税收入前20强集中在经济发达地区,体现出当地的"民富"程度。个税收入的不平衡也直接反映出各城市之间的贫富差距较大,上海、北京、深圳是国内"民富"程度最高的三个城市。也就是说,目前我国个人所得税体制调节收入分配功能的导向是正确的。

表6-11 2020年中国个人所得税收入城市20强　　　　　　　　　　(单位:亿元)

排名	城市	2020年个税收入	排名	城市	2020年个税收入
1	上海	1 700	11	厦门	214
2	北京	1 553	12	重庆	164
3	深圳	915	13	福州	142
4	杭州	507	14	武汉	142
5	广州	390	15	东莞	137
6	苏州	269	16	长沙	136
7	天津	258	17	无锡	129
8	宁波	240	18	西安	128
9	南京	236	19	青岛	113
10	成都	229	20	珠海	101

资料来源:根据各地区税务局数据汇总所得。

但是为什么正确的方向没有孕育出令人非常满意的结果呢?其实,个人所得税的两大功能——收入功能和调节功能——并不是并列的。组织财政收入是个人所得税的基本功能,只有组织财政收入达到了一定的规模,调节功能才可能有足够的力度。因此,在当今我国个人所得税收入在总税收收入中所占比重过小的情况下,个人所得税对收入分配格局的调节功能势必受到限制。

也就是说,要提升个人所得税的主体税地位,首先要提高个人所得税收入占总税收收入的比重,然后结合现实,根据收入调节的需要,对法规细节处进行适当的修改,使个人所得税成为名副其实的主体税,巩固其主体税地位。

第二节 我国个人所得税功能定位的实证分析

本书第三章已经介绍了个人所得税所具有的功能,在本节,我们将通过实证分析来探究我国目前的个人所得税制度是否具备了第三章所述的理论功能。

一、影响个人行为功能的实证分析

(一) 对劳动供给影响的实证分析

目前,关于个人所得税对劳动供给影响的实证分析主要有两种方法:一种是调查问卷,其核心是研究劳动者对增加个人所得税的反应;另一种是计量研究,即从公布的统计数据中探究个人所得税对劳动供给的影响。

国内相关研究起步较晚,是因为全国范围内的微观数据搜集和发布在近些年才开始。国内文献目前多采用横截面数据进行分析,主要结果与国外文献一致。根据收集到的早期文献来看,于洪[1]和余显财[2]对此有过详细的实证分析,并且都是采用调查问卷的方法来进行研究的。综合两人调查问卷的结果,得到以下结论:

1. 总体

于洪和余显财的研究都表明,就总体而言,我国个人所得税提高对被调查者劳动供给的影响不显著,这与学界大多数的观点一致。对我国劳动供给的替代效应和收入效应的研究几乎一致得出"替代效应远远小于收入效应"的结论,理由主要是:我国人口众多,长期处于劳动力过剩的阶段,劳动者对工作与闲暇的选择空间相对狭窄,因此,个人所得税对劳动供给所产生的替代效应很小;并且,我国人均收入水平明显偏低,使得劳动供给的收入效应十分显著。

然而,值得注意的是,从问卷调查的结果看,有一小部分劳动群体呈现出相反的特征——如果个人所得税提高,他们会适当减少劳动时间和降低劳动效率。这一小部分群体主要为女性、年轻人、低收入和高收入群体,下文2—4点将对此做详细阐述。

2. 性别

由于男性和女性的家庭分工不同,男性劳动者和女性劳动者在社会劳动方面表现出明显的差异,因此,性别在国内外的同类研究中一直是一个重要的变量。于洪和余显财的研究都表明:对于个人所得税的因素,女性比男性表现出更强的劳动供给弹性,与国外的实证研究结果一致。

学术界对此结果的解释比较一致,他们认为,尽管男女同工同酬,但是由于男性比女性承担更多的社会责任和家庭责任,尤其是在经济方面,因此,在做出改变劳动供给的相关决

---

[1] 于洪.我国个人所得税税负归宿与劳动力供给的研究[J].财经研究,2004(4):30.
[2] 余显财.中国个人所得税功能定位的研究——基于所得税效应分析的深化[D].上海:上海财经大学,2006.

策时,男性显得更为保守,从而愿意承担更大份额的所得税税负;而女性由于并不需要承担过重的家庭经济责任,自由选择的余地较大,另外,女性比男性需要承担更多的家务劳动和照顾孩子的责任,所以其劳动供给对个人所得税的变化更为敏感。国外一些经济学家的研究也发现类似的现象,他们认为在大多数时候,女性的收入仅作为家庭中的辅助收入,因此造成了劳动供给弹性的性别差异。

3. 年龄

不同年龄段的劳动者,在劳动力市场上处于不同的位置,因此,年龄对劳动者的行为模式具有一定的制约作用。从于洪和余显财的调查结果中可以看出,处于不同年龄阶段的被调查者对个人所得税变化所做出的劳动供给反应迥然不同。

统计检验表明,年龄与劳动弹性成反比。若提高税率,年龄大的劳动者比年龄小的劳动者更担心重新寻找好工作有困难,因而不愿改变劳动决策。其可能的原因在于年轻的劳动者更注重税后收入,而年长的劳动者更注重工作的稳定性。

4. 收入

于洪和余显财的研究都表明,低收入群体和高收入群体的劳动供给弹性较大,而中等收入群体的劳动供给弹性较小。我们认为,出现这一结果的原因可能是:低收入群体中有不少在家庭中充当辅助收入者,并且由于收入绝对数额较小,使得他们放弃工作选择闲暇的成本较小;中等收入群体大多为家庭中的主要收入者,并且中等收入群体为我国收入结构中的主体群体,他们更为担心工作不好找,放弃现有工作的成本较大;对于高收入群体来说,一方面由于我国采用累进税率,个人所得税提高导致高收入群体的税负绝对数额增加较多,另一方面高收入群体不用特别担心工作不好找,因此,他们的劳动供给弹性较大。

2008年以后的实证研究多使用追访调查数据,如刘怡等(2010)使用中国综合社会调查(CGSS)数据[①],叶菁菁等(2017)使用中国家庭金融调查(CHFS)数据[②],刘蓉等(2019)则利用了中国健康与养老追踪调查(CHARLS)数据[③]。也有部分研究采用单次调查数据,结合统计年鉴相关数据展开分析,如张世伟等(2010)的研究样本来自2006年吉林省劳动力调查数据[④],尹音频等(2013)运用2006年中国健康与营养调查(CHNS)数据[⑤]。少数研究则与于洪和余显财相同,使用了问卷调查数据,如沈向民等(2016)[⑥]。

就个人所得税对劳动供给的总体影响而言,沈向民等的观点与于洪和余显财一致,无论是税率变化还是免征额调整,劳动供给都缺乏弹性;叶菁菁等将个税对劳动供给的影响进一步拆分为劳动参与率和劳动时间后则发现,2011年个税改革减税虽对劳动时间没有显著影

---

① 刘怡,聂海峰.个人所得税费用扣除调整的劳动供给效应[J].财贸经济,2010(6):8.
② 叶菁菁,吴燕.个人所得税减免会增加劳动供给吗?——来自准自然实验的证据[J].管理世界,2017(12):13.
③ 刘蓉,汤云鹏.个人所得税改革对中老年劳动力供给的影响研究——基于CHARLS的面板数据[J].北京大学学报(哲学社会科学版),2019(5):87-100.
④ 张世伟,周闯.工薪所得税减除费用标准提升的作用效果:基于劳动供给行为微观模拟的研究途径[J].世界经济,2010(2):16.
⑤ 尹音频,杨晓妹.劳动供给对个人所得税改革敏感吗——基于微观模拟的动态分析[J].财经科学,2013(10):9.
⑥ 沈向民,吴健.我国当前个人所得税的劳动供给效应分析[J].税务研究,2016(2):11.

响,但提高了劳动参与率。

与于洪和余显财的实证分析相同,2008年以来的有关研究仍然关注个人所得税对不同群体劳动供给的异质性影响。分性别来看,由于社会总体结构中仍存在男女家庭分工差异,女性的劳动供给弹性更大,张世伟等、刘怡等、尹音频等以及叶菁菁等的研究都证明,个税减免对女性的劳动供给有正效应,但对男性没有明显影响。此外,尹音频等和叶菁菁等发现2011年个税改革对不同收入阶层的影响也存在差异,但两者结论截然不同。尹音频等认为在女性劳动者中,税收减免使较低收入阶层与较高收入阶层的收入差距进一步拉大,因而激励了较低收入阶层的劳动供给。叶菁菁等表示个税改革的最大"减负"者并非低收入阶层,而是中高收入阶层,因而后者受到的劳动激励程度更高。尹音频等还考察了不同所有制企业女职工的劳动供给效应,发现与国有企业相比,由于城镇集体企业以及其他企业职工的工资水平或工作稳定性较低,因而减税对其劳动供给的激励作用更强。刘蓉等则聚焦于2011年个税改革对中老年劳动供给决策的影响,其分析结果表明,税负减免会普遍增加中老年人的劳动参与率,但对在职劳动者的劳动时间影响较弱。

(二)对储蓄行为影响的实证分析

我国自1994年税制改革至今,对储蓄存款利息所得的征税办法经历了三次变动。第一次是1999年8月30日恢复对储蓄存款利息所得征收个人所得税,税率为20%,第二次是2007年8月15日对利息所得的税率由20%降为5%,第三次是2008年10月9日暂停征收存款利息所得税。我们将就这三次变动产生的影响进行分析,探究我国个人所得税对储蓄行为的影响。

1999年8月30日我国恢复征收存款利息所得税,是出于当时经济背景的考虑。1999年9月6日《人民日报》发表文章称"目前居民储蓄已近6万亿元。虽然银行几次降低了存款利息,但仍未遏制住居民储蓄存款大幅增长的趋势。"①当时,由于受亚洲金融危机影响,我国经济运行和发展出现了出口不畅、投资乏力、内需不足等问题。党中央、国务院实施积极财政政策,通过增发国债、加大基础设施投入、提高出口退税率等措施,使经济运行状况得到了一定的好转,降低存贷款利率等货币政策也产生了一定的积极效应。但物价指数持续负增长,有效需求不足,通货紧缩的问题还没有得到根本改变。因此,有必要综合运用各种政策措施,包括进一步扩大基础设施建设投资、增加城镇低收入居民收入、调整某些税收政策等,进一步扩大内需,拉动经济增长。其中,通过对居民储蓄利息征收个人所得税、调节居民储蓄增长,鼓励消费和投资,是一项非常重要的措施。随着经济发展和人民生活水平的提高,我国居民储蓄资金一直呈直线高速增长趋势。我国居民储蓄率从20世纪70年代之后长期居世界之冠。单一的储蓄投资方式也无疑加大了银行运作的压力,影响了其他投资和融资渠道的发展。对个人储蓄存款利息恢复征收所得税,可以引导城乡居民分流一部分储蓄,投资于股票、证券等方面,有利于我国多元化投资渠道的形成,将会对经济发展起到积极的作用。

从图6-4②中可以看出1994—1999年,我国居民储蓄占GDP的比重逐年上升,在1999

---

① 隋治文.为什么要开征利息所得税[N].人民日报,1999-09-06(9).
② 数据来源:中国国家统计局、2015—2018年《中国金融年鉴》、中国人民银行《2015年金融统计数据报告》(1994—2014年居民储蓄数据为中国国家统计局城乡居民人民币储蓄存款数据,2015—2018年居民储蓄数据为2015—2018年《中国金融年鉴》、中国人民银行《2015年金融统计数据报告》中人民币住户存款数据,两者存在统计口径差异)。

年8月30日开征利息所得税后,2000年的比重有所下降,但到2001年就有所回升,之后几年一路上行,并维持在高位。从图6-5中也可以看出,2000年我国居民储蓄的年增加额较前几年有了明显的下降,年底余额增长放缓,但从2001年起,年增加额节节攀升,年底余额以较1999年以前更快的速率增加。可见,1999年对储蓄利息所得征收个人所得税只起到了极为短暂的效果。

图6-4　1994—2020年我国居民储蓄占GDP的比重

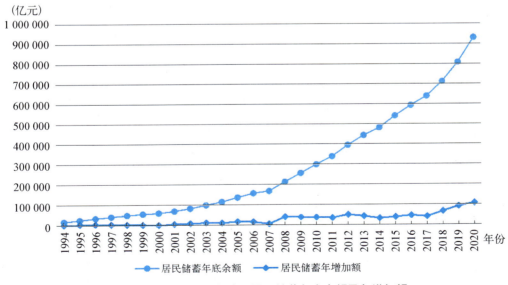

图6-5　1994—2020年我国居民储蓄年底余额及年增加额

2007年中国宏观经济的关键词无疑是通货膨胀、经济过热、紧缩性货币政策。利息税作为紧缩性货币政策组合拳之一,其税率此时也从20%下调至5%。从图6-4和图6-5中可以看出,2008年我国居民储蓄占GDP的比重、居民储蓄的年底余额和年增加额都有了明显的回升,资金回笼的效果显著。

然而,通过更进一步的分析,就会发现,2008 年的回升可能仅仅是由于 2007 年的储蓄为异常值。中国社科院 2007 年 12 月发布的《2007—2008 年中国经济形势分析与预测》中指出:2007 年宏观经济总体由偏快转向过热的趋势进一步加剧,过热问题表现得更加明显,主要表现为经济增长速度过快、全社会固定资产投资增长速度过快、贸易顺差过大、货币供应偏大。在经济过热以及股市、楼市火爆的背景下,居民储蓄当然不会继续增长。从图 6-4 和图 6-5 中都能很明显地看出,2007 年储蓄占 GDP 的比重以及储蓄年增加额都是有悖于长期的发展趋势的。

为了验证 2008 年的回升可能仅仅是由于 2007 年的储蓄为异常值,表 6-12 列出了图 6-5 的源数据。我们来对这组数据做个假设,看看会有什么奇妙的结论。首先,我们可以算出 2007 年和 2008 年储蓄年增加额的平均数为 28 149.03 亿元,如果将该平均数作为这两年的年增加额,并以此算出这两年的年底余额,图 6-5 将变为图 6-6。

表 6-12　1994—2018 年我国居民储蓄年底余额及年增加额　　　　（单位:亿元）

年　份	居民储蓄年底余额	居民储蓄年增加额
1994	21 518.80	6 315.26
1995	29 662.30	8 143.46
1996	38 520.80	8 858.58
1997	46 279.80	7 758.96
1998	53 407.47	7 127.67
1999	59 621.83	6 214.36
2000	64 332.38	4 710.55
2001	73 762.43	9 430.05
2002	86 910.65	13 148.22
2003	103 617.65	16 707.00
2004	119 555.39	15 937.74
2005	141 050.99	21 495.60
2006	161 587.30	20 544.00
2007	172 534.19	10 946.90
2008	217 885.35	45 351.16
2009	260 771.66	42 886.31
2010	303 302.49	42 530.84

续　表

年　份	居民储蓄年底余额	居民储蓄年增加额
2011	343 635.89	40 333.39
2012	399 551.00	55 915.20
2013	447 601.57	48 050.56
2014	485 261.30	37 659.74
2015	546 077.85	44 000.00
2016	597 751.05	51 673.20
2017	643 767.62	46 016.57
2018	716 038.16	72 270.54
2019	813 038.16	97 000.00
2020	934 400.00	121 361.84

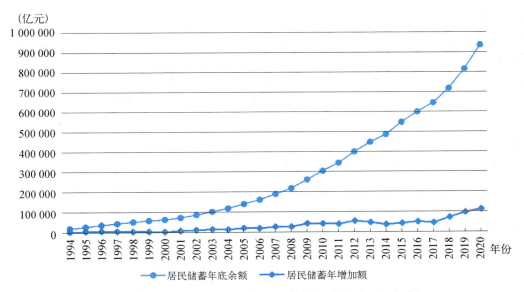

图6-6　对2007—2008年数据做处理后的储蓄年底余额及年增加额

从图6-6中,我们很惊奇地发现,用2007年和2008年储蓄年增加额的平均数来代替原值得到的年底余额和年增加额曲线都变得相当平滑。由此,我们可以推断出,2008年储蓄的年底余额其实是符合我国的长期发展趋势的,之所以看似有大量超常的增长,并不是因为利息税或政策组合拳的作用,而是因为2007年的储蓄过低。

根据表6-12,我们还可以发现在2008年暂停征收存款利息所得税后,2009年的储蓄年增加额相比往年并没有明显变化,说明利息税对居民的储蓄倾向没有显著影响。2010年以后,储蓄年增加额保持稳定。而在2014—2017年储蓄年增加额有一定程度的下降,这主要是受 2014—2017 年股市、楼市火热,以及从投资驱动向消费驱动转换等因素影响,居民储蓄增长率下降。时任央行行长曾表示储蓄率下降有助于内需的扩大,很多年轻人的"金钱观"也发生了很大的改变,除了"过度消费"以外,年轻人喜欢将"闲钱"用于投资,这也造成了我国储蓄率的下降①。2017 年房市调控后,居民新增负债开始下降,新增存款规模大幅上升。值得关注的是,2020 年居民存款大幅增加,一方面是因为疫情对经济的影响导致消费仍处于复苏阶段,大家的储蓄意愿也更强烈,另一方面是因为国家对大城市加大了房市调控力度,房市成交量不高,新增负债没上去,存款上升。也就是说花出去的钱少了,存款自然就多了②。

从以上三次利息税政策变动后居民储蓄的统计情况来看,我们可以推断:我国利息税对居民储蓄的影响极小,小到几乎可以忽略不计。我们认为,其原因主要是:我国居民对未来收入和支出的不确定性预期较高,导致我国储蓄刚性。在我国有个很奇怪的现象——即使是在实际利率为负的情况下,储蓄仍然是广大居民的一大重要选择。这是为什么呢?究其原因,我国目前住房、教育、医疗等制度的不完善,使广大居民的预防性储蓄意识极强。因此,广大居民将钱存入银行的主要原因是"以防万一",而不是作为一种获得利息的投资手段,这也就导致我国储蓄对利率的不敏感。

(三) 对投资行为影响的实证分析

个人所得税对投资行为的影响主要通过对股息红利所得征税来实现。根据现行《中华人民共和国个人所得税法》及《中华人民共和国个人所得税法实施条例》有关条款,居民个人从中国境内外、非居民个人从中国境内因拥有债权、股权等而取得的利息、股息、红利所得,需按 20% 的比例税率缴纳个人所得税。

2000 年以来,我国股息红利个人所得税政策历经三次调整。第一次调整在 2005 年 6 月 13 日,财政部、国家税务总局联合发布《关于股息红利个人所得税有关政策的通知》(财税〔2005〕102 号),规定"从发文之日起,对个人投资者从上市公司取得的股息红利所得,暂减按 50% 计入个人应纳所得税额,依照现行税法规定计征个人所得税"。也就是说,自 2005 年 6 月 13 日起,现金红利暂减为按所得的 50% 计征 20% 个税,即实际税率为 10%,而对于所送红股,则依然按 20% 税率缴纳个税,以派发红股的股票票面金额为收入额计征。以资本公积金转增的股本,则不征收个人所得税。综合学界观点来看,此次政策出台的初衷主要有三方面:其一是政府托市、救市;其二是为提升市场信心,配合股权分置改革的顺利进行;其三是鼓励上市公司向投资者分红,保护中小投资者的利益。

但是,从长期来看,该政策并未引起资本市场的积极反应。李增福、张淑芳(2010)的研究发现:股利所得税减免在短期内会引起上市公司现金股利支付增加,长期则会出现效应递减;现金股利支付对股利所得税减免的反应与公司控股股东性质相关,而与自然人股比例无关。这说明,在我国上市公司的财务决策中,中小股东的利益被忽视;也表明在投资者利益保护比较弱的情况下,采取减免股利所得税的方式并不能在长期之中提高我国上

---

① 储蓄率"断崖式"下降,居民钱包被掏空?央行行长"警告"年轻人[EB/OL]. [2022-03-10]. https://baijiahao.baidu.com/s?id=1681593680359333469&wfr=spider&for=pc.

② 2020 年居民存款为何会大幅增加?[EB/OL]. [2022-03-10]. https://new.qq.com/rain/a/20210104A05HXF00.

市公司的现金股利支付水平[1]。杨宝、袁天荣(2013)分析发现,资本市场对财税〔2005〕102号文呈现出从"期望"到"失望"的市场反应,整体而言,资本市场对"减半征收"并未表现出积极的市场反应。进一步研究发现,预期派现倾向高、派现能力强的上市公司对于股利税"减半征收"政策的市场反应更加积极;但市场流通股对于股利税"减半征收"政策的反应较为"平淡"。说明在我国股息率偏低的市场背景下,市场流通股股东对于股利所得税削减并不"敏感"[2]。总的来说,在当时投资者利益保护机制不健全的情况下,股息红利个人所得税减半征收从长期来看难以改变上市公司分红派息少的状况,从而也难以对个人的投资行为产生影响。

第二次调整是2012年11月16日,财政部、国家税务总局、证监会三部门联合发布了《关于实施上市公司股息红利差异化个人所得税政策有关问题的通知》(财税〔2012〕85号)。通知规定:"自2013年1月1日起,对个人从公开发行和转让市场取得的上市公司股票,股息红利所得按持股时间长短实行差异化个人所得税政策。个人从公开发行和转让市场取得的上市公司股票,持股期限在1个月以内(含1个月)的,其股息红利所得全额计入应纳税所得额;持股期限在1个月以上至1年(含1年)的,暂减按50%计入应纳税所得额;持股期限超过1年的,暂减按25%计入应纳税所得额。上述所得统一适用20%的税率计征个人所得税。"因此,对个人投资者来说,持有时间在1个月内、1个月到1年以及1年以上的股票,所获得的股息红利需要缴纳的个人所得税的实际税率分别为20%、10%及5%。

第三次调整发生在2015年9月7日,财政部、国家税务总局、证监会三部门联合发布了《关于上市公司股息红利差异化个人所得税政策有关问题的通知》(财税〔2015〕101号)。此次调整自2015年9月8日起施行,仅在2012年政策的基础上对持股时间超过一年的所获得的股息红利暂免征收个人所得税,其他规定依然适用财税〔2012〕85号文件。

这两次调整的主要目的是鼓励投资者长期投资,减少短期炒作,促进资本市场的健康发展。现有研究表明,股息红利差异化个人所得税政策无法从整体上降低股票交易年度平均换手率,但在降低特定期间和特定对象的换手率方面具有一定效果,如贾建军、邵丽丽、陈欣(2016)发现政策出台后较高证券投资基金持股和高分红股票的换手率下降,分红股票在其除权除息日附近的超额换手率显著下降[3];吴程军(2019)也发现政策出台后高股息红利发放率的公司的股票交易换手率呈现出了下降的趋势,此外,发放股息红利公司的股票在发放股息红利前一月的月度换手率有所下降[4]。除此之外,有学者发现股息差别化征收政策对市场有一定的宣告效应。王国俊等(2014)采用事件研究法和回归分析法相结合的模型对

---

[1] 李增福,张淑芳.股利所得税减免能提高上市公司的现金股利支付吗——基于财税〔2005〕102号文的研究[J].财贸经济,2010(5):8.
[2] 杨宝,袁天荣.股利税"减半"的市场反应研究——基于财税〔2005〕102的事件研究[J].税务与经济,2013(6):8.
[3] 贾建军,邵丽丽.股利税改革与投资者交易行为研究[J].河南社会科学,2016(3):12.
[4] 吴程军.我国股息红利个人所得税研究[D].北京:首都经济贸易大学,2019.

2012年税改进行实证研究,得出了税收政策调整提高了高股息率公司的投资价值的结论①;张美霞(2015)也是采用事件研究法与回归分析法相结合的方法对2012年税改进行实证研究,认为市场对此次事件做出了积极回应,但是回应也受到了回归模型中公司盈利状况、股利政策、股本结构等相关变量的影响②;贾凡胜等(2016)研究发现,2012年政策颁布期间资本市场有显著为正的市场反应,且现金分红水平预期提升较大的公司市场反应显著较好③。总体而言,虽然2000年以来证监会出台了一系列将再融资资格和现金分红挂钩的半强制分红政策,上市公司分红水平整体提升,但由于个人投资者更加倾向于获取股价上涨的回报,股息红利差异化个人所得税政策的影响有限。

关于未来股息红利个人所得税改革对投资行为的影响,一方面,消除我国股息红利个人所得税的经济性重复征税问题的声音一直存在;另一方面,从成熟资本市场的经验来看,资本市场对不盈利的高成长公司愈加开放,并且随着信息技术的发展和信息披露制度、公司治理规则的完善成熟,投资者不再依赖于是否分红来判断上市公司的质量,上市公司少分红已成趋势,股息红利个人所得税对投资行为的影响可能会继续弱化。

二、影响组织收入功能的实证分析

在本章第一节分析我国目前个人所得税的主体税地位时,我们已经提到了有关个人所得税组织收入功能中最重要的两点:在第一部分中,我们通过实证分析说明了目前我国个人所得税收入占GDP和总税收收入的比重过低;在第二部分中,我们通过数据说明了目前我国个人所得税收入主要来源于对工资、薪金所得征税。在本节,我们将通过更多的数据,对上述两点进行更为细致的分析。

(一)个人所得税收入

从表6-13中可以明显看出,我国个人所得税收入绝对数较高的地区主要为经济较为发达的地区,排名前五位的地区个人所得税收入总和占全国总收入的一半以上,并且2013—2020年排名变动很小。

表6-13 我国分地区个人所得税收入(按2020年由高到低排列) (单位:亿元)

地区	2013	2014	2015	2016	2017	2018	2019	2020
广东	348.02	408.91	510.14	638.11	755.91	868.08	656.19	760.88
上海	355.22	408.61	487.61	593.08	692.46	770.21	603.73	670.37
北京	333.84	383.52	478.12	571.26	643.2	728.46	544.16	611.91

---

① 王国俊,陈冬华.红利税差异化征收推进价值投资了吗[J].南京社会科学,2014(4):17-22.
② 张美霞.红利差别化税收政策的市场效应——基于财税〔2012〕85号文的实证研究[J].税务与经济,2015(4):79-87.
③ 贾凡胜,吴昱.股利税差别化、现金分红与代理问题——基于财税〔2012〕85号文件的研究[J].南开管理评论,2016(19):142-154.

续 表

地 区	2013	2014	2015	2016	2017	2018	2019	2020
浙 江	193.84	217.54	265.74	317.1	395.24	465.86	412.94	468.79
江 苏	264.88	306.33	360.89	382.37	386.82	468.41	349.34	393.94
福 建	78.37	86.67	94.86	123.5	150.55	178.04	168.91	192.81
山 东	104.59	115.18	143.12	143.15	186.73	215.3	147.47	182.06
四 川	88.1	97.2	109.14	128.4	152.74	178.59	126.3	135.84
天 津	58.31	71.98	81.76	96.78	116.51	129.78	96.47	103.40
湖 北	57.74	64.69	78.53	92.98	121.94	135.87	98.23	90.04
湖 南	50.92	56.56	62.9	74.62	90.21	107.94	74.15	87.95
陕 西	48.76	46.87	53.34	58.85	79.05	102.58	74.44	84.24
河 南	47.63	58.01	62.03	71.75	86.31	102.74	77.15	82.32
安 徽	43.44	52.14	53.14	59.28	79.41	92.35	65.11	76.74
河 北	54.6	56.12	62.86	71.52	92.29	105.6	70.06	67.69
重 庆	37.54	43.24	50.36	58.54	72.73	89.03	63.26	65.38
辽 宁	64.15	70.28	72.43	76.68	90.41	99.2	65.52	64.39
江 西	28.77	35.94	42.41	49.79	69.64	89.01	56.62	62.84
内蒙古	44.97	40.2	44.62	52.69	56.22	63.23	44.49	58.38
云 南	40.76	48.18	44.16	52.54	69.15	87.44	48.91	49.96
广 西	27.74	30.22	34.76	40.16	50.19	60.82	38.56	46.66
新 疆	43.1	48.13	55.55	61.23	64.78	74.19	51.27	44.68
贵 州	34.65	32.52	33.27	35.08	48.55	69.31	40.32	42.26
山 西	48.87	47.2	36.25	35.18	47.9	55.82	36.76	38.11
吉 林	28.06	34.92	34.11	41.72	46.35	50.37	33.68	33.07
黑龙江	35.63	36.98	35.57	37.28	41.46	47.26	32.69	30.61
海 南	11.68	13.42	17	21.47	28.95	31.75	23.08	25.53
甘 肃	14.78	15.81	18.94	20.55	27.33	30.53	20.3	20.54
西 藏	11.48	9.44	8.48	13	18.62	25.2	17.23	17.52
宁 夏	7.39	7.46	8.97	9.85	15.05	13.4	10.16	10.63
青 海	4.72	6.28	5.7	6.41	8.96	11.17	6.85	7.70

资料来源：根据历年《中国统计年鉴》数据整理所得。

从表6-14中,我们可以看出,2016年、2017年、2018年和2020年我国个人所得税收入增长最快的地区分别是西藏、宁夏、贵州、内蒙古。其中,西藏个税收入增速稳居前列;贵州2017年个税收入增速也名列前茅;而宁夏个税收入增速不稳定,2018年甚至出现了负增长。

表6-14 我国分地区个人所得税收入增长(按2020年由高到低排列)

地 区	2016	2017	2018	2019	2020
内蒙古	18.09%	6.70%	12.47%	−29.64%	31.22%
山 东	0.02%	30.44%	15.30%	−31.50%	23.46%
广 西	15.54%	24.98%	21.18%	−36.60%	21.01%
湖 南	18.63%	20.89%	19.65%	−31.30%	18.61%
安 徽	11.55%	33.96%	16.30%	−29.50%	17.86%
广 东	25.09%	18.46%	14.84%	−24.41%	15.95%
福 建	30.19%	21.90%	18.26%	−5.13%	14.15%
浙 江	19.33%	24.64%	17.87%	−11.36%	13.52%
陕 西	10.33%	34.32%	29.77%	−27.43%	13.16%
江 苏	5.95%	1.16%	21.09%	−25.42%	12.77%
北 京	19.48%	12.59%	13.26%	−25.30%	12.45%
青 海	12.46%	39.78%	24.67%	−38.68%	12.41%
上 海	21.63%	16.76%	11.23%	−21.61%	11.04%
江 西	17.40%	39.87%	27.81%	−36.39%	10.99%
海 南	26.29%	34.84%	9.67%	−27.31%	10.62%
四 川	17.65%	18.96%	16.92%	−29.28%	7.55%
天 津	18.37%	20.39%	11.39%	−25.67%	7.18%
河 南	15.67%	20.29%	19.04%	−24.91%	6.70%
贵 州	5.44%	38.40%	42.76%	−41.83%	4.81%
宁 夏	9.81%	52.79%	−10.96%	−24.18%	4.63%
山 西	−2.95%	36.16%	16.53%	−34.15%	3.67%
重 庆	16.24%	24.24%	22.41%	−28.95%	3.35%
云 南	18.98%	31.61%	26.45%	−44.06%	2.15%

续　表

地　区	2016	2017	2018	2019	2020
西　藏	53.30%	43.23%	35.34%	−31.63%	1.68%
甘　肃	8.50%	32.99%	11.71%	−33.51%	1.18%
辽　宁	5.87%	17.91%	9.72%	−33.95%	−1.72%
吉　林	22.31%	11.10%	8.67%	−33.13%	−1.81%
河　北	13.78%	29.04%	14.42%	−33.66%	−3.38%
黑龙江	4.81%	11.21%	13.99%	−30.83%	−6.36%
湖　北	18.40%	31.15%	11.42%	−27.70%	−8.34%
新　疆	10.23%	5.80%	14.53%	−30.89%	−12.85%

杨昭(2019)的研究表明,西藏个税收入增长较快的主要原因是随着经济发展不断提高的居民收入水平:一方面,西藏城镇居民收入高度依赖工资性收入,随着西藏经济高速发展,2016—2018年,西藏GDP增速分别为10.0%、10.0%和9.1%,在全国31个省、自治区、直辖市中始终位列前三,城镇居民收入水平不断提升,针对工资、薪金所得的累进税率设计导致税率"档次爬升";另一方面,西藏城镇居民收入水平的提升使个人所得税的税基扩宽①。

而个税收入增长不稳定的宁夏,2016—2018年GDP增速分别为8.1%、7.8%、7%,在西部地区居于中游。宁夏2017年个人所得税收入增长高于城镇居民可支配收入的增速,主要基于两方面原因:一是个人所得税收入的主要部分工薪所得、个体工商户生产经营所得、劳务报酬所得均采用累进税率,随着收入水平的提高,个人所得税收入的增加速度更快;二是随着城镇化进程的加快和城镇居民可支配收入的提高,城镇居民人口增长和人均可支配收入提高的双重作用,使个人所得税收入增长快于城镇居民人均可支配收入的增速②。

与西藏相似,贵州2018年个税收入增速位居全国第一,主要是因为贵州经济发展数据亮眼。2018年贵州城乡居民人均可支配收入以10.3%的增速位居全国第一,贵州农村居民人均可支配收入增幅也高于全国平均水平0.8个百分点,2016—2018年GDP增速各达10.5%、10.2%、9.1%。而贵州城乡居民收入保持稳步增长,与该省坚持以脱贫攻坚统揽经济社会发展全局也密切相关。2018年全省城乡居民收入比3.25,较上年降低0.03③。

---

① 杨昭.西藏自治区个人所得税变动趋势及影响因素分析[J].西藏大学学报(社会科学版),2019(34):164-170.
② 宁夏新闻网.透过个税数据看宁夏城镇居民收入变化[EB/OL].[2022-03-10]. https://www.nxnews.net/cj/cjdyx/201710/t20171020_4400601.html.
③ 2018年城乡居民人均可支配收入增速贵州最快[EB/OL].[2022-03-10]. https://www.chinanews.com.cn/gn/2019/02-28/8768120.shtml.

2019年,各省(区、市)均出现了个税收入负增长,财政部解释,这主要是个税改革后提高基本减除费用标准(月均5 000元)和实施六项专项附加扣除政策的减税降费的影响。因此,2019年个人所得税预算数为7 740亿元,决算数为6 234.19亿元,比预算短收1 505.81亿元。不过减税降费政策成效显著,据财政部数据,2018年减税降费拉动当年GDP增长0.8个百分点,拉动固定资产投资增长0.5个百分点,拉动社会消费品零售总额增长1.1个百分点①。

2020年,内蒙古的个人所得税收入增速亮眼,位居全国第一位。根据内蒙古新闻网的报道,其中的原因,主要是2020年个人所得税改革影响因素逐渐消除,虽然自年初起受到疫情影响,但"六稳""六保"举措发挥了积极作用,居民工资、薪金所得得到有效保障,因此上半年个人所得税收入整体呈缓慢小幅增长趋势。随着国内疫情防控取得重大战略成果,复工复产加速带动企业用工回暖,2020年内蒙古地区生产总值为17 360亿元,按可比价格计算,比上年增长0.2%②。居民收入逐步恢复稳定增长,2020年内蒙古居民收入增速快于经济增速,城乡居民收入差距缩小,当年内蒙古城镇常住居民人均可支配收入为41 353元,增长1.4%;农村牧区常住居民人均可支配收入16 567元,增长8.4%,城乡居民收入比为2.5,比值较上年缩小0.17,城乡收入差距进一步缩小③。

从上述分析中可以看出,个人所得税收入与地区的经济状况有十分重要的关系。经济越发达,个人所得税收入绝对数越大;经济发展越快,个人所得税收入增长越快。

从表6-15和表6-16中可以看出,我国各地区个人所得税占财政收入和GDP比重的差距都较大,并且经济较为发达的地区这两个指标的表现较好。从平均水平来看,OECD国家个人所得税占本国GDP比重约为8%④,而我国个人所得税占财政收入比重和个人所得税占GDP比重与世界上发达国家的差距依然很大。

表6-15 2020年我国分地区个人所得税占财政收入比重(由高到低排列)

地 区	财政收入(亿元)	个人所得税收入(亿元)	比 重
北 京	5 483.89	611.91	11.16%
上 海	7 046.30	670.37	9.51%
西 藏	220.99	17.52	7.93%
浙 江	7 248.24	468.79	6.47%
福 建	3 079.04	192.81	6.26%

---

① 财政部:2019年全国个税减收1 505.81亿元[EB/OL].[2022-03-10]. https://baijiahao.baidu.com/s?id=1674692141295102749&wfr=spider&for=pc.
② 个税改革成效彰显治理能力提升[Z/OL].[2022-03-10]. http://inews.nmgnews.com.cn/system/2020/10/09/012992831.shtml.
③ 2020年内蒙古居民收入增速快于经济增速[Z/OL].[2022-03-10]. https://m.gmw.cn/baijia/2021-01/20/1302056373.html.
④ 牛力.我国个人所得税收入能力与流失规模的测算分析[J].财政经济评论,2017(1):139-151.

续表

地区	财政收入(亿元)	个人所得税收入(亿元)	比重
广东	12 923.85	760.88	5.89%
天津	1 923.11	103.40	5.38%
江苏	9 058.99	393.94	4.35%
陕西	2 257.31	84.24	3.73%
湖北	2 511.54	90.04	3.59%
四川	4 260.89	135.84	3.19%
海南	816.06	25.53	3.13%
重庆	2 094.85	65.38	3.12%
吉林	1 085.02	33.07	3.05%
新疆	1 477.22	44.68	3.02%
湖南	3 008.66	87.95	2.92%
内蒙古	2 051.20	58.38	2.85%
山东	6 559.93	182.06	2.78%
广西	1 716.94	46.66	2.72%
黑龙江	1 152.51	30.61	2.66%
青海	297.99	7.70	2.58%
宁夏	419.44	10.63	2.53%
江西	2 507.54	62.84	2.51%
辽宁	2 655.75	64.39	2.42%
安徽	3 216.01	76.74	2.39%
贵州	1 786.80	42.26	2.37%
云南	2 116.69	49.96	2.36%
甘肃	874.55	20.54	2.35%
河南	4 168.84	82.32	1.97%
河北	3 826.46	67.69	1.77%
山西	2 296.57	38.11	1.66%

资料来源：根据历年《中国统计年鉴》数据整理所得。

表 6-16　2020 年我国分地区个人所得税占 GDP 比重（由高到低排列）

地　区	GDP(亿元)	个人所得税收入(亿元)	比　重
上　海	38 700.58	670.37	1.73%
北　京	36 102.55	611.91	1.69%
西　藏	1 902.74	17.52	0.92%
天　津	14 083.73	103.40	0.73%
浙　江	64 613.34	468.79	0.73%
广　东	110 760.94	760.88	0.69%
海　南	5 532.39	25.53	0.46%
福　建	43 903.89	192.81	0.44%
江　苏	102 718.98	393.94	0.38%
内蒙古	17 359.82	58.38	0.34%
新　疆	13 797.58	44.68	0.32%
陕　西	26 181.86	84.24	0.32%
四　川	48 598.76	135.84	0.28%
宁　夏	3 920.55	10.63	0.27%
吉　林	12 311.32	33.07	0.27%
重　庆	25 002.79	65.38	0.26%
辽　宁	25 114.96	64.39	0.26%
青　海	3 005.92	7.70	0.26%
山　东	73 129	182.06	0.25%
江　西	25 691.5	62.84	0.24%
贵　州	17 826.56	42.26	0.24%
甘　肃	9 016.7	20.54	0.23%
黑龙江	13 698.5	30.61	0.22%
山　西	17 651.93	38.11	0.22%
广　西	22 156.69	46.66	0.21%
湖　南	41 781.49	87.95	0.21%
湖　北	43 443.46	90.04	0.21%
云　南	24 521.9	49.96	0.20%

续 表

地　　区	GDP(亿元)	个人所得税收入(亿元)	比　　重
安　徽	38 680.63	76.74	0.20%
河　北	36 206.89	67.69	0.19%
河　南	54 997.07	82.32	0.15%

资料来源：根据历年《中国统计年鉴》数据整理所得。

对以上我国个人所得税分地区收入情况的总结如下：

(1) 我国各地区个人所得税收入情况的差异很大，个人所得税收入情况较好的地区主要为经济相对发达的地区，个人所得税收入增长较快的地区主要为经济增长相对较快的地区。

(2) 我国个人所得税收入情况较好的地区主要为经济较为发达的地区，而这些地区的两项指标(个人所得税收入占财政收入及 GDP 的比重)与世界上其他国家的差距仍然很大。

(二) 个人所得税结构

近年来，工资、薪金所得占个人所得税收入比重超过 60%，逼近 70%，工资、薪金所得是个人所得税的主体收入项目，这一比例与工薪收入者是社会主要群体的情况相符，但是从发展趋势看，这一比重与社会群体结构的变化并不协调。

1995 年我国单位就业的比例占城镇就业的 80.4%，当时工资、薪金所得占个人所得税的比例为 42.7%；到了 2005 年，我国单位就业的比例下降为 41.7%，也就是说有将近 60% 的个税是由非工薪阶层缴纳的；而到了 2018 年，我国单位就业的这一比例进一步下降为 39.7%，但是这一年工资、薪金所得占全部个人所得税的比例却达到了 67.3%，远远高于其就业比重。显然，非工薪阶层与工薪阶层在个人所得税负担上产生了不平等，近年来，我国居民的收入结构也发生了很大的变化，非工薪收入占比逐渐提高，但是非工薪收入的税收比例却逐年下降，其中最重要的一个原因是，工资、薪金所得相对其他个人所得更容易被征收个税，对此问题我们将在本章第三节做详细分析。

可见，我国目前个人所得税税收收入结构的问题，并不在于工资、薪金所得是个人所得税的主体，而是在于个人所得税各税目的收入情况与居民的所得情况之间的比例不相符，两者的发展趋势不一致，这才是导致个人所得税调节作用发生扭曲的根本所在。

三、调节收入分配功能的实证分析

除了增加财政收入外，个人所得税的另一功能在于调节收入分配。2018 年 8 月 31 日，第十三届全国人民代表大会常务委员会第五次会议通过《关于修改〈中华人民共和国个人所得税法〉的决定》，自 2019 年 1 月 1 日起施行，第七次修正《中华人民共和国个人所得税法》。此次修正主要有以下四个方面的变化：一是由分类所得税制转为分类综合所得税制；二是提高免征额，由每月 3 500 元提高至每月 5 000 元；三是拓宽低税率级距，拓宽了 3%、10%、20% 三档低税率的级距；四是增加了六项专项附加扣除。总体来说，此次个税改革在税制模式、税制设计方面有一定改进，但调节收入分配的功能仍未充分发挥，主要表现在横向不公平和纵向不公平两大方面。

(一) 横向不公平

横向公平指纳税能力相同的纳税人,应该承担同样的税负。目前,我国个人所得税制度在以下三个方面存在横向不公平:

1. 收入来源数目

我国现行个人所得税实行分类综合所得税制,不同来源所得的收入额计算标准和扣除标准不同。这导致所得来源多、收入相对分散的纳税人按比例减除费用计算收入额或多次扣除减除费用后,可不纳税或少纳税;而所得来源少、收入相对集中的纳税人却因扣除金额少要多纳税。例如:甲、乙两人每月收入同为6 000元,甲的收入完全为工资、薪金所得,乙的收入中1 000元为工资、薪金所得,5 000元为劳务报酬,甲每年需要纳税额为(12×6 000−60 000)×3%=360元,而乙的年应纳税所得额为[1 000+5 000×(1−20%)]×12=60 000元,未超过基本的年扣除标准额60 000元,无须纳税。

2. 收入来源渠道

由于现行个人所得税制对不同所得项目实行不同的征税标准,导致收入相同的纳税人由于收入来源不同,承担的税负不同。例如,甲年工资、薪金所得120万元,应缴纳个人所得税为(1 200 000−60 000)×45%−181 920=331 080元,乙彩票中奖1 200 000元,应缴纳个人所得税为1 200 000×20%=240 000元。甲、乙的所得数额相同,因分别适用7级累进税率和20%的比例税率而缴纳不同的个人所得税。

上一章的表5-8按现行个人所得税制测算了在不同收入的情况下,不同来源所得的个人所得税实际负担率。当个人综合所得大于510 000元时,实际税收负担率高于财产租赁所得。当个人工薪所得大于710 000元时,实际税收负担率高于股息、红利收入和偶然所得。特别是当工薪所得大于1 910 000元时,实际税收负担率几乎是财产租赁所得的2倍以上,比股息所得高50%以上。

3. 收入来源主体

虽然新修正的个税法新增了专项附加扣除制度,从家庭角度考虑了个人负担的异质性,但仍存在分摊方式僵硬、扣除范围不周等问题。比如部分支出强行在家庭成员中分摊扣除额,忽略了家庭收入的整体性;又比如大病医疗支出未考虑到无收入成年子女的医疗费用仍由父母承担。目前专项附加扣除制度的作用有限,且完全通过该制度完善"家庭性"设计较为复杂,个人所得税制度"家庭性"不足的问题亟待解决。这一问题的核心是个人所得税的征收以个人为课税单位,举例而言,即使有专项附加扣除,家庭成员中一人年收入30万元也很可能适用20%的边际税率,两人年收入共30万元(如两人年收入各15万元,或一人年收入10万元、另一人年收入20万元)则很可能适用10%及以下的边际税率,前者税负远超后者。

(二) 纵向不公平

纵向公平就是指纳税能力不同的人,负担的税负应不相同,纳税能力越强,其承担的税负应越重。

不少媒体和学者看到我国2018年有67.26%的个人所得税收入来自工资、薪金所得,就认为我国个人所得税是"劫贫济富"。对于这一说法,我们不敢苟同。其实,工薪阶层不一定就是低收入者。国家税务总局表示,2005年全国年工资收入25万元以上的纳税人,占工薪阶层纳税人数的0.48%，缴纳的工资、薪金所得税款占工资、薪金所得项目税额的14.63%；北京市年工资、薪金收入6万元以上的纳税人占工薪阶层纳税人数的9.52%，缴纳的工资、薪金所得税款占工资、薪金所得项目税额的74%；广东省广州市和佛山市年工资、薪金收入7.2万元以上的纳税人，占工薪阶层纳税人数的比重分别为8.68%和1.34%，缴纳的工资、薪金所得税款占工资、薪金所得项目税额的比重却分别达60.9%和46.5%。另外，国家税务总局以2018年个税改革月的数据为例，领取工薪所得在2万元以上的纳税人，占税改前纳税人总数的3.9%，由此可以说明，工薪阶层中不乏高收入者，对他们征收个人所得税的人均税额远远高于其他工薪收入者。

虽然工资、薪金所得占个人所得税比重大不能说明纵向不公平，但是我国个人所得税制度还是存在着纵向不公平的问题。据《中国统计年鉴》公布的数据，我国2016—2020年城镇居民中收入最高的20%人群与收入最低的20%人群的平均个人年可支配收入的绝对差距逐年递增，相对差距也居高不下，始终保持在10∶1以上（表6-17）；我国2016—2020年城镇居民中收入最高的20%人群获得的年收入占全部城镇居民年收入的比重始终维持在50%左右（表6-18）。

表6-17　我国居民人均可支配收入差距　　　　　　　　　　　　　　　　（单位：元）

年　　份	2016	2017	2018	2019	2020
高收入户（前20%）人均可支配收入①	59 259.5	64 934.0	70 639.5	76 400.7	80 293.8
低收入户（后20%）人均可支配收入②	5 528.7	5 958.4	6 440.5	7 380.4	7 868.8
绝对收入差距①－②	53 730.8	58 975.6	64 199	69 020.3	72 425
相对收入差距①∶②（倍）	10.72	10.90	10.97	10.35	10.20

资料来源：根据历年《中国统计年鉴》数据整理所得。

表6-18　我国高收入（前20%）户居民可支配收入占全体居民可支配收入比重

年　　份	2015	2016	2017	2018	2019	2020
比　　重	49.66%	49.75%	50.00%	50.05%	49.72%	49.88%

资料来源：根据历年《中国统计年鉴》数据整理所得。

然而，江西省地税局2016年3月接受中国新闻网采访时表示："目前我国高收入者对个人所得税的贡献率仅35%左右。与之形成对比的是，根据美国国内收入署（IRS）发布的数据，2017年美国收入前1%的纳税人虽然收入占全美收入的21%，但缴纳了38.5%的联邦个人所得税；收入前50%的纳税人缴纳了所有个人所得税的97%。"[①]即使是和中国人口和经济发展阶段类似的印度比较来看，中国的高收入阶层税收负担还是比较轻的。印度是一个

---

① 人大代表张和平：个税改革应提高高收入人群贡献比例[EB/OL]．[2022-03-10]．http://finance.people.com.cn/n1/2016/0314/c1004-28198603.html．

农业国家,农民占总人口的60%—70%,政府规定,农民无须缴纳个税。其余30%—40%的人口中,绝大部分是只够维持基本生活的工薪阶层和小商小贩,其一年收入很难超过10万卢比,因此也就不具备个税纳税人条件。只有3%的人口年收入在10万卢比以上,他们就成了印度个税的课税对象①。

第三节 我国个人所得税征管现状的实证分析

我国的个人所得税自开征至今,始终是流失最严重的税种,因而有了一个家喻户晓的别名——征税第一难。然而,面对严重的流失,税务部门却始终没有很好的解决办法。在本节,我们将对我国个人所得税的流失数额进行估算,并试图分析其流失原因。

一、我国个人所得税流失估算

众所周知,我国个人所得税流失严重,但由于个人所得税难以征管的特殊性,其流失的准确数据无法得知。由于《中国城市(镇)生活与价格年鉴》在2013年以后改为《中国价格统计年鉴》和《中国住户调查年鉴》,不再提供中国城市(镇)居民不同收入阶层的收入数据,故本节就现有的公布数据,借鉴贾绍华(2002)②、李一花等(2010)③、牛力(2017)④的税收收入能力测算法,先根据国家统计数据测算出全国城镇居民个人所得税的应纳税所得额,再与调查得出的城镇居民的个人所得税的实际征收率相乘,计算出全国城镇居民应纳个人所得税额,与当年实际征收的税额进行比较,其差额就是个人所得税的流失额。表6-19列示了估算结果。

表6-19 2014—2020年公开经济个人所得税收入能力与流失测算表

年 份	2014	2015	2016	2017	2018	2019	2020
城镇居民人均可支配收入(元)	28 843.9	31 194.8	33 616.2	36 396.2	39 250.8	42 358.8	43 833.8
城镇居民应税收入总额(亿元)	191 976.35	207 623.23	223 739.34	242 242.19	261 241.55	281 927.47	291 744.62
城镇人均工资性收入(元)	17 936.8	19 337.1	20 665.0	22 200.9	23 792.2	25 564.8	26 380.7
城镇人均转移性收入(元)	4 815.9	5 339.7	5 909.8	6 523.6	6 988.3	7 563.0	8 115.8
城镇人均工资以外收入合计(元)	10 907.1	11 857.7	12 951.2	14 195.3	15 458.6	16 794.0	17 453.1
工资性收入年应缴个人所得税(元)	871.65	1 085.61	1 427.08	1 869.58	2 455.25	1 193.46	1 350.13

---

① 崔志坤.个人所得制度改革:整体性推进[M].北京:经济科学出版社,2015.
② 贾绍华.中国税收流失问题研究[M].北京:中国财政经济出版社,2002.
③ 李一花,董旸,李秀玲.个人所得税收入能力的实证研究[J].财贸研究,2010(5):90-97.
④ 牛力.我国个人所得税收入能力与流失规模的测算分析[J].财政经济评论,2017(1):139-151.

续 表

年份	2014	2015	2016	2017	2018	2019	2020
城镇人均经营性收入(元)	3 279.0	3 476.1	3 770.1	4 064.7	4 442.6	4 840.4	4 710.8
城镇人均经营性收入应缴纳个人所得税(元)	524.64	556.18	603.22	650.35	710.82	774.46	753.73
城镇人均财产性收入(元)	2 812.1	3 041.9	3 271.3	3 606.9	4 027.7	4 390.6	4 626.5
财产性收入年应缴个人所得税(元)	562.42	608.38	654.26	721.38	805.54	878.12	925.3
年人均应纳税总额(元)	1 545.82	1 735.93	2 008.57	2 355.72	2 808.59	2 280.72	2 389.62
应征税额占收入的比重(%)	5.36%	5.56%	5.98%	6.47%	7.16%	5.38%	5.45%
全体城镇居民当年应交个人所得税额(亿元)	10 288.54	11 553.83	13 368.44	15 678.98	18 693.15	15 179.79	15 904.61
个人所得税当年实际缴纳额(亿元)	7 376.61	8 617.27	10 088.98	11 966.37	13 871.97	10 388.53	11 568.26
个人所得税流失额(亿元)	2 911.93	2 936.56	3 279.46	3 712.61	4 821.18	4 791.26	4 336.35
个人所得税流失率(%)	28.30%	25.42%	24.53%	23.68%	25.79%	31.56%	27.26%

(一) 估算方法说明

2018 年 10 月之前,我国个人所得税实行分类计征课税模式,即不同所得项目实行分类定率、分项扣除,基本扣除费用为 3 500 元/月。2018 年 10 月起,适用综合和分类计征课税模式,基本扣除费用上升为 5 000 元/月。《中国住户调查年鉴》将个人收入划分为工资性收入、经营性收入、财产性收入和转移性收入四类,由于转移性收入无须缴纳个人所得税,因此,本节主要考察工资性收入、经营性收入和财产性收入适用对应的计税方法计算应纳税额[①]。

工资性收入是按照超额累进税率征收个人所得税,不同收入等级的纳税人适用不同的税率,但已有统计数据无法获取按收入等级划分的城镇居民工薪收入数据,本节根据按收入等级分城镇居民家庭基本情况,以人均总收入减去经营性收入、财产性收入、转移性收入得到修正后的人均工资性收入。然后,将人均工资性收入乘以城镇居民家庭每一就业者赡养人数(包括从业者本人),得到每一就业者的年均总收入,换算成每一就业者的月收入,扣除免征额后参照超额累进税率适用不同的税率级次,计算出应缴的个人所得税,再根据人口比例乘以权重加总得到工资性收入应纳个人所得税额。最后以个人所得税额除以赡养系数得到平均每人应缴个人所得税额,并以此换算成平均每人年应缴个人所得税额。

旧个人所得税法规定,个体工商户、个人独资企业和合伙企业所得征收个人所得税,适用五级超额累计税率,免征额为 42 000 元/年。由于没有按收入等级划分的经营性所得数据,相关文献往往采用简化处理办法,以扣除经营性收入的 20% 后的余额作为计税依据,采

---

① 城镇人均工资性收入还包括劳动报酬(含兼职)。

用20%的比例税率计算应缴个人所得税额。为了保证可比性,对于2019年及以后的经营所得收入也按照此方法进行计算。而对于财产性收入,以人均财产性收入乘以20%的税率计算得到年应缴个人所得税额。

除此之外,表6-20中其他数据的来源及计算方法如下:

(1) 城镇居民应税收入总额=城镇人口数×城镇居民人均可支配收入,城镇人口数及城镇平均每人可支配收入的数据来自相关年份的《中国统计年鉴》。

(2) 全国实际征收个人所得税的数据来自相关年份的中国统计年鉴。

(3) 年人均应纳税总额=工资性收入年应缴个人所得税+财产性收入年应缴个人所得税+城镇人均经营性收入应缴纳个人所得税。

(4) 应征税额占收入的比重=年人均应纳税总额÷城镇居民人均可支配收入。

(5) 全体城镇居民当年应交个人所得税额=应征税额占收入的比重×城镇居民应税收入总额。

(6) 个人所得税流失额=全体城镇居民当年应交个人所得税额-个人所得税当年实际缴纳额,个人所得税当年实际缴纳额来自相关年份的《中国统计年鉴》。

(7) 个人所得税流失率=个人所得税流失额÷全体城镇居民当年应交个人所得税额。

(二) 估算结果分析

测算结果如表6-19所示,城镇居民年人均应税所得由2014年的28 843.90元增加到2020年的43 833.80元,其中财产性收入增幅最大,增长率达到64.52%,而工资性收入增长率仅有47.08%,经营性收入仅有43.67%。这从一个侧面说明在经济发展、居民收入水平提高的同时,居民收入形式多元化,财产性收入在总收入中的比重逐年提高。根据测算结果,公开经济下个人所得税的税收收入能力除2019年略有下降外,其他年份保持逐年上涨的趋势,这与2018年10月开始综合所得收入实行以5 000元/月为免征额和调整累进税率缩小了纳税人范围,减轻了纳税人的税收负担密切相关。

2014—2020年,个人所得税的平均实际税负率在6.0%左右,明显低于名义税收负担率,从税收流失的测算规模来看,从2014年的2 911.93亿元到2020年的4 336.35亿元,税收流失率的平均水平在25%—30%左右,近几年略有上升,这与人们收入水平的提高、收入形式多样化、人们的纳税意识不强、个人所得税的征收管理难度加大等密切相关。

二、个人所得税流失原因

我们认为,个人所得税偷漏税面宽的原因可概括为两点:纳税人主观纳税意识不强和个人所得税客观征管难度较大。

(一) 纳税人主观纳税意识的实证分析

据我们所掌握的资料显示,相关统计资料中与公民纳税意识有关的数据相对较少,余显财(2006)在其博士论文中通过问卷调查的形式对公民纳税意识进行了实证研究[①]。其研究

---

① 余显财.中国个人所得税功能定位的研究——基于所得税效应分析的深化[D].上海:上海财经大学,2006.

结论总结如下：

1. **公民对税法的了解**

总体而言，公民对个人所得税法的了解比较不够。比较了解及以上的被调查者占总被调查者的比重为23.1%，一般了解的占44.2%，较模糊及以下者占32.5%。另外，文化程度和收入水平对公民的税法认识程度有显著影响。文化程度高和收入水平高的纳税人对个人所得税法的了解较深。余显财认为，这与我国个人所得税的主要征收方式为代扣代缴有关，这种方式减弱了纳税人对税法了解的动力。

2. **公民对纳税的看法**

在纳税人对纳税的看法方面，有75.4%的被调查者表示纳税"是公民的法定义务，应该自觉纳税"。然而，这一比例还远不能保证对税收的正常征管。另外，回归结果表明收入越高，认为应自觉纳税的比例越低，这显然有悖于个人所得税"调高保低"的目的。除此以外，有19.4%的被调查者选择"得不到好处，不情愿纳税"，这表明我国在纳税人的权利宣传和保护方面做得还不够，使得纳税人产生了只有义务、没有权利的错误观念，从心理上对纳税有抵触。

3. **公民对纳税的态度**

在自主申报条件下公民的纳税态度方面，做出正面选择，即"严格按税法要求纳税"和"聘请代理人代为申报"的比例为56.1%，明确表示会"偷逃避税"和"不申报"的比例高达11.1%，这表明实行自主申报必须辅以税务机关严格的监管，否则税收的流失在所难免，也无从做到纳税的公平。回归结果同时表明，纳税人所在单位性质对此选择会有显著影响，外资企业员工的自主纳税意识较强，机关事业单位次之，其他类型企业的员工纳税意识较为薄弱。

除此之外，魏保政针对青少年纳税意识薄弱产生原因特别设计了一套调查问卷，采用抽查方式向某地青少年发放（发出2500份，收回2379份，有效率95.16%），结果显示，青少年普遍缺乏纳税意识，对于纳税之于国民经济的重要性认识不足[①]。

从以上研究中可以看出，我国纳税人的主观纳税意识较为欠缺。个人所得税由于其无偿性和强制性，且纳税义务人所缴纳的个人所得税并没有使纳税人切实感受到自己生活的变化，很容易使纳税义务人产生抵触心理。因此，就现阶段来说，对个人所得税的征收离不开税务部门的积极宣传和严格监管。

（二）个人所得税客观征管难度的实证分析

从上一部分的研究中，我们已经得知，我国现阶段纳税人主观纳税意识较为薄弱，因此对个人所得税的征收需要税务部门的严格监管。在这一部分，我们将对个人所得税的征管难度进行分析，试图找出个人所得税流失的客观原因。

个人所得税历来被我国税务部门称为"征税第一难"。个人所得税的监管问题，除了制度上的缺陷导致大量的逃税避税，更为值得关注的是"管住了工薪阶层，管不住'新生贵族'"。

为什么管不住"新生贵族"呢？我们认为，管不住的原因主要有以下两点：

---

① 魏保政.浅谈青少年的纳税人权利意识调查[J].纳税，2018(1)：23.

1. 难以确定富人

1999年，胡润发布第一份中国富人榜时，曾引起社会的广泛关注。事实上，由于传统的藏富心理，以及有些人试图躲避监管等原因，到底谁是富人，到底有多少富人，往往并不为大众所知。这使得税务部门重点监控的纳税人名单仅仅是冰山一角。

在《个人所得税管理办法》的第七章中，明确要求税务机关应将相关行业纳入重点纳税人范围。国家税务总局在《关于进一步加强对高收入者个人所得税征收管理的通知》中明确指出以下行业是高收入企业的聚集地，这些行业包括①：

（1）金融、证券、保险、电信、电力、石油、石化、房地产、航空、铁路、烟草、城市供水供气等行业；

（2）各类事务所，涵盖的领域包括（律师、会计、审计、税务、评估等）；

（3）各类足球俱乐部；

（4）各类高新技术企业和新兴产业、朝阳产业；

（5）外企、外国驻华代表机构；

（6）各大高等院校；

（7）大型星级饭店；

（8）娱乐业企业；

（9）效益好的其他企事业单位。

高收入者主要集中在以下职业：

（1）私营企业主、个人独资企业、合伙制企业投资者、个体工商户；

（2）企业承包、承租人员和供销人员；

（3）建筑工程承包人；

（4）企业管理人员、董事会成员、监事会成员；

（5）演员、模特、足球教练、运动员；

（6）文艺、体育、经济活动的经纪人；

（7）独立或合伙执业的律师、税务师、审计师、会计师、评估师；

（8）大学教师、中学教师；

（9）医生、导游、股评人、乐手（师）、音响师、装修设计师、美容美发师、厨师、摄影师和其他具有某种专业特长的自由职业者。

综上所述，此类行业一般是一些具有垄断性质或者需要具备高端的专业技能的行业，而高收入个人主要是企业股东、高管、高端技术人才、具备某种专业特长的自由职业人员。这个标准的优点是囊括的面比较广，几乎包含了所有的高收入行业，但也只是象征性地说明问题，并不能包含全部，还有许多高收入人群未被纳入其中②。而且可以很明显地看出，很多行业和里面的群体并不一定都是高收入者。

尽管国家税务总局对高收入行业和人群进行了界定，但不可否认的是，这样列举式的界定标准难以囊括全部的高收入行业和个人。

---

① 李非.我国高收入者个人所得税征管法律问题研究[D].太原：山西财经大学，2021.
② 赵署芳.我国高收入人群个人所得税流失问题研究[D].济南：山东大学，2017.

2016年,国家税务总局印发的《纳税人分级分类管理办法》(税总发〔2016〕99号)第十一条规定:"自然人按照收入和资产分为高收入、高净值自然人和一般自然人。高收入、高净值自然人是指税务总局确定的、收入或资产净值超过一定额度的自然人。"但是,有财税专家回应:"我国不同收入的人群和不同程度贫富差距的地区存在着较大的差距,高收入群体和低收入群体只是相对性的概念,不是绝对性的概念。"因此,高收入高净值自然人界定缺乏法定标准。目前,我国还没有从法律或制度层面出台高收入高净值自然人的非常具体的标准,导致无法精准定位重点人群,给税务部门实施针对性、差异化征管带来较大困难[①]。

2. 难以确定收入

"新生贵族"的收入中有部分为渠道不明的隐性收入、灰色收入,难以对其进行估量。一些隐性收入占其收入较大比例的高收入者如演艺界人士、私营企业主等到税务部门主动申报的较少。在已进行个税申报的高收入群体中,也有不少人未申报隐性收入。高收入群体的逃税行为往往与现金交易有着千丝万缕的联系。随着电子支付平台的发展,银行对现金流动的监控手段越来越多,一定程度上预防了现金交易对个税的侵蚀。但目前个人信用体系还不健全,税务机关对纳税人的收入特别是隐性收入仍很难全部掌握。

此外,我国历来普遍实行的"低工资,高福利"的制度,也给税务部门确定收入带来了很大的难度。随着经济的发展,职工福利占总收入的比重越来越高,并且,占有很高比重的工资外福利的内容不断丰富,除了传统的福利形式,培训、旅游、疗养、配车、向员工出售低价房、发放各种购物券及补贴等福利越来越普遍,其中不乏难以估价及监管的类型。

3. 缺乏良好的纳税环境

首先,针对高收入群体个人所得税征管的配套技术措施有待提升。高收入群体个人所得税的税源较分散、隐蔽性较强,税务部门与市场监管、社保、银行等部门之间的信息共享不充分,缺乏有效的配合与监控,导致存在漏征漏管现象。其次,税务机关的纳税服务质量有待提升。有的税务机关片面注重硬件设施的建设,忽视了对税务干部纳税服务质量和业务能力的提升,导致有的税务干部的纳税服务意识依然停留在表面,税收宣传、政策辅导不到位,致使纳税人对税收政策的了解程度不深,纳税遵从度不高。最后,对高收入群体尚未形成实质性的奖优惩劣机制[②]。

(三) 对个人所得税流失原因小结

由于目前我国纳税人的主动纳税意识薄弱,并且税务局对个人所得的掌握客观上存在难度,使得我国目前个人所得税流失严重。而对高收入者的监管不力,使许多纳税人产生了个人所得税"劫贫济富"的错误印象,对个人所得税的征收产生抵触情绪,这又在某种程度上阻碍了纳税人主动纳税意识的提高。

[①] 国家税务总局湖北省税务局课题组,覃木荣.高收入高净值自然人税收征管的国际经验借鉴[J].税务研究,2022(4):97-101.

[②] 方东霖,杨沛民.高收入群体个人所得税征管问题研究[J].税务研究,2021(7):137-140.

本章参考文献

1. 贾绍华.中国税收流失问题研究[M].北京：中国财政经济出版社,2002。
2. 于洪.我国个人所得税税负归宿与劳动力供给的研究[J].财经研究,2004(4):30.
3. 余显财.中国个人所得税功能定位的研究——基于所得税效应分析的深化[D].上海:上海财经大学,2006.
4. 李一花,董旸,李秀玲.个人所得税收入能力的实证研究[J].财贸研究,2010(5):90-97.
5. 刘怡,聂海峰.个人所得税费用扣除调整的劳动供给效应[J].财贸经济,2010(6):8.
6. 张世伟,周闯.工薪所得税减除费用标准提升的作用效果:基于劳动供给行为微观模拟的研究途径[J].世界经济,2010(2):16.
7. 李增福,张淑芳.股利所得税减免能提高上市公司的现金股利支付吗——基于财税〔2005〕102号文的研究[J].财贸经济,2010(5):8.
8. 杨宝,袁天荣.股利税"减半"的市场反应研究——基于财税〔2005〕102的事件研究[J].税务与经济,2013(6):8.
9. 尹音频,杨晓妹.劳动供给对个人所得税改革敏感吗——基于微观模拟的动态分析[J].财经科学,2013(10):9.
10. 王国俊,陈冬华.红利税差异化征收推进价值投资了吗[J].南京社会科学,2014(4):17-22.
11. 张美霞.红利差别化税收政策的市场效应——基于财税〔2012〕85号文的实证研究[J].税务与经济,2015(4):79-87.
12. 崔志坤.个人所得制度改革:整体性推进[M].北京:经济科学出版社,2015.
13. 沈向民,吴健.我国当前个人所得税的劳动供给效应分析[J].税务研究,2016(2):11.
14. 贾建军,邵丽丽.股利税改革与投资者交易行为研究[J].河南社会科学,2016(3):12.
15. 贾凡胜,吴昱.股利税差别化、现金分红与代理问题——基于财税〔2012〕85号文件的研究[J].南开管理评论,2016(19):142-154.
16. 叶菁菁,吴燕.个人所得税减免会增加劳动供给吗?——来自准自然实验的证据[J].管理世界,2017(12):13.
17. 牛力.我国个人所得税收入能力与流失规模的测算分析[J].财政经济评论,2017(1):139-151.
18. 赵署芳.我国高收入人群个人所得税流失问题研究[D].济南:山东大学,2017.
19. 魏保政.浅谈青少年的纳税人权利意识调查[J].纳税,2018(1):23.
20. 刘蓉,汤云鹏.个人所得税改革对中老年劳动力供给的影响研究——基于CHARLS的面板数据[J].北京大学学报(哲学社会科学版),2019(5):87-100.
21. 杨昭.西藏自治区个人所得税变动趋势及影响因素分析[J].西藏大学学报(社会科学版),2019(34):164-170.
22. 吴程军.我国股息红利个人所得税研究[D].北京:首都经济贸易大学,2019.
23. 付广琦.我国与OECD成员国个人所得税征收效率比较分析[D].昆明:云南财经大学,2019.
24. 张宪.我国个人所得税的政策变迁[D].济南:山东大学,2020.
25. 郝会凌.我国收入分配政策与跨越中等收入陷阱问题研究——基于个人所得税视角

[J].西南金融,2020(3):72.

26.方东霖,杨沛民.高收入群体个人所得税征管问题研究[J].税务研究,2021(7):137-140.

27.上海财经大学高等研究院.中国宏观经济形势分析与预测年度报告(2020-2021)[R].2021.

28.李非.我国高收入者个人所得税征管法律问题研究[D].太原:山西财经大学,2021.

第七章

我国个人所得税改革思路

在这一章中，我们将针对我国个人所得税体系中存在的问题与不足，尝试提出改革的基本思路，包括个人所得税税制层面、征管层面以及配套措施的改革。

第一节 我国个人所得税改革的基本思路

在中国经济高质量发展过程中，人们的生活水平不断提升，收入持续增长。2019 年我国人均 GDP 首次突破 10 000 美元，目前我国已经进入中等偏上收入国家行列。个人所得税收入也呈现持续增长的趋势，在其发展过程中存在的问题也逐渐凸显。2019 年的个人所得税制改革是中国历史上影响最大的一次个人所得税改革，此次改革获得了较大的成功，使得原先分类所得税体制下的某些不公平现象得到很好的改善，但是仍旧存在很多问题。为了推动中国个税改革发展，就要积极分析探索个税改革问题，明确个税改革的方向，合理地进行税制设计，进而为社会经济持续发展奠定基础。

一、税制设计要保障税收基本功能的有效发挥

根据我国税收筹集财政收入的基本功能要求，个人所得税需要包括个人的各种收入，因此需要扩大税基，增加个税规模，提高直接税的比重，最终实现个人所得税成为我国主体税种的目的。在中国，个人所得税的征税范围涵盖了居民所有的个人收入来源。而随着社会经济的迅速发展，人们的收入来源呈现多元化的发展趋势。例如，如果对个人的福利性收入不征税，就会导致雇主通过此种方式发放工资，从而出现税收流失等问题，这样就会在一定程度上损害社会财富分配的公平性，同时损害了财政收入①。因此，个人所得税的征税范围应该更加明确具体，并且随着时代的发展不断修订，确保筹集财政收入的功能能够有效发挥。

---

① 闫坤.个人所得税改革的思路和政策建议[J].中国财政，2018(10)：36-38.

二、税制设计要兼顾公平与效率

个人所得税具有筹集财政收入、调节收入分配、稳定经济的功能,作为直接税,在税收效率与公平之间要协调发展。我国对于纳税人的劳动性所得、积极所得普遍认可,期望个税作为直接税在进行社会再分配时能起到调节收入差距的作用,鼓励国民通过劳动增加收入、迈向富裕。对资本利得可考虑制定累进税率,加强对消极所得以及高收入人群特别是畸高收入明星的所得进行有效的税收调节。

从个人所得税改革的国际趋势看,在公平和效率的取舍中,实行复杂累进税的国家和地区通过简化税制改革和减税改革、对资本所得分类征收并实行轻税政策以提升个人所得税制度的效率,实行单一税的东欧、中欧等转型国家则通过回归累进税提升个人所得税制度的公平性。借鉴国际经验,结合我国实际,个人所得税制度改革应兼顾公平和效率,但是要避免过度追求公平或过度追求效率。

1. 避免过度追求公平目标

在缺乏有效的收入分配调节手段的背景下,社会各界对个人所得税改革的公平作用寄予厚望。但从国际实践和我国实际情况看,个人所得税改革应避免过度追求公平目标①。

首先,从国际实践看,过度追求公平的复杂个人所得税制度遇到的障碍日益增加。以美国为例,截至2016年,美国国内收入法典达240万字,是1985年的近两倍、1955年的六倍;此外,美国财政部发布的相关规章达770万字,法院涉税判例近6万页。复杂税制使美国联邦所得税遵从成本有增无减,1990年遵从成本相当于联邦所得税收入的14.1%,2004年为24.4%。纳税人需要花费几十个小时填写纳税申报表,根据2017年的数据,7 860万份电子个人所得税申报表由付费专业人士填写,占全部电子申报表的45%,遵从成本是征管成本的10倍以上②。但是,英国《卫报》报道称,美国偷漏税款现象非常严重。美国财政部负责经济政策的助理部长萨林指出,美国每年应缴税款和实缴税款之间的差额约6 000亿美元;美国财政部发布的一份报告指出,美国最富的1%人口每年逃税金额高达1 630亿美元,美国最富的5%人口逃税金额占到每年美国少收税款的50%以上,而美国最富的20%人口逃税金额占到每年少收税款的77.1%③。美国个人所得税制度遇到的问题对我国个人所得税改革具有重要借鉴意义,复杂的个人所得税制度易导致较高的纳税遵从成本和税收流失率,为追求公平付出的效率代价会比较高。因此,为了避免过高的效率损失,我国个人所得税改革不宜过度追求公平。

其次,从我国经济水平和征管条件看,我国尚不具备实施复杂的个人所得税制度的条件。一是缺乏经济基础。我国虽然已经是世界第二大经济体,但依然属于发展中国家,个人所得税比重较低。在比重不高的情况下,如过度强调个人所得税公平目标,实施复杂的累进税制,有限的税收收入将难以承担过高的税收成本。二是缺乏自然人征管体系。复杂税制

---

① 唐婧妮.兼顾公平与效率目标,改革个人所得税制度[J].税务研究,2018(1):66-72.
② 黄燕飞.美国个人所得税主要特征及对中国的启示[J].财政科学,2018(12):138-146.
③ 高荣伟.美国:富人偷逃税严重[J].检察风云,2021(24):54-55.

需要成熟的自然人征管体系,由于我国约90%的税收来源于企业,来源于个人的税收比重较低,与之相匹配,我国征管力量集中于企业,面向自然人的税收征管薄弱,现行税收征管法、个人所得税法及纳税人识别号制度等都有待完善和建立,对自然人缺乏有效管控手段①。在征管不匹配情况下,过度强调公平目标可能带来公平和效率皆无的双输局面。

2. 避免过度追求效率目标

鉴于复杂累进税对效率的损害,有部分学者建议我国实施单一税。国际上,部分单一税国家选择回归累进税的实践为我国提供了可借鉴的经验。从实施单一税的国家看,中性特征突出的单一税确实可以减少对经济的负面影响,有助于转型国家尽快恢复经济增长。但是,这些国家过度追求效率的政策导向加剧了收入分配的不平等程度。研究指出,中性的单一税改革改善了劳动供给状况,但加剧了不平等和收入两极分化②。也正因为如此,部分单一税国家选择回归累进税。有鉴于此,我国不宜实施单一税、过度追求效率目标。

三、税制设计需要考虑征收管理与公民纳税意识

在国际上来说,许多国家的个人所得税制度对扣除项目进行了明确细致的规定,保障税制设计符合量能课税的基础原则。这要求税务机关具有一定的税收征管以及稽查的基础能力,要提升纳税人的纳税意识,进而有效地保障个人所得税的有效运行。同时,服务也呈现人性化的发展趋势,可以为纳税人提供多种纳税服务;制定了各种相关法律法规,严厉打击各种违法行为与活动;此外,国外的申报主要以个人申报为主,此种方式要求纳税人要掌握一定的法律,要具有诚信纳税的意义③。

因此,我国税制设计一方面要提高对税收征管的要求,不仅对税务机关税收征管水平和能力提出了更高要求,也要求纳税人具有自觉良好的纳税意识和较高的税务处理水平;另一方面,关于纳税人个人及其收入信息的真实性、准确性,需要公安、金融管理等部门协调配合,提供并核对相关信息,这对税务部门与其他相关部门间的协同机制也提出了更高的要求。

第二节 个人所得税税制层面的改革

一、税制模式的改革

一般说来,个人所得税的征收模式有三种:分类征收制、综合征收制与混合征收制。西方发达国家(如美国、比利时)大部分采用混合征收制或以综合为主、分类为辅的征收模式。

---

① 财税部门建议加快构建自然人税费征管体系[EB/OL].[2017-11-12]. http://www.chinanews.com/cj/2016/10-13/8030632.shtml.
② 朱为群,陶瑞翠.当代世界各国单一税改革的特征分析[J].审计与经济研究,2016(3):9.
③ 张华.分析个税改革方向与税制设计[J].纳税,2019(13):25-26.

这种征收模式将纳税人在一定时期内各种不同来源的收入加以汇总,减去法定扣除项目,就其余额按累进税率计征个人所得税。这种模式体现了纳税人的实际负担水平,也体现了公平原则和量能课税原则。

我国2019年之前采用的是分类所得税制模式,2019年之后改为综合与分类相结合的混合所得税制模式,未来的改革方向是继续健全综合与分类相结合的混合所得税制,逐步完善该制度,保持一定时期内的相对稳定性,随着条件的逐步成熟,逐渐增加征税项目,最终实行完全的综合所得税制。

因此,目前我国个人所得税的综合课征制改革仍需分两步来完成。

第一步:现阶段我国应不断优化混合所得税制模式下的税率结构,完善税前扣除,规范和强化税基,加强税收征管,充分发挥个人所得税调节功能。在具体制度设计方面,进一步扩大和完善个人所得税征税范围,制定差异化的基本减除费用标准,同时进一步明确差异化的专项附加扣除项目,适当降低45%的最高税率。

第二步:综合课征制的实施需要有纳税人统一的登记编号、完善的自行申报制度等条件,同时还要求有健全且富有效率的税收法制、基本完善的社会个人信用体系、纳税人较强的自觉纳税意识、现代化税收征收管理体系等。我国要尽快采取措施建立健全这些配套制度,才可能全面实施综合所得课征制。以税收征管方面为例,随着全国注册登记的纳税人从1500万户增加到3796万户,增长了153%,全国税务干部仅仅从74.7万人增加到75.3万人,变化不大。2018年,全国税务机关税收管理员27.7万人,人均管户138户。随着2019年混合税制模式的转变和专项附加扣除制度的实施,以及自行纳税申报人数的较快增长,税源变化和管理资源的相对短缺的问题未来将更加凸显[①]。因此,未来进一步完善相关的配套设施将成为我国个税改革的重要支撑,在税收征管方面,完善个人所得税自行申报制度,加强个人所得税收入监管,促进相关配套设施改革。对高收入人群应加强监管,增加反避税条款堵住漏洞,逐步完善个人所得税相关法律法规,加强税务机关与银行、社保等部门之间有效联合,同时通过强大的网络软件平台等获取高质量的信息,实现信息共享。

当综合课征建立的条件已经成熟之时,便可以把分类课征的应税项目,以及现行税法规定的综合课征的应税项目,统一转变成综合课征,从而完成个人所得税从综合与分类相结合的混合所得税制模式向综合所得税制的真正转变。同时要学习国际经验,借鉴其征纳模式。如先预缴后汇算清缴。预缴时注重源泉扣缴来监控税源,汇算清缴时以家庭为单位。预缴时先按个人对每项所得进行扣缴,然后约定特定的日期,在特定的日期家庭联合申报,在申报时之前预缴的部分可以抵扣,剩余的部分多退少补[②]。

二、税基的改革

如第五章所述,目前我国个人所得税征收面过窄,不仅制约了个人所得税规模的增长,弱化了个人所得税的地位和作用,而且不符合税收普遍征收的原则,不利于增强我国公民的

---

① 马晓雅,韩雨莲.以分类综合为过渡向综合税制探近[J].现代营销(下旬刊),2021(1):165-167.
② 李春根,赵望皓.探索以家庭为课税单位的个人所得税制度[J].中国税务,2020(6):55-56.

自觉纳税意识,不利于调动纳税人参与社会事务的积极性。因此,在宽税基的指导原则下,个人所得税的改革应该尽量考虑扩大个人所得税的征收面、实行宽税基。

(一)深化"大综合,小分类"的征税范围改革

目前混合所得税制的征税范围只是"小综合",只包括工资薪金、劳务报酬、特许权使用费、稿酬所得等四类劳动所得,经营所得和其他劳动所得等仍然没有纳入综合征税,资本所得的改革尚未涉及,综合征税的税基依旧很小,很难达到预期。进一步深化改革,应根据我国经济社会的发展情况,逐步扩大综合所得的范围①。在具体操作上,可采取分步分段的方式进行。第一步,可考虑将采取零扣除标准的利息、股息红利所得和偶然所得纳入综合征收范围;第二步,将采取原值扣除标准的财产转让所得等纳入综合征收范围;第三步,将采取成本费用扣除标准的经营所得纳入综合征收范围,并对相应的基本扣除体系进行修订完善②。

我国目前采用的"小综合"课征模式不利于调节收入分配。"小综合"课税模式不利于纳税人之间的税负公平,比如工资薪金属于劳动性所得,而经营性所得也有劳动的性质,若单独核算则不太合理。现阶段,我国个人所得税纳税收入主要是工资和薪金所得,而高收入人群则不是纳税主体。因此,高收入人群的个人所得税负担较低,纳税人明显较少,税负不公平等问题较为严重,最终影响个人所得税调节的效果。而实行"大综合"课税模式则有利于消除税负不公的现象。实行"大综合"课税模式拓展所得范围,将经常性劳动收入合并计算个人所得税,有助于缩小贫富差距,从而实现税收公平,提高税收效率。

(二)明确个人所得税征税范围

(1)应将居民个人从各种正常渠道取得的合法、正常的收入全部考虑在个人所得税征税范围之内。比如工资和薪金收入,包括基本工资和浮动工资;奖金和单位福利收入,包括本单位发放的奖金、津贴、实物、住房方面的福利(含福利分房及住房补助)、交通补助(含单位配车及车补)和通信补助等;兼职收入,包括讲课费、劳务费、课题费、评审费、演出费、出诊费、会议费和出场费等;资本性收入,包括房租所得、股息、红利、利息等。由于我国目前对工资收入的个人所得税征收体系已经较为完善,因此,我国个人所得税"宽税基"的改革重点应该放在其他三个项目上。比如,对奖金和单位福利收入而言,需要将暗补转变成明补,即将工资薪金以外的非货币性福利收入转化为货币形式的工资,或者将发放的非货币性职工福利按照当地相同或同类产品市场公允价格核定应纳税所得额,使得收入工资化、工资货币化、应税收入明晰化。各国普遍采取的措施主要有三种:一是将单位福利包含在应纳税所得中;二是对得到单位福利而产生的费用不允许扣除而对单位福利征收附加税;三是对提供单位福利的雇主征收单位福利税。针对我国目前的单位福利提供情况和个人所得税征管现状,可以将单位福利并入应税所得一并征收个人所得税,对于非货币性福利可以根据按照市场价值所评估的价值,合理计入应纳税所得征收个人所得税③。

除此之外,随着自媒体、网络直播等新兴互联网产业迅猛发展,从网红经济的"井喷",到游戏装备交易平台的"一搜即有"……游戏装备、游戏账号、比特币等虚拟财产与我们的生活

---

① 王献玲,石绍宾.我国个人所得税制优化研究[J].公共财政研究,2021(4):17.
② 张念明.基于调节视角的个人所得税改革探析[J].税务研究,2021(10):43-47.
③ 周金荣.我国个人所得税税基选择研究[J].学术论坛,2006(4):3.

越来越紧密,越来越多的自然人加入其中,相比法人,这部分群体数量及交易单量更加庞大,收入增长也更为迅速,但是,由于我国税收制度层面的缺失,未能对这个群体进行有效的税收管控,从而造成税收的大量流失,不利于实现税负公平[1]。对于这一部分新兴经济,要明确其征税类别,对其交易平台严格管控,加强源泉扣缴,加强纳税宣传,让自然人有更强的纳税意识。

(2)对居民个人从各种非正常渠道取得的合法或非法的非正常的收入考虑征收个人所得税。如灰色收入,在法律上尚未明确界定其性质,难以确定其合法性,其本质属于非正常的收入,如商业回扣、礼金及礼券等,对这类收入难以估价。黑色收入,是法律禁止的收入,但在现实生活中仍有极少部分人存在这样的收入。我国个人所得税的缴纳实行的是差额累进税率,征税范围却不包括"灰色收入"等大量不合法收入,这使得我国的个人所得税在调节个人收入、促进社会二次分配公平方面不仅不能起到应有的作用,反而进一步加剧了贫富差距。

其他国家对灰色收入、黑色收入也采取了各自的管理措施,并入税基一并征税。比如,《德国租税通则》第四十条规定:"实现税法构成要件之全部或一部分的行为,不因其违反法律之命令或禁止,或违反善良风俗,而影响其租税之课征。"在日本,"不但合法的得利而且那些不法的得利也应当被解释为课税的对象。另外,不法得利不但是得利者在司法上有效持有的场合而且即使在司法上无效,只要该得利属于得利者的管理支配之下的得利,也应解释为课税的对象"。

从国外对灰色收入和黑色收入的征税管理来看,不论其来源和获取的手段如何,都按照"实质课税原则"对其进行个人所得税的征收。我国也应该按照该原则对目前社会生活中存在的灰色收入和黑色收入进行"实质课税",而不是按照这些所得的外观形式进行课税。

(三)考虑将"列举征税项目法"转变为"列举免税项目法"

混合所得税制中对于税目的列举方式是使用正列举的方式,即只有税法规定的才纳税,不在其范围内的不用纳税,这和经济发展业态是不相符的。如随着互联网的发展壮大,一大批网红应运而生,但是对于网红的收入,在我们现有的已列举的税目中很难找到与之相对应的税目,对这样的以各种无法预见的形式出现的所得如何征税是目前应该考虑的问题,对于以"正列举"的形式呈现税目的做法也应加以改革。通过逆向思维,以"反列举"或排除的形式规定哪些不征税,则剩余的没有排除的都应征税,这在一定程度上既可以监控税源又可以实现公平[2]。

另外,由于个人所得税法采用正列举方式,无法将纳税人的隐形收入和福利列入征税范围,产生隐形收入和福利少缴或不缴税的现象,这也与税收公平相背离。为促进税收的公平,应扩大我国个人所得税的税基。可采用"反列举"的方式来规定应税项目,即税法中明确规定免税及不征税项目,凡不属于上述规定范围的,均应缴纳个人所得税[3]。反列举的方式能够有效扩大税基,在使纳税人的多元化收入、隐形收入和福利得到税法有效规制的同时,

---

[1] 胡玉鹏.我国个人所得税课税模式研究[D].开封:河南大学,2020.
[2] 刘娟.税收公平视域下我国个人所得税课税模式改革研究[D].广州:华南理工大学,2019.
[3] 武晓芬,耿溪谣.我国个人所得税税制模式改革及其完善对策——基于实现税收公平的视角[J].税务与经济,2019(1):7.

也保障了个人所得税财政收入功能的实现。

三、税率结构的改革

（一）优化综合征收税率结构

1. 减少税率级次

从一些国外的经验来看，简化级次的税率结构可以有较高的累进效应。从2000年到2019年，21个OECD税率级次5级以下的国家共有17个，占所有国家的81%，平均级次为3.76。第二章的表2-1列举了部分国家近年个税的最高边际税率与税率级次的情况，从中可以看到，为了刺激经济发展、提升本国的影响力，各国的最高边际税率总体控制在40%上下，而税率级次几乎都控制在3—5级之间。因此，建议将我国综合所得的税率级次调整为五级。因为高收入者的收入来源主要是财产性收入，综合所得高边际税率对其调节程度不大，反而阻碍了我国引入高端人才，所以考虑合并第六、七层级。而我国现行的个人所得税税率第四层级的级距较小，加大了多收入来源者适用层级爬升的可能性。所以，可考虑将第四层级与第五层级合并，降低多收入来源者的税收负担。这样，我国综合与分类个人所得税制对于综合部分从原来的7级改为5级，分别针对低收入者群体、中低收入者群体、中等以及中高收入者群体、高收入者群体。5级税率级次略低于发展中国家的平均水平，接近发达国家的平均水平。这种设计可以增加税收的累进性，更好地反映税率对不同收入阶层的调节作用，而且体现了税制简化的原则。

2. 优化边际税率

目前，我国个人所得税综合所得税税率的最高边际税率为45%，为企业所得税税率的两倍多，这直接导致一些纳税人通过转移收入来逃税，因此建议最高边际税率下调到35%左右。一方面，伴随发达国家的大规模减税浪潮，个人所得税最高边际税率均值已下降到了40%左右。我国45%的最高边际税率比部分OECD国家平均值高8.1%，比部分发展中国家平均值高11.5%①。过高的税率会增加纳税人的"税痛感"。美国经济学家拉弗提出"拉弗曲线"模型，对税率、税收与税基三者的辩证关系进行了论证，该模型表明，以税率为零为起点，随着税率逐渐提高，税收收入规模相应增加。但是，当税率提高到一定水平后，税收收入规模处于抛物线最高点，如果再提高税率，税收收入反而会下降。此时，税率与税收收入之间就会呈现反比关系。由"拉弗曲线"模型可以说明，过高的税率不仅不会增加税收规模，反而会抑制税收规模的增长②。因此，适度的税率水平有利于税收收入的增加。相较而言，我国45%的最高边际税率不利于参与国际竞争，且真正适用这一档税率的人很少。若将最高边际税率降低到35%，则在国际上处在中间水平，既能体现我国个人所得税税负的合理性，又不会给纳税人造成税负过重的错觉，有利于吸引人才，塑造良好的国际形象。另一方面，杨昭、周克清（2020）利用西南财经大学中国家庭金融调查与研究中心2017年的微观调

---

① 于红霞.现行课税模式下个人所得税制优化研究[D].拉萨：西藏大学，2021.
② 武晓芬，耿溪谣.我国个人所得税税制模式改革及其完善对策——基于实现税收公平的视角[J].税务与经济，2019(1)：87.

查数据(CHFS2017)测算了最高边际税率下降对收入再分配的影响,其采用税前基尼系数减去税后基尼系数之差来衡量,也得出结论建议取消我国综合所得现行45%的最高边际税率,最高边际税率下调至35%①。

应适当提高综合项目的最低边际税率。我国现行综合征收项目的初始税率为3%,劳动所得项目的纳税人纳税负担很小。然而,与世界上大多数国家相比,或与其他税收相比,这一初始税率明显较低。根据我国经济发展水平,结合国际经验,我国劳动所得综合征收项目最低税率可调整为5%。这一税率水平与现阶段我国经营性所得的最低税率相一致,有助于消除差异,减少收入转移带来的逃税机会。同时,为了提高累进税率合理性,可以将劳动所得综合征收的中间税率设为10%、20%和30%,使五级累进税率的平均值为20%,接近于企业所得税的税率,从而减少税率的差异造成的逃税行为。

税率结构调整是一个持续、漫长、渐进的过程,短期内无法一蹴而就,需要与费用扣除的完善相配合。比如,我国针对工资薪金所得的税率结构主要有过三次重大调整。第一次是1993年为充分应对我国居民收入的快速变化,税率级数变为9级,最低档税率5%,最高档45%,高档税率级距均为20 000元。此后随着人们的工资、薪金所得的增长,9级累进税率存在低档税率级距累进过快、不同收入税负变化悬殊的问题。2011年改为7级税率,减少税率级次,使不同收入群体税负平缓过渡;同时降低最低档税率,扩大最低档级距,减轻收入较低的纳税人税负。2018年税率结构的优化继续惠及了中低收入的纳税人(大部分中等收入群体),主要为扩大三档低税率(3%、10%、20%)的级距,相应缩小25%税率的级距,其余三档较高税率级距不变,配合适应综合所得税制的建立,免征额的提高和税率结构优化同步进行,使我国个税制度更加科学合理,符合我国国情②。未来我国个税的税率结构的改革还应做到与费用扣除协调配合,真正达到调节收入分配的作用。

3. 调整级距

级距的宽窄直接决定了纳税人适用的边际税率,级距越宽,低收入纳税人的税负越轻。我国各阶层的纳税主体以中高等收入为主,可以采取扩大最低税率级距的方式,降低低收入纳税人的税负,使低收入纳税人成为免税群体。而最低级次的级距设置需要考虑标准费用扣除的因素,同时,级距跨度的设置还应考虑国民收入分配,确保针对不同收入群体的税率不同。对中等收入的税率级距适当加大,从而可以形成以中等收入阶层主导的纳税人群。降低高税率税距,增加高收入群体的税负,这有利于缩小收入差距,完善国民收入分配,从而有望扭转"高收低税""低收高税"等税负不公平的现象,实现个税公平性的动态平衡③。

四、优化分类征收所得

1. 财产转让所得

首先,对于资本所得的税率设计,可以考虑将税率提高到25%,这与企业所得税税率一

---

① 杨昭,周克清.对下调我国个人所得税最高边际税率的思考[J].税收经济研究,2020(25):28-38.
② 陈少波.基于扩大中等收入群体的个人所得税优化研究[D].北京:中国财政科学研究院,2021.
③ 庄彧.我国以家庭为课税单位的个人所得税改革研究[D].南昌:江西财经大学,2021.

致。其次,设计税率时也可以考虑区分财产用途,国际通行的做法是:不以营利为目的转让非商业用途的个人财产,不缴或少缴纳个人所得税;转让商业用途和以营利为目的的非商业用途的个人财产,需要缴纳个人所得税。对于商业用途的个人财产转让,德国和瑞典是将其所得并入经营所得计税。日本对持有不足5年的山林及其木材、活树等财产转让所得确认为营业所得或一次性所得计税。英国、加拿大和澳大利亚对个人财产和商业性财产转让所得统一征税,但持有时间达到规定年限的可享受较为优惠的税前扣除。而非商业用途的个人财产转让是否以营利为目的,主要根据持有时间来区分:美国以1年为限;日本以5年为限;法国对不动产转让持有时间分为5年以下、5—21年、22年以及22年以上四种情况分别适用税率,对个人股票等证券转让则以2年、8年为限①。我们可以借鉴国外的经验,对长期资本收益采用标准税率,对短期资本收益采用更高的税率,这可以有效遏制短期投机。

2. 财产租赁所得

从我国"财产租赁所得"的权利主体来说,可以参考日本"不动产所得"的权利主体"非所有人要件"理论,财产租赁的权利主体即纳税人不限于财产的所有人,也可以是转租人,甚至是与所有人共营生计的人、非法出租他人财产的人。"财产租赁所得"的范围可以不限于租金,还可以包括在该财产上设定他物权而获得的权利金等类似于租金的收入,以及财产租赁的保证金、财产损失的补偿金、财产上的广告收入等附随收入②。如对于民宿收入而言,若不提供膳食等劳动服务,可以算作我国新《个人所得税法》中的"财产租赁所得";若提供膳食劳动服务,达到一定规模且具有长期性,则可以归入我国新《个人所得税法》中的"经营所得";偶尔出租自有房屋的收入可以归入"偶然所得"。

前文分析了财产租赁所得中的房屋租赁所得税款流失严重,因此,针对房屋租赁所得的税收问题,提出以下改进措施:

首先,可借助"互联网+"及大数据等先进技术,建立集收集信息、核实房源、发布信息、线上签约、登记备案、信用评价以及发放补贴于一体的房屋租赁服务平台,出租人申报记录其地址、性质、用途、租金等,使税务机关能有效甄别税收风险,打击偷逃税。

其次,采取适度的奖惩手段,对于能够依法自觉纳税的业主,税务机关可以给予肯定、表扬等精神奖励;针对想方设法偷税漏税的业主,则应予以曝光并处以罚款。借助设立奖惩机制,能够使国内个人出租房屋登记率和申报率显著提升,最终使业主养成自觉纳税的好习惯。

考虑到当前地方税务机关征管能力已经大幅度滞后于房屋租赁市场的增长速度,税务机关还可委托居委会代行职权,以社区为单位开展征收工作。此外,税务机关还可以向代征代缴人员支付一定的报酬,以此来激发他们的积极性,同样也有利于提高征管工作的质效③。

3. 偶然所得

2019年,国家税务总局对个人所得税进行了调整,其中的调整之一为对"其他所得"项

---

① 于树一,杨远旭.国际视野下我国财产转让所得个人所得税制设计思路[J].税务研究,2018(10):63-67.
② 李貌.日本所得税中"不动产所得"的政策分析与借鉴[J].国际税收,2020(7):45-51.
③ 杨昭.个人出租房屋税收征管问题研究[D].南昌:江西财经大学,2020.

目的取消。这一次的个税调整呼应了理论界长期存在的对"其他所得"这一兜底条款取舍的争议,但在取消其他所得的项目时却也将其中的三项收入归入了偶然所得,让本就存在问题的偶然所得进一步出现了核心概念模糊、沦为兜底条款的可能。

从逻辑上而言,任何不具有规律性的收入均可能处于偶然所得的概念范畴内。偶然所得被作为"万金油"来使用是旧有税法表述模式下客观存在的问题,它过于强调收入课税的效率维度,未能有效贯彻税收法定与公平原则,而在这一轮的个人所得税法改革中,并没能有效解决这一问题,因此,未来的个税改革还需要进一步明晰偶然所得的定义。

五、纳税单位的改革

就个人所得税的纳税单位而言,国际上通行的主要有个人独立纳税申报和夫妻联合的家庭纳税申报两种形式。纳税单位的选择在很大程度上取决于一定时期一国个人所得税法的主要目标。如第五章所述,从组织财政收入的职能看,个人纳税申报和夫妻联合的家庭纳税申报并无本质的区别。但是,从调节居民收入分配和经济效率的职能来看,夫妻联合的家庭纳税申报具有更重要的意义。首先,个人独立纳税申报的扣除额取决于个人的基本生活需要,而夫妻联合纳税申报则取决于家庭的基本生活需要,这更符合目前以家庭为基本社会单位的实际情况。如果三口和四口之家处于同等收入水平,由于人口结构不同,将产生不同的费用扣除,不同的扣除将决定适用于应税收入的税率结构也不相同。同等收入水平下,抚养两个孩子的家庭比抚养一个孩子的家庭或者没有孩子的家庭缴纳更少的个人所得税。以个人为单位征收,没有考虑家庭的开支和赡养负担,个人实际缴纳的税款要大于按家庭缴纳的税款。因此,不考虑家庭整体负担的"一刀切"征收方式是有失公允的。其次,夫妻联合纳税申报有利于夫妻分工,增进家庭成员的福利,促进家庭的和睦。而且,实行以家庭为单位纳税,不但可以使相同收入的家庭缴纳相同的个人所得税,实现量能负担的税收原则,而且可以实现一定的社会政策,如对老年人的减免,对无生活能力的儿童采用增加基本扣除,对有在校学生的、贷款购房的、购买保险的、参与公益捐赠的家庭采取一定的优惠措施的方法等。此外,夫妻联合纳税申报相对于个人单独纳税申报减少了个人应税所得进行分散或转移的途径,更能有效防止个人通过所得的分散或转移以逃避纳税义务的现象,缓解我国个人所得税严重流失的现状。因此,当前我国的个人所得税改革应该考虑以夫妻联合的家庭纳税申报为主。

纳税单位的选择影响税收公平特别是税收的横向公平。申报单位的不同划分将对纳税人的行为带来不同影响。以个人、夫妻或家庭为申报单位,各国有着不同的规定。目前,实行个人申报制的有日本、加拿大、印度等,实行联合申报制或个人申报制与联合申报制相结合的有英国、美国、法国等多数发达国家。美国的个人所得税申报制度规定了五种不同的申报单位:单身申报、夫妻分开申报、夫妻联合申报、户主申报、丧偶者申报。相应的个人所得税税率表也分四类,但均是 7 级超额累进税率,具体见表 7-1。纳税人可以根据申报状态分别对应不同的标准抵减额、免税额等税收减免,选择税负最轻的类别,纳税申报身份一经确定不得随意更改。

采用混合个人所得税制的法国,以家庭为纳税单位进行征管。法国还采取了一种特殊的纳税申报制度,即所得分割制度。家庭总收入根据家庭总人数分成一定的份额,夫妻双方拥有两个份额,未成年孩子可以拥有半个份额,超过三个孩子的,超过的孩子可以得到一个份额,单身个人拥有一个份额,最后适用所得税的累进税率申报纳税①。

表 7-1　美国 2020 年个人所得税税率表　　　　　　　　　　（单位：美元）

税率	所得税税率表							
	单身申报		夫妻联合申报		夫妻分开申报		户主申报	
	大于	小于	大于	小于	大于	小于	大于	小于
10%	0	9 875	0	19 750	0	9 875	0	14 100
12%	9 876	40 125	19 751	80 250	9 876	40 125	14 101	53 700
22%	40 126	85 525	80 251	163 300	40 126	85 525	53 701	85 500
24%	85 526	163 300	163 301	326 600	85 526	16 330	85 501	163 300
32%	163 301	207 350	326 601	414 700	16 331	207 350	163 301	207 350
35%	207 351	518 400	414 701	622 050	207 351	311 025	207 351	518 400
37%	518 401	—	622 051	—	311 026	—	518 401	—

注:符合条件的鳏夫和寡妇可以使用联合申报的税率。

日本的个人所得税虽然实行单独申报制,但是在进行费用扣除时充分考虑了家庭因素,包括配偶扣除、抚养扣除、社会保险费用扣除等。英国实行已婚夫妇可以自行选择合并纳税或者独立纳税的个人所得税征管制度,允许进行基础扣除、抚养扣除、劳动所得扣除、老年人扣除等,且扣除金额每年随物价指数进行调整。德国早在 1958 年即实行家庭纳税申报制度。如今,在德国家庭中,夫妻双方可以选择合并纳税或分别纳税②。

我国现行个人所得税仅以个人为征税单位,疏忽了家庭的赡养、抚养等问题,征税单位单一,不能辨别纳税人的家庭负担状况,不利于自行申报制度的实行。因此,当前我国个人所得税的改革应该考虑引入家庭申报制度,实行个人和家庭并行的纳税方式,在具体申报上鼓励已婚者以家庭为单位联合申报,允许纳税人根据家庭人口、就业、收入等情况选择家庭联合申报或个人单独申报。

(一) 明确家庭申报主体

在界定家庭关系时,可以从两方面定义:一方面,以婚姻关系对"家庭"概念进行界定,同时考虑不同家庭类型,分别制定不同的申报模式及税收待遇。由于中国的家庭层次复杂多样,因此,可行性较高的方案是根据家庭成员数来分类。考虑到我国目前的基本国策和人口发展态势,可以将"两代两口之家"、"两代三口之家"(夫妻双方和其尚未获得劳动收入的

---

① 湖北省税务学会课题组,刘勇,吴维平,等.个人所得税申报制度构成要素国际比较[J].税务研究,2020(7):38-43.

② 同上。

子女组建的家庭)、"两代四口之家"(夫妻双方和两个子女)、"两代五口之家"(夫妻双方和三个子女)设定为核心纳税家庭。在此基础上,根据家庭实际情况,相应制定出不同的费用扣除标准。另一方面,以"共同居住生活兼有限真实负担"原则作为对家庭概念界定的补充,更为全面合理。此原则针对的是其成员除婚姻关系外因其他原因而生活在一起、共同负有承担家庭生活费用责任的家庭。这种做法充分考虑到我国家庭结构的复杂多样,既遵循公平又兼顾效率,能够全方位地衡量一个家庭的实际纳税能力[①]。但同时也应该考虑到税收中性原则,不应该对婚姻的选择造成影响。同样的,不应该由于课税单位的改变而影响家庭的财务分配问题。具体来说,不论是夫妻双方均有收入还是仅一方有收入,都应该在家庭视角下具有相同的税收负担。而明确家庭的范围之后有针对性地对不同类型的家庭实施不同类型的个税政策,有助于防止家庭成员通过调节收入来规避较高的税率从而达到避税的目的[②]。

(二)细化税前扣除标准

家庭申报制必须将家庭整体纳入考量范畴,费用扣除的制定标准也要尽量照顾到家庭中每一个个体的收入支出情况,做到最大限度的平衡。不能只"一刀切"地划定家庭整体的日常生活费用扣除,可以将地区间消费水平和物价的差异度考虑进来。细化具体的减免项目,除了当前税制下允许税前扣减的"五险一金"外,更要将涉及赡养、抚养、医疗、住房等的具体扣除项目细则落实到位。

(三)完善税收征管配套设施

家庭申报制对征管工作的要求很高,在我国采用家庭申报制,就要将所有家庭内部者的情况纳入考量范围。一方面,家庭成员不仅数量多,而且往往分属于不同工作单位,无疑会提高税务机关征收工作的难度;另一方面,婚姻关系的存续等情况又会增加征管工作的复杂性。因此,完善税收征管工作的配套措施,减少征管工作的难度和复杂性,促进征管手段的改革就显得极为迫切。

一方面,当前纳税人的家庭成员情况和住房情况等都已经进行了统计,形成了相应数据库。这为增加家庭申报奠定了基础,其中子女教育和住房贷款信息已经实现了共享。在此基础上,增加已婚纳税人可以选择以结婚登记字号为识别号的选项,并自动链接到配偶收入信息,从而实现联合申报[③]。另一方面,税务局要想掌握纳税人家庭的真实情况,首先要靠个人主动申报进行,其次要与多方机构相联系,加强与民政、公安、社保、房管部门的联系并借助社区委员会的力量,多方联动,汇集信息对家庭申报信息进行监督。

六、费用扣除改革

(一)建立区域差异性的费用扣除标准

不同地区人们的生活水平差异很大,经济发达地区的收入水平较高,生活成本也明显高

[①] 于娜.个人所得税家庭申报制问题研究[D].上海:上海海关学院,2018.
[②] 庄彧.我国以家庭为课税单位的个人所得税改革研究[D].南昌:江西财经大学,2021.
[③] 宋文静.个人所得税增加夫妻联合申报的设想[J].税收征纳,2021(9):38-41.

于经济欠发达地区。如果费用扣除标准是根据国内平均消费水平计算的,实际费用扣除标准较低,发达地区的纳税人将承担更多的税收负担。如果根据一线城市的消费水平制定成本扣除标准,大多数欠发达地区的纳税人不需要纳税,这不利于国家税收。目前,纳税人缴纳的税款由中央和地方政府共同管理。由于国民经济发展的不平衡,国家可以统一征收个人所得税,以财政支持或补贴的形式对经济不发达地区进行转移支付。这一措施不仅可以有效促进税收公平,还有助于改善国民经济发展的不平衡。

我国税法制定机关应因地制宜地提出合理的生计费用扣除方案,引入地区间的消费与支出因素。因为每个地区的消费标准不一样,有些地方虽是高工资,但是消费却高得惊人,应根据各地消费支出设计差异化的生计费用扣除标准。

(二)优化"一刀切"的专项附加扣除标准

混合所得税制在基本扣除项目的基础上引入了专项附加扣除,这对纳税人而言无疑是一大福音。但是我国目前采用"一刀切"的方式,没有考虑地区差异和家庭差异。例如,赡养老人专项附加扣除,本意是为了减轻赡养负担重的纳税人的税收负担,但是实际上被赡养的老人身体状况、收入差距很大。赡养身体健康状况良好、收入又高的老人对纳税人来说负担本就不是很重,这样的专项附加扣除无疑是"锦上添花",而对于情况相反的人来说,这一扣除可谓是"雪中送炭"。我国目前采取的方式是享受相同的扣除额,这样是不合理的,应该区分地区、区分家庭情况,有条件的情况下能据实扣除更公平。

(三)建立与费用扣除标准和价格指数直接相关的动态调整机制

我国对个税基本减除费用的调整一直都是从一个固定数额上调至另一个固定数额,没有建立扣除标准与物价水平的联动机制,不能很好地实现调节居民收入的初衷。因此,基于未来经济发展水平和个人所得税改革,我国应实施基本减除费用指数化调整。进行指数化调整,有助于实现弹性调节,在发生通货膨胀时,上调基本减除费用,减轻居民生活压力;在发生通货紧缩时,下调基本减除费用,使国家税收收入维持在相对稳定的水平。将个人所得税基本减除费用与物价水平联系在一起,避免了经济快速发展而居民的实际收入不能满足消费的问题,在体现税收公平性的同时,促进居民消费,形成经济增长和居民消费互相促进的良性循环。借鉴美国和英国的做法,我们可以通过上年度的基本生计费用乘以 1 加上上年度的居民消费价格指数(CPI)的和来计算当年的基本生计费用。但我国 CPI 指数的测量没有考虑到房价的因素,所以 CPI 指数并不能很好地反映我国的通货膨胀率。我们也可以考虑根据居民可支配收入的增长率来作为调整基本生计费用扣除标准的指数。具体的调整公式为:当年的基本生计费用扣除标准×(1+居民可支配收入增长率)①。

(四)税收减免和优惠改革

此次个人所得税改革施行后,税法中明确了免税项目和减税项目。但就具体执行情况而言,存在税收优惠层级较低、优惠方式单一、政策设计过于复杂等问题。《财政部税务总局关于继续有效的个人所得税优惠政策目录的公告》(财政部税务总局公告 2018 年第 177 号)显示,现存有效的个人所得税税收优惠政策共有 88 个,且大多选择收窄税基这一单一优惠方式,削弱了个人所得税多元化调控能力。政策文件过多,增加了税制复杂性,提高了税务

---

① 李佳.我国个人所得税费用扣除标准研究[D].天津:天津财经大学,2011.

机关的征税成本和纳税人的遵从成本,也使高收入者逃避纳税和税收筹划有机可乘。同时,地方政府为吸引高级技术人才,多采取税收返还等财政补贴方式,一定程度上加剧了区域之间的不公平竞争①。

1. **界定个人所得税税收优惠边界**

个税优惠政策,是对低收入人群或弱势群体的一种特殊照顾和保护,也是个税贯彻税收公平的最佳体现。我国现行个税优惠政策的滞后性明显,很多都是在20世纪90年代初为鼓励经济发展而制定的,年代久远、原则性不强、内容过时,适用范围模糊、缺乏适用性。现阶段增加的优惠政策,也很难满足当前经济新形势下的个税优惠需求,对国家个税优惠方向的把握不准,优惠内容往往只适用于某一特定时间段或某一事件,存在严重不协调性和与个税法无法衔接的现象。特别是,个税优惠政策的优惠边界不明,可操作性和实用性大大降低,结果就是无法保障纳税人利益,造成税收执行中存在较大漏洞,考验着税务机关的管控能力。综上,个税优惠边界的界定应当及早提上日程。以减免项目中的福利费为例,在完善个税立法时,减免优惠的项目内容、内涵和外延均应明确规定,福利费中涉及项目的性质也要进行区分,从而使税务机关进行处理时更有针对性、实效性。首先,严格区分福利费与法定福利。前者从国家单方获取一次性收入,是免税范围直接规定的,它是在社会保险之外的部分;后者是只有依法缴纳保费,才可以获得的那部分优惠,故应该扣除保费支出,免缴个税的前提是领取保险金。总结福利费的特点,把个税法中符合该特点的免税项目调在福利费名录下,做到全面而细化。然后,以增设附加福利税目的形式,增加对非合理福利性收入(规范前的企业福利)的税收优惠关注,将其纳入课征范围。

2. **拓宽税收优惠范围**

当前,税收优惠政策中过多的限制条件导致了优惠不能发挥其积极作用。因此,必须重新检视我国个税优惠政策,拓宽税收优惠范围,合理放宽优惠条件,灵活税收优惠申报,使之可以服务好当前经济发展和人才需求。在拓宽税收优惠范围的前期,可以选定某些特定地区的特定纳税人进行试验,然后逐渐减少限制条件,反馈优惠效果,最终确定优惠内容及边界。税收优惠形式应灵活多样,包括但不限于免征、减征、对减征、免征项、规定法定情形和酌定情形;严格筛查个税优惠中的所得类型,对优惠税率和附加扣除项目进行全面对比,确保适用准确。加大对创新创业项目中的个税优惠力度,与国家创业扶持政策相契合、相呼应。

3. **严格个税优惠授权**

从合法性角度来看个税优惠立法的完善工作,始终要坚持贯彻税收法定原则,遵守法律的规定。未来制定个税优惠政策时,不可降低法律层级,降低个税优惠的法律效力。实际生活中优惠政策制定的授权也并未被严格遵守。个税收优惠政策不计其数的局面由此产生。个税优惠落实的情况并不以个税优惠政策的数量作为判断标准,个税立法越精确纳税人享受到的个税优惠才是真正的"实惠"。所以,完善个税优惠立法,应当改变现行"隔级授权"的做法,严格遵守法律间协调一致的原则。

4. **清理个税优惠政策**

就个税优惠的执行、落实的方式要受到严格限制,禁止随意发布规范性文件,注意数量

---

① 张猛.我国个人所得税税收优惠立法问题研究[D].北京:中央民族大学,2021.

控制,通常需要采用部门规章形式发布。对于个税优惠剩余立法权的形式,以排除个税法使用中的不确定概念和抽象条款为目标,设立新税收优惠要遵守个税法的规定。此外,对以往制定的个税优惠政策,进行集中清理。首先审查其法律效力的有无,是否存在和个税法以及其他法律相冲突的情况。对于没有授权而制定的个税优惠政策,要及时废止,维护税收的权威性,保障国家财政收入。

七、优化专项附加扣除政策

此次个税改革相对以往改革来说,新增了六项专项附加扣除,分别为子女教育、继续教育、大病医疗、住房贷款利息、住房租金和赡养老人,并对专项附加扣除的政策设立、扣除方式、执行标准及税收保障等相关内容做出了具体规定。专项附加扣除办法的出台带来的减税效应扩大了消费,提升了公民的纳税意识和权利意识,体现了社会公平正义,有助于发挥个人所得税在收入分配调节中的作用。但由于我国的专项附加扣除政策实施的时间还不长,各项专项附加扣除的政策落实都处于初步阶段,相比于已经实施多年专项附加扣除项目的其他国家而言,我国个人所得税法政策制定和征收管理方面仍存在一些问题或不足,有很多需要继续完善的地方。

(一)完善专项附加扣除的范围标准

1. 子女教育

(1)扩大扣除范围。从年龄的角度看,在我国最初实施的专项附加扣除制度中,只有年满3周岁的子女才能作为子女教育专项附加扣除的对象,没有考虑到3周岁之前关于子女开销的情况。从范围的角度看,现行的子女专项附加扣除仅将子女教育纳入扣除范围有些片面,应该将其扩大到子女费用支出。3周岁之前的子女虽然涉及教育的费用支出较少,但是其他基本的花销却非常大,减轻纳税人的税收负担,此部分支出不容忽视。因此不能忽视3周岁之前子女的开销,也应该将此纳入税前扣除范围①。在此背景下,从2022年1月1日起,我国新设立3岁以下婴幼儿照护个人所得税专项附加扣除,有利于优化生育政策,促进人口均衡发展。

(2)分地区设定标准。目前我国对扣除限额执行全国统一标准,即按照每个子女每年12 000元(每月1 000元)的标准定额扣除。考虑到不同地区子女教育费用差别较大,为保证公平,建议设定每名子女教育费用扣除限额按照不同城市划分,参考住房租金专项附加扣除中的城市划分标准,并且对不同的教育阶段来设定不同的扣除标准。建议直辖市、省会城市、计划单列市以及国务院确定的其他城市,扣除标准为每年12 000元(每月1 000元);其他城市的,市辖区户籍人口超过100万的,扣除标准为每年9 600元(每月800元);其他城市的,市辖区户籍人口不超过100万(含)的,扣除标准为每年6 000元(每月500元)②。

2. 继续教育

扩大继续教育支出范围。我国目前将继续教育支出界定为学历继续教育支出和技能人员职业资格继续教育、技能人员职业资格继续教育、专业技术人员职业资格继续教育支出。

---

① 袁琳燕.我国个人所得税专项附加扣除问题探讨[J].产业与科技论坛,2022(1):24-25.
② 盛常艳,薛兴华.我国个人所得税专项附加扣除制度探讨[J].税务研究,2018(11):48-52.

参考我国职业教育经费的列支范围,建议我国继续教育支出范围可适当拓宽,包括职业技术等级培训费、职业技能鉴定费、个人工作需要的岗位培训费等。同时,为鼓励继续学习,对一个年度取得多份证书的,也可以多倍扣除。

3. 大病医疗

(1) 细化大病医疗范围。建议在个人所得税扣除中,根据医疗实际,设立更为详细具体的"大病医疗"目录,对于大病医疗费用的扣除范围,可以参考我国大病医疗保障的二十种疾病;此外,针对医疗实际,对发生在不同治疗阶段的医疗费用进行必要的界定,进一步细化扣除的范围。可以参考美国税法中的相关规定,进一步明确可扣除医疗费用的范围,以及应当涵盖诊断、治疗各阶段,同时把预防疾病发生的费用纳入扣除范围。进一步明确医疗费用是扣除保险、税收优惠及其他补偿后医疗费用的总和,避免挤占其他方面社会资源①。同时大病范围认定机制应动态调整,随实际情况可增加或去除某种大病。

(2) 提高扣除限额。参照 2017 年保监会规定的 25 种重大疾病治疗康复费用从 3 万元到 50 万元不等②,建议我国医疗费用扣除限额为 10 万元,按实际发生额与限额孰低扣除。

(3) 建议以家庭为单位分摊大病医疗费。大病医疗的相关规定中仅将纳税人以及其配偶、未成年子女作为符合税前扣除的对象,没有将纳税人的父母纳入其中。然后随着年龄的增长,父母患病的概率更大,因此应将父母子女的医疗费用都考虑在税前扣除范围内。

4. 住房贷款利息

(1) 细化可扣除的住房类型。我国目前只是规定首套住房贷款利息支出可享受税前扣除,对住房类型未做规定。考虑到税收量能负担原则,我们建议只有首套普通住房能享受住房贷款利息支出扣除。因此,高级公寓、度假村和别墅等均不属于普通标准住房,均不可享受税前扣除。

(2) 细化扣除额标准。住房贷款利息限额不宜过高,可参照全国普通住房平均房价的贷款利息平均水平。建议根据当地的消费品价格平均指数来确定一个系数,标准扣除乘以此系数确定不同的扣除额度,但地区间的扣除差异不宜过大,否则容易导致不发达地区的税源逆向流动;如果不受房价的约束,住房贷款期限的长短涉及的还款额度多少之间的差异,也应在专项扣除中差异体现,制定贷款年限和标准扣除额之间的转换公式,进行相应额度的扣除。

5. 住房租金

建议根据城市规模和经济发展程度,设置最高限额分档,限额以下按实际发生额据实扣除,超过限额的按限额扣除;完善房产税和个人所得税的制度建设,加大对房东个税和房产税的税款征收监督力度,交叉比对租房扣除信息的填写申报,防止虚报扣除,租赁双方共同约束;建立健全住房相关的制度配套措施,增加对于低收入群体租房的直接补贴或是个税专项直接抵减③。

6. 赡养老人

(1) 扣除标准方面。建议根据赡养老人的数量、身体健康状况、年龄等进行分类,针对

---

① 陈志明.论我国个人所得税专项附加扣除制度[D].南昌:南昌大学,2021.
② 这个爆款产品,融合了重疾险和百万医疗险的优点![EB/OL].[2022-03-10]. https://baijiahao.baidu.com/s?id=1724822828780812863&wfr=spider&for=pc.
③ 李海燕.个人所得税费用扣除制度研究[D].石家庄:河北经贸大学,2021.

性设置扣除标准。以数量为例：对于有多个老人的家庭，费用扣除标准应根据老人的数量相应增加扣除标准。赡养一个老人的扣除标准是2 000元/月，赡养两个及两个以上老人的扣除标准应相应增加40%—50%，以此类推。以年龄为例：可以划分为60—70岁、70—80岁、80岁以上三类，针对各个类别老人的实际情况和产生的差异化的费用予以扣除。对于一些有不能自理、身体健康状况较差的老人的家庭，赡养老人费用扣除也需适当增加；对于半偏瘫和全偏瘫老人，需要根据护理的实际费用支出，相应提高扣除标准。

(2) 扣除范围方面。应根据赡养老人自身的收入情况，来确定赡养老人的扣除范围。例如，有人建议若老人的月收入高于5 000元的，应不允许他的子女再申报赡养费用的扣除；若老人的月收入在2 000—5 000元之间的，允许他的子女申报赡养费用扣除标准的50%；若老人的月收入在2 000元以下的老人，则允许他的子女按规定全额扣除①。

(3) 对于纳税人与被赡养人的关系，应该灵活认定，将法律、道德、伦理等一起作为判定标准，而不是仅局限于血缘②。

(二) 增加符合实际需要的特殊扣除

1. 增加特殊人群的额外扣除

对残疾人、孤老人员、特殊职业者（例如：军人、远洋船员）等特殊人群，允许其享受一定额度的额外费用扣除政策，有效减轻弱势或特殊群体的税收负担，提高特殊人群的生活质量，彰显社会公平正义。

2. 增加意外损失类支出的扣除

应考虑到意外事项的发生，如震灾、风灾、水灾、雪灾等自然灾害，火灾、爆炸等人为造成的变故，被盗等意外事件。由此造成的损失会导致纳税人一段时期内可支配收入的减少，出于以人为本的原则，这部分损失的项目也应酌情在应税所得中体现。所以，对于遭受自然灾害或意外损失的个人或家庭允许扣除一定比例的损失，以减少对家庭带来的影响。

3. 增加个人保险费用支出的扣除

虽然个税的递延措施可以提前扣除一部分商业保险，但纳税人为自己购买的人寿保险或财产保险的支出，其作为社会保障的补充部分，应在合理的范围内予以一定限额内的实际扣除，并进一步完善保险扣除项目，不仅可减轻纳税人的个税承担，也有利于完善我国社会保障体系的建设。

第三节 个人所得税征管层面的改革

(一) 应对数字经济的挑战

根据中国信息通信研究院《中国数字经济发展白皮书(2020年)》的数据，2005年到2019年，我国数字经济增加值规模由2.6万亿元快速上升到35.8万亿元，占GDP比重也由

---

① 胡进.我国个人所得税费用扣除问题研究[D].沈阳：沈阳大学，2012.
② 黄朝晓.个人所得税赡养老人专项附加扣除制度建议[J].税务研究，2018(11)：43-48.

14.2%上升到36.2%。这说明数字经济已经成为我国国民经济最为核心的增长极之一,是新时代实现经济高质量发展的重点领域。随着我国数字经济的快速发展,国家税收体系和税收监管规则需要进一步优化和完善。中共中央办公厅、国务院办公厅2021年3月印发的《关于进一步深化税收征管改革的意见》就明确提出,"到2025年,深化税收征管制度改革取得显著成效,基本建成功能强大的智慧税务,形成国内一流的智能化行政应用系统,全方位提高税务执法、服务、监管能力"。基于此,我们将以互联网直播和网约车两个行业为例,分析数字经济对我国个人所得税的影响并提出未来改革建议。

1. 互联网直播行业

在数字经济领域,新业态新模式的发展导致收入隐形化,传统的个税征管规则能否识别潜在的高收入群体并对其征收合理、合法的个税就成为当下税收治理数字化的重点问题。以互联网直播行业为例,《关于以新业态新模式引领新型消费加快发展的意见》(国办发〔2020〕32号)提到要"引导实体企业更多开发数字化产品和服务,鼓励实体商业通过直播电子商务、社交营销开启'云逛街'等新模式",这在政策上为直播带货的发展提供了支持和保障。中国互联网络信息中心(CNNIC)发布的第47次《中国互联网络发展状况统计报告》显示,截至2020年12月,我国网络直播用户已达到61 685万人,相比于2018年的39 676万人,增长了55.47%。由于大部分主播与直播平台没有签订劳动合同,不存在雇佣关系,网络主播的直播收入往往直接通过支付宝等第三方支付平台进行提现,因此直播平台公司并没有代扣代缴网络主播的个人所得税。根据2017年北京市朝阳区地税局披露,2016年某直播平台支付给直播人员的收入高达3.9亿元,但未按规定代扣代缴个人所得税。在大数据技术的帮助下,北京市税务部门追缴该直播平台8 000余万元[①]。

具体分析互联网直播行业产生个人所得税问题的原因,有以下几个方面:

第一,纳税计算方式不统一。当前,从事互联网直播的企业越来越多,每一个企业的纳税计算方式都不一样[②]。例如,众多直接平台有不同形式的虚拟货币,导致其纳税计算方式存在一定差异性。

第二,支付方式多样。由于运作模式不同,有些直播平台与支付宝合作,有些直播平台与微信合作,有些直播平台与银行合作,还有些直播平台同时与支付宝、微信、银行合作。基于这种多元化合作关系,对直播行业的收入进账流程,很难进行统一监管。当我国税务部门面临统计障碍、监管困难时,如果相关企业、相关个人缺乏法律意识,故意隐瞒真实经济收入,可能会造成大量税收流失,影响国家整体财政收入。

第三,纳税地点难以确定。直播行业跨区域收入的纳税地点确定问题成为税收征管的难点和痛点。网络直播形式灵活且无地域限制,给税务机关的税收征管权判定带来挑战。另外,独立主播可在多家平台直播,多处取得收入,直播方式和时间地点灵活多样,税务机关需要跨地区调查,给税务管理带来了不便。

第四,纳税遵从度低。由于直播行业门槛低,从业人员鱼龙混杂,行业纳税意识薄弱,纳

[①] 孙玉栋,庞伟.数字治理背景下的个人所得税制度完善研究[J].中国特色社会主义研究,2021(2):63-70.
[②] 叶冠芝.互联网直播行业的个人所得税监管问题研究[J].纳税,2021(15):19-20.

税遵从度低,逃税漏税的现象较为普遍。从一些内部资料中获悉,从2016年全年来看,来自全国范围内的网络直播平台共有数百家,其申报的个税金额共计约为5.6亿元。然而,在这些申报的应税所得中,占比最大的部分并非网络主播直播所得的收入,而是网络直播平台企业自身员工的个人所得税申报。一位曾签约多家网络直播平台的网络主播透露,没有一家网络直播平台告知她申报和缴纳个人所得税的相关情况,她签约之后,网络直播平台会直接从每次直播所得收入中拿走三成。目前,大部分网络直播平台以及经纪公司都缺乏作为网络主播的义务扣缴人为其代扣代缴个人所得税的主动性①。

针对上述问题,本书提出如下几点建议:

(1)主播层面。一方面,主动配合。对于国家出台的纳税政策,积极响应,不违背国家宏观调控方针。同时,对于直播平台的纳税要求,主动配合,认真执行,不故意隐瞒真实收入。一旦发现直播平台存在纳税方面的不规范现象,及时反馈给相关监管部门。另一方面,主动学习。从事直播行业后,主播个人要有学习意识,主动了解税收新政策、平台新要求,不触碰法律红线,不违背平台规定,做一个合法、合规的纳税人。

(2)平台层面。对于直播平台来说,要注意:一方面,严格遵守税收法律制度。直播平台要成立专门的法律部门,聘请专业的法律人员,积极普及法律知识,构建平台内部的"依法纳税制度"。另一方面,加强直播平台内部监管。具体来说,第一要建立登记制度。要求入驻平台的各个主体登记详细信息,便于相关部门查找信息,追根溯源。第二是建立举报制度。入驻直播平台的各个主体可以相互监督,一旦发现不合法现象,及时举报。第三是建立培训制度。对于新政策、新规则,直播平台应定期开展培训。

(3)国家层面。第一,完善税收法律制度。从事直播行业的个人与企业越来越多,国家要引起高度重视。针对直播行业特点,相关部门要尽早完善税收法律制度,补充适用于直播行业的税收政策,避免由于法律制度上的缺陷,带来税收监管上的困难。第二,加强税收知识科普力度。在各个直播平台上,以公益广告的形式,定期宣传依法纳税的重要性。第三,开发直播行业纳税系统。结合直播行业收入特点,开发与之相匹配的纳税系统,提高纳税工作整体效率,保证纳税工作的准确性。

2. 网约车行业

在数字经济背景下的交通出行领域,以网约车的盛行为代表,例如国外较为著名的Uber,以及国内的滴滴出行等。网约车行业随着"数字共享经济"商业模式的不断扩大也引发了个人所得税征管问题。

首先,纳税主体不明确。关于网约车类共享经济中个人所得税纳税主体的相关规则至今未出台,很多平台的网约车司机从事运输活动仅需在平台上进行简易的注册,而不需要到交通部门及税务部门进行登记。征税主要依靠纳税主体的税务登记,很多网约车司机从未在税务机关进行过登记,税务机关也无法对司机进行税务监管,司机的个人所得税只能由平台来进行代扣代缴,或者司机本人主动进行纳税②。

---

① 夏甜甜.网络直播行业个人所得税征管法律问题研究[D].蚌埠:安徽财经大学,2021.
② 谷雨,张露.网约车个人所得税征管问题研究——以滴滴出行为例[J].经济研究导刊,2020(12):55-56.

第二,税基税率确定问题。以滴滴公司为例,由滴滴出行平台所提供的出行服务,是将其定义成面向乘客满足其出行需求的交通运输服务业,还是将其定义为面向平台司机满足其客源需求的现代服务业,一直是税务机关在实际的税收征管中亟待解决的操作难题,直接影响到具体的征税税率[1]。面对这种复合型关系的税率争议,我国目前并没有相关的法律文件和政策对其进行规制,顶层设计的不完善加上实践中各地税务机关采用的征收标准不一进一步加大了税收征管的难度。

第三,共享平台数据的隐蔽性会加剧税收征管的复杂性,增大征管难度。以滴滴公司为例,滴滴出行平台是连接供需双方的重要纽带,其拥有公司和司机获益的具体数据信息,但是以滴滴出行为代表的共享经济平台公司往往会基于自身商业发展的考量,利用计算机信息技术对具体交易数据通过设置平台算法和超级密码等方式进行加密处理,使税务机关难以获得相关税务信息,在无形之中又增加了新的税收征管盲区。

针对上述问题,本书提出如下几点建议:

(1) 明确纳税主体。网约车平台、司机和网络支付平台都获得了收益,因此都应当被认定为所得税的纳税主体,其中司机是个人所得税的纳税主体。所以,应明确共享经济中的纳税主体并制定相关政策,并强制纳税主体到税务登记部门进行税务登记。

(2) 明确网约车从事者的纳税身份。税务部门应对网约车活动中的从业人员是平台雇员还是个体运输者的判断标准进行明确,其身份性质的不同会直接影响其缴纳税款时适用的税率。具体来看,当平台与司机签订的是雇佣合同并且平台拥有车辆的所有权时,网约车司机即为网约车平台的雇员,此时网约车司机应当缴纳的个人所得税税款是按照员工工资计算的。而当平台与网约车司机没有签订雇佣合同且网约车司机的车辆属于自己,无须向汽车租赁公司租赁,能够直接进行个人运营并仅需定期向网约车平台缴纳一定的信息服务费时,就认定网约车司机从事的是个体运营,应按照相应的个体工商户的税目进行纳税。当私家车车主将车辆挂在汽车租赁公司名下,但实质还是由私家车车主拥有车辆及收益的所有权时,纳税税目应同第二种相同,也按照个体工商户进行征税[2]。

(3) 加强对于第三方平台的管控。共享经济是通过网络平台来进行收付款,监控平台的资金流可以减少税务机关监管的成本。支付技术的不断更新使代扣代缴逐渐成为可能,并且可以加强税收监管,同时减少监管所需的成本。但是,由于共享经济尚处于成长期,单个纳税人的税基较小,因此税务部门可以出台相关政策,将纳税申报义务在个人与支付平台之间进行分配。这样不仅可以减轻纳税申报负担,也可以使责任分配更加科学,降低征税成本。

(二) 加强对高收入高净值自然人的税收征管

根据招商银行和贝恩咨询公司联合发布的《2021 中国私人财富报告》,截至 2020 年末,中国内地高净值人群(可投资资产在 1 000 万元以上)数量为 262 万人,2018—2020 年年均

---

[1] 段杰.共享经济税收征管挑战及对策——以网约车为例[J].湖南税务高等专科学校学报,2021(3):23-28.

[2] 谷雨,张露.网约车个人所得税征管问题研究——以滴滴出行为例[J].经济研究导刊,2020(12):55-56.

复合增长率15%①。伴随着中国内地高收入人群数量快速增长②,高收入人群通过税收筹划节税的需求日益增加。根据胡润研究院对高收入家庭的统计,有65%的高收入人士是企业主,20%是企业高管人员。因此,高收入群体大多数都拥有利用个人企业转变收入性质以达到逃税目的的便利③。

自国家税务总局在2001年第一次发布专门针对高收入者个人所得税征管的文件《国家税务总局关于进一步加强对高收入者个人所得税征收管理的通知》(国税发〔2001〕57号,现已失效)以来,其后陆续颁布了《国家税务总局关于进一步加强高收入者个人所得税征收管理的通知》(国税发〔2010〕54号)、《国家税务总局关于切实加强高收入者个人所得税征管的通知》(国税发〔2011〕50号)等规范性文件,对税务机关征管高收入者个人所得税分别从税源监管、征收管理、纳税评估及专项检查等方面提供了指导。2018年修正的个人所得税法,则首次引入了反避税条款。从独立交易原则、受控外国企业规则、一般反避税规则等方面,为税务部门打击自然人(特别是高收入人群)避税行为提供了有力的法律依据。在此基础上,2021年3月,中共中央办公厅、国务院办公厅印发了《关于进一步深化税收征管改革的意见》,其中明确要依法加强对高收入高净值人员的税费服务与监管。因此,高收入人群税费征管强化是大势所趋。

结合OECD国家的经验做法,我国加强高收入人群的税收征管可以从以下几个方面改善④:

1. 设立高收入人群管理的专门机构

随着高收入人群数量及其财富的较快增长,目前全球有约1/3国家的税务机关设立了专门针对高收入人群的管理部门。特别是高收入高净值个人数量较多的OECD成员国中,有半数国家设立了专门的税务管理机构,如美国、日本、英国、澳大利亚、新西兰等。部分国家虽然没有设置专门管理高收入高净值个人的税务机构,但是通过大企业管理部门对高收入高净值个人实施管理,如西班牙、阿根廷。我国税务机关应通过设定专门机构和指定专人负责该类纳税人的税收管理,与其就纳税服务、税法遵从、税收筹划等问题保持经常、持续、便捷的沟通,促进双方多角度、更广泛的了解,以便及时、高效地收集纳税人的涉税信息。

2. 对高收入人群进行专项审计

一是从审计范围看,将高收入人群全部覆盖,而不是抽样审计。比如,爱尔兰税务局每年对高收入人群开展专项审计,以确保在有限的周期内将审计范围覆盖到所有高收入人群,同时还根据专项审计的结果改进税务机关的税收遵从管理策略。二是从审计方法看,考虑到高收入人群与众多大企业存在关联关系,要做到专项审计并不局限于纳税人的申报资料。比如,美国注重从全球财富的整体视角对高财富个人进行全面税务审计,虽然个人所得税

---

① 高收入人群涉税风险报告(2022)[R/OL].[2022-03-10]. https://baijiahao.baidu.com/s?id=17229174509109467618&wfr=spider&for=pc.

② 本书所说的"高收入人群",是指广泛意义上的高收入纳税自然人,包括高收入人群(如收入在1 000万元以上)及高净值人群(如可投资资产在1 000万元以上)。

③ 不安稳了!高收入人群的个税监管,绝不是说说而已![EB/OL].[2022-03-10]. https://baijiahao.baidu.com/s?id=1722894958576962221&wfr=spider&for=pc.

④ 马念谊.个人所得税调节收入分配与征管问题研究[M].北京:中国财政经济出版社,2019.

1040号申报表是审计的重点,但是国内收入局(IRS)没有采用常规的"逐表"或"逐年"的审计方法,而采用"企业法",以更好地审视高财富个人及其控制企业遵从情况的全貌。

3. 广泛实施自愿披露政策

自愿披露政策是税务机关在一定条件下给予原先存在纳税不遵从的纳税人改正其税务事项的机会,是鼓励自愿遵从策略的重要内容之一。在36个OECD成员国中,有18个国家制定了鼓励高收入人群自愿披露的政策。2014年,澳大利亚有逾500名高收入者在澳大利亚税务局(ATO)进行了自愿披露,总计披露超过1亿澳元的未申报收入和4.5亿澳元的未申报资产。因此,从多国税务机关长期的税收征管实践看,实施慎重的自愿披露政策对征纳双方都有利,是有效提高纳税遵从度的低成本策略。

4. 强化国际税收情报交换与合作

随着经济全球化的发展和国际经贸往来日趋频繁,越来越多的高收入人群通过海外金融账户、境外信托、境外基金等方式将自己的资产转移到国外,并通过在"避税天堂"注册公司来规避纳税义务的。因此,我国税务部门需要加强与其他国家的税收情报交换与合作。

(三) 完善我国个人所得税申报制度

1. 继续推广纳税人和雇主强制双向申报制度

目前,我国的"双向申报制度"的实施范围较为理想,由之前的主要在某些重点的行业和单位(电力、邮电、烟草、金融、证券)以及受雇的中上层和中高级技术人员群体,拓展为更全面的单位和人员,这是保证个人所得税的征收模式改革顺利进行的一条必要措施。

我们可以学习发达国家的经验,根据普通纳税人、个体工商户、企业高管等不同纳税人身份,设计不同的纳税申报表,在申报表中有针对性地设置填写申报内容,比如,普通纳税人重点放在工资薪金和专项附加扣除,个体经营者则重点在经营所得,企业高管往往持有公司股份,申报表中应重点突出利息、股息所得。将纳税申报表上传到官方网站,纳税人有选择地下载填写。对于坚持依法自主申报的纳税人,可以在办理其他涉税业务时提供绿色通道,或者给予一定优惠政策进行激励。

为了保证纳税申报的准确性,可以实行扣缴义务人与纳税人同时申报,将双方申报信息进行对比审核,间接迫使纳税人按照自身真实情况填写申报表,减少错误信息。扣缴义务人在每月扣税后向纳税人提供扣税证明,在年末将对纳税人的收入支付情况和扣税数额的记录提交给税务部门,纳税人也可以根据扣缴义务人提供的扣税证明进行纳税申报,税务部门利用信息系统,对双方提供的申报信息进行对比审查,发现存在的问题。对于初犯或者纳税人疏忽导致的小错误,加强对纳税人的教育,责令其尽快改正;对于经审查后可能存在故意错报的偷逃税情况,则要追究纳税人的行政甚至刑事责任[①]。

2. 强化纳税人自行申报制度

2020年8月,新华社关于个人所得税年度汇算的报道中提到,首次个税汇算,全国有90%的自然人纳税人能够通过自然人电子税务局APP端或WEB端完成年度汇算。在四个月的时间里,全国数千万自然人纳税人第一次自主申报个税年度汇算,并及时办理退补税,体现了自然人纳税主体较高的自主性和参与性,反映了大数据技术应用在个人所得税征管

---

① 王娴.个人所得税改革背景下自然人税收征管问题研究[D].蚌埠:安徽财经大学,2019.

上的成效①。未来还可以从以下几个方面进一步强化纳税人的自行申报。

首先,完善收入明确方法,逐一规范个人所得税自行申报项目,理清项目边界,如针对工资、薪金所得项目规制"年所得"标准运算法则,同时代理机构、扣缴义务人、纳税人等主体需遵循该法则,统一个人收入凭证及工作单位工资单标准格式,针对"年所得"数额口径做出规定。在扣缴税额时扣缴义务人需提供符合标准的凭证,如扣缴税款凭证、收入凭证等。纳税人来自股票、家庭财产收入所得及其他存在确定困难且有争议的收入项目需结合实际明确申报方法,使申报制度更为清晰。

其次,做好纳税服务工作,为依法纳税申报铺平道路,组织培训报税代理人员、组织纳税人参加定期培训,进一步完善推广有利于个人或家庭计算收入及缴税比率的APP,建立善意提醒服务体系,借助互联网定期向纳税人推送申报信息,使纳税人能够准确知悉年所得有关信息,帮助个人遵循有关规定落实个人所得税自行申报目标。

最后,完善监管制度,使个人、代理人、企事业单位等主体可以严格按照税收规定参与个人所得税自行申报活动,提高有关制度践行效率,继而通过监管使申报制度体系得以完善。

3. 完善税务代理

越来越多国家的税务管理部门意识到,发挥好税务代理在专业知识、技术和信誉等方面的优势,能在提升征管效率、征管质量以及纳税人满意度上实现事半功倍。《税收征管2017:OECD与其他发达及新兴经济体可比信息》中提到,目前已经为税务代理提供专门服务的有42个国家,占比高达四分之三。其中约三分之二的国家设置了专门的联络人,负责与税务代理定期沟通并回应其特殊需求(如荷兰、爱尔兰);一半以上在官网为税务代理开通了特别通道,为其在线办理注册登记、批量申报和查询涉税信息等提供便利(如美国、加拿大)②。

受到我国税务代理供需关系的影响,我国税务代理市场还存在不少问题,比如东西区域差异较大、为争夺客户收费标准不统一、高层次代理业务较少等。未来,我国的税务代理的发展要从服务质量入手,一是要积极拓展高层次业务,税务代理人员要加强自我专业技能,通过高素质的税务代理团队占据市场主动性。面对税务征管体制的改革,税务代理人员要加强学习,及时掌握最新的优惠政策,以此为纳税人提供最合理的税务筹划方案。当然,税务代理人员在加强技能学习的同时还必须树立高尚的职业道德,杜绝为了招揽业务而帮助纳税人逃税漏税,触碰法律底线。二是建立完善的收费标准,杜绝通过降低收费价格获得业务的现象发生③。

(四)完善汇算清缴制度

2020年4月1日起正式启动的个人所得税汇算清缴工作既是个税征收工作中的关键一环,又与许多公民的日常生活息息相关,因此其重要性不言而喻。但从实施过程来看还是存在一些不够完善的地方。比如预扣预缴方式不够完善,对于综合所得来源方式较多的纳税

---

① 国家税务总局.税制科学 办理高效 流程便捷——首次个税汇算完成彰显我国税收治理能力提升[EB/OL].[2022-03-10]. http://www.chinatax.gov.cn/chinatax/n810219/n810780/c5155864/content.html.
② 吴晓丹,秦璐.国外税务代理行业现状和发展趋势[J].国际税收,2018(9):66-69.
③ 张金玲.浅析推行税务代理的必要性[J].纳税,2021(2):36-37.

人来说,劳务报酬、稿酬、特许使用权三项需要在每次实现所得时由付款单位进行预扣预缴。预扣时减除费用、专项扣除和专项附加扣除等扣除项目不能进行抵减,而且基本扣除金额以 4 000 元为临界值还存在差异,低于 4 000 元时扣除金额为 800 元,高于 4 000 元时扣除率为 20%。因此,在进行个税年度汇算清缴时就可能会出现退税或者补税的情形。此外,由于新税制采取累计预扣方式计算税额,可能会导致部分收入较高的纳税人在年初时缴纳税款较少,越到年末因税率层级升高而税负越高,从而对税收金额产生疑问。

因此税务机关应该尽量完善预扣预缴方式,缩小预扣预缴税额与汇算清缴后税额的差异,降低纳税人的纳税成本。建议对劳务报酬、稿酬及特许使用权三项收入的减除费用不再以 4 000 元为临界值进行区分而是统一改按 20% 进行扣除,而且在进行预扣预缴时,将劳务报酬执行的《个人所得税预扣率表二》、稿酬及特许使用权所得执行的 20% 扣除率统一按照《个人所得税预扣率表一》进行计算,使得预扣预缴税款与汇算清缴时应纳税额较为接近,减少补税或退税的情况发生。为方便纳税人进行申报,税务机关提供的汇算清缴表格设计要简洁明了,每个项目应有明确的项目解释与填表说明。对于需要进行计算的部分要预先设计好计算公式,方便计算①。

(五) 建立完善的数据信息技术体系

国家税务总局为了顺应"互联网+"的发展趋势,提出了要建立线上线下相融合、统一规范高效的管理模式。信息时代每个人的收支都会留下数据的痕迹。税务部门应建立个人涉税信息数据库,与各类机构和单位间建立横向互通的信息网络,随时掌握纳税人的涉税信息的变动,同步更新专项附加扣除信息的基本资料②。

1. "金税三期"系统

金税三期征管系统按照"流程管理"方式来组织税收征管工作,不同的税务征管工作会被系统分配给不同职位的税收人员,从而承担不同的税收职责,但现实的征管流程通常与理想设计的流程存在一些差异。金税三期系统引入的风险管理理念,对同一类别纳税人的税收情况进行风险排查和识别,而实际情况是,有些税收征管工作需要通过省、市、县各级进行层层分解,最后一环节才能到达基层税收征管人员的身上,而各地各级不同的税收单位会根据税收工作的重要程度采取不同的税收管理政策。因此,金税三期征管系统实施过程中仍然存在各种各样的矛盾③。首先,有必要建立一个金税三期运行维护队伍,能够有效地处理各个层面基层软件的运作。其次,完善"金税三期"系统软件功能。尽快出台"金税工程"系统操作规范,坚持数据入口的唯一性,强化税收监控功能,真正发挥信息管税的作用,实现税收风险管理在税收征管中的全流程覆盖④。

2. 个人所得税 APP

2020 年初上线的个人所得税 APP(下简称个税 APP)很好地解决了很多信息处理问题,是未来纳税人进行个人收入查询、汇算清缴等的主要工具,极大地提高了税务机关征税以及纳税人报税的效率。但是从近两年的使用结果来看,也存在不少问题,个税 APP 的各项功能

---

① 崔航.个人所得税汇算清缴实际工作中的问题思考[J].纳税,2021(15):33-34.
② 朱培,刘舒雅."互联网+"背景下税收征管方式创新研究[J].中国集体经济,2018(3):2.
③ 卫小慧."金税三期"下个人所得税征管研究[J].纳税,2020(14):12-13.
④ 马念谊.个人所得税调节收入分配与征管问题研究[M].北京:中国财政经济出版社,2019.

有待进一步完善。首先,针对广大纳税人在使用个税APP过程中遇见的普遍卡顿问题,对个税APP进行完善、升级,因为中国人口众多,需要进行年终汇算的纳税人队伍也很庞大,为了满足纳税人对于软件的需求,需要对软件进行完善,更好地满足纳税人的需求。其次,个税APP目前对年终奖只允许纳税人把之前单独计税的年终奖合并计税,但是却不允许把之前误作为综合所得预缴税款部分的年终奖拆开单独计税,这对纳税人不公平,应该允许纳税人在上传有效的证明材料后可在个税APP上对年终奖的年度汇算选择最有利于自己的核算方式①。

3. 纳税人登记制度

新修订的个人所得税法首次提出纳税人识别号,规定"如果纳税人有身份证号码,则将身份号码作为纳税人识别号;如果没有则由税务机关设定赋予纳税人识别号",这一做法为统一代码制奠定了基础,纳税人识别号也将会成为每个公民唯一和永久的代码。

为了构建完善的"统一代码制度",纳税人在办理任何业务时都要与纳税人识别号关联;税务部门可以通过汇总、整理和分析纳税人识别号来全面掌握纳税人收支动态,防止纳税人采用隐匿、拆分等手段逃避缴纳税款,从而保证税收的公平性,体现量能负税的原则。同时,与个人生活息息相关的部门应联网并使用统一的纳税人识别号,包括公安、银行、教育、医疗、社保、不动产登记等部门。以纳税人识别号为基础,实现部门间的信息共享互通,这在一定程度上可以提高税务机关的税收监管能力。

4. 征管信息共享平台

纵观我国近几年来的个人所得税征管过程,不难发现,我国的个人所得税在征管过程当中普遍存在着数据信息不完善的现象,而造成这种现象的主要原因就是征管信息共享平台缺失。税务系统与其他部门之间的联系较少,没有相应的数据共享平台。在这种大背景的影响下,就极易导致我国的税收征管数据不完善现象,而且对于税收数据优化来说,也不能够及时完善,这种现象对于我国的个人所得税征管产生极大的限制②。

为了能够有针对性地解决当前我国的税收征管平台数据信息不完善的现象,需要创建一个功能相对齐全的征管信息共享平台,这样才能够使税收征管过程当中的各项信息得到及时的记录和完善。在进行征管信息共享平台构建的过程当中,首先要结合各地的实际发展情况以及个人所得税的实际征管情况来进行平台的完善,并设立相应的信息传输渠道和流程,使各部门的信息传递顺畅,工商部门、财政部门、教育系统、民政部门等的相关信息能够及时上传,定时与税务部门交换相关信息,这样也能够为个人所得税的征管奠定坚实的基础,更好地完善个税征管体系;其次是要完善税收征管信息平台的各项信息功能,及时对其进行细化处理,这样才能够提高信息的使用率。

(六)建立完善的税务稽查体制

1. 合理设置稽查考核指标

在目前的稽查实务工作中,存在以组织稽查收入为重要考核指标的问题。因此,基层税务稽查部门对收入总量占比较小的个人所得税检查力度偏弱,更倾向于将大量精力投入增值税、企业所得税等收入总量较大的税种。特别是自从2014年以来,随着绩效管理

---

① 范孟露.个税APP在个人所得税年度汇算中的应用研究[J].财金观察,2020(2):124-133.
② 雷炳毅."互联网+税务"要解决的问题与推进思路[J].税务研究,2016(5):34-36.

在全国税务系统的大力推进,各级税务机关紧紧围绕绩效考核目标来开展工作。虽然国家税务总局对各省税务稽查局的绩效考核指标中没有设置组织收入任务的考核指标,但不少省、市级稽查局对基层稽查部门和稽查人员制定绩效考核指标时,依然将"完成稽查收入"作为重要的绩效考核业务指标。如表7-2所示,某省税务稽查局对下属各片区稽查局制定绩效考核的业务指标中,"稽查业务建设"(一级指标)下的"稽查办案整体工作"(二级指标)共180分,与组织收入有关的"稽查收入工作目标"和"立案查补入库比例"两项考评指标合计90分,占总分值的50%①。由此可见,省、市级税务稽查部门在考核基层稽查部门时,依旧将稽查补收入完成情况作为权重较大的考核指标,有悖于依法治税的原则。

表7-2 某省稽查局对各片区稽查局绩效考核业务指标(节选)

一级指标	二级指标	三级指标	分值
稽查业务建设	稽查办案整体工作	1. 稽查收入工作目标	60
		2. 选案准确率	30
		3. 查补入库率	30
		4. 结案率	30
		5. 立案查补入库比例	30

因此,为了避免出现"抓大放小、鞭打快牛"的倾向,影响稽查定性处罚的尺度,减少税收执法刚性,一方面,我国税务部门应转变依靠稽查创收的传统观念,取消稽查收入任务考核指标,强调对稽查工作质量的考核,通过优化关键绩效考核指标的设置,提高对稽查业务工作考核的深度与广度;另一方面,细化稽查工作人员绩效考核,采用量表等级评价法,避免绩效"大锅饭"现象,尽量将稽查人员的工作绩效与职级晋升相联系,以调动稽查人员工作积极性,激发潜力,释放活力,乃至吸引优秀人才的加入。

2. 改革税务稽查体制

目前稽查与征管机构形式上分设,但仍存在稽查与征管职责交叉、执法层级多、执法干扰因素多等问题,直接影响税务稽查的执法质效。因此,应建立与新个人所得税法相适应的税务稽查体制,构建扁平化、精细化的税务稽查管理模式。例如,国家税务总局在2017年设立北京、重庆、广州特派员办事处,在查办跨区域涉税大案要案方面起到了不可替代的作用。为了进一步巩固工作成果,2019年国家税务总局又分别设立沈阳、上海、西安特派办②,可以说是在某种程度上积极肯定了前三个特派办设立的作用,这是对我国现行稽查模式的有益补充。未来应进一步通过减少管理层级,构建扁平化、集约型的组织体系,提升内部运转灵活性,提高稽查行政效能。一方面,减少管理层级,使税务稽查机构更

---

① 马念谊.个人所得税调节收入分配与征管问题研究[M].北京:中国财政经济出版社,2019.
② 重磅:国税总局六大特派办成为跨省稽查"尖兵利刃",石化变票虚开大案恐将二次爆发?[EB/OL].[2022-03-10]. https://www.huashui.com/index.php?m=content&c=index&a=show&catid=15&id=1450.

为精简与专业化。另一方面,确定稽查局独立于征管局的主体地位,厘清稽查局与征管局的工作职责,避免职责交叉,减少内外干扰,增强税务稽查的独立性,提高执法层级与执法刚性。例如,按照现有的稽查体系,我国西部某省税务部门的省、市、县三级稽查机构共93个稽查局,改革后精简为省一级4个片区稽查局,属于省级税务部门垂直管理,通过减少管理层级大幅度压缩机构,有效提高行政效率;同时,稽查资源被上收和充实到片区稽查局,一线检查人员的比重从40%提高到70%,稽查力量得以集中调配,有效提高稽查覆盖率①。因此,构建扁平化稽查组织体系,是优化稽查管理机制,建立自然人税收管理体系的现实需要。

3. 构建专业化的稽查人才队伍

为应对日益复杂的涉税违法形势,必须打造与现代化稽查体制相辅相成的现代化人才队伍。一是高标准选拔与引进人才。一方面,通过公务员考试,招录具有税务师、注册会计师、律师等执业资格的高素质人才,注重提高税务稽查队伍的"准入门槛"。另一方面,在税务系统内部通过遴选,挑选出历经税收征收、税源管理、税收法规等多岗位锻炼,工作经验丰富的税务人员充实到税务稽查队伍。二是加大对税务稽查人员的培训力度。以稽查业务需求为导向,采取分级分类、"传帮带"师徒制、集中培训与自学相结合的培训方式,提高稽查人员岗位技能和稽查队伍整体素质。

(七) 严格依法治税

依法治税始终是我国税制改革中一项长期而又艰巨的任务。自1988年首次确立"依法治税"的指导思想以来,依法治税的思想逐步成熟,深入人心,税收法制建设取得了较大的成绩,依法治税工作取得明显成效。但是,从目前状况来看,税收法治水平与依法治国、依法治税的要求还有较大的差距,依法治税工作还需要进一步完善。

1. 进一步完善我国税收立法

完善我国税收立法,应与我国的国体、政体、国情、经济体制和分税制财政体制相适应,与改革开放的形势相符合,并且积极借鉴国际税收立法的有益经验,完善税收立法体制,丰富和充实税法内容,最终实现依法治税。

(1) 目前我国的税收基本法还是一项空白,而税收基本法却是税法体系的主体和核心,是税收领域的母法,因此,完善我国税收立法必须建立税收基本法。这需要借鉴国际经验,结合我国社会经济的特点,从健全税收法制和实现税法的统一出发,制定符合中国国情的税收基本法,以强化税法的系统性、稳定性和规范性,形成一个以税收基本法为统率,税收实体法和税收程序法并驾齐驱的完善的税收体系。

(2) 完善"互联网+"税务的法律征管体系。《中华人民共和国税收征收管理法》于1992年由全国人大常委会通过,历经1995年第一次修正、2001年修订、2013年第二次修正、2015年第三次修正。当前,税务机关与纳税人通过互联网交互,绝大多数涉税业务都可以在互联网上完成;税务部门之间的任务下达、结果反馈、信息共享也完全通过数据交换。以互联网、大数据、云计算、人工智能等为代表的新技术,催生了新的经济业态,新业态加大了税收征管难度,而新技术则为税收征管创造了机遇。税务部门应使新技术对税收征管的冲击、挑战和

---

① 马念谊.个人所得税调节收入分配与征管问题研究[M].北京:中国财政经济出版社,2019.

机遇充分体现在下一步税收征管法的修订中①。在税收征管法中要增加对信息平台建设的细节性指导操作意见,并且,税收征管法中还应该增加税务机关如何保护纳税人的个人隐私,如何规范获得纳税人的数据信息等及相关内容。

2. 进一步加强税收违法惩罚力度

从立法层面来看,我国税务机关依据税收征收管理法被赋予了法律上的特权,即追缴税款,并对不缴或少缴者按日加收滞纳金,并处以罚款,情节严重的,还可以移交司法机关适用刑法进行处置。例如,《税收征收管理法》第六十三条规定,对纳税人偷税漏税行为和代扣代缴机关不履行代扣代缴义务帮助纳税人偷逃税款的,均处以不缴或少缴税款的 50% 以上 5 倍以下的罚款,构成犯罪的,依法追究其刑事责任。但实际上,我国存在着逃税成本小于逃税收益的客观事实。我国每年的税收稽查收效甚微的主要原因就在于税务机关重检查而轻处罚,纳税人宁可抱有侥幸心理,对违规风险抱有无所谓的态度,补缴税款或以补代罚也不会受到人身自由的限制或处罚②。客观而言,我国当前的法律法规对税收违法行为的惩罚力度还很薄弱,不具有较强的威慑力,对于其他纳税人来说,并没有起到很好的警示作用。

在西方发达国家,对税收违法行为则普遍采取较为严厉的惩处威慑措施。例如,在美国,每年约 10% 的纳税人被税务机关进行抽查审计,一旦发现有偷税漏税行为的,即便是偷税漏税金额较小,仍然会被严惩,同时其违法偷税漏税行为还会被公布于众。面对如此严重的法律制裁,很多纳税人在考虑违法成本时,会望而却步。在意大利,纳税人如果采取记假账、销毁凭证等违法手段偷逃税款,将被处以 1 000 万里拉以下的罚款和 5 年以下的监禁。

相比之下,我国对偷逃税款行为的处罚明显过轻。因此,我们可以考虑设立专门的税务警察和税务法庭,以此来提高税收违法行为的查处率,让那些想以身试法的纳税人望而生畏,消除其侥幸心理,从而达到有效遏制税收违法行为的目的。对于纳税人偷逃税款的违法行为应大幅提高涉税违法的罚款力度,大幅提高罚款数额,甚至是追究其刑事责任。与此同时,还可以制定处罚自由裁量权的具体实施细则,增加对恶意偷逃个人所得税的罚款力度③。

(八) 优化税收服务水平

纳税服务是税务机关对纳税人合法合理期望的一种满足,是税收征管工作的基本组成部分,只有不断提高纳税服务的水平和质量,才能够提高纳税人的遵从度,降低税收成本。

马鹏博(2021)关于纳税服务满意度的调查研究④,从税务部门工作态度、工作效率、业务水平、政策宣传水平评价方面进行统计,结果如表 7-3 所示。在工作态度评价方面,仅有 11.69% 的被调查者表示非常满意,有 45.06% 的被调查者表示一般,而有 8.93% 的被调查者表示非常不满意;对于工作效率评价上,仅有 13.79% 的被调查者表示非常满意,有 49.06% 的被调查者表示不满意;在业务水平评价方面,仅有 12.19% 的被调查者表示非常满意,有

---

① 孙红梅,林森."税收征管法"的修订历程是中国税收征管发展的印证[J].税务研究,2020(3):85-90.
② 袁森庚,贾晓东.规范税务行政处罚裁量权的思考[J].国际税收,2017(9):78-81.
③ 刘娟.税收公平视域下我国个人所得税课税模式改革研究[D].广州:华南理工大学,2019.
④ 马鹏博.基于纳税人满意度的个人所得税改革研究[D].济南:山东财经大学,2021.

47.73%的被调查者表示一般,而有10.45%的被调查者表示非常不满意;在政策宣传水平评价方面,有61.30%的被调查者表示满意,有21.53%的被调查者表示一般,仅有6.43%的被调查者表示非常不满意。被调查者对税务机关工作态度、工作效率、业务水平、政策宣传水平的评价均值分别为3.04、2.84、3.06、3.61,基于李克特量表可知,纳税人对税务机关工作态度、工作效率、业务水平的满意度评价位于中等水平,这说明纳税人对当前纳税服务总体满意度不高,特别是在工作效率、工作态度方面,相关税务部门应当重视改善。

表7-3 纳税服务满意度结果分布

题 项	非常不满意	比较不满意	一 般	比较满意	非常满意
您对税务机关的工作态度是否满意?	8.93%	17.86%	45.06%	16.46%	11.69%
您对税务机关的工作效率是否满意?	10.37%	38.69%	21.37%	15.78%	13.79%
您对税务机关的业务水平是否满意?	10.45%	13.60%	47.73%	16.03%	12.19%
您对税务机关通过纳税宣传让纳税人理解个人所得税改革内容满意吗?	6.43%	10.74%	21.53%	37.86%	23.44%

我们认为,优化个人所得税的税收服务水平需要通过制度建设,不断提高税务人员的综合素质,要求税务部门和税务人员依法治税,规范执法,通过行政方式改革和机构改革,提高办税效率,降低纳税成本。

1. 优化个性化服务体系

随着当前市场竞争不断激烈,市场分工日益细化,纳税主体呈现出个性化以及多元化的特点,纳税对象由传统单一主体变成了多元主体。所以,首先就需要针对纳税人进行细化,要针对不同行业、不同经济性质以及不同经营规模的纳税人进行分类,同时针对不同类别纳税人群提供个性化以及差别化纳税服务,进而提升纳税服务的针对性。其次,税务机构要了解纳税人实际需求,同时要根据需求建立分类处理系统,建立需求回应机制,进而为纳税人提供高水平高层次的服务。最后,要保障服务人性化,要树立以人为本的思想观念。在管理流程以及服务手段方面要进行优化和完善,促使纳税人的主体地位得到凸显,同时积极听取纳税人的愿望和建议。此外,应当尊重纳税人的合法诉求,设身处地为纳税人考虑,这样才能够提高纳税服务水平和服务层次。

2. 进一步明确纳税人的权利

在税收实践中,纳税人的义务和征税机关的权力往往成为关注的重点,而纳税人的权力和征税机关的义务则常常被忽视。而实际上,政府及税务部门在对纳税人征税的同时,进一步明确纳税人的权利,对纳税人纳税意识的形成有十分积极的作用。西方发达国家纳税人的自觉纳税意识较强,在很大程度上得益于对纳税人权利的明确规定,让纳税人真实地感受到税收带来的好处,从而增加纳税认同度,提高税收遵从度,减少了税收违法行为。

因此,在税收征纳环节,要保障纳税人"不支付超过法定税额的权利",就必须让全体纳税人均等且明确地了解所承担的纳税义务。对那些自身没有能力通晓税法,又无法负担税务代理费用的纳税人,税务部门必须增强纳税服务意识,主动告知纳税人其可以享受的优惠政策,协助纳税人正确履行纳税义务,建立以纳税人获知信息为导向的税法透明制度①。

3. 建立纳税服务考核监督机制

当前工作中,税务机关对纳税人的满意度不能通过有效途径进行了解,最突出的问题就是未能建立一种客观反映服务质量的评价机制制度。因此,在现代纳税服务体系建设中,税务机关需要建立健全一种考评全面公正、指标设置合理、监督实施有效的纳税服务考核监督机制。第一,科学设定纳税服务考核指标。以《纳税服务工作规范》为依据,对总体工作目标进行分解,完善岗位责任制,确定考核指标。第二,完善日常监督管理。建立集咨询、举报、投诉于一体的服务体系,畅通税企沟通渠道,设立投诉电话及征求意见箱,或者开展网上征求意见、网上评价等活动,广泛征求纳税人意见,诚恳接受社会监督。第三,完善激励机制。考核制度的最大作用是促进纳税服务不断改善,从而调动工作人员服务的主动性、积极性。

第四节 相关配套措施的改革

一、强化责任主体的纳税意识

造成纳税人在进行个人所得税缴纳的过程当中积极性较低的主要原因有两个。一个是纳税人的纳税信用制度不完善。目前个人所得税的信用制度还没有完全建立,即使有欠税、不及时申报等现象也不会对其个人有任何影响。如果纳税人的纳税信用程度不高则限制其贷款、出行交通工具的选择等等,则纳税人在违反税收规定时势必要衡量其违法成本。另一个就是纳税人监督管理体系不够健全。由于当前对纳税人的收入监督管理欠缺,例如对银行账户的监管不到位,无法切实落实纳税人的实际收入及收入来源,缺少纳税事前提醒,使得纳税人对于纳税义务的认知相对较浅,这也是造成其履行义务不积极、纳税意识不强的重要影响因素②。因此,强化纳税人的纳税意识显得尤为重要。

(一) 拓宽税法宣传形式

近两年税收新政出台较多,其中新个人所得税法调整很大,必须通过多渠道、多层次的方式进行依法纳税宣传。纳税意识的提高是一项长期的工作,需要常态化的宣传引导。在税法宣传的形式上,不应仅限于每年的"税法宣传月",还可以通过组织税务专家开展培训或者定期宣传、举行税务知识竞赛、评选纳税大户等多种途径进行税务宣传。总之,应拓宽思维,利用一切可利用资源加大税法的宣传。

1. 标语宣传形式

这类形式包括悬挂税收宣传标语、张贴税收宣传画等。可以设置在人流量较大的场所,使税务宣传能达到更好的效果。通过在纸媒、网媒和自媒等各个平台及时发布与个税改革相关的政策信息,充分利用新的宣传方式营造一个良好的税收氛围。

---

① 谷成,张航.基于财政透明视角的纳税人权利保护[J].税务研究,2015(5):60-67.
② 刘颖华.个人所得税征管中存在的问题及对策[J].纳税,2020(14):8-9.

2. 便民服务宣传形式

在便民服务中心办税厅设置综合导询岗；在税务局网站开设"税收宣传"专栏，解答税收疑难问题；召开纳税大户座谈会，增进纳税大户对税收政策的认识和理解，提高税法遵从度。开展税务部门与纳税人沟通零距离活动，举办线下税务宣传、税收知识讲座，扩大宣传效力；进行线上解惑，对民众不解的问题进行在线直接答疑。

3. 互动宣传形式

通过手机微信、微博等答题的形式开展税收知识问答有奖活动，实现与广大公民的互动；广泛开展以税法宣传为内容的文艺活动，开展形象生动、群众喜闻乐见、寓教于乐的小品展演，穿插税收知识抢答，宣传税法，倡导诚信经营、依法纳税风尚。

4. 教育宣传形式

建立青少年税法宣传教育基地，让税法宣传进学校。将税法知识教育纳入国家教育体系。在国家各级教育体制内增设税法知识课。通过学校、家庭、社会多方面地向广大学生灌输税法常识，进行税法法规教育，使他们较早地养成自觉遵守税收法律法规、维护纳税秩序的良好习惯，实现和谐的征纳关系①。在纳税人相对集中的地区、部门和行业，不定期地进行税法有奖知识考试，以形成人人学税法、懂税法、遵守税法、维护税法的社会氛围。

5. 影视作品宣传形式

在这方面，税务部门可以借鉴其他部门乃至国外的成功经验，尝试拍摄一些与纳税有关的电影或电视剧，以更加贴近生活的方式，更加全方位地进行纳税宣传。

（二）注重税务宣传内容

在税法宣传的内容上，不应局限于税法内容本身，还应当定期公布纳税情况，表彰依法纳税的先进个人和集体，通告个人所得税大案要案的处理过程及结果，鼓励社会对不依法纳税的行为进行举报和监督，起到良好的正面示范效应。既要宣传纳税是公民应尽的义务，也要宣传纳税人在尽义务的同时享有的权利。将新的法律法规中有关纳税人的权利汇集成册，以手册、指南的形式免费发放给纳税人，培养纳税人更为健全的税收权利意识。

要对个人所得税的最新变化、最新要求以及一些易错易忽视和不容易理解之处进行重点宣传。比如，新税法要求扣缴义务人必须履行代扣代缴除个人取得经营所得以外的所有支付给个人的款项的义务，不仅仅包括工资、薪金所得，还包括劳务报酬所得和财产租赁所得等其他所得。另外，新个人所得税法对自行申报的纳税人进行了重新规定，实质上是对自行申报的纳税人范围进行了扩大，这些直接对纳税人和扣缴义务人提出要求而又不容易理解的内容要以大家喜闻乐见的形式进行重点宣传解读。对税务机关即将采取的新做法、采用的新系统如个人所得税APP进行适当的预热宣传也必不可少。

二、积极推行电子支付制度

现金交易相对非现金交易而言，交易痕迹较少，而且可以有效割裂资金流动的链条，规避税务稽查追踪，便于隐瞒个人交易事实、交易过程和交易结果。现金交易的"隐蔽性"常被

---

① 李鹏飞.中国公民纳税意识淡薄原因探析及解决办法[D].开封：河南大学，2010.

各种黑色、灰色交易认为更加"安全"，所以不法分子往往利用现金交易来逃避金融体系的监管和执法机关的调查，成为洗钱或逃避缴纳个人所得税税款的重要手段之一。实行电子支付制度可以更好地控制现金的使用范围与规模，有效减少巨额现金使用，更容易追溯个人收入的来源，更加便于个人所得税税源追踪和管理。应在全国范围内积极建立可靠的电子数字银行支付、银行储蓄卡或信用卡支付、电子平台支付等金融基础设施，逐步在全国建立完整的电子支付体系，以金融监管机关保证交易的安全性和可靠性。政府相关部门要根据市场反馈不断修改完善电子支付与大额现金交易的管理制度，建立更有效的自然人个人收入税源风险预防体系①。不仅如此，对于现金的检查力度也需要加强，严格控制现金的使用。对于一定数额以上的交易往来，必须采用银行转账，以此来严格限制现金交易和往来，通过计算机大数据的集中处理，实现对纳税人的各项应税收入的汇总与监管②。

三、加强自然人纳税信用管理

（一）丰富自然人纳税信用评价数据源

以自然人纳税人识别号为唯一标识，以个人所得税纳税申报记录、专项附加扣除信息报送记录、违反信用承诺和违法违规行为记录为重点，选取具有较强客观性且较容易依职权采集到的逾期申报税款、逾期缴纳税款、欠缴税款、涉税违法处罚、风险应对结果、预填报数据准确率等系统内部数据。同时，扩大税种覆盖面，将自然人缴纳的经营收入增值税、企业所得税、财产行为税等数据也纳入信用评价范畴，实现系统内部信用数据集成，提高自然人纳税信用评价的全面性和准确性③。

（二）自然人与法人之间的信用联动评价

虽然企业法人和自然人在民法上都拥有独立的人格，但在企业法人存续期间的经营管理和决策活动都体现着法定代表人或实际经营人的个人意志，而且企业法人的行为归根到底也是由自然人做出的。所以，将企业法人的信用与自然人的信用进行联动归集，更能体现信用归集的严密性及可参考性④。税务部门可参考这样的做法：一方面，当企业法人的纳税信用为 A 级时，对于该企业的法定代表人和财务主管人员的纳税信用应当予以加分；另一方面，当企业法人被认定为非正常户或者证件失效户时，对于企业的法定代表人和财务主管人员的纳税信用应当予以减分。这将对重大违法失信案件的责任人产生直接的威慑力，使其在做出重大违法行为决定前需要反复衡量和考虑后果，不敢轻易实施违法甚至是犯罪行为。

（三）落实"失信联合惩戒、守信联合激励"

要做好失信行为分类管理。对近一年内存在偷税、逃税、骗税、抗税、提供虚假涉税资料、冒用他人身份信息、不实投诉等失信行为的纳税人，税务部门要重点监控、强化纳税评

---

① 梁嘉琪.基层税务机关个人所得税税源管理问题研究[D].广州：华南理工大学,2020.
② 任国哲.大数据时代完善税收征管制度体系的思考[J].税务研究,2019(9)：114-118.
③ 丰富自然人纳税信用评价数据源[EB/OL].[2022-03-10]. https://m.gmw.cn/baijia/2020-08/12/1301450865.html.
④ 胡涵赟.基于自然人的纳税信用管理研究[D].上海：上海财经大学,2020.

估、不适用最低处罚等措施①。将自然人的纳税信用程度与其切身利益和日常社会紧密相连,还可以与第三方互联网平台联合实施惩戒,冻结其第三方支付平台中的资金、限制其从互联网渠道获得融资贷款、限制网购价格昂贵的物品等等;限制其担任企业的法定代表人,限制其担任国有企业或上市公司的董事、监事等重要职务;限制其在高档场所进行高消费,限制其进行股票交易或购买不动产等。

在激励机制方面,美国政府将纳税人缴税的纳税凭证作为纳税人的一种信用依据,通过税务机关与银行等金融机构、保险公司、证券公司之间相互关联,将纳税人缴税的凭证进行共享;除此之外,美国政府提出积极诚信申报纳税的纳税人在退休以后能够享受到更多的社会福利,因此纳税人为了日后能够享受到更多的社会福利,便会选择主动申报纳税②。我国也应把个人所得税的申报缴纳情况与其社会经济活动相联系,纳税信用较高的纳税人,应该享受更多的社会公共服务和社会福利,在养老、教育、医疗、住房等方面享受更多的优待。比如,贷款时可以享受优惠利率,在公共场所可以享受免费停车时长,子女入学时可以放宽户籍限制等等,让纳税人切身感受主动纳税带来的好处③。

四、建立个人收入账户制度

个人收入信息失真不仅影响政府调节经济职能的发挥和国家有关经济政策的制定,也使个人所得税失去据实征收的基础,导致国家税收大量流失。因此,不论从收入信息质量、对反腐倡廉起重要的基础性作用出发,还是对个人收入进行科学、公正调节,都要求必须正确反映个人收入信息,建立个人收入账户制度就成为必然的选项。

(一)建立个人收入信息归集模式

关于个人收入信息的归集制度体现在个人所得税制度中,缴纳个人所得税的基础是个人收入信息。对个人收入信息的社会化核定制度的模式有三种:一是个人申报制,在这种制度下,个人所得税的征收基本上靠单位代征与个人申报相结合,个人诚信是基础;二是社会中介代理制,可以建立税务事务所或个人收入事务所来进行代理,借助第三方核定来确定个人收入;三是建立个人收入账户制度,全部个人收入只能进入该账户。从我国的实践来看,个人申报制效果最差;代理制几乎成为摆设。随着个人收入来源的增加,如何正确确定个人收入,是个人收入信息真实完整的关键,也是国家进行个人所得税征管的最大难点。为了避免争执,正确执行国家税收政策,节约社会信息成本,确保95%以上的个人所得税被依法征收,建立个人收入账户制度应该是最简单、最有效、最节约成本的信息归集模式。

(二)颁布个人收入账户专项法规性条例

尽快制定并颁布个人收入账户管理条例,规范个人账户操作。其中,三个重要问题必须有十分清晰的规定:一是认定个人收入的范畴,不论什么"颜色"(含人情馈赠)的个人收入都应该进入该账户,不允许任何个人收入出现在这个账户之外。同时,对"人情往来"的实物

---

① 程剑东.论构建我国个人纳税信用管理体系[J].市场周刊,2021(1):116-118.
② 魏彤.我国个人所得税自行申报的问题研究[D].天津:天津财经大学,2020.
③ 刘勇,吴维平.个人所得税申报制度构成要素国际比较[J].税务研究,2020(7):38-43.

收入(包括礼品)进行估价申报。二是规定该账户属于终身免费账户,是凭个人身份证开设的唯一实名个人收入账户。三是该账户要设计合理的运行程序,可以规定转入账户的全部都属于个人收入,其他业务不得在此账户中操作①。

本章参考文献

1. 周金荣.我国个人所得税税基选择研究[J].学术论坛,2006(4):3.
2. 李鹏飞.中国公民纳税意识淡薄原因探析及解决办法[D].开封:河南大学,2010.
3. 李佳.我国个人所得税费用扣除标准研究[D].天津:天津财经大学,2011.
4. 倪娟,倪涛.关于建立个人收入账户制度的思考[J].审计与理财,2011(1):32-33.
5. 胡进.我国个人所得税费用扣除问题研究[D].沈阳:沈阳大学,2012.
6. 崔志坤.个人所得税制度改革:整体性推进[M].北京:经济科学出版社,2015.
7. 朱为群,陶瑞翠.当代世界各国单一税改革的特征分析[J].审计与经济研究,2016(3):9.
8. 雷炳毅."互联网+税务"要解决的问题与推进思路[J].税务研究,2016(5):34-36.
9. 袁森庚,贾晓东.规范税务行政处罚裁量权的思考[J].国际税收,2017(9):78-81.
10. 唐婧妮.兼顾公平与效率目标,改革个人所得税制度[J].税务研究,2018(1):66-72.
11. 于娜.个人所得税家庭申报制问题研究[D].上海:上海海关学院,2018.
12. 朱培,刘舒雅."互联网+"背景下税收征管方式创新研究[J].中国集体经济,2018(3):2.
13. 闫坤.个人所得税改革的思路和政策建议[J].中国财政,2018(10):36-38.
14. 于树一,杨远旭.国际视野下我国财产转让所得个人所得税制设计思路[J].税务研究,2018(10):63-67.
15. 盛常艳,薛兴华.我国个人所得税专项附加扣除制度探讨[J].税务研究,2018(11):48-52.
16. 黄朝晓.个人所得税赡养老人专项附加扣除制度建议[J].税务研究,2018(11):43-48.
17. 黄燕飞.美国个人所得税主要特征及对中国的启示[J].财政科学,2018(12):138-146.
18. 吴晓丹,秦璐.国外税务代理行业现状和发展趋势[J].国际税收,2018(9):66-69.
19. 武晓芬,耿溪谣.我国个人所得税税制模式改革及其完善对策——基于实现税收公平的视角[J].税务与经济,2019(1):7.
20. 张华.分析个税改革方向与税制设计[J].纳税,2019(13):25-26.
21. 马念谊.个人所得税调节收入分配与征管问题研究[M].北京:中国财政经济出版社,2019.
22. 王娴.个人所得税改革背景下自然人税收征管问题研究[D].蚌埠:安徽财经大学,2019.
23. 刘娟.税收公平视域下我国个人所得税课税模式改革研究[D].广州:华南理工大学,2019.
24. 任国哲.大数据时代完善税收征管制度体系的思考[J].税务研究,2019(9):114-118.
25. 李春根,赵望皓.探索以家庭为课税单位的个人所得税制度[J].中国税务,2020(6):55-56.

---

① 倪娟,倪涛.关于建立个人收入账户制度的思考[J].审计与理财,2011(1):32-33.

26. 胡玉鹏.我国个人所得税课税模式研究[D].开封：河南大学,2020.

27. 李貌.日本所得税中"不动产所得"的政策分析与借鉴[J].国际税收,2020(7)：45-51.

28. 湖北省税务学会课题组,刘勇,吴维平,等.个人所得税申报制度构成要素国际比较[J].税务研究,2020(7)：38-43.

29. 杨昭,周克清.对下调我国个人所得税最高边际税率的思考[J].税收经济研究,2020(25)：28-38.

30. 谷雨,张露.网约车个人所得税征管问题研究——以滴滴出行为例[J].经济研究导刊,2020(12)：55-56.

31. 魏彤.我国个人所得税自行申报的问题研究[D].天津：天津财经大学,2020.

32. 刘勇,吴维平.个人所得税申报制度构成要素国际比较[J].税务研究,2020(7)：38-43.

33. 卫小慧."金税三期"下个人所得税征管研究[J].纳税,2020(14)：12-13.

34. 范孟露.个税APP在个人所得税年度汇算中的应用研究[C].财金观察,2020(2)：124-133.

35. 梁嘉琪.基层税务机关个人所得税税源管理问题研究[D].广州：华南理工大学,2020.

36. 孙红梅,林森."税收征管法"的修订历程是中国税收征管发展的印证[J].税务研究,2020(3)：85-90.

37. 刘颖华.个人所得税征管中存在的问题及对策[J].纳税,2020(14)：8-9.

38. 胡涵赟.基于自然人的纳税信用管理研究[D].上海：上海财经大学,2020.

39. 马晓雅,韩雨莲.以分类综合为过渡向综合税制探近[J].现代营销（下旬刊）,2021(1)：165-167.

40. 程剑东.论构建我国个人纳税信用管理体系[J].市场周刊,2021(1)：116-118.

41. 王献玲,石绍宾.我国个人所得税制优化研究[J].公共财政研究,2021(4)：4-17.

42. 张金玲.浅析推行税务代理的必要性[J].纳税,2021(2)：36-37.

43. 孙玉栋,庞伟.数字治理背景下的个人所得税制度完善研究[J].中国特色社会主义研究,2021(2)：63-70.

44. 叶冠芝.互联网直播行业的个人所得税监管问题研究[J].纳税,2021(15)：19-20.

45. 夏甜甜.网络直播行业个人所得税征管法律问题研究[D].蚌埠：安徽财经大学,2021.

46. 高荣伟.美国：富人偷逃税严重[J].检察风云,2021(24)：54-55.

47. 张念明.基于调节视角的个人所得税改革探析[J].税务研究,2021(10)：43-47.

48. 于红霞.现行课税模式下个人所得税制优化研究[D].拉萨：西藏大学,2021.

49. 陈少波.基于扩大中等收入群体的个人所得税优化研究[D].北京：中国财政科学研究院,2021.

50. 段杰.共享经济税收征管挑战及对策——以网约车为例[J].湖南税务高等专科学校学报,2021(3)：23-28.

51. 庄彧.我国以家庭为课税单位的个人所得税改革研究[D].南昌：江西财经大学,2021.

52. 余沐桐.偶然所得兜底化的法律隐忧与应对策略——兼论偶然所得构成要件的法律构造[J].湖南税务高等专科学校学报,2021(2)：45-50.

53. 宋文静.个人所得税增加夫妻联合申报的设想[J].税收征纳,2021(9)：38-41.

54. 张猛.我国个人所得税税收优惠立法问题研究[D].北京：中央民族大学,2021.

55. 陈志明.论我国个人所得税专项附加扣除制度[D].南昌：南昌大学,2021.
56. 李海燕.个人所得税费用扣除制度研究[D].石家庄：河北经贸大学,2021.
57. 马鹏博.基于纳税人满意度的个人所得税改革研究[D].济南：山东财经大学,2021.
58. 范欣悦.纳税信用等级评定制度对企业绩效的影响[D].上海：上海海关学院,2021.
59. 崔航.个人所得税汇算清缴实际工作中的问题思考[J].纳税,2021(15)：33-34.
60. 袁琳燕.我国个人所得税专项附加扣除问题探讨[J].产业与科技论坛,2022(1)：24-25.

图书在版编目(CIP)数据

新个人所得税制度解析/徐晔,董少佳编著. —上海:复旦大学出版社,2022.7
(复旦博学. 财政学系列)
ISBN 978-7-309-16293-6

Ⅰ.①新… Ⅱ.①徐…②董… Ⅲ.①个人所得税-税收制度-研究-中国 Ⅳ.①F812.424

中国版本图书馆 CIP 数据核字(2022)第 120605 号

新个人所得税制度解析
XIN GERENSUODESHUI ZHIDU JIEXI
徐 晔 董少佳 编著
责任编辑/方毅超

复旦大学出版社有限公司出版发行
上海市国权路 579 号 邮编:200433
网址:fupnet@fudanpress.com　http://www.fudanpress.com
门市零售:86-21-65102580　团体订购:86-21-65104505
出版部电话:86-21-65642845
常熟市华顺印刷有限公司

开本 787×1092　1/16　印张 15.75　字数 373 千
2022 年 7 月第 1 版
2022 年 7 月第 1 版第 1 次印刷

ISBN 978-7-309-16293-6/F·2900
定价:48.00 元

如有印装质量问题,请向复旦大学出版社有限公司出版部调换。
版权所有　侵权必究